徽行天下

# 非遗传承在黄山

黄山市城乡劳动力资源研究促进会
黄山市社会科学界联合会
黄山市文化委员会
编

中国科学技术大学出版社

**图书在版编目(CIP)数据**

非遗传承在黄山/黄山市城乡劳动力资源研究促进会,黄山市社会科学界联合会,黄山市文化委员会编.—合肥:中国科学技术大学出版社,2017.11

(徽行天下)

ISBN 978-7-312-04342-0

Ⅰ.非… Ⅱ.①黄… ②黄… ③黄… Ⅲ.非物质文化遗产—介绍—黄山市 Ⅳ.G127.543

中国版本图书馆 CIP 数据核字(2017)第 259499 号

| | |
|---|---|
| 出版 | 中国科学技术大学出版社 |
| | 安徽省合肥市金寨路 96 号,230026 |
| | http://press.ustc.edu.cn |
| | https://zgkxjsdxcbs.tmall.com |
| 印刷 | 合肥市宏基印刷有限公司 |
| 发行 | 中国科学技术大学出版社 |
| 经销 | 全国新华书店 |
| 开本 | 710 mm×1000 mm 1/16 |
| 印张 | 21 |
| 字数 | 397 千 |
| 版次 | 2017 年 11 月第 1 版 |
| 印次 | 2017 年 11 月第 1 次印刷 |
| 定价 | 68.00 元 |

# 编 委 会

名誉主任　任泽锋　孔晓宏
主　　任　路海燕　陆　群　项金如
副 主 任　陈灶福　胡新方　顾家雯　汪大白
　　　　　杨永生　胡建斌　汪定安　汪　炜


主　　编　杨永生
执行主编　洪玉良
副 主 编　陈　琪　洪　璟
编　　委　汪明晖　汪义生　张曙林　凌　毅
　　　　　卢森林　王　武　张正东　张景奇
　　　　　罗天顺　胡　灵　方劲松

# 序　言

《非遗传承在黄山》是"徽行天下"丛书第四册,辑录了黄山市国家级、省级非物质文化遗产传承人的事迹,考虑到历史地域因素,还将婺源、绩溪的部分非物质文化遗产传承人事迹辑录进来,从采访、撰稿到整理成书,前后花了近两年时间,称得上是黄山市非物质文化遗产传承人的一个群体雕像。这个群体集聚着非遗传承的各路英豪,他们中有顶级的歙砚雕刻大师、徽墨制作大师,有砖雕、木雕、石雕、竹雕能工巨匠,有祁红、松萝、黄山毛峰、太平猴魁等名茶制作大师,有万安罗盘、徽州漆器、徽州古建工艺大师,有世代相传的民间医师,有口耳相传、精心坚守的民间戏曲、民俗表演、民间技艺的传承人。他们中还有不少传承人是文化产业、茶产业的带头人和领头雁。他们丰富的人生经历和精彩的奋斗足迹,充分展现了坚持、坚守、坚毅的品格,精心、精益、精湛的工匠精神,传承、创新、弘扬的作风和恒心、信心、雄心的品质。

据悉,黄山市现存的非物质文化遗产涉及民间手工技艺、民间舞蹈、戏曲等14大类,共1325个项目,位列安徽省第一,入选国家级非物质文化遗产名录20项,省级71项;拥有国家级非物质文化遗产传承人20人,省级129人。徽州传统木结构营造技艺、程大位珠算法还被列入联合国教科文组织人类非物质文化遗产代表作名录。这些非物质文化遗产项目和传承人是徽文化一个活的重要载体,传承人的传承实践和作品,生动地展现了徽州文化强大、恒久的生命力，由此衍生的产品和成果、成效，还深刻地影响着现代人们的生产、生活方式和审美走向，并为黄山经济社会的发展催生出强劲的动力。关于这一点，本书文章亦有诸多描述。相信一个个非物质文化遗产传承人的精彩人生和动人故事一定能启迪更多的仁人志士投身非物质文化遗产的保护与传承、弘扬与创新，使黄山市非物质文化遗产在新的历史长河中更加绚丽多彩。

是为序。

2017年8月16日

# 把徽州文化传下去　让文化遗产活起来
## ——黄山市非物质文化遗产保护工作综述
## （代　前　言）

始于1121年的古徽州,经过近千年的积淀,创造了博大精深、璀璨夺目的徽州文化,铸就了徽州辉煌的历史。作为徽州文化的重要载体之一,非物质文化遗产(以下简称"非遗")在古徽州的辉煌历史上增添了厚重的一笔。

黄山市现存的非遗涉及民间手工技艺、民间舞蹈、戏曲等14大类,1325个项目,共入选国家级非遗名录20项,省级71项;拥有国家级非遗传承人20人,省级129人;现有国家级非遗生产性保护示范基地1处,省级传习基地(所)27处,省级非遗教育传习基地5处;徽州传统木结构营造技艺、程大位珠算法被列入联合国教科文组织人类非遗代表作名录。非遗项目无论是在类别分布上还是在类别种类和数量上,都在安徽省各地市中名列前茅。

为了让徽文化得到很好的保留和传承,为了使非遗发扬光大,近年来,黄山市采取多种措施开展了以非遗保护为主的整体性保护工作,取得了显著成效。

明清时期徽州文房四宝、徽州四雕、徽州制茶工艺等手工艺品和手工技艺的兴盛与发展,对当年徽商的资本积累起到了举足轻重的作用。如今徽州非遗还依然以高经济价值拉动着黄山市经济的发展和居民收入的增长。据不完全统计,每年黄山市非遗带来的直接产值就有数十亿元,毛峰、猴魁等茶叶独特的生产技艺为茶农和茶企带来丰厚的利润,歙砚在国内外市场都广受欢迎,徽菜等带动了第三产业和旅游业的发展,非遗已成为黄山市经济中新的增长点。

非遗的产业化不仅为黄山市的经济发展做出较大的贡献,还解决了一部分劳动力的就业问题。仅歙县从事歙砚雕刻的工匠便有数千人,一方歙砚有时能为工匠带来上万甚至几十、上百万的收入;大大小小数千家的茶企从业者和数十万茶农是黄山市劳动力中重要的组成部分;徽菜产业带动了成千上万市民就业;徽州四雕和徽州民居营造技艺让黄山市的工匠走向全国、走向世界……几十年前,为了生存而选择学习砚雕、徽墨制作等技艺的老一辈工匠,很多已成为著名的工艺大师,带领着为兴趣和梦想而学习的年轻人继续传承着代代相传的老手艺,正演绎出非遗传承的新模式。

黄山市非遗历经沧桑,浓缩了整个徽州地区中国封建社会后期的历史,记录着思想、文化、制度、习俗的每一次变迁,成为一个时代的缩影。黄山市的非遗独具特色,深受儒家文化的影响。徽剧、目连戏等演出内容多在弘扬忠、孝、节、义;徽州四雕常常诉说着儒家伦理的故事;歙砚、徽墨等文房四宝的制作者从古至今也不乏"以砚(墨)换诗"的雅事;名扬天下的徽商极重视教育,被冠以"儒商"之名;徽州家族的族规家训往往依礼而行……这些精髓不仅被保留了下来,还在现代的黄山发扬光大。现代的歙砚不仅仿古,还雕刻好人好事、宣扬和谐社会;黄山的《市民公约》透着古代徽州家训的影子;非遗传承者爱岗敬业、刻苦钻研等精神也被一代代传承下来。非遗在促进人与自然和谐共存、人与人和谐共处上有着独到的价值,对构建和谐社会发挥着积极作用。

黄山市非遗之所以在今天依然能起到积极作用,离不开黄山市切实有效的保护,这也给我们带来了很多启示。非遗的保护和传承能取得今天的成绩,除了政府的主动抢救保护外,非遗已融入人们的工作和生活中,在保持传统精髓的前提下与时俱进地发展着。

一、打好制度基础,迅速开展抢救工作。为做好非遗保护工作,黄山市政府成立了黄山市文化遗产保护管理委员会,并把保护经费纳入财政预算,制定《黄山市非物质文化遗产保护传承利用工程实施方案》《黄山市历史文化遗产地保护管理办法》《黄山市市级非物质文化遗产项目代表性传承人认定与管理暂行办法》等相关规定,逐步使黄山市非遗保护工作走向法制化和规范化。同时,黄山市建立传承档案,用文字、图片、录音、录像等方式对传承人的基本信息、技艺特点、传承活动等进行记录。通过制度的建立和抢救工作的实施,黄山市非遗保护体系已逐步建立。

二、发挥非遗价值,带动社会经济发展。对非遗的保护不只停留在政府层面,黄山市通过引导企业入驻非遗产业园、鼓励银行开办专门贷款等方式,扶持传统手工艺品生产企业发展,使非遗的保护传承和生产开发形成了互利互惠的局面。一方面,政府积极投入和支持对非遗的保护和开发利用;另一方面,政府引导企业和民间力量对非遗给予更高的关注和投资意愿,引入社会力量共同参与非遗保护,为非遗传承保护注入新的活力。黄山市还将非遗项目融入旅游业,将古民居的参观、歙砚徽墨制作过程等融入旅游业,建立非遗专项博物馆,民俗活动也作为地方特色融入景区、景点,通过一系列展示、表演和销售,拉动黄山市旅游收入的增长。通过这些措施,非遗项目成功创造出经济效益。

三、让非遗走进生活,回归非遗传统本质。非遗历来与人们生活息息相关,代代相传,因此非遗最终还应走进群众生活,回归本质,成为群众习以为常的生活习俗。黄山市将保护徽州传统节庆提上日程,实施抢救性保护和恢复,鼓励群众积极参与,同时多次举办非遗展演和比赛、拍摄宣传片等,让群众了解本地历史文化,激发群众的参与兴趣。在保护恢复的基础上,黄山市还将非遗以群众喜闻乐见的形式推陈出新,去其糟粕,取其精华,使其更符合当代社会主义核心价值观,让原本已逐渐脱离群众生活、走进博物馆的传统文化和艺术再次回归群众生活,变成"活的历史""活的文化",继续保持着旺盛的生命力。

四、紧抓传承重点,建立非遗教育体系。在非遗保护中,传承始终是无可争议的重要环节。成立故宫博物院驻安徽省黄山市徽派传统工艺工作站,依托故宫博物院丰富的文物资源、众多的文物专家、高端的设计人才、广博的文创产品,用国际数字化技术帮助黄山市传承人丰富创作、丰富品种题材、解决工艺难题、拓展应用空间、培育知识品牌。建立多处传习基地,并开展非遗进校园活动,将教育与非遗的传承相结合。鼓励有条件的院校尤其是职业学校开设歙砚、徽墨、徽州四雕等教学课程,聘请非遗传承人授课,为传承人搭建传承平台。目前已成功培养了一批专业人才,为徽州非遗的传承和保护做出了积极贡献。同时,黄山市还鼓励非遗传承人到院校进修,全面提升构图设计、书画技艺等理论和实践水平,促使非遗的传承形成更完善的体系。以教育传承替代民间传统"师传徒、父传子"的传承形式,在传统非遗传承日渐式微的今天有着极大的意义,传承方式的变革摆脱了过往的拘泥,走向大众,为非遗的传承打开了新的局面。

黄山市为保护非遗采取的措施成为安徽省非遗保护传承的一个样板,值得更多区域借鉴和参考。但非遗保护传承工作一直在路上,加大力度保护非遗依然刻不容缓。或许除了政府的努力,每一个普通民众都应该有自觉保护意识,也应该尽一份绵薄之力,使非遗永远薪火相传并得到更好的保护和发展。

# 目 录

**序言** ……………………………………………………………………（ⅰ）

**把徽州文化传下去　让文化遗产活起来**
　　——黄山市非物质文化遗产保护工作综述（代前言）……………（ⅲ）

**"研海行者"**
　　——歙砚制作技艺国家级传承人曹阶铭 ………………… 方光禄（1）

**制墨人生**
　　——徽墨制作技艺国家级传承人周美洪 ………………… 洪　璟（7）

**与徽州石雕的不解之缘**
　　——徽州石雕国家级传承人冯有进 ……………………… 霖　霖（14）

**飞刀走笔写春秋**
　　——徽州砖雕国家级传承人方新中 ……………………… 汪燕燕（18）

**舞台春秋**
　　——徽剧国家级传承人江裕民 …………………………… 阮文生（21）

**深山打目连**
　　——目连戏国家级传承人王长松、省级传承人王秋来 ……… 金志来（28）

驰骋砚海刀作舟　鬼斧神工雕乾坤
　　——歙砚制作技艺国家级传承人郑寒 …………………… 程晶晶（35）

鬼斧神工刻宝株
　　——徽州木雕国家级传承人王金生 …………………… 姚存山（40）

刻写徽韵的大美人生
　　——"徽州三雕"国家级传承人俞有桂 ………… 汪发林　毕新丁（43）

万安罗盘　盘问乾坤
　　——万安罗盘制作技艺国家级传承人吴水森、省级传承人吴兆光
　　………………………………………………………… 许　琦（51）

完美漆器　工超乾隆
　　——徽州漆器制作技艺国家级传承人甘而可 …………… 丰　吉（58）

让黄山毛峰香飘四海
　　——黄山毛峰制作技艺国家级传承人谢四十 ………… 叶国胜（64）

德艺双馨留人间
　　——祁门傩舞国家级传承人汪宣智 ………………… 胡新良　金志来（69）

乡傩舞者
　　——婺源傩舞国家级传承人胡振坤、程长庆、程金生
　　………………………………………………… 汪发林　毕新丁（73）

匠心精造的火种
　　——木雕国家级传承人蒯正华 ………………………… 余中勇（83）

画境文心润雕刻
　　——徽州木雕国家级传承人曹篁生 …………………… 汪燕燕（86）

祖雕辉日月　伟艺灿乾坤
　　——歙砚制作技艺国家级传承人王祖伟 ………………… 小　雅（89）

从哪里来　到哪里去
　　——砚雕国家级传承人江亮根 ………………………… 阮文生（93）

玩转了三个猴坑
　　——绿茶制作技艺国家级传承人方继凡 ……………… 郑建新（98）

**跋涉在徽派民居营造之路上**
　　——徽派民居营造技艺国家级传承人胡公敏 …………… 方光禄(104)

**让更多的人认识珠算**
　　——程大位珠算法国家级传承人汪素秋 …………… 程晶晶(110)

**济人济世为己任　名医世家薪火传**
　　——"张一帖"内科国家级传承人李济仁、张舜华和省级传承人李挺
　　……………………………………………………………… 罗天顺(113)

**新一代沉香木雕刻大师**
　　——徽州木雕技艺省级传承人郑尧锦 …………………… 丰　吉(122)

**墨都项氏兄弟**
　　——徽墨制作技艺省级传承人项德胜、项胜利 ………… 姚存山(128)

**伉俪雕手的艺术人生**
　　——徽州竹刻省级传承人洪建华、张红云 ……………… 叶国胜(132)

**他与祁红的一生情缘**
　　——祁门红茶制作技艺省级传承人闵宣文 ……………… 金志来(139)

**百年谢裕大　制茶亦有道**
　　——绿茶制作技艺省级传承人谢一平 …………………… 许　琦(145)

**"医博世家"的现代传人**
　　——新安医学省级传承人黄孝周 ………………………… 方光禄(149)

**新安医学的一朵奇葩**
　　——新安医学(西园喉科)省级传承人郑铎、郑园 ……… 许　琦(155)

**盆盎之内有乾坤**
　　——徽派盆景技艺省级传承人洪观清 …………………… 潘琼琼(160)

**"纸"为你精彩**
　　——撕纸艺术省级传承人蒋劲华 ………………………… 许　琦(166)

**徽剧传承忙**
　　——徽剧省级传承人汪亦平 ……………………………… 江志伟(170)

**将京徽剧表演艺术完美融合**
　　——徽剧省级传承人江贤琴 ……………………………… 子　瑜(175)

黄山八音鸟　徽州追梦女
　　——徽州民歌省级传承人操明花 …………………………… 刘国梁(181)

志存高远传民歌
　　——徽州民歌省级传承人凌志远 ……………………………… 王大可(187)

见尘其人
　　——歙砚制作技艺省级传承人方见尘 ………………… 程森海　周传祥(192)

被逼上工艺之路的大师
　　——徽墨制作技艺省级传承人汪培坤 ………………………… 丰　吉(198)

徽墨香飘四海
　　——徽墨制作技艺省级传承人吴成林 ………………………… 叶国胜(203)

滋龄妙笔　画龙点睛
　　——徽笔制作技艺省级传承人杨文 …………………………… 江志伟(208)

古民居里的壁画
　　——徽州彩绘壁画省级传承人胡晓耕 ………………………… 洪　璟(214)

心系祁红　志在传承
　　——祁门红茶省级传承人王昶 ………………………………… 方建梁(220)

保护传承制作技艺　创新发展龙湾茶干
　　——五城豆腐干制作技艺省级传承人洪光明 ………………… 罗天顺(225)

人若有志　万事可为
　　——徽菜省级传承人黄卫国 …………………………………… 景　红(228)

徽菜情缘
　　——赛琼碗省级传承人邵之惠 ………………………………… 景　红(232)

将徽菜传承进行到底
　　——徽菜省级传承人张根东 …………………………………… 汪　悦(238)

雕刻万形千状　成就人生梦想
　　——徽州木雕技艺省级传承人朱泓、朱伟 …………………… 洪　璟(241)

徽州漆艺的前世今生
　　——徽州漆器髹饰技艺省级传承人范福安 …………………… 朱　涌(247)

## 为神灵歌唱　为百姓祈福
——道教音乐省级传承人詹和平 …………………………… 洪　璟（252）

## 争当传统文化的传播者
——歙砚制作技艺省级传承人胡秋生 ……………………… 姚存山（258）

## 重振松萝茶昔日辉煌
——松萝茶制作技艺省级传承人王光熙 …………………… 罗天顺（260）

## 人名＋商标的组合
——安茶制作技艺省级传承人汪升平 ……………………… 郑建新（265）

## 初心带陈香
——安茶制作技艺省级传承人汪镇响 ……………………… 郑建新（271）

## 一个砚雕艺术家的修为
——歙砚制作技艺省级传承人蔡永江 ……………………… 方鹤影（277）

## 刻在石头上的艺术人生
——歙砚制作技艺市级传承人温鑫 ………………… 施亚磊　汪　媛（280）

## 民歌原也高颜值
——徽州民歌市级传承人许琦 ……………………………… 郑建新（285）

## 用时间和盐调制鱼中珍品
——徽州臭鳜鱼制作技艺市级传承人钟少华 ……………… 景　红（291）

黄山市市级以上非物质文化遗产项目代表性传承人名录 ………………（293）

# "研海行者"
## ——歙砚制作技艺国家级传承人曹阶铭

说起徽州名产,可谓不胜枚举。但能排进前两位的,大概就是徽墨和歙砚了。早在南宋绍兴年间,著名的金石学家、诗人洪适出任徽州知府,在府城修建了一座"四宝堂",专门陈列、展览当地出产的笔、墨、纸、砚以及北宋苏易简的专著《文房四谱》。后任知府谢墍每年都向朝廷进贡澄心堂纸等四种文房名品,于是,"新安四宝"逐渐获得文人的高度认可。

歙县城东,是一片有深厚文教底蕴的宝地:问政山下有古紫阳书院、问政书院、问政山房、凝清书屋、歙县县学旧址,文笔峰上矗立着象征文笔的砖塔,圭山、太函山之麓,有著名学者程瑶田的故居。路边有一座依然保留着20世纪七八十年代建筑特色的厂区,这里就是歙县工艺厂。如今,不少高品质的徽墨、歙砚就从这里送进各地展厅、走入千家万户。国家级非物质文化遗产项目歙砚制作技艺代表性传承人曹阶铭就是在这里工作了四十多年。

曹阶铭在雕制砚台

1954年出生于中国歙砚之乡——歙县的曹阶铭,既不是科班出身,也没有砚雕世家的渊源。他走入砚雕行业并能在2007年被评为首批国家级歙砚制作技艺代表性传承人,看似偶然,其实必然!

曹阶铭的父亲在印刷厂工作,年幼的曹阶铭经常被父亲带在身边学习捡字排版技术。时间一长,曹阶铭不仅认识了很多繁体字,也对排版讲究的字体、字号、图文、版式等有了一些直观感受。他也自学过绘画,虽然既无老师指点,也不成体系,但凭借天生的灵性,在常人眼里也算得上一点"特长"。果然,街道需要帮忙做宣传活动时,他经常被安排去刷标语、画墙画,艺术的星星之火就这样不知不觉地在曹阶铭心中点燃。

千百年来,尽管砚台的社会需求量很大,但歙砚的产量一直不高,这主要是因为石材开采困难,始终断断续续,不成规模。历代也有一些砚雕名工,如明代婺源人叶瓌,清代歙县人汪福庆、吴士杰、张希乔、汪智等,多以个体加工为主,有的同时从事砖雕、竹雕和木雕,勉强养家糊口。1956年,毛泽东对民族工艺美术事业做出批示:"我们民族好的东西搞掉了,一定都要来一个恢复,而且要搞得更好一些。"1962年,安徽省手工业管理局来歙县传达中央和安徽省关于恢复工艺品生产的规划,决定首先恢复歙砚生产。1963年,歙县手工业管理局组织砚石探察小组,专程前往婺源龙尾山寻找、试采砚石,当年10月,第一方金星歙砚重新问世,停产近200年的歙砚获得新生。1964年1月,歙砚生产合作社成立,分散在农村的砚工纷纷归队。但好景不长,"文革"期间歙砚的生产又停滞了。

1971年,歙县工艺厂的歙砚生产复苏,当年出口产品价值4万美元(相当于当时进口歙县全年小麦产量8350吨的价值)。随着出口形势向好,工厂开始招收青年工人。1973年,经街道居委会推荐,曹阶铭成为歙县工艺厂的合同工,正式踏进砚雕艺术的大门。

按照规矩,青年工人都要跟师学艺。曹阶铭很快就喜欢上了老师傅汪律森的作品,便主动跟着汪师傅学习。其实,祖籍婺源的汪律森出身于砚雕世家,他的曾祖父汪桂亮不仅是砚雕高手,而且还于同治元年在歙县县城开设了知名砚店"汪义兴"(斋名"翰宝室"),他的祖父汪培玉、父亲先后继承家业。不过,由于社会环境恶劣,民国初年,"汪义兴"的生产已濒临绝境,只从江西玉山购进石料,生产低档砚台,徒存歙砚之名。抗战爆发后,这家歙县城里唯一的砚店也无法维持,宣告倒闭。砚雕艺人流离失所,纷纷改行。

汪律森为人随和、慈祥,也喜欢曹阶铭的悟性和钻劲。但俗话说得好:"师傅领进门,修行看个人。"师傅的教,只是指点,特别是关键时候才指点,而徒弟不仅要靠天分,还要勤奋。一方仿古砚,中间是砚池,旁边是不多的造型,看似简单,但砚池的位置、深浅、弧度,尽管有标注,师傅也讲解,但到底做得如何,还是靠徒弟自己的领会和摸索。一开始,面对工厂发下来的砚材和样品复杂的图案,曹阶铭真不知如何下手。不会做的时候,有时向师傅请教,有时与亦师亦友的师兄方见尘交流,有时晚上加班到天亮。几年间,曹阶铭吃了不少苦,手变粗糙了,身体强壮了,但砚雕技艺大有长进:他雕的砚台成品,厂里免检。到1978年,他基本能自己设计、自己加工,在同期进厂的同事中,算是一位佼佼者。1983年,他又担任了歙县工艺厂歙砚设计组副组长,专门进行样品的设计和加工,再提供给车间工人进行批量生产。

汪律森擅长的是制作仿古砚。仿古砚重实用,一般比较小巧,主体部分是磨墨的砚堂,另有较深的砚池以储水,四周或上端多以浅浮雕的方式雕刻简单的图案。如《三阳开泰》,砚为长方形,顶端一小圆形为太阳,两侧各一朵祥云,下左侧三只小羊或立或跪。又如《五福捧寿》,砚呈长圆形,下部三分之二面积为砚堂,上端为五只蝙蝠和一枚寿桃围成砚池。仿古砚构图明快、线条简练、雕刻要求不高。但随着钢笔、圆珠笔等现代书写工具的流行,毛笔在社会生活中的存在空间迅速被压缩,以满足实用为主要目的的仿古砚逐渐失去市场。与此同时,强调观赏性、收藏性的现代砚备受青睐。20世纪80年代初,随着改革开放的深入,以日本为重点的国际市场扩大,对现代砚的需求增多。为继承和发扬传统的歙砚雕刻艺术,开发新品种,促进歙砚生产的发展,1984年,厂里成立了"歙砚研究所",曹阶铭逐渐将重心从仿古砚转到了现代砚的制作上,1999年还担任了工艺厂技术副厂长和研究所副所长等职务。

现代砚往往各依砚石本身的形状、天然纹理或突然出现的色变,靠精心构思,巧妙布局,因势利导,因材施刻。每一方就形(不规则形状)砚就是一件独一无二的艺术品。在曹阶铭的转型时期,规格型的《兰亭砚》就是其典型代表。当时,日本客商提出订货,主题是书圣王羲之与41名友人在绍兴兰渚山下以文会友的故事。日方寄来几张老砚照片,并不十分清晰。时任车间主任的曹阶铭接受任务后,设计了几种方案,有的是聚会场景,有山水、亭台楼阁,人物众多;有的突出王羲之"天下第一行书"《兰亭集序》的内容。他把不同的方案分别画在图纸上,标出直径、厚度、高度,以及人物、楼台、亭阁的位置、尺寸,交到车间生产,顺利完成了任务。

苏东坡两次夜游赤壁,并留下两篇名作,历来为文人雅士所推崇,成为后世不少艺术门类创作的主题,如台北故宫博物院收藏的清代微雕大家陈祖章的《东坡夜游赤壁》橄榄核舟。曹阶铭也创作了一方《东坡夜游赤壁》山水砚。该砚采用婺源老坑砚石,使用平、圆、锉等多种刀法,将月夜、江流、孤山、扁舟、雅士融为一体,画面孤冷,意境高远。前后花了一个多月的时间,才制成这件他早期比较得意的作品。《松云砚》也是一方就形砚。砚石正面呈不规则的五边形,曹阶铭将五分之四的面积设计而成的一轮圆月作为砚堂,上、下各雕刻数枝虬曲苍劲的松枝,松、月衔接处自然地处理为砚池。构图大气,简洁明快,艺术地再现了"明月松间照"的古诗意蕴。此外,雕刻如一块竹片的《歙州竹砚》、取景于徽州古代园林春色的《唐模小西湖》砚,都各具风格。

曹阶铭的作品

把握时代脉搏,反映国家大事是曹阶铭近些年砚雕设计的又一重要创新。2008年,北京成功举办奥运会,这是我国综合国力日益强盛的重要表现,也是我国对世界体育事业的又一贡献。如何通过传统的砚雕工艺反映这一盛事,曹阶铭思考了很久。以某一单项为题,显得单薄;使用吉祥物"福娃"或"中国印"会徽图案,又落入俗套。怎么办?一天,当他再次翻阅有关材料时,设计前卫、造型独特的国家体育场(鸟巢)和国家游泳中心(水立方)引起了他的关注。能否以北京"鸟巢"和"水立方"为原形制作两方歙砚呢?兴奋不已的他很快就沉浸在创作的激情中。不久,两件作品问世:《鸟巢砚》近似扁圆形,以空中俯瞰鸟巢来构图,中间的砚堂、砚池犹如运动场,四周交错的条纹好比鸟巢巨大的钢梁。右上为红色中国印,左下为作者名章。《水立方砚》平面为长方形,同样取空中俯视的角度,中间为圆形的砚堂、砚池,四周为水立方特有的不规则五边形水泡图案。两方砚台寓意深刻,洗练大方,2009年2月在北京民族文化宫举办的首届中国非物质文化遗产传统技艺展演活动中引起轰动,广受好评,并获得文化部颁发的突出贡献证书。

2011年12月,曹阶铭随歙县工艺厂厂长周美洪前往婺源寻找砚材。在砚山的乱石堆中,他们非常幸运地淘到一方巨大砚材。这样少见的砚石当然必须用在反映重大而特殊的主题上。曹阶铭联想到即将到来的2012年,中国共产党将召开具有深远历史意义的"十八大",便逐渐确定了主题:反映伟大祖国的深厚历史与当代成就!经过三个多月的构思、设计、打样,并经大半年时间的雕刻,曹阶铭和他的徒弟胡文宾、吴伟合作完成了《千斤龙砚》的制作。该砚长105厘米,宽95厘米,厚15厘米,重约千斤。中间是中国版图,四周环绕着12条云水之中情态各异的祥龙,上端的"神舟八号"正与"天宫一号"实现对接,右上方苍劲有力的十个大字"金龙越古今,高歌庆盛世"点出了《千斤龙砚》的主旨。这方巨砚在2012年12月由文化部主办、安徽省人民政府承办的首届中国(黄山)非物质文化遗产传统技艺大展赛中荣获金奖。

曹阶铭在砚雕沃土中辛勤耕耘数十年,形成了自己的创作风格:雕饰上传统因素明显,以浮雕为主,有时辅以立雕、透雕等手法,力求突出作品的主线,讲究线条圆润、流畅、自如。强调砚作的气势,构图时根据石质、纹理,加上作者的感情,经过艺术的想象和洗涤,淘去浮面的杂质,突出真实的一面;不论何种题材,都突出重点,远近适度,疏密有致,有争有让,深浅得宜,明暗和谐,使作品有灵气、有生机,给人以直观的美感。追求作品的神韵,当写实,一定要表现对象的传神瞬间;若写意,则大而化之又不失灵性。将只可意会不可言传的"似与不似间"表达得清楚明

曹阶铭的作品《千斤龙砚》

白。他主张,"似与不似"是一种理念,也是一种境界,应当多向大自然学习,"对大自然的具体事物,经过自己主观和心灵的化合提炼,取合美化",凭借精湛的技术,掌握准确的力度,才能制出好的作品。

大概从1985年起,曹阶铭开始带徒弟。随着年岁日增,他在培养新人方面付出了更多的心血。曹阶铭对徒弟宽严相济,允许徒弟自由发挥,锻炼雕刻技巧,但作品验收毫不马虎,做不好的必定打回去返工。指导时循序渐进,先练习用刀基本功,再打图样给徒弟雕刻,最后才指导徒弟画图案、做设计。从2008年开始,安徽省行知学校重点打造非遗传承基地,开设了民间传统工艺(徽雕艺术)专业,曹阶铭被聘为歙砚雕刻高级指导师,参与《歙砚制作技艺教程》的编写、审稿。自2007年被命名为国家级代表性传承人以来,曹阶铭已培养市级传承人2人、县级传承人3人。周旗中、吴伟、胡文宾都是近几年手艺进步很快的徒弟。

改革开放以来,独立创业一度成为潮流,尤其是地方小企业改制之后,不少有一技之长者都选择"下海"。但面对多年来一直汹涌澎湃的商潮,曹阶铭心如

止水,一再谢绝他人的高薪邀请,始终留在歙县工艺厂副厂长和歙砚研究所副所长的岗位上,从事歙砚的创作、设计和生产管理。不是曹阶铭不爱钱、不缺钱,而是他深知:他的成长得益于企业,他的发展也需要企业。更重要的是,他已经不将制砚看成是个人的谋生方式,而是看成个人艺术上的追求,是他人生价值的一种体现方式。他的作品成为各位藏家案头的点缀或文人墨客的爱物,就是他最大的幸福!

如今,曹阶铭已经到退休年龄,但他依然每天按时上班,接受歙县工艺厂周美洪厂长的委托,从事新品设计、生产管理、产品质检、学徒指导等重要工作。正如他给自己取的艺名"研海行者"那样,他始终行进在歙砚制作的崎岖山路上!

# 制墨人生
## ——徽墨制作技艺国家级传承人周美洪

作为徽墨制作技艺非物质文化遗产传承人、制墨大师,周美洪的有关介绍已经很多,让我再次写他,我有些茫然……

### 一

一个春雨潇潇的清晨,我作为第 N 个来访者,在歙县老胡开文墨厂的一间简陋的办公室里见到了这位徽墨制作大师。他声音有些沙哑,这是前几年动手术留下的后遗症;他举手投足间有些书卷气,是这位制墨大师几十年一直与墨打交道的缘故。

像接待以往的来访者一样,周美洪让我先参观制墨车间,感受独特的徽墨制作技艺。在厂里一位老师傅的带领下,我们进入了制墨车间,在制墨车间,完全没有我期待的"香墨照人鲜""醉墨淋衣襟"的感觉,扑面而来的是一股刺鼻的、令人不舒服的味道。据介绍,这是骨胶的味道,骨胶经过加热会产生一种刺鼻的味道。对于这些,制墨工人早已习以为常,也许是"久入芝兰之室"的缘故。只见一个个制墨技师正聚精会神地在合料、打胚、计量……各道工序都在有条不紊地进行着,平时来这里参观、探秘者不少,似乎并没有人发现陌生人的来访。

接着,老师傅带我来到成品车间。在成品车间,我终于闻到了期待已久的阵阵墨香。据介绍,这墨香主要来自制墨配方中的猪胆、麝香、桂皮、丹参等中药材。在制墨油烟中加入这些中药材,传说是从宋代时徽州著名制墨技师张遇开始的。张遇是徽墨制作史上一位与"墨香"关系密切的人,他将麝香、金箔等混合在一起,调制成"龙香剂",捶砸到制墨油烟中,制成闻名于世的"供御墨"。有人考证,说用兰麝香料和中草药制墨,在唐代李白的诗中就有记载了。名为《酬张司马赠墨》的诗中有一句写道:"兰麝凝珍墨"——这表明那个"张司马"赠送给李白的墨中就含有"兰麝"。

正因为墨中含有这些中草药,所以,从古至今,徽州一直有人利用墨治病。明代大医学家李时珍所著的《本草纲目》中,就有"香墨"可以治疗喉疮的记载。胡开文墨厂制作的"八宝五胆药墨"就能清热解毒。徽州民间至今还有人将癞蛤蟆唾液收进墨中制成"药墨",这种药墨有止血的功效。

据说,几乎所有在制墨一线工作的工人都长寿,其原因是他们常年与麝香打交道——麝香具有延年益寿的功效;又因为麝香对人的头发有保健作用,所以,年纪大的制墨工人,往往还留有一头青丝。

当然,徽墨今天的畅销,已经不仅仅因为它奇妙的"药用价值",还因为它有使用、观赏和收藏的价值。

## 二

与一些"半路出家"的制墨大师相比,周美洪可谓"根正苗红",他出生制墨世家,用句时髦话说,他有这方面的遗传基因。周美洪的祖籍在传统徽墨制作中心的绩溪。周美洪的祖父制墨,并在南京做过墨生意,父亲13岁便跟着祖父学制墨,一干就是一辈子。

老胡开文墨

周美洪是如何和徽墨结缘的呢？1957年,周美洪出生在绩溪县的大元镇一户亦工亦农的普通家庭,母亲在绩溪乡下务农,父亲在歙县老胡开文墨厂工作。周美洪有一个姐姐和一个弟弟。姐姐跟着父亲在绩溪县城,周美洪和弟弟跟着母亲留在乡下。他的家乡大元镇是个"尚文重教"的古村落,400多人的小小村镇里,有考上清华大学的,也有考到北京大学的,村民对走出大山的孩子当了什么官并不太在意,但对孩子考取了什么大学却十分关注。可周美洪对读书的兴趣似乎没有对制墨大,他读小学时,一到放假,就往县城父亲所在的墨厂里跑,他一会儿帮助工人搬墨模,一会儿修墨边……乐此不疲。1977年恢复高考,周美洪没有考上大学,望子成龙的父亲原希望长子美洪复习一年再考,但是第二年的高考要考外语了。对于没有学过外语的周美洪来说,要想考上大学,难度很大。1978年,周美洪干脆到父亲的墨厂顶了父亲的职,当了一名制墨工,对于儿子的选择,做父亲的虽然有些无奈,但也只能认了。

对于当初的选择,周美洪一点也不后悔。在当时的墨厂,高中生算是高学历的了,来墨厂制墨的,往往都没什么文化。周美洪说:"不说当年,就是现在,有文化的孩子,要他来墨厂学习制墨,也很少有人干,因为制墨这活儿,一是很脏,二是比较累,更重要的是太枯燥,成天与松烟黑炭打交道。之所以来了,那是为了生活,为了有一碗饭吃。"对周美洪的说法我并不十分认同。我认为假如周美洪没有一定的文化,没有对制墨的热爱,也许成不了大师,只能是一个制墨工人。周美洪说:"原来只知道制墨,当我真正接触、深入到这一行之后,我发现,徽墨承载着丰富的文化和历史。"对于胡开文墨的前身今世,周美洪都能说出个子丑寅卯来。

据史料记载,徽墨的前身被称为"李墨",而"李墨"事实上又应该叫"奚墨"。奚墨的"奚",本是河北易水人奚超的姓氏。隋朝末期,一直运用易水制墨的奚超因战乱逃避到南方,当他逃到徽州地界时,发现这里有很多低矮的松树,制墨行家奚超一看便知:这种松树是制墨烧烟的好材料,于是便决定定居于此,并世代制墨。

传到五代时,奚超的后人奚廷珪突然接到南唐后主李煜的诏书。众所周知,李煜是个才华横溢的文人,诗书琴画样样出色。据说他在挥笔书画时,发现笔墨畅达,行滞自如,并能闻到阵阵墨香,就问这是哪里来的墨。当他得知所用之墨是由歙州的奚廷珪制作之时,就立即命人将这位制墨大师请到了金陵(现南京),封为"墨务官",并赐以国姓——李。从此,奚廷珪便成了"李廷珪","奚墨"也成了"李墨"。据说李煜那千古绝唱"问君能有几多愁？恰似一江春水向东流"就是用"李墨"写就的。

至于"李墨"演变为"徽墨",那是宋宣和三年(1121年)歙州被改为"徽州"之后的事了。徽墨既然出了名,便成了朝廷的贡品、文人雅士的礼品和读书人钟爱的用品。这样一来,市场对徽墨的需求量空前加大,徽州制墨业也随之兴盛。据当地文献记载,在宋代,徽州一带共有120多家制墨厂,徽州成了名副其实的"墨都"。

因为受到皇帝的喜爱,徽墨成为贡品也在情理之中。

宋代徽州制墨的规模很大,自然产生众多的制墨名家。到明代,徽州制墨大家辈出,其中最出名的,要数程君房和方于鲁。程君房所制的墨,千年不朽,是当时的抢手货,程君房当然也毫不谦虚,自称"我墨百年可化黄金"。大书法家董其昌称赞程君房墨:"百年之后,无君房而有君房之墨;千年之后,无君房之墨而有君房之名。"这样的评价已经被历史所证实。

到了清代,徽州出现了赫赫有名的制墨大鳄胡开文,胡开文家族后人经营范围十分广泛,在全国很多城市都开有墨庄,其间盛衰沉浮,春秋几度,歙县老胡开文厂就是大浪淘沙后,延续下来的名厂之一。徽墨由文房四宝之一发展成为具有"典型徽州特色"的工艺品,应该是从胡开文开始的。

据介绍,"胡开文"的创始人叫胡余德(1762－1845年),名正,绩溪上庄人。胡余德家境贫寒,十二岁随娘舅到屯溪汪采章墨店烧饭,十六岁当了休宁汪启茂墨店的捐卖。又过了五年,胡余德二十一岁时,成了汪启茂墨店的最大债主。这时汪启茂墨店在经营上出现了问题,于是把店业交由胡余德经营。胡余德接手经营后,得到了其父胡天柱的资助。为改店名,胡余德到屯溪求教同乡文人,走到居安村头一路亭歇息时,忽见亭西门首写有"宏开文运"四字。胡余德只认识四字中"开文"二字,觉得很有意思,于是在开文两字前加上姓氏,就有了"胡开文"的店名。

"胡开文墨历经数百年,能流传至今,无疑是成功的,尤其是胡开文的经营理念,对今人的启示颇多。"周美洪说。徽州当时那么多制墨厂家,竞争之激烈不言而喻。在如此激烈的竞争中如何取胜?这是所有经营墨业的人都无法回避的问题。胡开文能异军突起,其中一个重要原因是他不惜重金制作的墨模。

墨模,又称墨印或墨范,是历代徽墨制作大家都十分重视的一环。他们会请来一流的专家,研制图案,精心雕刻。胡开文为了将皇家御园——圆明园全景刻上自己的墨模,花费了大量人力、物力,聘请名家,制成了包括圆明园在内的六十四幅"御园图",为了这套墨模,胡开文可谓用心良苦。在那六十四幅御园真景毁于兵患之后,墨模却成了再现原景的"文献图",由此可见这套胡开文墨模之珍贵。

## 三

周美洪说,在制墨行业,像他这样由养家糊口到把它当作事业干的,绝非他一人,但要干出彩,可就不是一件容易的事了。有的制墨工人做了一辈子,最终也就会刻师傅交给的那几个图案,没有多少想法,也没有创新。周美洪认为:要创新,首先必须要爱这一行,然后要有思考;有思考,没有文化积累,也不行。

周美洪凭着对制墨的兴趣和有一定的文化,先后做了这个厂的团支部书记、生产科长、供销科长、副厂长,到1992年,当上了厂长。这是一段人生经历,也是一个积累的过程,更是一个逐渐融入的过程。

特别是当了厂长以后,就有了一份责任,周美洪发誓要把厂子办好。于是,他开始钻研制墨,尤其是制名墨的窍门。周美洪说,他首先考虑的是解决一个厂一百多号人的生计问题,然后才能谈得上工艺和艺术。"要说与徽墨的缘分,那纯粹是生计把我逼到制墨这条道上来的。"周美洪说。

周美洪认为:随着经济的发展,人们的物质和文化生活水平不断提高,书画艺术事业蓬勃兴起,制墨业也迎来了新的机遇和挑战,把徽墨做强做大并不是件轻松的事,其中的原因有以下两方面。

一是人才培养问题。现在的年轻人想入制墨行业的已经不多了。周美洪说:"我当年高考,录取比例大概百分之一;而现在,每年有大批的学生进入高校,高考录取比例每年都在上升。青年人完成大学学业之后,要他们回来做墨,这显然不大现实——至少现在不现实。没有考进高校的,全部都到外地打工去了。我在本地招聘技工相当困难,招来头十个人,能学成的恐怕也只有三四个;学成后能留下来做墨的,就更少。现在,我们厂与歙县行知学校联合招收学生加以培养,总算找到一条解决后继乏人的路子。两年前,我们厂招来一名正规高校的大学生,我把制墨行业最尖端的工作——雕刻墨模交给了他,待遇也最高,每年还有外出学习、进修的机会……留住人才不容易哦!没有人才,何以创新?不创新,企业哪有生命力?"对于这一点,周美洪非常清楚。

二是原材料问题。据介绍,当年的李廷珪墨,松烟0.5公斤,配以珍珠150克,玉屑、龙脑各50克,然后和生漆,捶砸10万杵。程君房烧烟,用250公斤桐油,只能得到"清烟5公斤"。可见,要制作上等好墨是相当耗费材料的。而现在的松树本身就是保护资源,加上烧烟所用的松树宜为低矮的、阳山的(也即能直接接受阳光照射的山的南面)老松树,可选用的范围就更小了。而没有好的松树油烟,是无法制作出好墨的。

周美洪说:"以前,因为业务上的关系,曾多次去日本。日本人对徽墨研究得相当细致,对徽墨配方的研究也倾注了很多心力,但他们仍然从我厂进口墨块,原因是他们那儿不允许砍伐松树。日本奈良有4家墨厂,全用炭灰代替松烟,而炭灰是从石油中提炼出来的。用这种墨画画,很难表现出画作的层次。与原材料问题相伴而生的,就是以次充好。近年来,墨的市场是不错的,面对诱人的订单,有些墨厂偷工减料;有的墨厂干脆不做墨,将厂房出租,租金比制墨赚的钱多,然后向同行企业买墨,转手再卖出去,买进卖出,再赚一笔!这样的事,确实是存在的。"

周美洪对笔者说:"做手工工艺品,材质问题太重要了。一流的制作技艺,加上上好的材质,才能成为大师。除此之外,大师没有任何超人之处。"

周美洪认为:除此之外,还要眼观市场,与时俱进。根据市场需要,要不断开发新品。20世纪80年代,《红楼梦》拍摄剧组,因为剧本中大观园的布设是以圆明园为原型的,而圆明园早已是一片断壁残垣,无法参照。怎么办?不知是谁想起了徽州。胡开文墨厂当年有一套共六十四幅的《御园图》。于是剧组找到了徽州胡开文墨厂,要看该厂保留下来的精致墨模,因为胡开文墨厂当年创作的《御园图》墨模中有一幅绘有圆明园全景。胡开文墨厂的墨模最终解决了摄制组的燃眉之急!胡开文老厂开发的世博会礼品墨,以及《黄山图》《八仙图》等,都是既有传统特点,又富有时代气息的好产品。

有一种坚持叫付出,有一种喜悦叫收获。周美洪付出了,也收获了。如今,周美洪付出三十多年心血的歙县老胡开文墨厂不仅起死回生了,还不断发展了,现今歙县老胡开文墨厂每年有60吨的产量,产品远销东南亚和日本、韩国,深受消费者喜爱。1990年,其被国家轻工部授予"全国轻工部骨干重点企业"。

周美洪认为:歙县老胡开文墨厂的发展究其原因,一是它有着自己的传统技术优势,有一批兢兢业业、技术过硬的技术工人。二是有自己的品牌,老胡开文墨厂的墨模始终与文化相联系,他们重金聘请了一些徽雕大师专门雕刻墨模,将名闻天下的徽州文化和徽州雕刻技艺融进墨模,这就使胡开文墨不仅是一件商品,也是一件艺术品。三是注重创新,不惜资本开发新产品,使产品能满足不同消费者的需求,适应市场的不断变化。

周美洪说:"人,可以改变生活,但生活也无时无刻不在改变人。当初,我是因为生计而进厂的,如今,我已经将制墨视为爱好、视为事业、视为生命!在前些

年兴起的企业改制大潮中,我有机会跻身国家公务员行列,但我放弃了。现在,我年近花甲,已经过了手工制作大师的最佳年龄,我认为,手工制作大师的年龄一旦超过50岁,黄金时期就渐渐结束,因为50岁之后,视力会减弱,体力也会下降,视力和体力都是一个手工制作者必须具备的条件。当然,即便我退休了,也还会留在这个厂,哪怕看门,我都不会离开,看着这里的一砖一木、一凿一铲,我心里就踏实……"这是周美洪的心声,也是他对老胡开文墨厂永远的牵挂。如今周美洪的儿子周健已经是墨厂的一员,主要承担工艺墨的设计工作,他将成为周美洪在墨厂的接班人,对于这一点,周美洪很欣慰。

# 与徽州石雕的不解之缘
## ——徽州石雕国家级传承人冯有进

冯有进在工作

说到冯有进，人们就会想起那一座座气势雄伟的石牌坊、一对对高贵威严的石狮子、一扇扇优美生动的石雕漏窗、一幅幅栩栩如生的石浮雕……冯有进，生于1953年，从他的祖、父辈起就开始从事石雕行业，一脉相承，代代相传。由于受家庭环境的熏陶和影响，冯有进十三岁便开始跟随其祖父学习石雕技艺，从此与石雕结下了不解之缘。到了1975年，二十二岁的他已熟练掌握了徽州建筑石雕技艺，并正式入行，开始从事石雕的制作、安装，数十年来他一直孜孜不倦地在徽州石雕工艺的钻研和传承工作上耕耘，他和他团队创作的建筑石雕作品不仅成为黄山市的一道亮丽风景，而且遍及全国各地，名扬国外。

徽州石雕历史之久，由明而清直至民国，传承六七百年不衰。徽州四雕之一的徽州石雕是著名的汉族传统雕刻艺术，是徽州古代建筑中经常使用的一种装饰手法，在徽州城乡分布很广，凡有建筑处，都可看到匠师们的石雕作品。石雕工艺主要用于寺宅的廊柱、门墙、牌坊、墓葬等处的装饰，属浮雕与圆雕艺术。在徽州，数以万计的住宅、祠堂、牌坊、园林成为石雕艺术的载体，石雕艺术同时又使徽州建筑的风貌更具地方特色。徽州建筑石雕不仅分布于徽州一府六县，而且随着古代文化交流，在邻近地区以及一些通都大邑，也随处可见。另外，古代一些重要工程也经常抽调徽州匠师参加施工，如曲阜孔庙大成殿的28根雕龙石柱，即明弘治十三年(1500年)敕调徽州工匠刻制，充分显示了古代徽州劳动人民巧夺天工的艺术才能。

新中国成立以来，特别是1979年以后，由于历史文化遗产保护和旅游业发展的需要，徽州石雕艺术复苏，不仅传遍大半个中国，且远涉重洋，花开异域。冯有进就是这个时期徽州石雕的代表人物之一，如在1989年建成的德国法兰克福市春华园和2007年修复的春华园，都是典型的徽派建筑石雕，其形象逼真，受到德方的高度评价。

凡熟悉冯有进的人都知道他是一个低调、朴实、言语不多的人，但作为徽派石雕的代表性传承人，冯有进对石雕事业的兢兢业业让人赞叹。

在前人创作艺术的基础上，冯有进不断传承与发展，作品源源不断，并形成了他自己的独特风格，被称为民间艺术语言。诸如雕刻荟萃的石牌坊、石亭，威风凛凛的石狮子，古朴典雅的抱鼓石，玲珑剔透的石漏窗，富于诗情画意的石栏杆，以及造型万变的石柱础、石鼓等。

2000年，冯有进带领他的石雕团队，承担了河南省新郑市"轩辕黄帝故里"牌坊的石雕工程，这是一座六柱五间五楼石坊，其石质全部采用河南青石，工艺要求高、难度大，二十多人经过三个月的艰苦努力，终于完成了这座浩大的石雕工程。如今这座石雕已成为河南省新郑市一个地标式建筑，成为海内外炎黄子孙寻根祭祖的华夏圣地和以寻根祭祖为主题的爱国主义教育活动基地。

黄山市休宁县被称为中国状元第一县。历史上休宁以县城东门(即今钟鼓楼旧县衙遗址一带)为中心，曾有数百座牌坊遍布城乡，其中尤以状元坊最引人瞩目。明初古楼村任亨泰状元坊由朱元璋赐建，开启了皇帝敕建状元坊的先河。此后，休宁文风日益昌盛，科举佳话不断，先后有19人获得状元桂冠。为弘扬状元文化，2005年休宁县准备

休宁县状元四面坊

建造一座"状元坊"作为状元县的标志。"状元坊"建造要求高,工艺复杂,其石质全部采用河南青石,四柱四面,"口"字形平面,高9.68米,宽近5米,重檐翘角,雕镂精细,气势宏伟,为状元广场主体建筑之一。如今,这座博采众家之长的徽派明式状元坊矗立于广场中心,不仅再度向世人诉说着状元县曾有的辉煌,而且更加激励后人奋发有为,勇攀高峰,再创辉煌。

冯有进和他的团队承接的石雕工程还很多,如东至县历山"尧舜胜境"四柱三间五楼石坊、黄山市屯溪"广宇·黄山徽派美食城"六柱五间冲天式石坊等。这些石坊的每方柱石、每道额枋、每块匾额、每双雀替,几乎都饰有精美的雕刻,这些雕刻多为半圆雕、镂空雕、透雕、高浮雕,并以高浮雕衬托半圆雕、镂空雕。刀法娴熟,线条明快,风格潇洒深秀。牌坊最精彩处还数大、小额枋上的核心部分,无论是"双龙戏珠""双狮戏球"还是"鱼跃龙门",亦都神采飞扬,栩栩如生。柱干的压脚也巧置双双抱鼓石,或夹柱石,或石狮,更增添了牌坊的雄伟气势,给牌坊注入了诱人的艺术魅力。

说到徽州石雕,一定不能不说石狮,冯有进更是擅长石狮的雕刻。石狮属于圆雕,与淡雅的砖雕、华美的木雕狮子相比,因材料相宜,形象高大、坚实,显得特别气派。徽派石狮样式是明清两代徽州民间艺术家们经过大胆想象、夸张、变形了的装饰偶像。头大脸阔,额隆颊丰,箕口肉鼻,从头到项背披着漩涡状的鬣毛,胸饰璎珞华锦,脖上挂着铃铛,俯首缩足,给人以亲昵可爱之感。尤其是宅邸大门前所安置的对对石狮,一般一只膝下依偎着幼子,另一只则脚踏绣球,它们既能渲染门第的高贵威严,又能营造一种喜气临门的气氛。冯有进在对石狮的雕刻上,十分注重浮雕技法,并注重形体姿势,在借鉴传统石狮的基础上取长补短、不断创新,以增强细部装饰效果,从而创造出更高的艺术境界。

来到徽州,随处可见形式多样的石栏杆,其用途极为广泛。石栏杆上雕刻最精彩的地方就是华板。华板俗称"栏板",徽州石栏杆上的华板大多呈横幅式,夹在两杆望柱之间,地伏之上。华板之上还刻有两三只撑拱,华板恰似一块画板被镶在"镜框"之中,它的两面均可雕刻。华板雕刻题材广泛,内容丰富,或配载山川风物、园林景胜;或展示珍禽异兽、奇花异木及吉祥如意图案、几何纹饰等。栏杆的雕刻也是冯有进得心应手的技艺,多年来经他雕刻的栏杆已植入公园、企业、桥梁、风景名胜、宾馆饭店、娱乐场所以及别墅住宅等。

冯有进最得意之作是黄山市黟县"赛金花故居——归园","赛金花故居——归园"是安徽省重点文物保护单位。这里是集徽州三雕于一体的典型徽派建筑园林。其中的徽州石雕就是冯有进的又一力作,园内石亭、石桥、石栏杆、石漏窗、石柱礅以及石浮雕碑刻全部采用当地仿古建筑材料黟县青石制作完成,立体感极强,形象逼真,仿古效果极佳,具有极高旅游观赏价值。

冯有进的力作远不止于此,如2002年制作的《母子蛙》出口至日本;2003年的"徽文化石制盛菜器皿"被西海饭店送展并荣获餐具一等奖;2005年的四柱三间钢木结构的仿石"开园坊"作为第九届黄山国际旅游节暨徽文化节的展示,同年被评为黄山市"民间工艺师";还有2007年建成的中国徽州文化博物馆中的徽州石雕……直至今天,年逾花甲的他还在孜孜不倦地对石雕工艺进行创新。

　　作为徽州石雕国家级非物质文化遗产传承人,冯有进说,既然我这一辈子已与石雕结缘,不管是初衷还是无奈,从祖辈将这门技艺传至我手上的那一刻起,我就注定要让徽州石雕传下去,走出去,不断发扬光大……冯有进从事石雕工艺四十余载,收徒已数十名,并在1998年创办了黄山市屯溪徽派石雕工艺厂,如今他传承的不只是一种技艺,更是一种精神。就是这样一种精神,让他一直坚定地将徽州石雕不断发展壮大,保护传承下去,永无止境!

# 飞刀走笔写春秋
## ——徽州砖雕国家级传承人方新中

方新中工作照

去安徽省图书馆，人们常常被其门庭构造及 66 幅砖雕人物画像所吸引，感叹不知哪位高人竟能在一块块尺余见方、厚不及寸的薄"砖"上飞刀走笔，勾勒出多位名人不同面部表情和细节特征，且如此灵性十足、栩栩如生！

他就是徽州民间工艺大师、国家级砖雕非遗传承人方新中。这位和新中国同龄的民间艺人大部分时间都在徽州乡间度过，故乡的青山秀水和粉墙黛瓦以及马头墙的古民居建筑潜移默化地影响着他，高墙深院的门楼、梁柱、漏窗及庭院布设体现出的徽州文化元素散发出的魅力让他着迷，并由此成就了今天的他。

新中自幼酷爱画画，对那些笔墨山水的结构了然于胸，田野、村舍、古老房子的雕饰等都是他笔下的素材，并为他日后几十个春秋的砖雕生涯埋下了伏笔。在那个重家庭成分的年代，由于父亲是右派，方新中中学未毕业就回家务农，他边务农边学习竹木雕刻，学成后于 1985 年考入歙县徽州古典园林公司，专门从事木、竹、石雕刻方面的工作，因为成绩突出被省里特招为正式工，他在勤于向民间老艺人学习的同时，还仔细观察徽州古民居的砖雕和各式门楼的雕刻，研究徽州建筑雕刻风格、构图和方法,并用自己的聪明智慧和粗糙却不失灵巧的双手诠释了对徽州砖雕的理解和领悟,将徽州传统雕刻和现代审美进行了完美的对接。

砖雕俗称"硬花活",作为徽州四雕(砖、木、石、竹)之一的徽州砖雕,是砖雕中的重要流派,早已名闻中外。明清时期,徽商崛起,经济繁荣,文化鼎盛,砖雕技艺因徽派建筑达到极致。为了将这传统工艺传承并发扬光大,方新中精心选用当地盛产的质地坚细的青灰砖,经过画稿、放样、打坯、出细、修神、修补等工序,将人物、花卉、鸟兽、神仙故事等题材精致地雕镂在青砖上。出自他手的砖雕作品工艺精细,雕刻工整,运线流畅,主题突出,层次分明,为同行业的佳作。

方新中砖雕

寒来暑往,斗转星移。不觉间方新中从事徽州砖雕工艺创作已近半个世纪,他凭着过人的悟性和钻研精神,成为砖雕民间工艺大师,先后创办方氏砖雕工作室、徽派方氏砖雕工艺厂、黄山市新中艺术砖雕厂,是黄山市从事徽派砖雕艺术专业厂家,拥有了数十名民间工艺大师、雕刻工艺师、技师,技术力量雄厚,能在砖雕行业提供设计、雕刻、安装一条龙服务。同时开展先泥塑砖雕作品制作,并承接各类石、木、竹雕业务。

2006年5月,经国务院批准,徽派砖雕被列入第一批国家级非物质文化遗产名录。2007年6月,方新中被文化部评为"第一批国家级非物质文化遗产名录——徽派砖雕项目"代表性传承人。

几十个春秋,方新中继承和发扬徽派风格的砖雕传统工艺,自行设计制作了无数大大小小、风格各异的砖雕作品,足迹遍布祖国大江南北,他的部分作品还漂洋过海,将徽派砖雕的魅力在多个国度展示。他曾先后参与南京"净觉寺""李香君故居陈列馆""总统府"等处的砖雕图案绘制和制作。1988年,承制德国法兰克福市徽派园林建筑"春华园"内全部砖雕,主雕合肥包公墓博物馆内砖饰壁画《包公审牛舌头案》。2000年,承制、主雕黄山市大型砖饰壁画《徽州胜景图》。2002年,为杭州新建"雷峰塔"设计、绘图、主雕砖饰壁画《水漫金山》。2003年,主雕江西省婺源县江湾"永思祠"八字墙的砖饰砖雕并参与设计和绘图。2004

年,为黄山市"徽商故里大酒店"大型砖雕画《走进徽州》进行图案设计并主雕。2007年,带领徒弟历时数月,设计雕刻完成安徽省图书馆由29位安徽历史文化名人和37位院士的砖雕人物像组成的古色古香的"名人长廊"。同年,设计雕刻完成根据不同画家画稿绘制的徽州文化博物馆大型山水人文景观砖雕。

　　方新中率领他的团队,不断推陈出新,将砖雕艺术引入现代园林、宾馆茶楼、户外广场等的装饰中,先后承揽或参与了世界文化遗产地、国家及省级重点文物保护单位的砖雕、砖细修复,成功制作了一系列大型砖雕壁画作品,得到业内专家和国内外用户的好评。《中华民居》《安徽日报》《天津经济报》等报刊多次报道其个人艺术成就,个人专题分别在中央电视台十套《家园》《探索·发现》、四套、七套《农广天地》、中国华艺台百集纪录片《非遗传人在中国》栏目、上海东方电视台、安徽电视台《魅力安徽》栏目、黄山电视台等媒体播出。其在省级以上报刊发表论文多篇。同时,还受到国家、省、市多位领导亲切接见。

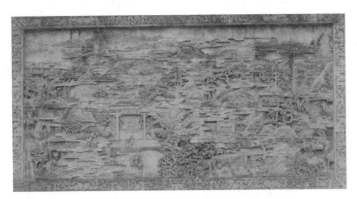

方新中作品(黄山徽文化博物馆收藏)

　　作为国家级非遗传承人的方新中,始终不忘"将徽派砖雕传承下去"的历史使命。2009年9月1日,他欣然接受安徽省行知学校提出校企合作、共同培育徽州砖雕传承人的方案,进驻安徽省行知学校,创立徽州砖雕实训室,进行徽州砖雕传习活动,拯救濒临失传的徽派砖雕技艺,为徽州砖雕的改革、创新、发展尽心尽力。"把徽派砖雕技艺传承下去,是我作为黄山人义不容辞的责任,也是陶行知先生对我们的希望,我们一定不辱使命,不负期望,让徽州砖雕这项徽州奇艺代不乏人,薪火相传!"方新中自豪地说。

# 舞台春秋
## ——徽剧国家级传承人江裕民

### 一

退休多年的平静,被一连串的电话铃声打破。文化部公布的第二批国家级非物质文化遗产代表性传承人名单中有江裕民的名字,他成了徽剧代表性传承人。

在婺源县城里,他是一个知名度很高的人,婺源的"杨子荣""郭建光"!四十岁以上的人,谁不知道江裕民呢?许多领导、同事、朋友、亲人、学生、后辈打来了祝贺电话!但他明白,这既是对自己数十载舞台春秋的肯定和赞美,也是对一个新的时代的祈望和礼拜。

### 二

荣誉和责任是一种担当的两个说法。得为徽剧做点什么!大大小小的会上,江裕民说,徽剧要传承下去,得从娃娃抓起。他跑婺源中学,跑紫阳一小,几年来每个星期六、星期日,他和他的徒弟们风雨无阻,准时出现在学校的徽剧兴趣小组。

孩子们看着戏服里的江裕民,非常好奇。五年级的林可依问得特仔细:"爷爷,你手上的鞭子是干什么的?"江裕民回答:是马鞭,象征骑马。这是一件半虚半实的道具。鞭子的颜色说明骑马人的身份,挥鞭的动作不同,表明骑马环境的差异。他边说边做,纵马驰骋,收缰勒马,是肢体语言,也是舞台动作。他眼到手到,一招一式充满了劲道,徽剧的基本知识、动作、要领,被他解说、示范着。孩子们笑了,围看的家长也觉得有意思。一个扎着蝴蝶结的女孩问:"为什么叫徽剧呢?"这个问题问得好!江裕民的声音高起来。同学们会写"徽"字,但是知道它的意思吗?一个童声响起了:"有两个意思,一是某个集体的标志,二是表示美好。"江裕民连声表扬起来。历史上徽州的行政区划是一府六县,婺源是其中的一县。婺源的地理环境、民风习俗,长期以来与徽州凝为一体,它们就像一块玉一样有着相同的肌理、质地和光芒。江裕民强调婺源徽剧就是取了这个"徽"字,它有着300多年的历史,是国粹京剧的一个源头。他顺势而下,讲起了清乾隆五十五年(1790年)弘历皇帝八十大寿,四大徽班进京的故事。他讲到京剧及几十个地方剧种和它休戚与共、血肉相关。徽剧是祖国戏曲百花园里的一朵奇葩。

窗外是樟树浓绿的叶片和漆黑的躯干,蝉鸣一声接一声,六月的天热起来了。宽袍大袖里的江裕民已是一身汗水,但看到孩子们兴趣浓厚,他便依然如数家珍地讲着。说到动情之处,禁不住气沉丹田,放开喉咙。江裕民知道,徽剧新的传人就在他们之中。

## 三

任何一个行当都有自身的规律。像体育竞技项目一样,徽剧演员得从小培养。江裕民有着切身体会。

读小学六年级的时候,一天,老师把江裕民带到办公室。几个眉清目秀的人打量起13岁的江裕民。要他伸伸腿,摆摆腰,他照着要求做了。后来要他唱歌,他有些不好意思,乡下的孩子对着不认识的人唱歌,真有点难。一个白白净净的叔叔说:那就简单点,喊几嗓子吧!还笑着加了句:你想怎么喊就怎么喊,不过要大声点。他就放松地喊了几嗓子。真是太简单了!没想到,他就这样进了县里的徽剧团。每天起早,在一个大仓库一样的地方蹲下身子,把腿伸得老长老长。嫌他的腿蹦得不够到位,师傅弯着身子在他膝盖上用力压,压得他龇牙咧嘴,眼冒金星,酸疼得不得了。这还不算,还要不断地翻跟头,师傅手摇着他的腰身像在摇一个箍,江裕民整个身子变成了一个圆圈,汗湿得像从河里捞的一样,已经汗水四溅了,还不能歇下来,当然喊嗓子是少不了的。这些叫练功。多少次夜里睡觉翻个身,碰到一些部位会猛地疼醒。

两个月后,徽剧团让他回溪头乡老家把户口转来。四五天过去了,他没有回剧团的意思。又过了两天,剧团里的张科长找来了。对着母亲,儿子的眼里泛起了泪光。见到此状,母亲心里什么都明白了,不去就不去吧。以后不就是唱戏嘛！那时社会上对戏子的评价不高,认为戏班子有染缸的色彩,弄不好让孩子学坏了。可父亲要他去。张科长继续做工作,说小裕民如何如何行,有的孩子想去剧团还不要呢。就这样,他跟着张科长又回剧团了。

## 四

练功,孩子们普遍觉得苦。比江裕民大一岁的江湘璈也逃回了家。江湘璈的母亲是位知识分子,对表演艺术有着成熟的看法,她认为不吃苦中苦,难做人上人,所以教育儿子从小要有吃苦精神。江湘璈不得不回到剧团。从小喜欢吹拉弹奏的他要求改学器乐,可没想到这也是一门苦差事。唢呐,要把腹气、胸气鼓捣出去,气势和力度必不可少。这不是一句话两句话说得清的。总之,按着师傅陈攀华的要求,对着曲谱起早贪黑地练,绝不比伸胳膊弯腰花的时间少。最后都得将腹气、胸气,甚至心气饱满酣畅地倾注到剧目中,关公、昭君、扈三娘要活灵活现地演奏出来,前台的演员是用唱腔在塑造人物,他是用气韵、声音对演唱帮一帮、拉一把,把那些人物形象刻画得更加丰满、鲜明、好看。这就要求他手里不得不练出些江河雷电,否则就难演绎那些风花雪月、才子佳人。音乐对于戏剧如同美术字的勾边,一个意思的多面演绎,是看点听点,也是厚重的背景和亮色的表达。后来他还跟着陈攀华师傅学二胡。

江裕民先跟蒋荫亭师傅学大花,后来跟汪新丁师傅学《盗令三挡》等徽剧剧目。念台词,师傅一句句地解释里面的意思,并送他一本小字典,要他碰到不认识或不懂的字词,就去找字典这个老师。师傅们口耳相传,强调字正腔圆。

背台词,跑龙套,边演边学。渐渐习惯了,也就不苦了。高兴的事也多了起来。每月7号,大家欢天喜地地去领钱。十块钱的津贴里七块钱吃饭,一块五给洗衣婆(太小了不晓得洗)。除掉理发洗澡,还能剩下一块钱零用。下乡了,徒弟们挑着师傅的行李在乡路上晃荡着。剧团还是沿袭着旧戏班子的做派,领班的领着剧团,师傅带着徒弟,一支不短的队伍行进在乡间的土路上。担子上系着竹子菜筒,那是师母给师傅准备的。开饭的时候,师傅招呼徒弟们过来。腌豆角,白菜秆,辣椒煎小鱼,一筒筒地铺开来,浓浓的咸香飘散着,那里的酸甜苦辣支撑着多少锣鼓喧天。年景好的时候,三四个人一组被分到村里的人家去吃饭。村民们拣最好的食物款待县里的戏班子。年关碰到杀猪,会吃上杀猪饭。再困难的人家鸡蛋是少不了的。下乡的次数多了,孩子们渐渐知道了,乡亲们换盐换煤油的鸡蛋,用来做菜了。他们小口小口地扒着饭粒,头也沉埋了许多。

村里管事的人早已翻看着戏本,从一大串剧目里,挑出喜欢的《牧虎关》。

汽灯照耀之下,急风暴雨的锣鼓声里,幕布徐徐拉开。唱词一句句地铺开来,石板路一样,带着质朴久远的苍凉,穿行在聚积的目光里,找到纵横的村巷,往着更深远的地方去了。风吹过,狗叫声撞碎了。时间一分一秒地淌过去了。胡琴唢呐如怨如慕、如泣如诉,大有肝肠寸断的意味了。西皮原板再转"流水",真是韵味醇美、板正字清,那段关前"高老爷……"的名段,更是舒展自如、摇曳多姿。百转千回里,曲调唱词就一起进了人们的心里。叹息飘起来,晶亮的泪珠扑簌簌地落下来。

噗嗤噗嗤的声浪里,汽灯从黯淡中转化出来。戏台上布帘悬挂的出口,跟头一个接一个地翻射出来。有人站起来,大片坐着的身子跟着站起来。跟头翻到舞台中心,再加几个空心跟头,场面猛地火爆了。乡村积压了一冬甚至一年的喊叫达到了高潮。乡野的狂欢盖过了短暂的寂静和溪流里所有的波涛。

夜半了,戏演完了,村民们将热腾腾的夜宵端上来了。江裕民、江湘璈他们从汗水里松了一口气。一场接一场的演出历练了经验胆识,一块连一块古朴的门板铺就了艺术之路。岁月的长河被山川传接着。古老的剧目,随着年轻的心跳搏动着血脉。

## 五

江裕民高山流水一样高昂清亮的嗓子没有了,行家说是倒嗓子。十六七岁的生理变化,让非常好的条件塌下一大截。本来,新来的学员里,师傅们最看好江裕民。小伙子苦恼起来,唱戏没嗓子怎么行?师傅们安慰:不要慌,过了这个时期,还能恢复,可能比以前更好,当然训练及养护不当,也可能不及先前。唱大面不够了,他跟着崔月楼师傅改学文武老生、红生。

江裕民正儿八经地登台亮相就被观众接受了。他浓眉大眼,扮相丰神俊朗,小小的年纪,戏就在脸上了,是天赋,也是后天的努力。师兄江湘璈在陈攀华师傅手把手的帮带下,不仅唢呐吹得像模像样,胡琴也拉出了特别的韵味。他逐渐掌握了较多的徽剧曲谱、曲牌,积累了表达方式,能根据剧情和人物的需要运用自如。新招的学员们都有自己的优势和特点,县里的领导看到了本土的力量和希望。20世纪50年代中期,时任婺源县委书记的人姓傅。他常说的是,管理一个地方光抓工农业生产不行,文化艺术也要抓。在他的积极倡导下,1956年成立了国营婺源徽剧团。江湘璈是第一批招进去的学员,江裕民是1957年招进去的第二批学员。剧团到歙县、休宁等老徽州地域里找师傅。崔月楼就是来自太平县甘棠镇的。婺源和徽州的联系真是千丝万缕。唱戏的师傅,多半是熟的,有些人新中国成立前就在一个班子里,还有些人是一个师傅带出来的。徽剧徽剧,就是老徽州的地方戏剧。婺源和徽州虽然行政区划上分开了,但徽剧是分不开的,两个地方或更多的地方在唱同一个曲目,这叫血浓于水。这不,婺源有难处了,就到徽州搬救兵。几百年来,徽剧就是在这块土地上诞生发展起来的,好比一些物种或特产,是山峰河流村落孕育的,是融入了千百年来的生命信息而茁壮成长起来的。

在师傅们的关怀和期待里,江裕民走出了青春期的苦闷。他开始担当大任了,他在《水淹七军》里扮关公,《打渔杀家》里扮萧恩,《九锡宫》里演程咬金,《盗令三挡》里当秦琼,《斩包勉》里扮包公,等等。他基本功扎实,身手稳健,唱念到位,戏路宽,扮相好,随着对剧情的深入理解,他更注重人物的刻画,将自己的情感倾注剧中。

## 六

生活的大幕起起落落,江裕民几进几出剧团,粮食局、文联都待过。1988年,他担任婺源县文化局副局长兼徽剧团团长。

在一些师傅的去留和生计问题上,他仍然缺少话语权。他只能用自己有限的力量,买些东西或带些钱,去看望看望那些晚境凄凉的师傅们。他忘不了他们对他口耳相传,一招一式浸透了他们的心血。师傅教艺,更教他做人。毕竟他十三岁就进团的,一个孩子的成长,离不开亲人的呵护和希望的目光!

江裕民苦恼的是团里人才奇缺,青黄不接,生旦净丑末不全。1984年,剧团改革,能唱的人走掉了那么多,搞到最后,没有打鼓佬,没有主胡,掌握全局控制节奏的人都没了,怎么演出?

婺源徽剧团曾经藏龙卧虎,有108人,剧目300多个,生旦净末丑,行当齐全,编剧、导演、音乐设计、舞美设计、主演五巨头齐备。江裕民清楚,正是在这样一个优秀的团队里,在崔月楼、汪新丁、江湘璈、俞根英、董礼和程万红等一大批德艺双馨的艺术家的指导配合下,自己才能在不同时期都有上佳的表现。1964年,上饶地区第三届戏曲会演,他主演了本团创作的现代戏《茶乡春色》;1965年,他在江西省农村文化工作队调演大会上主演现代戏《茶乡战歌》;1982年,由上饶地区文化局推荐,他参加由国家文化部、中国剧协、江西省文化局、江西剧协联合举办的"纪念汤显祖逝世366周年"演出活动,被邀请主演弋阳腔《南柯记》,由省电视台录像播放,深受观众喜爱和专家赞誉;1983年,剧团创作的徽剧近代史剧《长城砺剑》参加江西省创作剧目调演,他成功塑造了詹天佑这个人物,获演出奖和省政府颁发的创作奖,省电视台、广播电台都播放了该剧目;同年,《江西戏剧》月刊第二期封面刊登其扮演詹天佑的舞台剧照。

婺源徽剧是京剧的一个源头,让京剧在唱腔空间上更具韵味、生机和亮色。

曾经红火过400多年,有皖南特色又有浓郁的婺源韵味。组班于清代中叶的"新阳春""新鸿春""新长春"等婺源艺班,活跃在大江南北,直到新中国成立初期。弘历皇帝过八十大寿,调集徽剧戏班入京祝寿,此后的"四大徽班"进京,取代了当时主宰北京的秦腔的地位,并最终产生了京剧。新中国成立后,婺源徽剧团挖掘和收集了传统剧目《昭君和番》《斩经堂》《水淹七军》《扈家庄》《百花赠剑》《盗令三挡》《北河祭旗》等400多出,整理曲牌80多支,脸谱50多个,深受群众喜爱,为繁荣文艺事业做出了贡献。1959年,婺源徽剧团以徽剧《汾和湾》参加江西古老剧种赴京汇报演出,受到高度评价。到了20世纪80年代初,逢年过节,婺源县及周边各地抢着请剧团去演出。

江裕民(左一)《水淹七军》剧照

## 七

文艺需要花钱。自2009年始,江裕民都从国家拨给他的每年一万元专项补助经费中拿出一部分用来购买设备、书籍及相关资料。老伴和子女支持他的决定。他们熟悉一个献身半个多世纪、热爱了一辈子艺术的艺术家心里跳动的节律。作为濒危剧种,婺源徽剧列入国家首批非物质文化遗产名录,需要口耳相授,言传身教。江裕民召集分散在各地的同门师兄弟,共同整理出一批传统剧谱、剧本。两年时间恢复了《水淹七军》《扈家庄》《汾河湾》3个传统剧目的演出。徽剧走进了校园、茶楼、景区、社区,江裕民努力尝试多种途径,让更多的人认识了解甚至喜欢徽剧,体验其中的味道和魅力。

身体不如以前了,一些老年病不饶人。但他一听到锣鼓响,就仍像当年一样,立刻来了精神,进入角色。他说:"老祖宗留给我们的好东西,千万别在我们的手里毁掉了!"

徽剧要保护、要传承、要发展,主要靠剧目,剧目需要人去创作、演出。婺源的旅游,越来越需要文化品牌的支撑,徽剧这个国家级文化遗产,就是这样的品牌。徽剧现在缺的不是观众,不是市场,而是剧目和后备人才。

让他喜出望外的是,县里决定将婺源徽剧团改为婺源徽剧传习所,并给了32个学员指标,目前已招进了29个学员,送到合肥安徽艺术学院代培,毕业后团里负责接收。他担心新学员多是学歌舞的,缺少戏曲表演的基本功,耍刀弄枪、唱文念白韵味不足。教起来很费时间,排练场往往成了练功房。这事很苦很累,年轻人不愿学,学校里的有些小苗子由于升学压力,经常半途而废。但终归是政府有了实招,技术层面的东西,相信会在实践中得到完善和弥补。

县里还成立了非遗保护中心,官方民间正步调一致地向着未来奔跑。

# 深山打目连
## ——目连戏国家级传承人王长松、省级传承人王秋来

在一阵急促的呼喊声、锣鼓声中,一群脸上涂着黑色、白色、赤色、黄色、青色油彩的"怪物"在舞台上疾跑着,呼啸着,他们一手执铁叉,一手执火把,口喷大火,绕场狂奔。铁叉铁环的金属撞击声,急风骤雨般的锣鼓声,噼里啪啦的爆竹声与情绪亢奋的观众口哨声、呼叫声混杂在一起,震耳欲聋……

目连戏剧照1

这是在祁门县城中心广场举办的全县非物质文化遗产展演,舞台上表演的,是被专家学者誉为"戏剧活化石"的目连戏,祁门西乡历溪村戏班表演的开场戏"跑猖"。

目连戏演出有"两头红"之说,就是从太阳落山开始,一直演到第二天日出,最多时可连续演上九天九夜。关于目连戏,祁门民间有"出在环砂,编在清溪,打在栗木"之说。说的是目连戏人物、情节、故事,取材自祁门历口环砂村,目连戏剧本为祁门渚口清溪人郑之珍所编,表演以祁门箬坑栗木村的戏班最棒……

一

目连戏源自佛教目连救母故事,目连又称目犍连,或作大目乾连、大目犍连、摩诃目犍连等,在释迦牟尼最杰出的十大弟子中排名第二,在佛经《目连因缘功德经》《报恩奉盆经》《盂兰盆经》等经卷中都能见到。到了唐代,目连故事已在我国广为流传,宋代就有关于目连戏演出的记载。不过目前存世最早且最完整的目连戏剧本,为明代祁门西乡清溪人郑之珍的《新编目连救母劝善戏文》(以下称《目连救母》),分上、中、下三卷,一百零二折,明万历七年(1579年)制版刻书,万历十一年(1583年)书成行世,广泛流传于民间,成为今日之"祁门目连戏"。

郑之珍(1518—1595年),字汝席,号高石,明万历补邑庠生。历经明代正德、嘉靖、隆庆、万历四朝。曾多次参加科举考试,却"屡蹶科场",后来"抢道自娱,著作林间",始声名远播。在《目连救母》序中,其自述:"幼学夫子而志春秋,惜文不趋时,而学不获遂,于是萎念于翰场,而游心于方外。时遇秋浦之剡溪,乃取目连救母之事,编为劝善记三册。敷之声歌,使有耳者之共闻;著之象形,使有目者之共睹。"《目连救母》将目连故事、徽州民间传说相糅和,重申纲常,维护伦理,阐明是非,以此醒世。

在清溪郑氏族谱中,收录有其婿叶宗泰的《高石郑先生传》,细述郑之珍生平。"先生自幼病目,虽入蒙学,记名而已。至嘉靖甲午,先生自奋入大学,每遇晨昏,听人读书,读者未熟,先生已洞然于心胸矣。""先生性敏学博,读书过目不忘,苏庵先生甚奇之。自补邑庠,小试屡捷,大考则终坐,目病艰于书写。""先生天性好善嫉恶,虽未大行于天下,然《劝善》一记,千载不磨……"

郑之珍编写的《目连救母》在民间舞台上久演不衰,"支配三百年来中下社会之人心",并随徽商流寓大半个中国,影响了徽剧、川剧、汉剧、豫剧、昆曲等诸大剧种。

## 二

祁门目连戏,历史上戏班较多,如今能够演出的仅有历口历溪村、箬坑马山、栗木等村,且各有所长,各具特色。历溪、栗木目连戏班的绝技是武戏和跑猖,而马山目连戏则以文戏唱功见长。

历溪村坐落在牯牛降山脚下,因村前的河流汇集历山的多条溪水而得名,为新安琅琊王氏后裔聚居地,建村于南唐。村人王琠曾因治愈皇子奇病而被封为登仕郎,升御医。后年高归乡,皇帝御赐汉白玉石鼓一对,仿皇宫式样建五凤楼——合一堂。

除了王琠和合一堂,历溪村最有名的便是目连戏。历溪村的目连戏班,是祁门最早恢复的目连戏班之一,随着乡村旅游的日渐红火,也渐渐声名鹊起,如今早已走出了大山,走进了大都市。说起历溪村的目连戏班,还得先说说安徽省非物质文化遗产目连戏的传承人、年逾古稀的王秋来老人。正是他和村中的几位老人,一起恢复中断了四十多年的村中目连戏,手把手教年轻人学戏,组建村目连戏班,表演目连戏……

王秋来老人,身材高大,腰板挺拔,精神矍铄,这可能与长期练功和表演有关。王秋来的父亲和伯父都是目连戏名角。7岁时的王秋来就跟着他们四处演戏。每年春天采好茶叶就出去,一直要到冬天才回来。"父亲王永元善文戏,在戏班中演金奴,大伯王永康则以武场闻名,常常表演盘彩。盘彩,就是在两根木杆之间用12米长的布交织在一起,人就像一只大蜘蛛,在布条上不停翻转,并且做出各种高难度动作。风险高,回报也大,演出前要签下生死状,盘彩时用的杉木、杆头上挂着的铜钱、布匹,祭祀用的整鸡、猪头,通通要归演员所有。如果摔死,杉木和白布就用做棺木和裹尸布了。"

目连戏剧照2

王秋来说,目连戏已经中断了四十多年,现在恢复的只是凭借儿时看戏听戏的模糊记忆。2000年,牯牛降脚下的历溪村开发旅游,县文化局提出将目连戏作为旅游的一项内容挖掘。上一代艺人已经不在,王秋来、王鑫成、王步和、王道照等几个老人借来戏本,一句一句地回忆唱词,凑出几出戏来。这个草草搭建的业余剧团几个主角都在60岁以上,大多是原来村黄梅戏团成员。"以前村里的目连戏都在晚上演,是'阴戏';白天则演黄梅戏,是'阳戏',如今是黄梅戏团改唱目连戏,阴阳颠倒了。"因为人手不够,王秋来分配每个人饰演多个角色。他本人出演武戏较多的益利、钟馗、猿猴精;曾任村会计的王步和心细,性子慢,以前在黄梅戏团里唱过小生,是傅罗卜的不二人选;一个文才,一个武才。王琪儿也是当年村黄梅戏团顶梁柱,唱花旦,和唱小生的王秋来搭档了十几年。因为她的加入,目连剧团打破了不能有女性出演的旧规。王秋来说,剧团多为老年农民,是因为村里的年轻人大多常年在外打工,剩下的几个也不愿意学,嫌它"装神弄鬼"。

如今,历溪村的目连戏演员不多,化妆的工具也简陋,画脸就用普通的广告颜料,描眉则是记号笔。脸面一律是素白,角色区别只在脸部的简单标记,比如山神鬼,就写上一个"山"字。主角的衣服只能依据一些戏本中的白描图,大多由黄梅戏服改制,"文服类似'生'和'旦'的,武服类似'净'的"。鬼和猖的服装则更不讲究,只需戴上红色或金色的假发,拿上钢叉,一个简单到粗陋的鬼就造出来了。

与服装的风格相同,动作也呈现一种夸张的滑稽,台词皆为当地土话。目连戏的《挑经挑母》类似《西游记》故事,表现目连一头挑经书,一头挑老母的魂灵,到西天求佛救母。王琪儿披上白纱就变成了观音,王秋来则换上与孙悟空相近的一身装束。场景交替变换,目连在佛经配乐中挑着担子慢慢悠悠,一会儿孙悟空出场,锣鼓转急,王秋来一招一式一点不含糊,一快一慢的对比让台下的观众忍俊不禁。

王秋来告诉我们,村内靠河边一块平阔的空地,曾是专门演戏的"戏坦"。太平天国期间,"长毛"(太平军)在此砍了两颗人头,从此戏坦再没有演过戏了。之后,整个村庄都成了目连戏的戏台,演员常在村口的古樟树下化妆,再到村北古树林旁的嚎啕殿去杀鸡接五猖神,祭拜戏神。在村口古桥边的观音阁上演一出《和尚下山》,通往牯牛降的小路上有一大片连绵葱郁的古树林,在那里表演傅罗卜历尽千辛万苦前往"地狱寻母"戏。

目连戏也叫平安戏、还愿戏,不能像一般娱乐戏剧一样随便演出,而类似一种宗教仪式,俗称"打目连"。"一种是定期的,以酬神谢祖、迎福纳祥,比如以往历溪村5年打一次,相邻的栗木村10年一次。另一种是不定期的,如果何处人丁不旺,瘟疫流行,就要打目连驱邪避灾,或者在修族谱、建祠堂时打一次目连。"

按照传统,随着打目连时间的临近,全村都要开始沐浴斋戒,斋戒开始时间不同,有的村子提前1个月,有的村子提前10天,常常要到《刘氏开荤》那一出才开荤。随着全村斋戒而来的，是家家户户大扫除，禁渔猎、禁杀生，严禁赌博偷盗、强买强卖、打架斗殴等。演出前，村里还要贴上"本村聚演，请诸神回避"的告示，以免犯冲，整个村子笼罩在隆重而肃穆的斋戒氛围中。

过去每个戏班都有自己特长和绝技，历溪目连戏班的绝技便是武戏和跑猖。历溪目连戏开场都要跑猖，五五二十五个五猖，分上、中、下三堂五猖，上堂五猖是中央，中堂五猖是普通老百姓，下堂五猖是地痞无赖，五猖也是分三六九等的。那脸上青的是东方青帝青五猖，脸上赤的是南方赤帝赤五猖，脸上白的是西方白帝白五猖，脸上黑的是北方黑帝黑五猖，脸上黄的是中央黄帝黄五猖。现在，打目连已和当初的表演形式大为不同，那些带有玄幻色彩的武打、杂技动作大多失传，而应该在夜晚村庄里四处上演的目连戏，也变成白天的舞台戏剧。跑猖只是一种形式，而放猖、收猖等神秘绝技都已失传。

2000年10月，中央电视台《华夏文明》摄制组拍摄徽文化专题，在祁门拍摄了历溪目连戏。之后历溪目连戏被邀参加一些重大活动的表演。如国际祁门红茶节、黄山节民俗文艺调演。2007年9月，还为CCTV-11频道的《京剧寻根之旅》节目进行了专场演出……

## 三

同样位于牯牛降山脚下，同样以打目连出名的，还有与历溪村仅一山之隔的箬坑乡栗木村。村子因四周栗树众多而得名。同样也是新安琅琊王氏后裔的聚居地，也是最早传播目连戏的村庄之一。

栗木村的目连戏班，据说成立于明万历末期，是已知最早的徽州目连戏班。清代中期至民国初年，栗木班渐渐兴旺，演员众多，演技精湛，特别擅长武场，最拿手的是表演"盘彩""盘扦"等杂耍，百年间，一直是徽州最出名的目连戏班，演员多时达40多名，阵容庞大。

栗木村目连戏班中饰演目连的是身材高大、魁梧壮实的王长松。1956年出生的他，也许是受父亲王三意的影响，自小就喜欢文艺。后来村里成立了文艺演出队，他兴奋极了，立即报名参加，由于扮相好，肯努力，天赋足，很快就成为队里的骨干，可惜不久，这个文艺演出队就解散了。1988年的一天，王长松父子刚刚从田里干活回来，队长就来找他父亲："三意，今天晚上到祠堂开会，是演目连戏的事，长松也去"。一听是演戏的事情，王长松草草吃过饭，洗过澡就去了。原来，当年县里组织了全国性目连戏研讨会，要进行目连戏会演，指定栗木村要排演一出目连戏参会。

目连戏虽然历经300多年长盛不衰，尤为"最喜搭台唱戏"的古徽州人喜爱。

但新中国成立后,演出渐渐稀少,这一古老奇葩也濒临失传。改革开放后,随着文化研究开始复苏,1988年,全国目连戏研讨会在祁门召开。在会上,为确保这次汇报演出成功,大家一致推荐由王长松来饰演主要角色傅相,由村里老艺师王丁发和父亲王三意担任他的老师,从那时开始,王长松便和目连戏结下了不解之缘。

由于自小没有练过目连戏,一切都得从头开始。那年秋天,每天一吃过晚饭,王长松父子就到村里的祠堂去,大家都在排练。背台词对白,练身段唱腔,对于这些白天要干繁重的农活的农民来说,确实不是一件容易的事情。老艺师王丁发七十多岁了,为带好村里这帮二十多岁的青年,每天晚上都要为他们上课到十一点。他对王长松等人说:"你们要抓紧学,再不学,以后就失传了。别看这古戏现在没人稀罕,以后会吃香的。"直到今天,王长松还对他深怀感激,他说:正是师傅的教导,我们栗木目连戏班才有今天。过去村里是"十年打一次目连",全部演完要三天三晚。在短时间内要青年人学会这些,难度可想而知。许多人想打退堂鼓,但王长松表现出了惊人的毅力和吃苦精神,台词背不会,晚上回到家里,在床上再背一段,清早一起床,就起来压腿练功,在田地里干活也在哼着唱腔。就这样,经过几个月的集中训练,王长松掌握了目连戏的主要剧本。1988年10月,栗木目连戏班演出获得成功,与会的全国各地目连戏研究者,对以王长松为首的栗木班子扎实的功底和独特的唱腔给予了高度评价和赞许。

戏班好不容易恢复了,不能让它再被破坏或失传,老艺师们也相继过世了,作为班里主要负责人的王长松感觉到肩上担子沉重。最关键的是不能没有传人。于是,从20世纪90年代起,他就把目连戏的演出和传授作为两件大事来抓,他带着戏班一班人在逢年过节的时候,不但在村里演出,也到歙县、屯溪、江西等地进行演出,他说:"我们演出,不是为赚钱,而是为了不让它失传,让更多的人知道"。另一方面,在村里,他挑选了王汉民、陈和丽、邬仙红、王兴根等人作为目连戏的主要培养对象,亲自传授,让更多的村民学会目连戏。

现在,随着乡村旅游发展和文化产业兴起,目连戏的演出也越来越频繁,越来越受到重视了。王长松现在常年在外地打工,但只要一听说有目连戏演出且需要他回来,他总是背起包袱就走,从不考虑经济问题。他说:"在我这一代,不能说能让目连戏有怎样的辉煌,但我绝对不能让他消亡。"2008年,王长松被国家文化部公布为第二批国家级非物质文化遗产项目代表性传承人。

## 四

2015年7月,应香港康乐及文化事务署邀请,祁门目连戏参加2015年香港

"中国戏剧节"演出,古老剧种走向国际大舞台。7月2日、3日,在香港油麻地戏剧院连续演出两场,场场爆满,演出十分成功。

这次演出,历溪目连戏班和栗木目连戏班,表演了目连戏《上寿》《富相济贫》《挑经挑母》《目连坐禅》《一枝梅》《小放牛》等16个折子戏,每个戏班演出一晚,时长2个小时,唱词念白均有中英文对照。香港观众欣赏之后,称赞古老神奇剧种目连戏不愧为"百戏之祖"。

2015年香港"中国戏剧节",邀请了北京京剧院、山东京剧院、苏州昆剧院等全国各大专业剧团。祁门目连戏演出的演员全部为农民,最大年纪71岁。此次演出从服装道具到化妆乐器均出自村民之手,他们大多数人没有出过远门,正是这种原始与粗犷,打动感染了广大观众,赢得了阵阵掌声。香港油麻地剧院总经理陈力表示,邀请农民剧团演出,之前也有些担心,没想到演出这么成功。

祁门目连戏这神奇古老戏曲在中断、沉寂了半个多世纪之后,经过王秋来、王长松等一大批人士的共同努力,终于枯木逢春,焕发生机,绽放美丽。

# 驰骋砚海刀作舟　鬼斧神工雕乾坤
## ——歙砚制作技艺国家级传承人郑寒

产自徽州的歙砚是我国四大名砚之一,一直备受文人墨客的喜爱。传承着传统古老砚雕技法的砚雕大师郑寒,曾经连续两次为国家领导人设计出访国礼。郑寒不善言谈,却专注于同刻刀、砚石对话,成为歙砚制作技艺国家级代表性传承人。

## 初 见 郑 寒

郑寒的工作室在一条幽深僻静的巷子里,边上自然垂落的树藤将工作室遮挡,远离了尘嚣,似乎让他有点世外高人的意味。郑寒见我们来了,马上泡起了茶,亲切随和得很。工作室不大,陈放着精美的歙砚,有精雕细琢的奇妙构思,有质朴大气的浑然天成,也有端庄大方的典雅沉静。在案台上、角落边还有几方未完成的砚台,地

郑寒工作照

上散落着好几块粗糙的石头。在郑寒的工作室内,有这样一副对联——驰骋砚海刀作舟,鬼斧神工雕乾坤。我想这可以说是对郑寒从事砚雕30多年来的总结吧。

## 从农村娃到砚雕工匠

1963年,郑寒出生在歙县杞梓里镇唐里村,家里姐妹兄弟六个,跟一般的农村家庭没有什么不同。从郑寒记事开始,农村徽派建筑上各种精美的石雕、砖雕作品成了他最早的启蒙,从此郑寒对国画产生了浓厚的兴趣,对照着小人书一遍又一遍地临摹。郑寒人生的第一个转折,出现在他13岁那年。歙县杞梓里文化站站长傅炳奎下乡调研,偶然从乡政府的宣传栏里看到了郑寒的美术作品,他觉得郑寒是块好材料,于是主动提出教他画国画。郑寒说,当时的那种激动之情他至今难忘。从此,郑寒开始了为期3年的学画生涯。每个星期天他都去傅老师那儿学画,从唐里村到杞梓里文化站,要徒步跋涉30里的山路,郑寒每次都是早上天不亮就出发,晚上披星戴月地回家。郑寒说:"那段'两头黑'的习画生活,是我人生中最难忘且快乐的日子。"

跟着傅炳奎学习几年之后,郑寒初中毕业。他遇到的另一位伯乐是他的中学校长方钦淦,方校长是书画、砚雕大师方钦树、方见尘父子的亲戚。郑寒初中毕业后便获得了向砚雕名家学习砚雕技艺的宝贵机会,实现了从农村娃到砚雕艺人的角色转变。那时候,农村娃娃大一点都时兴学一门能挣钱的手艺,减轻家里的负担。学画画,花费大。所幸的是,郑寒的家庭对他学习画画并没有反对。在县城学习画画花费大,不仅要买材料,还需要生活开支。为了不让家里负担过重,郑寒当时一个月所有的费用加起来只有10块钱。郑寒清晰地记得,当时县城边上有一个工程队,他就跟工人一起吃饭,有时候三天才能见上一点半点荤腥。当时的方钦树是县黄梅戏剧团的美工师,方见尘是县歙砚厂的砚雕师。因此,郑寒跟随两位师傅画过大型布景,也接触过歙砚初坯的雕琢,在舞台美术与工艺美术的世界里逐渐成长。到1983年,方钦树从剧团退休创办"歙县徽城工艺美术厂"的时候,郑寒凭借他的悟性与刻苦,已经成为厂里能够独当一面的新秀了。

1986年,郑寒完成了长1.5米、宽0.7米、重达400公斤的《八百里黄山图》,这是郑寒砚雕生涯中第一次独立设计并雕刻完成的歙砚作品。在创作的过程中,郑寒先后数次到黄山风景区写生搜集材料,足足花了3个多月的时间才雕刻完成。这一件巨砚作品不但获得了方钦树、方见尘的高度评价,同时也获得了黄山风景区博物馆的褒奖。至今,这件作品仍被黄山风景区博物馆珍藏。

## 从砚雕工匠到歙砚艺人

工匠着重的是技术,艺人讲究的是思想。随着时代的发展,砚台的实用价值渐渐转变成收藏价值。除了保留一定的传统模式，市场上对砚台的雕刻形式有了更高要求，一方砚，要有雕刻者独特的思想，独特的语言。郑寒老师说，自己从业30多年以来，如果说前十年是绘画、雕刻打基础的时间，那么，中间的十年是思想的易通，不断学习和积累的过程。经过几千方歙砚作品的创作磨砺，郑寒的作品逐渐受到业内人士的关注，郑寒也因此脱颖而出，跻身当代砚雕名家行列。他的砚雕精品展览曾多次在北京中国美术馆、上海刘海粟美术馆等地举办，并应邀赴新加坡、马来西亚等国家展出。由于其精湛的技艺，郑寒制作的砚雕作品不仅被博物馆和收藏家广为收藏，而且还在1997年、2004年两次作为国礼赠送给外国元首。

1997年4月，第三次中国-东盟高官磋商会议在黄山市举行，时任我国外交部副部长的唐家璇会后提及总理的访日礼品时，黄山市推荐了歙砚，并终获通过。于是，黄山市政府外事办公室将全市砚雕界较为有名的3家企业的设计方案报送外交部审定。结果，由郑寒和周小林联袂报送的《黄山胜迹印痕砚》方案脱颖而出最终获选。它的最大特点是砚体六面都是篆刻的"印"，共72枚，篆文是黄山72处著名景点的名称。印形有圆有方，印文有阴有阳，以印代景，并具有逼真的金石感；印面上有中央美术学院院长、著名书画家吴作人题写的"黄山胜迹印痕"六个字，背面则刻有当时国务院总理李鹏的亲笔签名。当年底，这方珍贵的歙砚，由李鹏总理亲手送给了日本明仁天皇。

7年后，机遇再次降临。2004年适值中法建交40周年，郑寒的歙砚再次被选为国礼。作为此次国礼《翰墨清远》文房四宝盒的中心构件——歙砚，郑寒提交了《中国龙砚》的设计方案。作为最高级别的政治任务，郑寒当时的想法是，既要将我们国家深厚的文化底蕴展示出来，又要考虑谁送、送往何处、谁来接受礼物这些问题，进行有针对性的创作。郑寒坦言："这次创作的难点主要是创新，因为龙是歙砚的传统题材，几乎所有的砚雕艺人都必须经过'龙砚雕刻'这一关，因此想有所创新很难。"当时已经成功创作过60余方龙砚的郑寒，从接受任务伊始就给自己定下了创作原则：既不跟别人的相似，更不与自己的重复，要在"克服俗气，务求大气，巧借御气，捕捉灵气"上狠下工夫。2个月后，郑寒完成了《中国龙砚》作品。制作的两方《中国龙砚》外形相似、尺寸相近，主要的不同之处是：在砚石石料方面，一方为上乘老坑眉纹，一方为上乘老坑金星、金晕；一方龙砚利用似烟笼淡眉、若隐若现的天然纹理，酿就"云横潭静、庄严沉雄"之妙境，一方利用天然金晕处理成如意祥云，利用天然金星处理成满天飞雨，酿就"龙翔九天、吞云吐雨"之气势。

歙砚作为"国礼"闯进西欧。这一"业绩"，郑寒颇感自豪。当艺人的雕刻发展到"用思想来雕刻"时，这完全又是一种境界了。2008年北京举办奥运会期间，国际奥委会终身名誉主席萨马兰奇游览黄山之际,郑寒刻了一方特别的礼砚《天圆地方》,这是诞生在黄山脚下的两大国家级"非遗"万安罗盘和歙砚的完美组合,被业内人称为"绝配"。

## 从歙砚艺人到艺术大师

读万卷书行万里路。现在郑寒一有时间就到各地去走走看看,这也是郑寒在寻找灵感的过程。他说一个地域与另一个地域文化形式不一样,独特的作品不应该是井底之蛙,只见头顶那一方天。2014年,郑寒只做了一件作品《敦煌遗韵》,将传统的徽州技艺与西域文化进行完美的融合。郑寒现在只带一名学生,这名学生也已经学了五六年时间。郑寒说:虽然学了这么多年,但是水平也只是处于中等,因为这一行没有十年是做不下来的。砚雕行业从业人员很多,但是并没有专门的院校,只能靠着师傅带徒弟的方式一代代传下去。早些年,郑寒传承心切,对于每一个前来拜师者,他都是来者不拒,招为学生、弟子,不但给予系统的砚雕技艺培训,而且不惜将自己多年来总结的技艺秘诀悉数传授。一些急功近利者学不满两年就纷纷自立门户,不仅基本功尚未扎实,而且只得其法,未会其意,制作的歙砚作品也令郑寒十分失望。因此,如今郑寒再收徒时,首先要经过为期3年的观察期,合格后方能拜师。

近年来,国家逐渐重视传统文化,从业人员可以通过参加展览评定职称。郑寒担任过评定职称的评委,但是,如今所谓"大师们"的浮躁让他有些心痛,到处参加展览宣传自己作品的目的就为了卖个好价钱。郑寒常对他的学生们说:"砚如其人,在砚雕艺术面前,来不得半点慵懒与虚伪;慵懒与虚伪的人,是雕不出好砚、名砚的。"

郑寒不但专心于自己的歙砚设计、雕刻和研究工作,而且还采用多种方式推进歙砚制作技艺的传承工作。如将歙砚制作技艺与现代审美结合,设计出一些具有时尚元素的歙砚作品,使传统的歙砚制作技艺融入现代生活。郑寒还撰写了《浅谈砚雕艺术的风格与特点》《歙砚雕刻技艺之我见》等研究论文,出版了《郑寒砚集》等专著,推动了业界对于歙砚制作技艺的研究。此外,他还利用上海世博会、全国文房四宝艺术博览会等各大展览会宣传推广歙砚制作技艺和歙砚文化。

光阴似箭,三十多年一晃而过。郑寒说,从 2014 年开始,每隔五年他将出一本作品集,按照作品的题材去分门别类,这是作为一名非遗传承人该做的事,该负的责,而在今后的十年、二十年甚至更长的时间里,自己也将为弘扬古徽州歙砚雕刻技艺尽自己的一份力量。

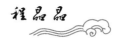

# 鬼斧神工刻宝株
## ——徽州木雕国家级传承人王金生

在历史文化名城徽州区,古民居、古祠堂、古牌坊遍及城乡,这些古建筑以鲜明的风格,独树一帜,各领风骚。其中尤以砖雕、木雕和石雕最为独特,名噪中外,光耀千秋。王金生就是徽州木雕技艺国家级传承人。

王金生,1928年7月生于丰乐河畔的梅村。自幼喜欢玩弄手工杂艺物件,16岁拜本县知名木工师傅汪叙伦学艺,曾参与北岸、大阜、白杨以及周边地区祠堂庙宇的木质构件雕刻。其中,他所刻制的祠堂花窗木板图案,得到师傅和同行们的一致好评。从那时起,王金生对木雕技艺如痴如醉,除了吃饭睡觉以外,一有空就刻这刻那,夯实基本功。1956年,北京举办全国农业展览会,王金生与师傅汪叙伦、王金九等人一起赴现场刻制各类农副产品物件,包括畜牧业、蜂业、渔业、林业以及粮食等类别。1958年,安徽省人民政府从合肥工艺美术厂抽调一批砖、木、石雕人员赴京,承担人民大会堂安徽厅的装饰任务,王金生为其中一员。在国庆10周年的活动中,人民大会堂安徽厅的"三雕"作品不仅荣获大奖,其创作人员还得到朱德委员长的亲切接见。

徽州木雕始于元末明初,盛于明清。数百年来,传承与创新并驾,时代感与审美感齐驱,作品的内容越来越丰富,雕刻的技术越来越高超,充分体现内容与形式的完美统一。民国以后,题材源于生活,构图趋于精致。表现手法从古拙质朴转向繁复精巧,使人从图案中感受到强烈的时代气息和浓郁的民俗风味。从哲学角度说,徽州木雕是儒家文化的典型体现,它大多以人物为中心,表现孝道、中庸、禅佛、礼仪、诗书、耕织等。图案大多为历史典故和福禄寿喜之类,如"百年好合""门当户对""子孙满堂""渔樵耕读""文王访贤""舜使大禹""三顾茅庐""关公送嫂""平贵别窑""柳毅传书"等。故徽州木雕有"雕不离儒,儒不离雕,雕儒合一"之说。

王金生为人谦和,做事务实。他是一位老党员,1960年经时任合肥工艺美术厂副厂长的汪叙伦介绍,光荣加入中国共产党。1966年返回故里后,他是歙县工艺厂组建党支部的创始人之一。王老以"静者心多妙,超然思不群"自勉,并常对弟子们说:"徽州木雕既是物件,更是艺术作品。它不仅要发挥构件功能,而且要体现艺术效果。一件好的木雕作品,少则保存数十年,多则保存数百年,乃至上千年。因此,徽州木雕的每一道工序,必须刀到心到,心物相印"。王金生创作的徽州木雕,古朴典雅、浑厚刚毅,既有古风遗韵,又有今人新貌。刀法简练挺拔,物象通体饱满。他的每一副作品,既是美术创作,更是心境锤炼,非浮躁者所能完成。王老执刀,视其内容而施以表现手法,或浅浮雕,或深浮雕,可圆雕,或凹雕,或多层雕,或透雕,将作品的主题表现得淋漓尽致。在取材上,他不拘一格,不落俗套,近似歙砚雕刻技艺中的"就形"刻制。即视材而刻,不一味追求名贵木材,有什么样的材质就雕什么样的作品,既有"阳春白雪"的柏、檀、梓、樟、榧、楠,也有"下里巴人"的松、杉、榆、柳、槐、杨等。这在其他木雕艺术流派中极为少见。

在"王金生木雕艺术馆"里陈列着王老亲手雕刻的近百件徽州木雕精品。其中数十件曾经荣获全国各类艺术博览会金奖和银奖。比如,徽州木雕《清明上河图》,荣获首届全国文化纪念博览会金奖;《蓬莱仙境》被中国工艺美术馆收藏等。其中,《清明上河图》长9.5米,宽1.5米,雕刻时间长达3年。图案中所雕刻的景物,大至寂静的原野,浩瀚的河流,高耸的城郭;小到舟车里的人物,摊贩的陈设货物,市招上的文字,丝毫不失。在众多的人物画面中,穿插着各种情节,组织得有条不紊,同时又颇具情趣。画面中有仕、农、商、臣、卜、僧、道、官吏、妇女、儿童、篙师、缆夫等人物,以及驴、马、牛、骆驼等牲畜;有赶集、买卖、闲逛、饮酒、聚谈、推舟、拉车、乘轿、骑马等情节;有大街小巷,店铺林立,酒店、茶馆、点心摊等百肆杂陈;还有城楼、河港、桥梁、货船、官府宅第和茅棚村舍。有人物近1700人,各种牲畜60多匹,木船20多艘,房屋楼阁30多栋,推车乘轿也有20多件。各种人物的各种活动,不仅衣着不同,神情气质各异,而且穿插各种活动,其间充满着戏剧性的情节冲突。这些繁杂的风俗画面,在王老的刀下都表现得精美剔透,连船只上的物件、摊桌的器具,以及人物的衣饰、发髻都雕刻得一清二楚,令人叹为观止。我国著名学者冯其庸为其题词:"千秋名作上河图,鬼斧神工刻宝株。想见东京繁盛日,王刀张笔共驰驱。"

王金生不善言表,但提及徽州木雕,他却有说不尽的话,唠不完的嗑。谈到徽州木雕技艺的标准,王老倡导细润、干净、层次、光滑。即运刀要细润,画面要

王金生作品

干净,层次要分明,通体要光滑。眼下王老有两件尚未公开露面的徽州木雕作品,一件是用于徽州古民居中的雀替;另一件是单体历史人物关公的造像。其雀替上可析人物、动物、植物的动静结合,天衣无缝。镂空透视的娴熟刀法,使点、线、面构图气韵畅通,神情并蓄。单体关公,似雕非雕,似铸非铸。王金生选用古代金丝楠木,采取深浅浮雕并用手法,将人物的神态和心境刻画得一览无余。关公手执大刀,盔甲生风,神情怒放,威严魁梧。连根根胡须都气贯山河,横扫邪气。

  老骥伏枥,志在千里。今年90岁高龄的王金生,既有长者的风范,又有艺术家的精干。他每天都要去工作室执刀操艺,每月都要过问弟子们的生活和工作情况,每年都要参加一些弘扬传统文化的境内活动。他深知传承徽州木雕技艺任重道远,他认定自己所走的传、帮、带之路,努力创作新作品,精心培养新能人。如今,王老所带的几个得意弟子均已另立门户,设坊立业。其膝下外孙方锋,初中毕业后随从外祖父习艺,所制徽州木雕亦已在业内饶有名气。近年来,全国许多资深媒体相继报道王金生的徽州木雕事迹,并为其制作个人专题片。面对纷至沓来的荣誉,王老淡然一笑:"唱戏不离口,打鼓不离手。吃手艺这碗饭,更是要勤练勤悟,常做常新。"

## 刻写徽韵的大美人生
——"徽州三雕"国家级传承人俞有桂

### 引 子

2010年7月,上海世博会江西活动周的现场异常火爆。7月3日,上海市委、市政府主要领导到场参加江西活动周开幕式。作为江西"招牌"的民间技艺之一,来自"中国最美乡村"婺源的俞有桂成为万众瞩目的亮点,他把木雕技艺带到上海世博会,每天在宝钢大舞台的展演区,在众目之下,镇定自若,一刀一刀地刻画着、雕镂着,让观者目睹他怎样用超凡的"魔力"化腐朽为神奇,他精湛的技艺引来了人们的啧啧称叹。

### 一、 古埠名村,泗染慧性

1965年4月,俞有桂出生于婺源县江湾镇汪口村。

他的老家就在汪口商业大街上,两栋窄小的二层楼房连在一起,大门面街而开。俞有桂的父亲俞广攀是当地有名的裁缝师傅,手艺高超。这让俞有桂从小就对"制作"特别感兴趣。很小的时候,他就瞪着一双大眼,看父亲用画料在铺展开的布匹上画出各种弧线,再拿剪刀把布料裁成大大小小的布块,最后缝成挺括、合体的衣服。他就想:爸爸的一双手真是神手啊。然后下意识地看看自己的小手,心里嘀咕着问自己:我这双手将来能做什么呢?

那个年代,小孩子都流行用木板做手枪、大刀、木屐,用小竹子做水铳,用纸

俞有桂在工作

糊灯笼……在俞有桂的童年伙伴中,俞有桂会做的"把戏"最多,做得最好,常常引来同伴们羡慕的眼光。而他呢,也很大方,有时一个小玩意儿刚做好,自己还没来得及玩尽兴,就送给了同伴。

汪口村头,有一座古老的规模宏大的俞氏宗祠,占地1000多平方米,始建于明代,清代多次重修扩建,整体结构为中轴歇山式,气势雄伟;内部雕刻精美繁复,特别是木雕,简直让人叹为观止。俞氏宗祠也是俞有桂少年时代玩耍的重要场所之一,放学之后,他常和一班小伙伴在宗祠里玩捉迷藏、追马、顶牛角等游戏,玩累了,就躺在宗祠的地墁石板上,细细欣赏楼顶的那些木雕,花纹呀,图案啊,它们到底表现的是什么意思呢?这都引起了俞有桂的浓厚兴趣。

## 二、四方拜师,笃定木雕

1979年,俞有桂在汪口附中毕业,本已考上江湾中学读高中的,因为家庭生活太困难了,他主动放弃读高中,尽早挑起生活的重担,为父分忧。他自小就对村里随处可见的石雕、砖雕、木雕等建筑装饰十分着迷,常常在老宅和祠堂里驻足徘徊,细心揣摩。父母见他对"三雕"这么好奇和向往,就请了村里有些名气的木匠师傅俞坤来,让俞有桂向他拜师学艺。

父亲俞广攀性格秉直,教子严而有方。他对俞有桂说:我们家世代以手艺吃饭,行得稳,立得正。既然你真心要学木匠,那就要一心一意把它学好,千万不可半途而废。俞有桂当即表态:一定认真跟师傅学好。其父说:口说无凭,立字为据吧,男子当说话算话。于是俞有桂在学艺保证书上写道:"……祖先留下这么多、这么好的建筑技艺,怎么就没有人愿意去学习呢?我一定要把它继承下来……"

那时的俞有桂才15岁,个子小,力气也小。一般木匠师傅用的斧头都有1.5公斤重,小小的俞有桂根本提不起,于是俞坤来师傅专为俞有桂定打了一把小斧头,只有1.1公斤。就凭着这把小斧头,俞有桂走上了艰辛曲折的木工学习之路。俞有桂跟着坤来师傅学了3年半木工手艺,师傅教得很认真,徒弟学得也很认真,尽得师父真传。

1985年,在县城做木工活做得顺风顺水,事业正处在兴旺时期,俞有桂却陷入了困惑:是做个普通的乡村木匠,以此终生,还是为从小就埋藏在心底的梦想去闯荡奋斗?思量再三,他向父亲提出要前往安徽学习徽州木雕技艺。父亲很赞成,并跑前跑后地帮忙联系。当时俞有桂的堂舅俞广嗣是黄山市二轻局干部,门路广,他出面联系了休宁木雕工艺厂,让俞有桂跟着何超群师傅学雕钟花。

俞有桂几乎没费什么周折就进了木雕厂,凭着机灵和勤勉,他很快就得到师傅的赏识和同事的喜爱。3个月后,俞有桂成了学徒中最优秀者,甚至某些方面已经超过了师傅。不但何师傅,连厂长都找到他,挽留他,把他提升为车间主任,每月工资从80元提高到260元,跟何师傅拿平级工资。俞有桂想把弟弟有鸿也带过去一起学做木雕,厂长也爽快地答应了。他甚至把另一弟弟有华也带去休宁,让他学理发。

又过了半年,俞有桂把木雕工艺掌握得烂熟于心,两个弟弟在休宁学艺也已出师,他下定决心要离开木雕厂,去寻求更大的发展空间。当他把心底的想法告诉师傅何超群时,何师傅也很赞成,并推荐俞有桂到广东去学做红木家具。师徒两人一起离开木雕厂,坐火车先到广州,然后师徒分手,何超群去了佛山,俞有桂去了顺德。他拿着师父的介绍信,找到某家红木家具厂,而他的新师父是个残疾人,一身高超的技艺,远近闻名。

在顺德待了一年多,俞有桂把红木家具的制作过程,从设计到成坯到雕刻,所有程序都一一学会。那时的红木家具就已经很畅销了,一套高达几千元,是普通家具的数十倍,俞有桂从中看到了巨大的商机。年底快要回家过年时,他去佛山找师父,说出了自己的打算。师父说:你的技艺还得再磨磨,再练练,再学学。于是,何师父又把俞有桂推荐到浦城家具厂。

浦城位于福建省北部,与江西省广丰县毗邻,离婺源比较近,正合俞有桂的意。1987年春节刚过,俞有桂就从婺源启程,过广丰,到达浦城。浦城做出口樟木箱的有十几家,雕刻工艺以精细著称。俞有桂的师父是何超群的"大乔"(襟兄),对俞有桂自然是照顾有加,为俞有桂专门安排房间,生活条件相当好,为俞有桂授艺也特别认真,俞有桂很快就掌握了出口樟木箱的制作技艺。他还在掌握徽州雕刻技法的基础上,融合不同流派风格的雕刻技艺,自成一家。

1988年,多年漂泊学艺后的俞有桂,回到家乡汪口,创办了自己的木雕作坊——华龙木雕厂。从此走上了传承徽州三雕的充满艰辛曲折而又不断灿烂辉煌的道路。从学艺到创办企业,俞有桂实现了人生角色的第一次重大转折。

儿子要办厂,父亲俞广攀大力支持,动员其他几个儿子都来帮衬:老大有辉负责锯板、配料,老二有华负责油漆,老四有鸿负责雕刻,老五有林负责电工,老六有成负责销售;俞有桂是厂长,全面负责;俞广攀则相当于总顾问,遇有问题、困难,儿子们解决不了,他出面解决,还负责厂里的日常运转。

俞有桂

曾经走南闯北的俞有桂,见多识广,市场感觉特别敏锐。市场流行什么他就做什么,梳妆台、樟木箱,特别是太师椅十分走俏。产品适销对路,华龙木雕厂的名气迅速飙升。

短短的几年时间,俞有桂精湛的"三雕"技艺和设计才能得到业界人士的充分肯定,产品销售跑火。在中国历届旅游工艺美术作品创作大赛中,他的《琴棋书画》《五福人生》《和谐图》《加官晋爵》《八仙图》等三雕作品频频获奖。俞有桂的名字传遍了大江南北。

1993年,年仅28岁的俞有桂当选为婺源县政协常委,是县政协历史上最年轻的常委。时任上饶地委书记的卢联灿还专程来汪口视察"华龙木雕",把俞有桂推为创业先进典型,在全地区宣传推介。

## 三、挥师县城,历练才艺

俞有桂在家乡汪口创办华龙木雕厂的几年里,既积蓄了经验和资金,又积蓄了广博的人脉,汪口木雕厂已难以满足他的雄心壮志,他需要更广阔的发展空间。当他向父亲表达想把木雕厂搬到县城的想法时,父亲坚决不同意,他说,厂子搬来搬去的,那不是瞎折腾吗?上屋搬下屋,都蚀一秤谷呢。你们六兄弟抱成一团,就像五个手指攥成拳头,指到哪打到哪,多好啊。再说,你的几个弟弟还没成家,你就忍心抛开他们不管吗?俞有桂是个孝子,只得顺从父亲的意愿,又在汪口坚持了几年。

后来,直到所有兄弟都建了房、结了婚、成了家之后,俞有桂才把华龙木雕厂搬到了县城。而制作和销售的家具,则依据市场行情,由低档大众化家具,逐渐向高档高端化转变。

这期间,俞有桂认识了一位对他的人生有重要影响的人,他叫毛贞安,是一位上海知青,时任婺源县二轻局长兼城市规划设计院院长。一个上海人,对婺源、对徽州的建筑艺术有如此透彻的技术把握,让俞有桂心里暗暗佩服。两人很快就成了事业上的合作伙伴。

## 四、华龙徽雕,拓展空间

从2004年起,俞有桂的木雕事业迈上稳健发展的快车道。就在这一年,他把自己的木雕产品与景德镇的陶瓷进行"联姻",让瓷器与木雕相结合,两相映衬,居然被选为国家领导人出访礼品,相当于过去的"钦定贡品"了。这年10月,在首届婺源县旅游商品开发评比展览活动中,俞有桂"华龙木雕"选送的木雕《果盒》获婺源县首届民间工艺作品展一等奖,木雕《荷花鸳鸯》获三等奖。

2005年1月,华龙木雕厂生产的木雕果盒系列在首届中国国际林业产业博览暨科技经贸洽谈会上荣获"最受欢迎奖"。这一年,俞有桂开始担任江西省工艺美术协会理事,他的华龙木雕厂也被增补为省工艺美术协会理事单位。

2006年,俞有桂的华龙木雕厂被婺源县人民政府授予产业化龙头企业。也就在这一年,婺源县政府进行城区老街徽派建筑改造重大工程。通过招标投标,层层竞争,俞有桂的华龙木雕再次脱颖而出,最终拿到了老街改造百分之八十的木雕项目。

CCTV气象先生宋英杰等在欣赏俞有桂的木雕

俞有桂是个做事特别认真细致的人,每次接到的活儿,都是全力以赴,精益求精。经过近2年的努力,俞有桂完成了所有合同项目,使改造后的婺源老街焕然一新,每天都有成千上万的游客从老街上走过,对那些精美的木雕发出赞叹。

2007年5月,婺源城北的徽派景观桥落成。此桥长239.57米,宽25米,4孔3桥墩。而桥面上的木构风雨廊桥则是由俞有桂的华龙木雕承建的。古韵廊桥的雕刻细腻而大气,古色古香,与桥头的文化广场、四遭的清山秀水融合在一起,构成秀美的画卷,成为华龙木雕又一经典之作。

2008年,婺源县城郊的工业园区开始建设,俞有桂的华龙木雕厂"华丽转身"为婺源县华龙木雕有限公司,并将公司迁入工业园。如果说,以前的华龙木雕厂是作坊的话,那现在的华龙木雕有限公司,则是现代规模化企业。他请来专家按规模化现代企业的要求,对各功能区进行规划设计,更对企业的整个运作程序进行严格规范,从而完成自己企业的"脱胎换骨"。更重要的是,他还把原先专门经营传统家具,转变为制作、经营红木家具,走"高端"路线;同时把雕刻艺术的"触角"伸向砖雕和石雕。他不只是要把徽州三雕的品牌继承下来,更要把它发扬光大,全面开花。他对自己的未来信心满满。

也是在这一年,他把新研发的大型砖雕《清明上河图》送到厦门园博园进行展示,获得与会专家的一致好评。11月,他的根雕《艺术人参》获第二届中国(江西)旅游工艺美术作品设计(创作)金奖;12月,木雕果盒系列获首届中国(江西)旅游工艺美术作品设计(创作)金奖。

## 五、 大师初成,声播天下

CCTV主持人在介绍俞有桂的木雕

2009年,又是一个俞有桂人生经历的重要转折年。这一年,他被评为"江西省工艺美术大师",当选为第五届中国工艺美术家协会理事,还被国家文化部授予国家级非物质文化遗产"徽州三雕"代表性传承人。大师"初长成",这既是对他此前数十年在木雕技艺上孜孜以求、不断创新、成果丰硕的肯定和回报,更激励他在传承徽雕技艺的道路上继续勇往直前,走出一片属于自己的精彩天地。也是在这年的11月,他的砖雕《吉星高照》再获中国(江西)旅游工艺美术作品设计(创作)银奖。

2010年7月,他应邀参加上海世博会木雕技艺表演,这就有了本文开头那精彩的一幕。10月,他的根雕作品《艺术人参》系列作品荣获"永恒世博——中华文化艺术博览会"金奖。

2011年1月,他的木雕《吉星高照》被江西工艺美术馆收藏;4月,木雕作品《加官晋爵》获中国(浙江)非物质文化遗产博览会银奖;11月,应邀在上海宝山国际民间艺术博览馆设立个人作品展,展出作品40余件,并被博物馆永久收藏。

这一年,他还被聘为江西省景德镇陶瓷艺术名家协会常务理事,并被聘为第三届"艺鼎杯"中国木雕现场创作大赛评审委员会委员。荣誉加身,纷至沓来,对俞有桂来说,是实至名归,适逢其时。但他没有因此而忘乎所以,而是一以贯之地保持着谦虚、务实、坚定、笃行的准则,并悄悄地在心里描绘更宏大壮美的蓝图。

## 六、授徒传艺,弘扬徽韵

经历 20 多年摸爬滚打,俞有桂在不断锤炼中实现"凤凰涅槃"。在努力把企业发展壮大的同时,俞有桂多年来坚持言传身教,至今已培养了 200 多个木雕艺人。不过他觉得这样的传承力度还远远不够。"一个非遗传承人不仅要自己把技艺传承下去,更重要的是带动更多的人喜欢这个行业。"他说。以前他每年最多带两三个徒弟,现在努力尝试扩大收徒规模,每年带上几十个甚至更多学徒,目的就是要加大徽州三雕的传承力度。

2012 年 6 月 6 日至 7 日,由中国非物质文化遗产保护中心主办的首届中华非物质文化遗产传承人"薪传奖"颁奖仪式在北京隆重举行。俞有桂因为多年来在"徽州三雕"传承上的突出贡献,他作为那一年江西省唯一的入选人物,与京剧表演艺术家梅葆玖等 60 位传承人一道获此殊荣。"颁给我这么一个沉甸甸的奖项,既是对我以往工作的肯定,也意味着自己肩上从此多了一份责任,激励我更努力地去推动徽州三雕的发展和传承,"面对记者的采访,俞有桂感慨地说:"我一生的美好都在雕刻之中"。

俞有桂的徽派木雕,内容丰富,手法精湛,涵盖了木雕的线雕、浅浮雕、深浮雕、高浮雕和透雕等多种雕刻手法,他把它们有机地糅合在一起,根据主题需要,采用相应的手法。他按照"图案设计、打坯、修光、打磨"等程序,把梁、柱、屏风、窗棂、门楣等构件进行独到的艺术处理。他仿制的明清家具,在继承传统木雕工艺的同时,又力求有所突破、有所创新,以达到栩栩如生的艺术效果。

2011 至 2013 年,俞有桂承接了秋口丛溪庄园项目,光木雕工程就投资一个多亿。整个庄园以徽派建筑风格沿丛溪河两岸建造,庄园内外移步即景,飞檐翘角、粉墙黛瓦,掩映于青山绿水之间,田园风光,四季花景,如临世外桃源秘境,成为婺源旅游的高端精品,名闻遐迩。

2013 年 5 月,他创作的作品《紫气东来》荣获 2013 中国(深圳)国际文化产业博览会金奖。《紫气东来》以崇山峻岭、古松仙鹤为主题,用千年古树金丝楠雕刻而成,高达 3.8 米,长约 4 米,重达 3 吨。对这件"巨无霸",俞有桂花了一年多时间构思,三个人花了三年多时间才完成,是他艺术的代表、心血的结晶。这一年,他还被中国工艺美术学会评为"年度典型人物"。2014 年参加第十届深圳文博会,更是以作品《文王访贤》和《团团圆圆》斩获双金奖。

作为非遗杰出人物,最近十多年来,经他之手(通过华龙木雕)建造的江湾萧江宗祠、城北徽派景观桥、朱子步行街等,已经成为婺源旅游的经典标志。

## 七、播撒徽韵，勾画蓝图

为积极响应婺源县旅游大发展的战略目标，俞有桂抢抓机遇，努力打响华龙木雕品牌，并明确了"立足本土，放眼世界，把具有地域特色、历史和艺术价值的徽雕，作为研究、开发的主导产品"的发展定位，在实业的基础上探索转型发展。

他以"华龙徽雕"为平台，打造婺源首个工业旅游示范区。2010年11月，华龙木雕有限公司被江西省旅游局正式批准为"江西省工业旅游示范点"，成为上饶市唯一的工业旅游开发实体。

走出自己新天地的俞有桂，正以"华龙徽雕"为中心，构建他的未来蓝图。华龙徽雕位于婺源县城北工业园区，占地10880平方米，总投资1200万元，年产值1000万元，主要从事木竹雕家具、工艺美术品的建筑装饰。

走进"华龙徽雕"，古色古香的环境氛围和景观布置令人耳目一新。在"华龙展示区"，迎面是华龙徽雕的企业徽标，依次是"光辉历程""亲切关怀""历史荣誉""至尊龙床""徽州三雕""徽州人家""三雕精品"等，可谓琳琅满目，美不胜收。在最能代表徽州民居经典结构的"华龙堂"，深宅大院，四披天井，明镜堂前，边厢房，跑马楼，无一不透出古徽州千百年的风韵。在"徽州院落"，既有"七贤广场"的历史遥望，也有徽州典型的假山池水，还有极具婺源风味的荷包红鱼在怡然游动。在生产车间，穿着工服的雕刻工人在一块块"老朽"的古木上雕刻着，他们以自己的技能和灵性，赋予每一块烂木以鲜活飘逸的造型。在成品展示区，满目都是徽雕工艺品，挨挨挤挤又整整齐齐，以它们特有的方式在向每一位踏步此间的人们默默述说着它们特异的存在……

其实，俞有桂还有更大的梦想。就在2015年7月，俞有桂跑了北戴河、南京、上海等几个地方。他既是去看望多年的老朋友，更是谋划"华龙木雕"的未来发展。已经传来好消息：上海、青岛、大连等地有让华龙木雕"落户"的意向。

2015年8月27日，来自全国各地的300多位木雕工艺大师齐聚浙江东阳，见证中国工艺美术协会木雕工艺委员会的成立。来自婺源华龙徽雕的俞有桂大师被评为木雕专业委员会的副秘书长，是江西省唯一的当选人。

信心满满的俞有桂早已在心里勾画出自己的未来蓝图，那就是要让自己的木雕产品走出婺源，走向全国，走向世界。他为这样的宏图激动着，努力着。也许这对俞有桂来说是大幕刚拉开，好戏在后头！

汪发林　毕新丁

# 万安罗盘　盘问乾坤
## ——万安罗盘制作技艺国家级传承人吴水森、省级传承人吴兆光

万安的出名得益于它生产罗盘,古镇的繁华甚至超过了当时的县城。在省外,万安镇也大有名气,过去建筑师们定方位、沿海船主们船舶上定航向的罗盘,几乎一半以上产自万安。这使万安街的名气随着它的罗盘名扬天下,故有"小小休宁城,大大万安街"的说法。万安罗盘,因为手工技艺精湛,设计独特,选材考究,制作精良,品种齐全,在全国乃至世界的商务贸易中,被奉为罗盘正宗,享有"徽罗""徽盘"的美誉。如今,万安罗盘已成为海内外游客喜爱的旅游纪念品。而万安罗盘的佼佼者,当属"吴鲁衡"。早在1915年,"吴鲁衡毓记"罗盘、日晷就已在巴拿马万国博览会上获得金奖。在北京中国历史博物馆的珍品展柜中,珍藏着一只万安吴鲁衡罗经店生产的清代二十六层木质水罗经。

## 传奇路上吴鲁衡

天地乾坤,朗朗世界,包括人,全部浓缩到一个圆圆的盘中,不能不说这是一件很神奇的事情。在万安古镇,有一幢明末清初的老房子,门楣上至今留有"吴鲁衡(涵记)老店",当年是前店后坊。据了解,这是目前全国仅存的罗盘古作坊,当年在巴拿马万国博览会上获金奖的吴鲁衡罗盘,就诞生在这里。吴鲁衡罗盘世家,无疑继承了这一份制作传奇的荣耀。康熙四十一年(1702年),吴鲁衡出生了。他天资聪颖,技术娴熟,秉承古法,一丝不苟,精益求精,在习艺罗盘的日子里,除了自己不断琢磨、反复测定外,还虚心求教过很多人,包括万安早期罗经店

制作的一些师傅,日积月累,获得了一手好的罗盘制作技艺。雍正元年(1723年),吴鲁衡壮志满满,在万安街上创立了自己的罗经店号:吴鲁衡。由于吴鲁衡对万安罗盘这一中国名片做出的杰出贡献,2000年,吴鲁衡与陶行知、朱熹、胡适、戴震、黄宾虹等30人一起被评为"千年徽州杰出历史人物"。

他们家生产的罗盘,工艺精巧,外形美观,功能实用,深受消费者欢迎,其产品销往东北、西北、云贵、两湖、粤赣和安徽省的大江南北,还外销朝鲜、东南亚、日本等地。吴鲁衡第二代传人吴光煜继承父业,启用"涵记"标志。到了第三代传人吴洪礼、吴洪信以及第四代传人肇瑞、肇坤,均为兄弟共同经营,继续沿用"涵记"标志。

到了吴鲁衡的五代传人吴毓贤,他将罗经店迁至万安上街70号新址,该处前店后坊,仓库齐全,建筑面积近300平方米,大门外有木亭,上书"吴鲁衡涵记老店"。这是目前万安唯一留存的罗经老店旧址,毓贤后期启用"毓记"标志,继续沿用吴鲁衡品牌,讲究诚信,务实求新,产品更上一层楼。1915年,他与长子慰苍共同制作的日晷获巴拿马万国博览会金奖,同年,又荣获民国政府农商部二等奖和南京南洋劝业会优等奖。

当然,这条路上,有苦难,也有辉煌。

苦难,是先祖吴肇瑞为了保护罗盘磁石惨死。清咸丰年间,在太平军烧杀抢掠之下,吴鲁衡第四代传人吴肇瑞携家人逃难,遭遇太平军抢掠,太平军发现吴肇瑞怀中鼓囊,便去抢夺,吴肇瑞誓死不从,太平军便将其残忍杀害。太平军扯开吴肇瑞衣服,却发现他的怀中只是一块石头,其实,这些石头,是祖上传给他制作罗盘的天然磁陨石。吴家人悲痛中安葬了吴肇瑞,捡起地上的那块磁陨石保存至今,以励后人。

辉煌,是"吴鲁衡"第五、第六代传人吴毓贤、吴慰苍父子。

吴毓贤、吴慰苍父子根据当时万安各罗经店天池密封方面的缺陷,针对罗盘使用时间短,磁针摇摆不定,易氧化生锈等情形,创制秘法,使罗盘天池得以保持真空状态,使用时间延长十倍以上,吴鲁衡罗盘,屡获殊荣,与至今尚未外传的天池安装绝密技艺有关。罗盘的天池安装,指针决定技艺高低,如何让它既灵敏又稳定,是很多人都没有攻克的难题。吴鲁衡的传人们通过无数次的试验,不仅使指针灵敏、稳定,且它指向南方的指针一定是鲜红鲜红的。此举先是获得民国农商部二等奖,"吴鲁衡罗经店"制作的罗盘、日晷等产品,以质量上乘、精密度高而畅销各地,远的甚至已销售到日本等国家。1915年,吴氏罗盘与日晷被选送美国巴拿马世博会。巴拿马世博会的评委对精致的中国吴鲁衡罗盘、日晷赞誉有加。更重要的是,评委们认为,中国罗盘从指南针技术发展而来,而指南针则为现代航海、现代地理学等奠定了基础。因而,他们把万安罗盘称为"罗盘祖先",并授予其金奖。在这前后,万安罗盘的制作达到了巅峰阶段。

吴氏六代传人吴慰苍(1900—1960年),自幼随父学习罗经制作工艺,他承前启后,奋发努力,艰难维持。1931年"九一八"事变后,日寇占领东三省,东北市场丧失,对吴鲁衡是一次沉重的打击。此后连绵的战争,更使整个万安罗盘业走向了衰落。新中国成立后,万安罗盘得到了新生,继续以家庭作坊的形式进行生产,可由于种种原因,恢复发展不快,到了"文革"期间,基本处于瘫痪停滞的状态。

## 重立招牌吴水森

吴水森,万安罗盘吴鲁衡罗盘的第七代传人,出生于1948年。1960年,他13岁时,父亲突然去世。后来和吴水森聊天时,他说:"现在想来,这是个很玄乎的事,因为我们吴家自先祖吴鲁衡开始,罗盘制作技艺就定下来只传儿子、不传闺女,但可以传给媳妇——媳妇毕竟是吴家人嘛。那个年代,政府是不准民间制作罗盘的,所以制作技艺无法传承,濒临绝迹!但那时,悄悄使用罗盘的人还是有的,因为不断有人拿着用坏的罗盘到我家来修,父亲不在家,就由母亲修。那时我还小,出于好奇,我也常常帮父母的忙。后来,母亲的视力下降,看不见做,就口授指导我"。时间一长,吴水森完全掌握了罗盘制作的核心技术,并且可以独立制作。"文革"十年,罗盘作为封建迷信的产物而被禁止生产。十一届三中全会后,由于旅游业的发展以及风水学的重新被认识,罗盘作为一种旅游产品,可以制作销售,市场对罗盘的需求也逐渐增加。为了使家传手艺不至失传,他决定重竖"吴鲁衡"招牌,振兴祖业。他干脆辞去国有企业的工作,全身心投入到罗盘的制作中。经过无数次试验,将丢失的技艺全部恢复起来。经过多年的努力经营,万安罗盘的名声越来越响,不少人慕名前来定做。随着市场需求的增加,万安从事罗盘制作的店铺多了起来,粗制滥造、假冒伪劣也出现了,吴水森认识到要传承祖业就要走一条"以质量求生存,以名牌赢市场"的发展之路。1992年,他注册成立了"休宁县万安吴氏嫡传罗经老店",罗盘的生产从用料到制作都要求严格,在制作上,他一直坚持纯手工。1995年,"日晷"等产品被国家商标局正式核准注册"吴鲁衡"商标,取得了商标的合法使用权,为争创著名商标打下了基础。

1995年,经县科委批准成立了"休宁县万安吴鲁衡罗经科技研究所",下设新品开发室和传统文化研究室。在经营理念上突出实用价值、史料价值、收藏价值和艺术品位。将罗盘、日晷合理地与生活用具结合起来,采用圆雕、镂雕、浮雕、书法、国画等艺术手法,精致、美观地再现了传统产品的文化底蕴和新兴工艺品的创新艺术。身为罗经大师嫡系传人的吴水森在多年的研究继承中,他始终有一个心愿,应将北宋科学家沈括描述的罗盘制作技法中的缕悬式罗盘再现于当今世人的面前,使万安罗盘更为完整。于是他一边查找资料,一边潜心研究,终于在2005年到来之际,制作出一台具有定方位和旅游观赏等多种功能的缕悬式罗盘,其精确度经科学测试,相对于水罗盘确有独到之处。其再现了失传500余年缕悬式罗盘之貌,弥补了传统万安罗盘的一项失遗缺憾,不负"中国罗盘之乡"的美誉。此项成果的取得,在传媒界引起较大的反响。同年参加"第九届黄山国际旅游节暨徽文化大观园"产品展示,开启了吴水森罗盘的新篇章,产品供不应求。自1992年以来吴水森就有新型装饰工艺莲花八卦罗盘、金龟系列罗盘等先后四次在国内工艺品展示会上获奖,其制作的徽盘盘式比较全面,有三合盘、三元盘、综合盘、朱子盘等系列。规格从0.03米至0.67米,圈层从2层到46层,共几十个品种。日(月)晷也有地平式、赤道式等相关的十几个品种。新型的装饰工艺产品有金龟型、莲花八卦型、双龙戏珠型、首饰杯型等几十个系列。中国国家自然博物馆选定吴水森为该馆生产罗盘。

2006年,万安罗盘被国家文化部正式列为中国传统手工技艺类非物质文化遗产(编号Ⅷ-49)。2009年2月12日,在北京全国农业展览馆举行的中国非物质文化遗产传统技艺大展上,前国务院副总理李岚清来到万安罗盘展位前,仔细观看中国工艺美术师吴水森的罗盘作品,并关切地询问吴水森多大年纪。得知这位61岁的老艺人始终坚持从事罗盘制作这门手艺,并代代相传,李岚清连声称好,他表示:党中央、国务院对此十分重视,一定要把传统文化遗产保护好、发展好,并询问老店罗盘制作的各道工序,市场销售,传承人等情况。李岚清很高兴,并满意地和吴水森握手告别。

2009年,吴水森被认定为国家级非物质文化遗产项目(罗盘制作)代表性传承人。2010年,"吴鲁衡"被评为"安徽省著名商标"。"吴鲁衡"品牌被国家商务部认定为"中华老字号"。"吴鲁衡"的罗盘产品以质量上乘、精密度高而畅销国内外,远的甚至已销往新加坡、日本、美国和中国台湾等国家和地区。吴水森被评为万安罗盘国家级代表性传承人,他所做的罗盘作品成了国家向国际友人

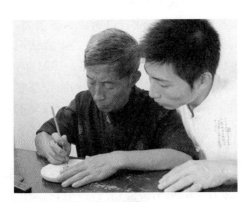

吴氏父子在书写盘面(罗盘)

赠送的礼品,走进了北京奥运会、上海世博会,并屡屡在国家级工艺美术大赛中获得殊荣,真乃"一盘握手,如握乾坤"。

## 承上启下吴兆光

"非遗"的命脉在于传承,可以说,技艺的传承人就像火种一样重要。吴鲁衡老店,传到吴兆光手里,已经是第八代了,老店迄今已经走过400年。吴兆光,80后的小伙子,首批国家级"非遗"万安罗盘制作技艺省级代表性传承人。利落的平头、坚定的眼神、刚毅的脸庞,曾经的军旅生涯在他身上留下了难以磨灭的痕迹。这是一个怀揣着梦想,并在理想道路上孜孜以求、努力跋涉着的年轻人。每当吴兆光谈及自己的事业和追求,都让人无法忽略他眼中所散发出的睿智。

吴兆光参加2009年北京非遗技艺大展

出身于罗盘制作世家,家中四代单传独子,祖辈们充满期望,自小就受到的熏陶和培养,这些原因,让他离家远行去参军,似乎不符合吴氏家族惯有的传统。但是,当十多年前,18岁的他还是个半大孩子的时候,父亲了解这个自小就有着军旅梦的儿子,将他送去当兵,父亲说:去吧,报效祖国,去部队锻炼一番是很有必要的。在部队两年,吴兆光没有辜负父亲的期望,不但获得了一系列的荣誉,还入了党。领导和同志们都很看好这个踏实肯干、吃苦耐劳的小伙子,有意培养,兆光却谢绝了挽留,回到了家乡万安,因为他知道,在万安,在他的身后,有件重要的事情一直在等待着他。吴兆光大学是学法律的,但为了从父亲吴水森手里接过前一辈人技术传承的嘱托,自幼便随父制作罗盘,而且现在是"吴鲁衡"的掌门人。吴兆光说,先祖吴鲁衡留下的罗盘制作技艺不能丢。吴兆光自小跟着父亲学习罗盘技艺让他颇有感触。

"其实以前想过去做别的行当,但想到父亲一辈子的坚持和执着,就决定回到休宁。"吴兆光说,万安罗盘不仅是家族的事业,更是国家的文化,"如果我不去做,这块金字招牌就可惜了,也就传承不下去了,我必须保护它。光保护不行,要把品牌和名气转化为产业"。只有让它们产生效益,才能吸引更多人参与进来。如何去传承祖宗留下来的延续了几百年的事业?如何使万安罗盘制作技艺这一宝贵的遗产能够有效地保护和传承?如何使祖传老宅这一承载着万安罗盘历史文化记忆的唯一载体有效利用?吴兆光坚定信念,只有坚守才能传承,只有发展才能突破,"我有责任把已有 400 多年历史的这门手艺传承下去"。2008 年年底,吴兆光自筹资金,开始对老房子进行整体修缮恢复。老宅的维修重建所需资金近 200 万元,这对当时吴家来说是个不小的数目,并且存在一定风险。家人虽然心存疑虑并甚为担心,但还是选择信任和支持他。如今,吴鲁衡百年老店已修缮完成,续建的万安罗盘非遗传习馆也完成并投入使用。2011 年 5 月,万安吴鲁衡罗经老店被省文化厅授予"安徽省首批非物质文化遗产传习基地"后,吴兆光更是增添了信心,也鼓足了干劲。他又多方筹措资金 300 万元建立了全国唯一的中国万安罗经文化博物馆,免费向游客开放,让更多的人有机会了解万安罗盘制作工艺这一国家非物质文化遗产,让更多的人了解罗盘背后的故事。2012 年 12 月,万安罗经文化博物馆被安徽省文化厅评选为"首届安徽省十佳民办博物馆"。

这几年,吴兆光是顶着巨大压力上阵的,可以说是破釜沉舟、背水一战。需要资金不够怎么办?四方筹借!人手不够怎么办?他一个人当几个人用!没有节假日,黑夜当白天!熟悉兆光、了解内情的人无不为这个瘦削小伙身上所蕴含爆发出的能量所惊叹。

近年来,吴兆光还随父亲参加了文化部、安徽省政府、黄山市政府等部门组织的一系列活动,取得了累累硕果。2008 年,第 29 届北京奥运会开幕式前夕,他随父参与制作了黄山市政府送给国际奥委会终身名誉主席、黄山市荣誉市民胡安·萨马兰奇先生的《徽州木雕祥云罗盘》。2009 年 3 月,在北京举行的中国非物质文化遗产传统技艺大展中,他现场表演罗盘制作技艺,受到多位中央领导的好评。8 月,受澳门文化署邀请,他赴澳门进行文化交流,现场展演并教授万安罗盘制作技艺。2010 年 4 月,他参加义乌市文博会,并现场展示万安罗盘制作技艺。4 月,老店作为全国唯一一家罗盘厂家,产品选送至上海世博会中国馆和欧洲馆展示,吴水森、吴兆光父子随安徽省代表团赴上海参加世博会,现场展演罗盘制作技艺。10 月,吴兆光赴山东济南参加全国首届非物质文化遗产博览会,现场表演罗盘制作技艺。2011 年 1 月,吴水森、吴兆光父子受邀参加文化部和北京市政府联合主办的"我们的节日——百名非物质文化遗产传承人迎春展演活动"。4月,吴兆光随安徽省旅游文化代表团,赴台湾地区展演万安罗盘。5月,吴兆光受邀参加深圳文博会,现场展演万安罗盘。同时,许多作品相继获奖:2009年12月,作品《米字带托罗盘》和《黑檀礼品罗盘》在安徽省工艺美术60年精品展中分获"安徽省工艺美术最高学术奖金奖"和"安徽省工艺美术最高学术奖银奖"。在全国首届非物质文化遗产博览会上,他的作品《日月合璧》荣获银奖。生命的亮点一次次地出现,其实无不反映出这个年轻人背后付出的辛劳和汗水。

作为安徽省人大代表,吴兆光在省"两会"上,针对非遗项目的发展提出建议,希望高等院校开设有关非遗的专业或课程,请非遗传承人来授课、培养接班人。

吴兆光在对老店引进现代企业管理观念的同时,还注重利用网络进行宣传和营销。目前,万安吴鲁衡罗经老店的专职、兼职从业人员有近二十人,制作销售规模也在不断扩大,产值连年翻番,取得了良好的社会效益和经济效益。吴兆光告诉笔者:"万安罗盘制作技艺是国家宝贵的财富,不仅要将它继承,还要将罗经文化传承发扬。要在传承中发展,在发展中突破创新。"

故园东望,祖上辉煌早已是往事;对于未来,路漫漫其修远兮,前面还有很多事情要去做,很多目标要去实现。

吴鲁衡的"罗盘"路还很长、很远……

## 完美漆器　工超乾隆
### ——徽州漆器制作技艺国家级传承人甘而可

甘而可生活照

笔者曾经人指点来过漆器制作大师甘而可的住宅，当时见几个人正站在院子里攀谈，其中有个手拿小漆盒的人，正是笔者在照片上见到过的甘而可大师。那几个人见是记者上门采访，便悄悄隐去，有点神秘。原来他们是从澳门而来，上门看样订货的。

对于普通大众而言，初见漆器，特别是菠萝漆器和推光漆器，几乎没有人能认出它是"漆器"，据说这些漆器是经艺人成千上万道工序打磨而成的，仅仅一个小小的漆盒、茶盅，从设计到成品，往往耗时经年。如此漫长的工时，加上精湛的工艺，其价值不菲自是不言而喻，由此也注定了漆器的消费对象将是一群身份不凡的人。自古以来，一直以皇家宫廷为主。当今，这种特殊的消费群体依然存在，他们常常悄悄地来，又悄悄地去。事实上，当他们手捧漆器离开时，或许他们还不知道这是他们的幸运，因为漆器制作中的部分工艺，如菠萝漆的制作，已经失传多年，是黄山人甘而可经多年摸索，才将这种技艺恢复的。

## 破碎的雕塑梦

1955年,甘而可出生在徽州一个普通的教师之家,徽州历来是个重视读书的地方,加上父亲是个工作认真的小学教师,母亲也有小学文化——那个年代的妇女,具有这样的文化几乎是凤毛麟角的。父母对儿子的学习管教甚严,父亲还特别注意言传身教,更为出奇的是,他还会一手绝活儿:用油漆写字、画画。这些对儿子的影响可谓立竿见影——甘而可在学校表现出对学习(包括书法、美术)的浓厚兴趣。

在当地,父亲算是一个有本事的人,但脾气也不小,为人耿直的禀性,注定他在那个年代要倒霉:小学教师也被当作"反动文人"批判、揪斗!对此,父亲的人生观发生了巨大变化。他无可奈何地对儿子说:"有知识,不一定有用,说不定还是件坏事。儿子,别读书了,学个木匠吧。无论什么世道,饿不死手艺人!"

初中还没毕业的甘而可迷惑了。他不知道一向劝他努力上进的父亲,这会儿怎么又给他"放气",可父亲的话是那么诚恳,他能不听吗?这样,年少的甘而可辍学了。不久,徽州工艺厂在当地招工的消息传来。甘而可心想:这辈子,去美术学院的梦已经做不成了,可去工艺厂,毕竟离美术要近一步。于是在1979年底,甘而可如愿以偿地成了工艺厂的一名学徒工。

## 样样都会的手艺人

当时的徽州工艺厂有一位名气很大的老师傅,名叫汪福林,年近古稀,竹雕、木雕、石雕、砚雕、刻漆,样样顶呱呱。他见新进厂的甘而可天赋突出,便开始关注这个小伙子,对于甘而可的请教,他总是有问必答。甘而可的进步之快,在进厂一个月的一次实践中得到了体现:厂里接到一张外贸订单,要加工一批经上海出口的漆器。由于工期紧,甘而可等几个"新工人"也参与制作。

甘而可的"作业"交上去了。"这个小伙子真厉害,以前做过吗?"一位老工人惊问,并断言甘而可天生是块做工艺的"料"!

由于表现突出,不到一年,甘而可被录取为工艺厂的正式职工。1980年,为了适应市场需求,工艺厂决定上一个新的工艺项目——刻漆。经研究,厂里决定选派五名工人去上海学习,甘而可名列其中。

半年内,甘而可从漆器的设计到雕刻,再到着色,每一道工序他都精心研学。回到屯溪,厂里立即组建了以甘而可为主任的刻漆车间。在这里,甘而可又接触到徽州漆器制作老艺人俞金海、徐丽华等人,他们个个身怀绝技,是业内公认的大家。

事实上，在徽州漆器制作行业内，有一个由来已久的不成文的规矩：艺人向来比较保守，一般不轻易传授技艺，以至于一旦有新工人进入漆器制作场所，老艺人便自动停止手中的活儿，以免被人"偷学"，但甘而可是个例外，因为他学的是刻漆，与漆器制作不同"行"，因此，这些师傅们制作漆器时，并不回避甘而可。相反，甘而可刻得好，他们的漆器制作效益才能更好，因此，他们能愉快合作。而就在这期间，细心的甘而可见得多了，记忆也就深刻了，他虽然没有亲手操作过，但似乎已经知道漆器的整个制作过程是怎么回事了。

在这个岗位上，甘而可一干就是七八年，这时，他对刻漆的活儿，早已驾轻就熟。随后，屯溪成立工艺美术研究所，甘而可成了这个所里的首批"研究员"。这个研究所，除了进行工艺美术的理论研究，还加工经营徽州传统工艺品。在这里三年"面壁"，甘而可成了一名对徽州各种传统工艺理论与实践都能驾驭的"多面手"，为他日后独自开展漆器制作工作打下了坚实的基础。

## 估算一生的收入

1988年，一个来自家庭内部的"偶然因素"，改变了甘而可一生的艺术道路。

这一年，一直只提倡做、反对说的甘而可，告别了每月60元薪水的研究所，出任每月只有36元工资的徽州特种工艺雕刻厂副厂长。

这个厂不大，但也是人才济济。然而，甘而可发现，在这里，工人们每天准时上下班，但来到车间后，听不到制作的敲打、崩刻声，只能听见工人的闲扯。甘而可看在眼里，急在心里。

有一天，他下班刚进家门，脑子里还在想着厂里的那摊事，可思绪突然被女儿的哭声打断。原来，他们夫妇俩整日奔忙在单位，小孩一直在家没人照料，孩子孤寂时的哭泣，又何尝是这一时？这一次将女儿丢在家里，为的只是每个月的36元？为的只是整天去听工人们聊天？

当天晚上，女儿熟睡后，甘而可默默地为自己算了一笔账：从现在起，每天不迟到，不早退，一直干到退休，只能拿到1.1万元的工资！

1.1万元，一辈子！甘而可心里难以平静。夜深人静，他毅然做出决定：发挥自己的一技之长，服务社会，服务家庭，"服务女儿"！

当年底，刚过而立之年的甘而可告别了令人羡慕的"副厂长宝座"，下海了——他创办的黄山市古典工艺装潢经营部挂牌了。

## "发迹"后的困惑

随着一件件古色古香的屏风、博古架、厨子、漆器的出厂,甘而可的古典工艺装潢声名鹊起,远远近近的一些宾馆、寺庙、园林纷纷送来订单,省城一家规模像样的公司与客户签订一张大单后,考虑到交货时间紧迫,他们主动找到甘而可,请甘而可供货。

面对2万元的订单,甘而可兴奋得加班加点,可货如期送去后,左等右等,只等来4000元的货款。打官司?本该如此,可有那个时间吗?等官司打完,这笔款或许已通过干活挣回来了!

在那个年代,这笔亏空着实让甘而可陷入了困境,但他没有沉沦,而是毅然拿起刻刀,开始雕刻歙砚。

当时,黄山旅游已开始升温,山下游客渐多。甘而可的砚雕作品颇受市场欢迎。最初,他只是刻了交给别人卖;后来,自己刻来不及,就雇请别人刻;再后来,他在屯溪老街开起了颇有人气的文房四宝店——集雅斋。自己刻,自己卖,经济效益更为可观。

屯溪老街是块掘金宝地,甘而可不久就感到不需再为挣钱烦忧了,集雅斋里的鸿儒高朋也多了起来。遇到知心的,甘而可就大吐机械化做"产品"的苦水,透露出骨子里追求做"艺术品"的风范。朋友建议他:发挥你更大的长处——做漆器。古代徽州漆器工艺,曾达到令人叹为观止的地步。如今,已见不到那种漆器精品了,甘而可觉得可以尝试,因为他具备做漆器所必备的泥塑、木雕、描金、彩绘等技艺。

## 以 书 为 师

甘而可觉得朋友的话有道理。于是,他为自己定位:一半时间坐阵集雅斋,巩固挣钱的"根据地";另一半时间什么也不干,只做漆器。不求名,不求利,只为有人说"古代徽州真正好的艺术品,如今已经没有了;有的,只是产品、商品"!

徽州漆器,曾是历史上一些达官贵人、富商巨贾显奢斗富的时尚象征。明代文献记载城徽州当时的漆器"上者欲追果园场"。果园场是明代专门做漆器的宫廷作坊,那里,集中了全国的人力和财力,而徽州漆器曾与此相媲美!甘而可决定从自己做起,从漆器做起。

从此,朋友们闲时再也见不到甘而可的身影了。没想到几个月后,他拿出了一套仿古的乾隆漆砂砚漆器盒子,共六式。这套漆器的惊艳亮相,征服了所有目击者,朋友们视此为徽州漆器重见天日的"曙光"。

但多年来,"可追果园场"的徽州漆器到底什么样?故宫博物院研究员、漆艺专家王世襄曾感叹:"犀皮漆如今北京已无人做,只在烟袋杆上可以看到"。(犀皮漆就是菠萝漆。)中国漆艺协会副会长乔十光干脆说:"屯溪的菠萝漆,如今已无人会做。"实际上,徽州的菠萝漆制作工艺已经失传多年了!

为了找到真正的菠萝漆器作效仿,甘而可开始自费到全国的一些博物馆考察。同时,他又在旧书店里淘得《髹饰录》一书。这是中国古代唯一一部记载漆器制作的专著,其作者就是明代徽州人黄成,黄成本身就是一名漆器艺人。书中详细记载了明代徽州漆器制作的方法、原料、工具、漆器分类及形态等。虽然文字古奥,但甘而可却倍感亲切。结合书中的描述,再参照各大博物馆中的实物,甘而可回家后进行了成千上万次的实验,终于将失传多年的菠萝漆制作技艺恢复了!海内外众多媒体闻讯都做了专题采访与报道。

菠萝漆表面光滑,花纹由不同颜色的漆层构成,有的如行云流水,有的则像松树干的鳞皴,乍看很均匀,细看又极富变化,繁漫流动,色泽灿烂,纯属天然,美不胜收。菠萝漆器自古以来就是贵族玩器。

## 惊世的成就

天道酬勤。自打恢复菠萝漆工艺之后,甘而可陆续做出了菠萝漆传统的红、黄、绿三色,继而又做出褐色等颜色的菠萝漆,为菠萝漆增加了很多古代没有的品种。

红金斑犀皮漆大圆盒

绿金斑犀皮漆天球瓶

唐式鹿角砂八棱净瓶

红金斑犀皮漆金箔碗

在工艺上，甘而可力求每个细节都没有瑕疵，要求"绝对完美"；在风格上，崇尚宋元之美，纹饰以唐宋风格为主，特别是那些光素无纹的，看似极简单，实际上最难，因为这样的器物上没有一丝可以"遮羞"的余地；在材料上，他恪守古法，全部使用生漆，不用任何化学材料，因此，他做的漆器透亮、鲜明、永不褪色；在外观上，既沧桑古朴，又极具现代视觉冲击力。

甘而可总结出制作菠萝漆的一整套经验，比如打磨抛光：没磨到位，色泽纹理就显不出来；磨多了，花纹就没有了，磨的"火候"，全靠漆工的经验。

从甘而可自家"作坊"中走出的这些漆器，立即引来了一些艺术家、科学家及文物专家。"这些东西，以前只在故宫见过！"时任中国科学技术大学校长的朱清时曾说："而可漆器，工超乾隆！"作为徽州漆器制作技艺传承人，甘而可则说："常年漆器制作带来的职业皮肤病，确实令我痛苦不堪。这一路走来，也确实很累，但我很欣慰。由于制作周期太长，所以挣不到多少钱，但这比挣钱更有味儿。没有人做的，我做了，这本身就很有意义；能做好，那就是我的功德了"！

# 让黄山毛峰香飘四海
## ——黄山毛峰制作技艺国家级传承人谢四十

谢四十被授予非遗传承人称号

得知"老谢家茶"掌门人谢四十成功开发了"老谢家茶饮料",带着惊喜,揣着兴奋,我们赶往黄山徽茶文化博物馆进行了采访。正在和客商洽谈相关事宜的谢四十介绍说,开发茶饮料是一项富民工程,它是通过创新系列茶产业深加工,以扩展茶产品的消费领域,来提升茶销量,提高茶附加值,促进茶农增收的;同时,又能把天然有机的黄山毛峰系列名优茶,开发成高品质原汁原味的茶饮料,满足时尚、健康、快速消费的需求,项目开发前景一定是很美好的!

随后,谢四十带领我们参观了生产车间。虽然夏茶已采摘结束,但我们看到工人们正在对黄山毛峰茶进行精加工。工人们正在用该公司自主开发的"黄山毛峰茶叶提香机"对茶叶进行提香,从而提升茶叶的品质。

我们来到会客厅,谢四十亲自给我们沏上一杯他手工炒制的黄山毛峰茶。一片片外形微卷、状似雀舌、绿中泛黄、银毫显露的黄山毛峰嫩芽被开水冲泡后,在透明的玻璃杯中轻舞,满室的香气仿佛在诉说着谢四十创业的悠长故事。

## 办企业  苦修制茶真功夫

谢四十的家乡富溪乡在很多茶叶专家眼中真是一块宝地:这里气候温和,雨量充沛,四季分明,春寒多变,秋伏多旱,全年日照、气温、辐射量、无霜期年指标都比较高,且整个地貌多为山地,"晴时早晚遍地雾,阴雨成天满山云",云雾缥缈,很适合茶树生长,产茶历史悠久。

老谢家茶黄山毛峰传统制作机具

谢四十从事茶叶加工工作已四十多年了。他从幼年起就受祖辈制作黄山毛峰技艺的熏陶,对黄山毛峰茶一往情深。为了传承黄山毛峰技艺,高中毕业的他就认真向父辈学习并逐渐掌握了传统的黄山毛峰茶园管理和制作技艺。他说,初学炒茶时,看到父辈们炒茶很轻松,自己炒茶时手指经常碰到高温的锅铁,指尖被烫得全是泡,在父辈们手把手的教导下,慢慢掌握了炒茶的手势要领和炒茶的温度及杀青火候。揉捻的学问很大,揉捻用力的过程全凭个人的经验和感觉而定,茶叶各等级的嫩度和需要达到的条形都有所区别。烘焙的学问更加难以捉摸,初烘和足烘所需的温度及含水率的控制都是靠悟出来的。他在学中干,在干中学,经过连续多年的学习,他学到了"真经",成了茶农敬佩的"茶师"。他还经常和村民们交流,带出了一批弟子。

1987年,他在徽州区创办了首家茶叶精制厂——黄山光明茶厂。他在继承黄山毛峰传统技艺的同时,将传统技艺制成的黄山毛峰毛茶,经过圆筛、抖筛、风选、机拣等工艺加工成黄山毛峰精制茶,把黄山毛峰成批量地推向市场,大大增加了茶农收入。五年后,他在区政府的支持下,花了3万多元在全市率先引进了几套名优茶制作机器,并以当时每千克鲜叶80元的"天价"大量收购清明前采摘的鲜嫩茶芽,加工制作特级黄山毛峰。为推销卓尔不群的黄山特毛,他不惜成本背着这些"宝贝"飞往北京,几经周折后终于在首都茶叶市场为这没有品牌的珍品找到了婆家。北京之行,让他深深体会到:有好的产品,没有好的品牌是没有销路的。1993年,他成功注册了"千秋泉"商标。也正是在他的努力下,名优茶的观念在黄山大地上逐渐深入人心。2000年,他以"黄山毛峰"的中文域名成功注册了网址,制作了网站,从而使黄山毛峰的宣传走向世界。2005年,他恢复注册了"老谢家茶"商标,在继承传统黄山毛峰技艺的同时,近几年,通过购置名优茶清洁化生产加工设备、产品质量检测设备、产品包装设备和利用企业自主研发的四项知识产权的发明专利等技术,研发出黄山毛峰产业化生产加工新工艺,极大地提升了黄山毛峰的色香味形,并开发出黄山毛峰系列新产品,畅销国内外。

## 创品牌　打造文旅新亮点

作为徽商的后人,谢四十视产品质量和企业信誉为生命,严格把好茶叶收购、加工、包装每道关。比如,茶叶加工后要求水分含量控制在6.5%以内,而他的产品却将水分总是控制在4%到5%。近30年的创业和艰辛,铸就了今日的辉煌;公司加工的黄山毛峰系列茶自1987年起一直被国家茶叶质量检验中心、国家农业标准化与监测中心市场抽检合格。"老谢家茶""千秋泉"牌黄山毛峰荣获2007年第一届世界绿茶评比金奖。2014年,公司加工制作黄山毛峰系列茶6万多公斤,带动周边乡村茶农人均增收500多元。

谈及往事,谢四十扳着手指向我们历数了他创办的光明茶厂为领航黄山毛峰茶产业的发展创造的多个第一:1991年,在黄山市第一个注册茶叶商标"千秋泉",缔造了黄山茶叶没有品牌的历史;1992年,在黄山市第一个启用商标设计推出黄山毛峰精包装上市,改写了黄山千百年来只有好茶没有好包装的历史;1994年,在黄山市第一家发动茶农在清明前采摘黄山毛峰鲜叶,首创"黄山毛峰机械法",这成为黄山毛峰传统技艺发展史上一次具有里程碑意义的革命;2000年,在黄山市第一家通过了中国绿色食品发展中心707万平方米绿色食品茶认证;2003年,荣获首批国家原产地域保护产品;2004年,在全省茶叶行业第一家通过全国工业产品生产许可认证(QS341014010001),并第一家荣获了"安徽名牌产品"称号;2005年,在黄山市茶叶第一家通过ISO9001:2000质量管理体系认证;2006年,在黄山市第一家首创电能环保、清洁连续产业化黄山毛峰加工新工艺,并获国家发明专利和实用新型专利;2007年,第一届世界绿茶评比,"老谢家茶"黄山毛峰荣获金奖;2009年,获得国家级非物质文化遗产黄山毛峰制作技艺传承人称号;2012年,建成黄山徽茶文化博物馆,并获得国家AAA级旅游景区称号;2013年至2014年在国内首家成功研发不加任何添加剂的原汁原味的黄山毛峰、祁门红茶生态茶饮料。

坚持不懈的努力,黄山毛峰的品质越来越好,社会影响力也越来越大。2007俄罗斯"中国年",胡锦涛主席将黄山毛峰赠送给俄罗斯总统普京,由此黄山毛峰成为国礼茶。2010年,上海世博会安徽活动周,老谢家茶代表黄山毛峰唯一品牌在名茶展厅向世人展示;2012年,公司的生产基地被国家环保部认定为国家有机食品生产基地。公司连续6年荣获"中国茶叶行业百强企业"称号;先后被评为

"国家高新技术企业""全国乡镇企业创名牌重点企业";2014年,老谢家茶荣获"中国驰名商标"称号。经过多年的不懈努力,他创办的公司已经成为集茶园基地、加工、旅游于一体的大型茶叶加工企业,成为传统徽文化与茶文化有机融合、促进黄山茶产业健康持续发展的新亮点。

## 重传承　建馆弘扬茶文化

说起黄山毛峰茶的历史传承,谢四十如数家珍:谢氏家谱记载,谢氏一世祖彦俊公早在隋仁寿元年(601年),就开始在古歙州歙西中鹄乡谢村开山种茶、制茶、卖茶,以"谢氏"为茶号,从此诞生老谢家茶;宋建炎二年(1128年),老谢家茶第21代传人谢玘,在富溪首创"炒茶、揉茶、焙茶",即"谢氏炒焙法"的绿茶制作技艺;明隆庆年间(1567—1572年),老谢家茶第35代传人谢赐太,采用"谢氏炒焙法"创制"黄山云雾"茶;清道光八年(1828年),老谢家茶第44代传人谢修绵选摘高山云雾间的茶树嫩芽叶创制"黄山毛峰";1914年,老谢家茶第46代传人谢洪范,将"谢氏炒焙法"和"毛峰之制作"编写成《谢氏家传秘籍》,供谢氏族人传授。

黄山毛峰是中国十大名茶之一,2008年,经国务院批准确定为"第二批国家级非物质文化遗产保护项目"。黄山毛峰之所以成为茶中极品,除了其地区特定的气候、生长条件外,还在于历经几十代人努力而形成的独特的制作工艺技术。谢四十在继承先辈传统制作工艺的基础上,不断将黄山毛峰的传统制作工艺发扬光大,使得原汁原味的"黄山毛峰"茶能永留后世。2009年6月,他被列为国家级非物质文化遗产黄山毛峰传承人。

荣誉的获得,让他倍感自豪,更感责任与压力。如今对老谢来说,传承已经成为他重点关注的事情。他说,虽然现在制茶大多是机械化了,但他始终坚信脱离了传统技艺的机械制作,肯定会对茶叶的品质有很大影响。"顶级的茶叶永远只有靠手工才能制作出来。黄山毛峰的制作工艺非常讲究,每一道工序都不能含糊。"谢四十说,黄山毛峰虽然看似只有炒、揉、焙三

谢四十在传授黄山毛峰传统制作技艺

个基本步骤,但每个步骤其实都有很多技巧,全凭炒茶师傅的手感。而今,每年的茶季,他都要带上小儿子谢锋一同手工炒茶制茶,既是为生产优质的手工毛峰,更希望这祖上传下来的手工技艺能够一辈辈地传承下去。

为做好传承工作,2011年至2012年,他在黄山毛峰原产地核心产区徽州区富溪乡建成国家级非物质文化遗产黄山毛峰生产基地,实现了黄山毛峰传统制作技艺智能化、产业化生产;在安徽徽州经济开发区,建成国家级非物质文化遗产黄山毛峰传承示范基地,其中有对外开放宣传的黄山徽茶文化博物馆,黄山毛峰产品展示、技艺传承、产品研发中心。黄山徽茶文化博物馆收集了五千余件徽州传统的制茶机具和历代的茶器具及文史资料,全面展示古徽州自隋朝以来一千多年徽茶文化历史发展情况,是目前全国唯一以集中展示徽茶文化为主题的博物馆。

谈及未来的打算,谢四十说,"徽骆驼"的精神要义在于不断开拓、不断奋进。作为国家级非物质文化遗产代表性传承人,要俯下身子,全力做好"老谢家茶"原生态茶基地保护和把黄山毛峰传统制作技艺发扬光大两项工作,不断提升黄山原生态茶的品牌形象,为传承传习黄山毛峰传统制作技艺不断努力,让誉满全球的"黄山毛峰"茶香飘四海!

# 德艺双馨留人间
## ——祁门傩舞国家级传承人汪宣智

在《时尚祁门》组织的一次采风活动中,我去祁门芦溪乡时,意外得知祁门傩舞国家级代表性传承人汪宣智老人已于2015年4月溘然长逝。想到2015年开春的一天,老人还挺着硬朗身板,笑盈盈地将我们迎进家门,悲伤和遗憾不禁阵阵涌上心头。追忆过去,我在芦溪工作期间与老人多年交往,老人的慈祥面容和对傩舞表演艺术传授的执着、奉献情景画面,不时在脑际回放、闪现……

有着千秋基业的芦溪村,位于祁门南端的皖赣交界处,村前青山连绵,屋后绿水环绕,人文厚重,民风淳朴,为省级历史文化名村。1932年8月,汪宣智生于该村汪氏望族的一户富裕人家。作为独子,在父母的精心呵护下,汪宣智健康成长,少年时读过私塾、进过学堂,成年后当过裁缝、干过农活。芦溪汪氏家族为祁门南乡的"大户"人家,旧日公堂祠会里养着"地戏"班子,表演的节目有跳傩跑猖、舞龙戏狮、十番锣鼓和黄梅戏、京剧等,充当"戏子"的都是当地佃仆庄户人家,身份、地位卑贱低微,封建社会的大户人家子弟是不屑与之为伍的。尽管汪宣智家在当地有头有脸,可他却不以为然,偏偏对这土得掉渣的傩舞情有独钟。

傩舞又称跳傩、傩戏,是一种神秘而古老的原始祭礼,源于原始巫舞,人称为"戏曲活化石"。人们戴着面具,把自己装扮成比臆想中的鬼疫更凶猛狰狞的傩神,跳着狂热、夸张的舞蹈来驱邪。自汉代开始,徽州就有"方相舞"和"十二神舞"的傩戏。后来傩逐步向娱人悦众方面演变,加强了其娱乐成分,内涵也更为丰富,其中包含了驱邪扶正、祭祀祖先、祈福平安、祝祷丰收等内容。

祁门傩,历史上一直很普遍,明清时期更为盛行。立春前的一天,县令要率

傩舞

领下属到城东郊占卜水旱,老百姓则扮戏相从。立春日则祭祀太岁行傩。祁门傩舞,形式多样,南乡为"平安舞",东乡为"游太阳",西乡为"跑五猖",最典型的算是南路傩舞。汪宣智曾介绍说,新中国成立前,仅祁门南乡就有24个"地戏班"跳傩舞,演员戴着木刻彩色假面具,有盘古(青面)、两仪(又叫刘海、一阴一阳)、凶星(白面)、吉星(红面)、四象(两对、头有短犄)……

芦溪傩舞,为比较典型的沿村行傩形式,历史悠久,远近闻名,戏班传承至今已有六代,百余年历史。每逢腊月、正月、农闲时节和重要的庆典活动,在祠堂、广场或户家厅堂便有演出活动。演出前,先挂上"十大元帅图",呈上贡品,焚香叩拜一番,然后鞭炮锣鼓大作。整个演出前后两三小时,演员的动作主要有"开四方""拜四门""杀四角"。表演时所戴面具相貌迥异,所穿服装怪诞奇特,舞蹈动作夸张滑稽,没有唱腔,亦无对白,完全依靠喧天的锣鼓声、震耳的鞭炮声和鼎沸的欢呼声烘托氛围,拢聚人气,堪为全村盛事。傩舞表演从问神请神、正式演出到酬神送神有着一套神秘而紧凑的规矩。虽然新中国成立以前傩舞戏班很多,但到20世纪80年代,皆销声匿迹,目前祁门县仅南乡芦溪有傩戏表演。只不过随着时代发展和科学的普及,已从当初的驱鬼逐疫转为如今的平安祈福和节日娱乐。

汪宣智年少时,每年的正月和平日富裕人家办喜事时,村里的地戏班经常举行跳傩表演,而汪宣智一次不落地和小伙伴们一起,跟着沿村行傩的表演队伍跑前窜后,肚子咕咕叫了也不觉得饿,特别是对那些外形夸张的面具更是百看不厌,时而端起对着做鬼脸,时而好奇地戴上,模仿起大人的动作来,惟妙惟肖。

新中国成立后,人们的思想观念发生了根本改变,1950年正月,年满18岁的汪宣智不顾一切地冲破封建家族的传统观念束缚,加入村子里的地戏班,正式向老艺人学习傩舞表演。由于自小耳濡目染,勤奋好学,加之天赋过人,汪宣智不但一点就通,而且能举一反三,很快就掌握了傩舞许多角色的动作技法。在技艺上既能秉承吸取老一辈的表演技巧,又能灵活自如有所创新,刘海、将军、牵狮、跳和合等角色都表演得活灵活现,很快成了戏班里的台柱子。

那时候傩舞演出很多,每年正月,汪宣智和戏班子要从正月初二开始,一直演到正月二十,全年演出几十场。不仅在本村跳傩,有时还到外地去表演。1951年正月,芦溪汪姓迁入江西兴田乡船湾里,汪宣智和他的芦溪傩舞戏班,不畏山高路远,冒严寒到兴田乡船湾里村连演三场,以示祝贺。芦溪傩舞戏班足迹遍及池州、宣州、江西浮梁和婺源等地,跳傩看傩已成为山区老百姓生活里不可或缺的一部分。那时跳傩完全靠自愿参加,没有任何报酬,有时只由村里提供一顿便饭或几升谷米。冬季天寒地冻,日日早出晚归,走的是羊肠小道,有时要翻山越岭几十上百里,肩扛背驮。但对挚爱傩舞的汪宣智来说,这一切都算不了什么,只要能跳傩,只要观众高兴,晚上美美睡一觉,第二天一早醒来,所有的疲惫劳累都烟消云散了。

天有不测风云,月有阴晴圆缺。1953年后,千年傩舞被视为封建糟粕打入冷宫,汪宣智他们不得不割舍心爱的傩舞,从此一门心思做工务农。劳作之余,每每忆起以前的行傩场景,他只能无可奈何地一声长叹。在叹息、无奈与期盼、等待中,日子是那么漫长,漫长了三十多个春夏秋冬,漫长得青丝成白发!汪宣智从一个生龙活虎的青年变成了华发满头的沧桑老人。

20世纪80年代,改革开放的春风吹进了深山。1987年,"祁门傩学术研讨会"在县城召开,汪宣智组织召集原先戏班里的几位老人,为广大傩舞爱好者举办了一场汇报演出。之后,芦溪乡芦溪村成立了傩舞戏班,成员近20人,这是祁门县乃至黄山市唯一一个傩舞戏班,从此,这个沉寂已久的小乡村又欢快地跳起了傩舞。

而此时,一些老艺人已相继离世,芦溪傩舞的第五代传人只有汪宣智与师兄汪永昌二人,他俩对原生态的傩舞艺术进行复原、挖掘,闲暇时间组织排练、表演,并在传承前辈表演技艺的基础上,细心揣摩,力求一招一式都有所创新,更加吸引观众眼球。同时,悉心传艺授徒,以便让芦溪傩舞后继有人、发扬光大,让这朵深山奇葩绽放得更加绚丽多彩。经他亲自传授并出师的徒弟有10多人,其中两位壮小伙是他的亲孙子。

俗话说,山因仙而名,物以稀为贵。祁门芦溪傩舞,以其唯一,而如"众星捧月"一般,逐渐成了"香饽饽",备受关注和喜爱。这些年来,以汪宣智领衔倾心打造的芦溪傩舞戏班,连续参加多届"祁门国际红茶节""黄山民俗汇演""文化遗产日"等大型活动表演,还先后应邀前往屯溪、景德镇等地进行展演,广受好评。

20世纪80年代中期,芦溪傩舞被收入《中国民族民间舞蹈集成》。2006年,芦溪乡恢复成立傩舞专业表演队,中央电视台《徽州行》栏目专程来芦溪乡拍摄祁门傩舞,并在CCTV-4频道播出。2008年6月,祁门傩舞被列入第一批国家级非物质文化遗产名录,汪宣智被列为第二批省级非物质文化遗产傩舞项目代表性传承人。2011年8月,安徽电视台《安徽人文地理》摄制组来芦溪乡拍摄《徽州芦溪傩舞》专题片。2012年初,芦溪傩舞进入上海艺术殿堂,参与中美文化艺术交流。2012年12月,汪宣智被授予第四批国家级非物质文化遗产傩舞项目代表性传承人。

数年前,考虑汪宣智老人年事已高,双耳失聪,身体每况愈下,徒儿们说什么也不再让师傅登台表演了。但每次开演时,他都会站在场边,目不转睛地盯着后生们的每一个细微动作。傩舞队外出表演,临行前他总是反复叮嘱,归来后立马相迎,分享喜悦,天真得就像一个老顽童。有时戏班在村子附近表演,因为师傅腿脚不便,徒弟们刻意瞒着他,但他只要听说,都会蹒跚而至,站在场外,一边乐呵呵地欣赏,一边与观众用手势和眼神比划着,乐此不疲。

这么多年来,汪宣智悉心传承给后人的不仅是精湛的傩舞表演技艺,更多的是他那份对傩舞的热爱、执着和豁达的人生境界。听人说,这个一生痴迷、沉醉于傩舞的老人,从病倒到逝去,仅仅只有十几个日夜。我想,也许是因为爱得太深,爱得太痴,所以他急着去天堂寻找傩舞,才走得如此匆匆,如此恬静……

胡新良　金志来

# 乡傩舞者
## ——婺源傩舞国家级传承人胡振坤、程长庆、程金生

婺源县秋口镇长径村素有"傩舞之乡"的美称,被评为国家级非物质文化遗产项目"婺源傩舞"代表性传承人的就有3人,其中胡振坤于2007年去世,而现今健在的程长庆和程金生则成为婺源"至尊宝"式的乡傩舞者。

一

每年正月初二,不论风晴雨雪,都"铁定"是长径村最热闹的日子:一大早,在村人的簇拥和注视下,在爆竹和鼓乐声中,乡傩舞班的执事人摆起供桌,敲起锣鼓,请出傩神。整个一天他们将跳起傩舞,祈福闹春。

傩面具

傩,又称跳傩、傩舞、傩戏,是远古时候驱鬼逐疫的原始祭礼,源于原始巫舞,充满神秘色彩。在古老的傩仪中,人们戴上面具,手执干戚等兵器,把自己装扮成比臆想中的鬼疫更凶猛、更狰狞的傩神,随着强节奏的鼓点,跳着夸张、狂烈的舞蹈,以此来驱邪迎祥。据史料记载,从汉代开始已经有"方相舞"和"十二神舞"。宋代以后,傩逐渐向娱人悦己方面演变,加强了娱乐成分,内容也大为丰富,成为表现劳动生活

和民间传说故事的一种民间戏剧、舞蹈的特有种类。

跳傩在婺源乡间又称"舞鬼戏",且多为狮傩同台。历史上婺源曾有"三十六傩班,七十二狮班"之说。傩班的组织十分精悍,少则一班8人,多至一队36人不等。腊月"舞鬼"能使家家平安、户户得福、五谷丰登、六畜兴旺,因而旧时婺源跳傩成风。每逢正月,各傩班挑担抬箱,走村串寨,在祠堂、在舞台、在村前空地上尽兴而舞,甚至挨家挨户在人家堂前手舞足蹈,作为新春祝福,很受百姓人家礼敬和欢迎。

长径作为久负盛名的傩舞之乡,其傩舞的最早传入者已经很难考证。

## 二

明清时期,长径傩舞经历了怎样的发展过程,因为缺少相关文献记载,已经难以准确描述。但村中老辈人对民国时期长径傩舞的"驱傩神班"及他们出演目连戏的盛况至今记忆犹新,每每谈及仍感叹唏嘘。

古徽州曾经是中国传统宗族社会最为典型的地区之一,名门望族所在皆有。程氏作为新安名族之一,从西周晚期至清代末期,在长达两千六百多年的辉煌历史中,大名鼎鼎的宗族祖先数不胜数。而依附长径程氏的小姓人家,姓胡,七八户,世代居于长径村前镜水河上游、离长径约1千米的潘源榨。因为村后有一大片茂密的竹林,故潘源榨又被当地村民俗称为"竹林窠"。在传统社会里,胡姓人家主要为长径程氏宗族做一些下等重体力活,如抬轿、葬坟、婚丧鼓吹、放牧、"收耗"(清理水沟、打扫卫生)等。在婺源传统风俗中,像出演傩班"舞鬼"和目连戏等,也由小姓人家"担纲"。

长径村民传说:村中有位程氏长者,人称"程太公",他上知天文,下晓地理,精通堪舆,号称"半仙"。他看出胡姓人家葬了一处绝佳的风水宝地,后人将出一斗芝麻粟米官。这还了得?那不要翻天了?怎么办呢?程氏宗族的几个主事人集中到一起商量对策。他们想,你们胡姓下等人家不是要出一斗芝麻粟米官吗?好啊,那就让你们做戏。他们为胡姓人家成立戏班,从徽州府请来戏师教他们做戏唱曲;又在村中搭戏台、筑社庙,请小姓戏班夜夜做戏。"才子佳人曲中来,帝王将相发戏台。"这样,每天晚上登台亮相的大官小官不计其数,用不了十年八载,就会把风水宝地的灵气"发"尽。当然这传说的真实度如何不得而知,但胡姓演戏的习俗就一直被沿袭了下来。

延至民国时期,胡家戏班的发展达到鼎盛,涌现出一大批技艺精湛几乎达到大师级水平的民间艺术家,他们以胡叙林、胡开林、胡嘉树、胡桂树、胡罗坤、程仕金等为代表,每年四时八节均在长径及附近村落出演傩戏;而每逢闰年,还要隆重出演目连戏(又称《目连救母》或《劝善记》,全称《新编目连救母劝善戏文》)。演傩戏,角色不多,光胡家戏班的人手已绰绰有余;但若要演出目连戏,则明显人手不够,只好到离长径 25 里外的庆源村去延请庆源狮傩班的詹志和、江双美、朱古林、方松义等名角来"凑班",合作演出。长径傩班与庆源傩班自古以来就颇有渊源,合作演出是常有的事。

民国时期的长径傩班,每逢闰年正月,先在长径,然后受邀出乡演出。每到一处,演出基本是三天三夜,白天演"舞鬼戏"(即傩舞),夜里才演《劝善记》。其中的第二个夜晚要演通宵,即从太阳落山就开始演,一直演到第二天早上太阳起山,俗称"两头光"。

长径傩班直到新中国成立后的十多年间,仍然传承不断,而庆源傩班则迅速式微。大约在1952年,长径傩班从邑内平坦请来查荣泉、查全得 2 位师傅教授目连戏,又从前坦请来汪细坤师傅教授打铺等"硬功夫"。经过几年磨砺,胡家戏班一大批角色迅速成长,挑起大梁;而目连戏的主要角色一般都有 2—3 人担纲,以保证万无一失。比如出演《傅罗卜》的有程金生、胡振坤,演刘四真的有程长欣、程六斤,程罗松演益利家,程灶焰演金奴姐……其中程长欣又擅长"打铺",胡叙林、胡桂树则擅长"甩钢叉"。1953 年,长径傩班赴北京参加全国第一届民间音乐舞蹈汇演,荣获优秀演出奖。

程长庆、胡金星展示傩面具

程长庆(左)与胡金星(右)

1981 年,随着国家改革开放,仅凭着"文革"中被偷偷保存下来的 4 张古传面具,长径傩班在中断 15 年后,重新走上艰难的复兴之路。好在虽然经历了 10 年"文革",长径傩舞的"硬件"基本毁灭殆尽,但身怀绝技的老艺人还有好几位在世,比如胡振坤、程长庆、程金生等,由他们做"导师",通过言传身教,带动村中一大批年轻人都来学跳傩。其中特别是胡振坤,唱念做打,样样精通,是当之无愧的"班头",长径许多年轻人都拜他为师。在胡振坤的带动下,长径傩班慢慢发展壮大,声名远播。

## 三

胡振坤,1932年农历九月二十二日出生,潘源榨胡氏后裔。其父胡开林、堂伯父胡叙林等都是长径傩班的一代宗师。胡振坤天生聪慧,悟性颇高,很得父母及伯父辈的喜爱,自小就跟随村里的戏班走村串户,游历四方,耳濡目染之下,对演出傩舞和目连戏产生了浓厚的兴趣。

长径的傩舞戏班里,有一些儿童出演的节目,其主要表现形式是逗趣。而一些高难度节目,则需由成年人出演,如打硬铺、打软铺、叠罗汉等,都是些风险较大的杂技节目。凡学戏者,皆从"小鬼戏"学起,到学会并熟练掌握成人戏,往往需要经过十几二十年的刻苦磨炼。

小孩学傩舞,一般从七八岁即开始。如果年龄再大些,腰身硬了,难以学成。教授傩舞者,一般是小孩的祖父,或是远房堂(表)兄。基本不选择"父教子"。据原傩班老辈人解释,不选择"父教子",是因为父亲通常都比较严厉,小孩学得不好,挨打挨骂那是很自然的事,小孩往往受不住。而祖父教孙,或伯父教侄,则相对要仁慈一些,教授方法也比较灵活,切合儿童身体及心理特点,小孩就乐于接受。贪玩是小孩的天性,学戏之余,师傅会注意想方设法让小徒弟们玩好、吃好、睡好。

胡振坤自小就在戏班里跟着长辈师傅们学做"小鬼戏",练就了扎实的基本功。15岁时,他正式拜胡叙林、胡桂树为师。俗语云:"好者为高。"胡振坤从小就对傩舞表演十分痴迷,又有班里老辈艺人的悉心传授,再加上自己悟性好、肯吃苦、勤操练,父亲胡开林平时也对他暗里指点,因此胡振坤的技艺突飞猛进,不到30岁就成了班里的台柱子,名声在外。

胡开林生于1911年农历十二月二十五日,1957年逝世,年仅47岁。在旧时,傩班演出,看上去轻松自在,实则包含了许多高难度杂技、大排量追跑,脑力、体力消耗极大,外行人很难想象。因是之故,演员演出时意外摔伤摔死,或因体力透支而心跳衰竭、英年早逝是常有的事,这成为那个时代民间艺人的辛酸史。

胡开林对儿子胡振坤寄予厚望,生前就把一身的技艺悉数传授给胡振坤。父亲去世后,胡振坤挑起驱傩神班"当家人"的重担,在20世纪五六十年代,带着傩班二三十人四处演出,长年累月,风雨无阻。

在那个年代,虽然物质生活还相当贫乏,但长径一带村民对傩神的敬仰热情不减。胡振坤的傩班每年正月初三都要出村,到周边十里八乡去跳傩。出乡之前,先要虔诚地向戏剧祖师"柳郎"(一称"老郎")菩萨通神请禀,再通过"发筶"来确定是"大河出,小河进",还是"小河出,大河进"。若是"大河出,小河进",其线路则为长径—官桥—古汀源—秋口—沙城里—上河—渔潭—词坑—梓槎—西坑—下洙坦—里蕉,走小河回村;若是"小河出,大河进",其线路则反过来。不管走哪条线路,中途在正月十七都得全部赶回长径,等做完十八祠堂灯会(驮灯)后再出去,把剩下的村庄一一续演完成。很多年份,他们出乡演出,一去就是一个多月,直到采茶、莳田的春耕大忙时节才回家。

那个年代的长径傩班,除了表演傩舞外,还请来茅坦华师(真实姓名待考)、段莘陈得发(俗称"皮匠得发")、安徽歙县江得法等师傅教演京剧。演出的剧目有《打龙袍》《满春园》《观画跑城》《苏三起解》《桑田会》《空城计》等。胡振坤既演傩舞,又演京剧,不愧是一代乡村名角。

"文革"爆发,傩班里的几十个古代面具和历年置办的戏服几乎被烧光、砸光。胡振坤作为一个民间艺人,出于对古傩的挚爱,偷偷地抢出"八十大王""李斯"及两个"小鬼"共4个明代面具,还有几套民国年间做的戏服,打做一个大包袱,藏在自家的猪圈里。这些珍贵的傩舞文物,躲过浩劫,直到改革开放后,才得以重见天日。

20世纪70年代末、80年代初,婺源县文化部门孙兆铎、何柏坤等领导就开始深入长径,着手恢复长径傩舞。胡振坤、胡叙林、胡桂树、程仕金、程嘉树等老辈艺人"重出江湖",在程长庆等人的大力支持下,组织村中一批年轻人学习傩舞,并成立了长径傩舞团,在胡振坤等老辈艺人的言传身教下,长径傩班队伍逐渐壮大,传统的傩舞剧目,通过反复排练,一一恢复起来。在20世纪八九十年代,新组建的长径傩班终于外出表演,受到百姓的交口称赞。

胡振坤熟知各种傩仪礼俗,掌握傩班《丞相操兵》《孟姜女送寒衣》等全部节目,并兼"掌乐",击鼓打锣,吹拉弹唱,无所不精。他表演的《孟姜女送寒衣》中保留了具有女性特征的"妮行步";继承了传说是远古时期搭架追王的傩仪和彩词及各种仪式,并在艺术上保持了粗犷古朴、简练夸张、形象传神的独特风格。

进入21世纪,随着婺源旅游的异军突起,婺源美名远播,而每年10月举办的"婺源乡村旅游文化节",更是吸引了国内外众多媒体的"镜头"和"笔头"。长径傩舞表演,作为乡村文化节的"重头戏"之一,以其原始古朴、奔放自然、神秘夸张的表演,牢牢抓住了观众眼球,成为媒体聚集的焦点。

随着国家对非物质文化遗产保护力度的不断加大,长径傩舞在蓄足力量之后,终于再次迎来百花争艳的春天。除婺源本土外,胡振坤还把他的长径傩舞带到南昌、武汉等地演出,广受好评。

2006年5月,婺源长径傩舞被国务院批准列入国家级非物质文化遗产名录。2007年春节,长径傩班在阔别54年之后,再度进京,在北京玉渊潭公园参加年俗活动演出,广受好评。

2008年2月,胡振坤被文化部列为国家级非物质文化遗产项目"婺源傩舞"代表性传承人。就在2007年7月,胡振坤的国家非遗传承人材料上报后,他却因病溘然长逝,享年76岁。

胡振坤生有四子:荣盛、文盛、连盛、义盛。荣盛、文盛已故,而连盛和义盛则子承父艺,继续成为乡傩舞者。

胡连盛,1963年生,1978年秋口官桥中学初中毕业后,一边在家务农,一边跟随父亲胡振坤学习傩舞表演,同时学习开傩班时的赶神、佛教经书、咒语等。1980年加入长径傩舞团,在继续学习傩舞表演的同时,还学习并掌握了锣鼓、唢呐、笛子等乐器的演奏。胡振坤生前,把一身的技艺都传给了胡连盛,包括一些祖传的秘不示人的"绝技"(呼词、咒语、符箓等),因此,他非常熟悉傩舞表演的程式、程序,多年来一直主持长径傩舞团每年开傩表演前的"起请"和"开箱"仪式。他既熟悉傩舞团内传统剧目的乐曲配乐,又熟练掌握多个传统傩舞剧目的表演。他多次随团参加县内外组织的大型傩舞展演,并积极通过以老带新方式开展傩舞传承,热心为团内学员传授傩舞表演仪式、乐器技能。2005年随团参加江西省政府主办的国际傩舞艺术周演出,荣获艺术周金奖和优秀展演奖。2011年担任长径傩舞团副团长,现为上饶市非物质文化遗产"婺源傩舞"代表性传承人,是长径傩舞团的"台柱"之一。

胡义盛,生于1968年,长年在外打工,近年主要演出正月初二"追王"中的"八十大王",技艺已相当纯熟。

## 四

在传统社会里,长径傩舞和目连戏的控制权一直掌握在程姓大族的手里(掌握菩萨神灵的保管权,掌握演出收入的分配权等),演出者均是附属的小姓人家。但随着1949年婺源解放和新中国成立,小姓人家"翻身做主人",彻底解除与程氏的依附关系,获得山场田地,取得了与程姓平等的地位。胡姓人家的传统傩舞的性质也发生了根本变化:程姓中也有一些傩舞爱好者自愿加入傩班,拜师学艺。这在1949年以前,简直是"自甘堕落""大逆不道"。1933年出生的程长庆则属于"自甘堕落"中的第一拨人,原因在于他很喜欢傩舞表演,"锣鼓一响,一身痒痒",听着鼓乐,他就坐不住,就有表演的强烈欲望。

那个年代,其实是没有特别讲究的师承关系或拜师仪式的,胡姓傩班也显得比较"大度":愿学的都收,来者不拒。1952年的一天,程长庆偷偷跑到傩班,要拜师学艺。傩班收了他,他就跟着胡叙林、胡桂树、程仕金等老艺人,从"舞小鬼"开始学起,练手脚,练身段,练唱念做打的基本功。学了几年后,师傅觉得他悟性好,进步快,就又接着教他傩舞折子,如《丞相操兵》《判官醉酒》《八十大王》《猴子捉虱》等。

20世纪50年代后期及60年代初期,全国各地都流行学京剧,长径也不例外,程长庆跟着傩班的其他艺人一起排练京剧折子戏,既在村里演,也出乡演。同时,他们还不遗余力地排练目连戏,可惜排练成功后,只在1966年正月里演了一个月零八天,就因"文革"爆发而中断了。

20世纪80年代初,长径村在县文化部门的支持下,开始着手恢复傩班,成立了傩舞团,胡振坤任团长,程长庆、程坤祥任副团长。他跟着胡振坤一板一眼地学,学会了全套的傩舞仪式。他曾对人说:我这一生就喜欢傩神,信仰傩神,传承长径傩舞是我义不容辞的职责。同时,程长庆还兼任生产队长,一边抓村里生产,一边抓傩舞团排练,身顾两边,忙里忙外,但他乐此不疲。他还热心傩舞传承,动员村中有一定文化基础的年轻人都来学傩舞。在老辈艺人的精心指导、言传身教下,长径傩班的队伍逐步壮大,可以说,胡振坤和程长庆等老艺人为此立下了汗马功劳。胡振坤于2007逝世后,程长庆接任团长。

2009年,由文化部民族民间文艺发展中心和中国傩戏学研究会共同组织的非物质文化遗产申报工作组,曾把婺源长径傩舞与贵州等7省市的傩戏"捆绑"在一起,以"中国傩"的名义,共同向联合国教科文组织申报世界非物质文化遗产。虽然这次申报未能成功,但为婺源长径傩舞扩大了知名度,提供了更广阔的发展空间。同年8月,婺源县率先启动徽州文化生态保护实验区,长径村因为傩舞数百年传承不断,被定为6个徽州文化生态保护实验小区之一。

这年6月,程长庆被文化部列为国家级非物质文化遗产项目"婺源傩舞"代表性传承人。

此后,随着年岁增长,体力不济,跳不动傩舞了,他就主动培养村中的年轻后生,把团长的重任交给程祥坤(程汉平)和胡连盛,自己退居二线,做艺术顾问,每逢傩舞演出,他就负责掌鼓指挥,有时也主持祭祀仪式。

## 五

程金生,1940年出生。在少年时代,因为生活太过贫苦,更因为"地主子女"的身份,他没有机会上学读书。16岁那年,他和程长庆相互"邀帮",主动申请,加入傩班,拜胡叙林、程仕金为师,与胡振坤成了同门师兄弟。

在傩班里,他和程长庆一起从"小鬼戏"学起,一个动作,一个眼神,一个鼓点地"对",在叙林师傅的严格教导下,慢慢地把一个一个的表演节目学过关,直到师傅点头表示满意为止。这期间,金生是吃了许多苦的,免不了受师傅责骂,但他无怨无悔,因为他就喜好这个。更多的时候,他与胡振坤搭档,相互切磋,交流心得,共同登台演出一个个剧目。

在那个年代,程金生和程长庆等"新人"在胡叙林、胡开林、胡桂树、程仕金等老辈艺人的带领下,不光学傩舞,还要学京剧,经常在祠堂、谷坦、村头、地角进行排演,锣鼓喧天,声韵悠扬,甚至三更半夜还余兴未尽。只可惜随着"文革"爆发,他们所有的努力都戛然而止,一切归于沉寂。

"文革"结束后,婺源县文化部门的领导毅然深入长径,不遗余力地恢复长径傩舞。虽然当年傩班的面具、戏衣、神像等在"文革"时毁得差不多了,但原班的多数老艺人都还健在,特别是"八面交椅听坐"的胡振坤,把一身的技艺毫无保留地教给傩班新学员;大家学得认真,做得有板有眼,练起来不怕苦不怕累,很快就恢复了传统傩班的大部分节目。县徽剧团也经常组织演员来长径与傩舞演员进行交流,相互切磋技艺,使傩班演出的水平迅速提高。没有面具,就用泡沫塑料做;没有戏衣,就临时找块布料或花被面来裁裁剪剪。就这样,在如此简陋的条件下,度过了恢复重建的初始阶段,但程金生却说,那时虽然非常艰苦,但人心里快活,真是值得回忆的一段美好时光呢。

进入21世纪后,随着婺源旅游的蓬勃兴起,婺源的知名度越来越大,长径傩舞也随之声名鹊起。每逢五一黄金周和十一长假,婺源县政府均要举行独具婺源地方特色的大型民俗表演活动,长径傩班均要受邀参演,每每大获好评。他们还把傩舞演到南昌、武汉、北京、上海等地,让观众大开眼界,见识"舞蹈活化石"的独特魅力。

2011年6月15日,婺源县人民政府在长径村举行了"婺源县傩文化基地"和"婺源县非物质文化遗产传承基地"的授牌仪式。

程金生陪伴长径傩班走过60年风雨岁月,酸甜苦辣,百味杂陈。他最擅长演"开天辟地""舞小鬼"等,在鼓乐上长年主司小锣。经他亲手带出的徒弟有程良海、程付彬等。其中程付彬是程金生之子,可谓是子承父业了。当然,像这样"父子同团,父傩子学"的,还有程付保、程勋父子。

2012年12月,继胡振坤和程长庆之后,程金生被文化部列为国家级非物质文化遗产项目"婺源傩舞"代表性传承人。

# 六

2013年8月6日,国家城乡建设部公示第二批中国传统村落名录,婺源长径村名列其中。长径傩舞,就像是"吾家有女初长成"一样,受到越来越多的世人的关注。

现今的长径傩班,由20人组成,其中正式演员有胡连盛、程金泉、程冬义、程观林、程春华、程庭樟、程九斤、程坤祥、程开禄、程冬付、程石福、程兴福、程长庆、程金生、程付保、程勋等;临时演员有胡义盛、程良海、程小开、程付彬等。表演的傩舞节目有《开天辟地》《后羿射日》《丞相操兵》《刘海戏金蟾》《太白金星下凡》《九子偷桃》《双猴捉虱》《单棒》《双棒》《带回》《判官醉酒》《猴王降耗子精》《仙鹤磨嘴》《舞花》《孟姜女送寒衣》《魁星点斗》《追王》等20余个,表演形式则有独舞、双人舞、群舞等。由一鼓、两锣和一支竹笛伴奏,还有专门的谱本和曲牌。傩神踩着鼓点跨步、腾跃、转身、甩袖,一举手、一投足均表现故事中的某个情节,高度简练和夸张,具有丰富的象征意义。

长径傩班在进行傩舞表演时,根据剧情需要,有念有唱,属于"开声傩"。这也是长径傩舞区别于其他地方傩舞的特色(特征)之一。

现任团长程坤祥,1967年生,他16岁(1982年)就开始跟胡振坤、程长庆、程金生等老辈艺人学傩舞,悟性好,肯钻研,肯吃苦,跟着师傅一板一眼地学,遇有不能理会的地方,就虚心向师傅请教,很受师傅的喜爱。他也是新生代演员中掌握技艺最全面、表演功底最深厚者。作为团长,除了演出,还有大量与傩舞团有关的事务需要他出面协调,一一处理好;而作为家长,他则需要为日常生活而操劳奔波。

"文革"后,在婺源的其他地方,乡村傩舞基本失传,而长径村的傩班老艺人却肩负起傩舞传承的重任。现在,这千斤重担落在程坤祥肩上,他深感责任重大,而又不免忧虑重重。长径村的年轻人都纷纷外出打工了,能留在村里专心学傩的少之又少。团里即使是"新生代"演员,也都有40多岁,而老辈艺人则基本都是耄耋之年,青黄不接现象非常严重。如何吸引更多的年轻人加入傩舞团,如何把长径傩舞一代一代传承下去并发扬光大,是摆在程祥坤面前的现实问题,他感到很棘手,难以索解。

更多的年轻人对待家乡傩舞的态度是:家乡因为有傩舞,正月初二有声势浩大的"追王",在外打工,再远再忙也要赶回家乡过年,除了拜望父母、亲人,还要享受观傩之乐。若是问他:你愿意加入傩班学傩舞吗?则都毫不迟疑地坚决摆手。

传承数百年的长径傩舞,再次面临失传的困境。

汪发林　毕新丁

# 匠心精造的火种
## ——木雕国家级传承人蒯正华

徽州木雕与徽州砖雕、徽州石雕并称为"徽州三雕",因大部分应用在徽州建筑上,亦被称为"古建三绝",是徽州传统手工艺的代表。徽州山区盛产木材,建筑物绝大多数都是砖木石结构,尤以使用木料为多,所以,就有了木雕艺人发挥聪明才智的用武之地。旧时,徽州木雕多用于建筑物和家庭用具上的装饰,民居宅院的屏风、窗棂、廊柱,日

蒯正华工作照

常使用的床、桌、椅、案和文房用具上均可一睹木雕的风采。徽州木雕的题材广泛,有人物、山水、花卉、禽兽、鱼虫、云头、回纹、八宝博古、文字楹联,以及各种吉祥图案等。富有思想性、艺术性和趣味性,是徽州文化的重要特点。

作为这一非物质文化遗产代表性技艺的国家级传承人,蒯正华(1962—)的木雕技艺最初学成于浙江东阳,其后他长期在广东潮州、福建莆田从事古木雕修复工作,最终回到徽州木雕的故乡安徽省黄山市,再次拜师国家级工艺大师王金生学习徽州木雕技艺。丰富的学习和实践经历,使他掌握了中国传统四大雕刻流派(浙江东阳、广东潮州、福建莆田、安徽徽州)的木雕技艺,这在全国来说应该是唯一的一位,因此他的作品表现出丰富的艺术面貌与多样的技艺风格。

蒯正华的木雕艺术长于精工,能根据建筑物体的部件需要,采用圆雕、浮雕、透雕等表现手法与之整体相配。徽州木雕内容丰富,名人轶事、文学故事、戏曲唱本、宗教神话、民俗风情、世俗传说、社会生活等,无所不包。所以,他强调,从事木雕雕刻和修复工作,不仅需要精湛的技艺,更要有深厚的文化学识,比如面对一个破损的木雕作品,你不能根据其残存的部分而推知出作品原本所雕刻的内容,就无法从事这项工作。看蒯正华修复的木雕作品,如三国故事、八宝博古等,不露痕迹,与原古雕刻融为一体,栩栩如生,不得不让人惊叹。这与他长期从事古木雕的修复所得的经验是分不开的,在修旧如旧的探索和磨砺过程中,他对传统雕刻作品所反映出的文化内涵、艺术审美不断深入体悟,从而达到神形一致、融会贯通的境界。

《关公送嫂》修复后(蒯正华作品)

在蒯正华的作品中,以传统形式的徽州窗栏板雕刻最具特色和典型性。基于对传统范式、风格的深刻领悟和理解,他对于这一类的创作灵动自如,画面生动饱满,刀法利落圆熟,线条流畅洒脱,形象刻画圆润,富于生机。他的窗栏板类作品多以表现人物故事为主,注重场景的韵、势,以及个体精神的表现。在构图、形象、装饰等方面都具有鲜明的传统特征,保持了浓郁的徽州木雕的文化和艺术气质,具有传统的绘画意境。

在蒯正华众多荣获奖项作品中,最值得他骄傲的是获奖无数的《兰亭雅集》

《兰亭雅集》(蒯正华作品)

大型木雕。这是在长度接近四米的一整块楠木老料上,运用了徽州深浮雕的高超技术,将画面雕刻达七层之多。在画面的整体布局上,王羲之与众多友人兰亭聚会,以文会友,曲水流觞,花木扶疏,人物或坐或卧、或骑或立、或琴棋或书画、或饮酒或赋诗、或端庄或谐趣,无一重复,人物个性与神态契合,烘托出丰富的内心世界,古意十足。各种花草苗木点缀其中,柔软与坚硬,强弱大小形成强烈的对比。在表现形式上,以不同部分的交叠错落表现出深广、多变的画面场景。整体层次分明,疏密得当,没有局促压迫之感。作品挂在墙面上,借助光影衬托、创造出多重意趣。

品味蒯正华的作品,除了醇厚的徽州木雕意韵之外,还可以感受到其中富含的情感和一种对于传统文化的归属感。他的作品在传统工艺的当代发展中具有典型意义。中国的传统工艺的设计创作所依循的价值观、思想体系与中国当代的艺术创作背景、文化环境有着较大差异,因此选择不同语境,顺应不同审美偏好进行传统工艺的创作会产生截然不同的工艺效果。如果只是简单地将传统范式植入到现代生活之中,虽能因时代距离而产生一时的新奇感,但充其量只能是作为一种边缘化的点缀和装饰;而完全依照现代美术创作理念,则会因价值观和思想体系方面的差异,造成作品因背离传统而失去形式和内容的协调一致。日本、韩国的传统工艺创作实践则提供了一种可资借鉴的理念,首先是将传统工艺用匠心做到纯粹极致的境界,在此基础上融合现代的功能需求加以适度创新,和谐会自然生成。类比而言,中国的传统手工艺,尤其是徽州木雕这种地域特点鲜明的品类,如果完全抛开其审美体系进行现代创作,将使其丧失个性并失去自我。因此,技艺的传承必须建立在价值观和文化传承的基础上,否则便会陷于"邯郸学步"的尴尬。

在当今追新求变的快节奏社会生活中,蒯正华雕刻的窗栏板保留了一方恬静、怡然、舒缓的文化园地,他通过自己对传统手工艺术的解读和再现,为现代人们展示着匠心精造的传承和徽派古韵的无尽魅力,也让他荣获了文化部颁发的非物质文化遗产的最高奖项——薪传奖,我们也希望蒯正华的木雕艺术能够薪火相传下去,让徽州木雕永放光芒。

# 画境文心润雕刻
## ——徽州木雕国家级传承人曹篁生

曹篁生工作中

走进被誉为"呈坎双贤里,江南第一村"的呈坎村,曹篁生的徽派雕刻研究所门口椭圆形巨石上镌刻的"光园"两字立即吸引了我的目光,署名为中国书协原主席沈鹏,寓意"徽派雕刻发扬光大",因其背倚藏风聚气的龙山、面临清澈甘冽的潨川河,又与全国文物保护单位罗东舒祠仅距百米,远远观望,同古村落的粉墙黛瓦、纵街横巷浑然一体,相映生辉。

走进"光园",层层递进的院子,组成一个又一个有纵横感的空间,几进几重院落结构,让人有"庭院深深深几许"之感。在主人的会客室坐定,室内陈设古意悠悠,见我们端详墙上的书法作品,主人笑着说空闲时常临摹名家书法,徽文化博大精深,要从雕刻上体现出来,是个长期的文化积淀和实践过程,得多修"内功"……靠近字幅,细瞧还真有点雍容典雅的平和之美,赞赏之余忆起初次来"光园"是2008年春天,单位让我做徽州区非物质文化遗产普查分类、立项和申报的文字工作,发现徽州木雕传承人曹篁生与一般的非遗传承人不同,他不仅擅长竹雕、木雕、沉香雕,且有着独到的审美眼光和雅然情趣,闲暇时还学学古诗文。那时的曹篁生在雕刻领域早已脱颖而出:作品《天人合一》荣获国家发明专利和中国旅游工艺品博览会金奖;木雕作品《和谐》分别被奥运博物馆、中国工艺美术馆收藏,法国前总统德斯坦收藏了他的竹雕笔筒《竹林抚琴》;受文化部、云南省政府委托,为香港著名慈善家邵逸夫先生制作紫檀木雕礼盒;受黄山市政府委托为国际奥委会名誉

曹篁生作品之黄杨木雕《和谐》

主席萨马兰奇制作雕刻罗盘……中央电视台大型纪录片《再说长江》第23集《无梦到徽州》、纪录片《徽商》《天下安徽人》等,浓墨重彩地介绍了这位徽雕传人的艺术经历。他的作品以意态万千、浑然天成的风格,独特的创意及精湛的技艺在全国各种重量级活动中多次获大奖,被国内外人士视为珍品收藏。

我从案桌顺手拿起曹篁生著的《曹篁生徽雕艺术》翻看,书内图文并茂,再现了他一些力作的超妙绝美。其中别具一格的紫檀黄杨合璧雕《松形香盒》《松形臂搁》用小叶紫檀和小叶黄杨两种名贵木材,通过合璧雕刻将其天然色发挥得淋漓尽致,交接处缝隙不见雕刻刀痕,其纹理疤痕如同天然,可谓"天人合一";罗汉刀纹竹雕水盂、荸荠、板栗、核桃等造型大气,因形造境,雕刻精微,刀法细腻,形意合一,紫檀木雕《徽商荣归故里》刻工精美,阴刻、浮雕、透雕、高浮雕结合得自然统一,画面层次分明,人物生动,紧致疏密得当……

合上作品集,看到曹篁生面前桌上造型精巧、简洁清朗的黄花梨雕刻烟斗,经主人同意,举到眼前观赏,一截五六寸长的烟杆弧度优美,顶端的烟嘴呈荷花瓣形状,别出心裁,惹人喜爱。见曹篁生将一些沉香屑装入烟嘴,悠闲地吸上几口,他说沉香是非常名贵的雕刻材料,在宋时就有一片万金了,现在价格高达几万元一克,而且药用价值非常高,很益于身体。

几人寒暄间来到院中,人勤春早,院内的花卉盆景迎着明媚的春光恣意绽放,阵阵瑞香沁人心脾,含苞欲放的重瓣茶花美好而繁茂,让我暗暗惊奇的是别处的梅花都已残英点点,这里却在恬然地俏立枝头。深受主人厚爱的两盆黄山松更是苍翠欲滴,粗大的树干以遒劲之姿尽显古朴之风骨,主人说有人出巨资让他转让,他没舍得,正因这松树盆景别致的造型,激发了他的创作灵感,一次侍弄这盆景时,手触到松树粗糙的外壳,突发奇想,用两种精良的硬木一为树芯,另一为树壳,将其合璧雕刻,制作成浑然一体的工艺品,才有了他创新而获国家专利的"合璧雕"臂搁。

曹篁生作品《徽商荣归故里》(紫檀木雕)

  步出宛如画境般的"光园",如沐春风,愿将诗书画作为日常修炼"内功",常与花木自然、清风明月相伴的曹篁生迎来雕刻艺术的春天,为世人创作出更多的技臻绝妙的雕刻精品。

# 祖雕辉日月　伟艺灿乾坤
## ——歙砚制作技艺国家级传承人王祖伟

这一次要采访的歙砚大师王祖伟，开始让我有些忐忑，真正走近他，才让我发现，他不仅仅是一位卓尔不凡的能工巧匠，更是一个深谙砚道的智者。

## 一 生 砚 艺

"追琢他山石，方圆一勺深，抱才唯守墨，求用每虚心。波浪因纹起，尘埃为废侵，凭君更研究，何帝值千金。"李山甫曾这样描述歙砚。

而歙砚国手王祖伟的一生，便如诗中所写，废寝忘食，深刻钻研……如今他的作品已被国家相关博物馆珍藏，价值亦是"寸砚寸金"。

1968年，他出生在歙县的山村里，家里几代人在这生活，过着平凡的日子。中考结束，因为家庭拮据，他去了安徽省行知中学的工艺美术班。进入学校后，他第一次接触到了歙砚。

"锲而舍之，朽木不折；锲而不舍，金石可镂。"学习歙砚的过程，犹如砚磨人生。因画笔和刻刀的表现差距甚远，所以在用刻刀雕琢砚台画面时，刻刀扎破手、肩口顶出血是经常的事，但他却仍不愿放下手中的刻刀。

最终，他以优异的成绩毕业，并进入安徽歙砚厂高档创研室，在这见识了歙砚前辈的珍品。随后的几年，他跟着师父胡震龙一起钻研文人砚。

20世纪90年代末，国企改制将许多职工吹进下海经商的大潮，他毅然辞职下海，远走巴蜀，传经送宝，教学授徒。在屯溪老街177号"程得馨"酱油坊的旧址,他开始了自己数十年的创作生涯。

每一件作品背后,都有着创作者强烈的艺术个性,独到的砚雕语言,彰显的是他的人品、艺品。他在这里就砚石的造型、纹理(罗纹、眉纹、金星、金晕、鱼子等)、色彩等特色进行探索和创作,不断打破自己、超越自己。

前半生,为做好一方砚而努力。他创作了较多出类拔萃的作品,并得到了业界最高的认可和荣誉。五十岁后,他则独立领悟砚道。首倡砚道概念并深层次地阐述了砚道、砚学、砚艺、砚技的相互关系。他坚持,一定要把这些理念告诉更多做歙砚的手艺人。只有把做歙砚的手艺人集结在一起,大家共同深入学习,才能够真正做出更多更好的作品,将歙砚的文化传播开去,传承下去。

他的一生,只为砚雕而坚守。

## 两 条 砚 道

砚石的质量包括石质的质量和纹色的质量,这是砚的基础和根本,是砚的价值载体。一方好的歙砚坯,一般都具备如下基本条件:坚密柔腻、温润如玉、发墨如油、笔毫无损、几无吸水、涤荡即净、寒冬储水不冻、盛夏储水不腐。

接下来,是砚雕制作。王祖伟初学歙砚是在学校,两年科班的专业学习,让他了解了选料、制坯、创意、设计、雕刻、打磨、落款、配盒等讲究。

入门时,老师会手把手来带。

首先将砚石拿上手,用砚的语言把它设计出来,并用铁笔来白描;接着,用雕刀把它刻深;然后通过敲和铲的手段让它粗坯成型;接下来是雕刻本身,需精雕细刻,这是一个出细活的过程;然后是打磨落款等;最后,就是护理。

与同龄人相比,他是幸运的。他的努力和灵性让他成了歙砚领域文人派大师胡震龙的关门弟子。不仅如此,姻缘还让他成了胡震龙的女婿,因此在科班的基础上受到了更多家学的熏陶和影响。

胡震龙对王祖伟的影响主要在做人和从艺两方面。他说老师做人就两个词:实在,清白。在艺术上,王祖伟记忆最深的是两点:一是艺无止境;二是与时俱进。艺无止境指的是砚内和砚外须取精用宏、尽微致广;而与时俱进暨引领时代而不是迎合时代。砚台随着社会历史的演变,浓缩了中国各个朝代文化、经济乃至审美意识的各种信息。除了砚雕本身要了解各种各样的相关文化,精通诗词歌赋戏曲的胡震龙曾告诫王祖伟学习要艺无止尽,创作要文化入砚。

正是在老师非常严格的要求下,王祖伟不仅对砚雕的领悟越来越深刻,在砚外的积累也越来越深厚。他以国学为根,书法上溯秦汉,取法"二王",习南帖北碑,挥毫不缀。他以书入画,秉承"新安画派"正脉,格调高旷。注重神韵气势,境由心造。

专业和家学兼备的王祖伟技艺超群,擅书画、砚雕,砚作提倡境与意会、器道交融、内涵浑厚、形神兼备。讲究传统与现代的兼容并蓄,先天与后天的和谐统一;注重诗、书、画、印、雕的五位一体和文学、艺术、美学、哲学、手工的相得益彰;强调实用、观赏、收藏于一体。

## 三 顶砚冠

受到传统文化影响的王祖伟认为在学术研究和理论升华过程中,需要很多自己的感悟、心得、经验等。他崇尚由技到艺的升华,自学手艺起,他了解砚的周边或姊妹艺术以提升自己的艺术修养。他还注重原创,一块普通的砚石,通过他的手就能够点石成金,化腐朽为神奇。

王祖伟38岁就前往北京人民大会堂接受黄山市唯一一位歙砚"国大师"(中国工艺美术大师)这一荣誉称号,后来又被遴选为国家非物质文化遗产歙砚技艺代表性传承人并享受国务院特殊津贴。

2015年、2016年他凭借作品《田歌》和《新安揽胜》蝉联工艺美术的最高奖项(百花奖),一时成为业内佳话。而成就越大,责任越大。时间给予了他技艺、经历,也让年轻有为的他走到了"五十知天命"的年龄。

"那什么才是一方好的歙砚呢?"最后我问他。

他思索了一会儿,"一方好的砚是先天与后天的相得益彰,先天就是砚石本身,后天则是手艺人的创作。用质量标准化的角度去理解,先天性就是砚石本身要完美无瑕又有特色;后天性就是砚雕的作品既有砚风又合砚道,并能够带给人美的启迪和思考。至于什么是美呢?手工是美,自然也是美;简约是美,丰满也是美;精细是美,粗犷也是美……"。均需因石而异,均需以文化砚。

"不参透文化,则成不了大师。"在他身上我领悟到了这句话。中国很多手艺的传承,都承载着特有的文化和思想,若摒弃了这些单是学些技艺,王祖伟也不可能成为歙砚唯一的国大师了,而只是诸多手艺人中平凡的一个。

## 四 件 砚 作

王祖伟的作品先后被中国国家博物馆、中国工艺美术馆、中国工美珍宝馆和中国美术工艺美术大师博物馆永久珍藏。

他崇尚砚道,遵循砚学,践行文人砚。文人砚讲究文心画意,讲究诗情画意,如代表作《兰亭雅集》。其创作的形式有别于其他砚雕艺人,当下多数人延续了古人的做法,套用古砚谱的相关图案,上下前后左右六个面均满雕,而王祖伟版的《兰亭雅集》则用砚雕语言把"曲水流觞"的诗情画意,表现在一个主砚面上,从而达到以画入砚的整体效果。这种砚雕艺术的原创印证了作者应物相形,随类赋彩的深厚功力。

这件作品是中国国家博物馆收藏的当代第一件砚艺珍品,被誉为"兰亭一号"。

他的另一扛鼎之作《虚中洁外》,不仅荣获中国艺术研究院颁发的金奖,还被中国工艺美术馆有偿收藏,首填歙砚在此领域的空白。

还有他的《枫桥夜泊》《棹歌图》先后被中国工美珍宝馆、中国工艺美术大师博物馆永久收藏。四个国字号博物馆均藏当代歙砚国手王祖伟之砚作,再现了徽派技艺之独到。

歙砚国手、砚道人生折射出大师之道旨在以艺载道、艺道合一、弘道养正、守正出新。

## 五 大 砚 论

身兼科班和家学的王祖伟,其学术研究和理论升华主要表现在五大砚论上,砚论一暨2008年起草的《歙砚地方标准》(DB341021/T001—2008)。该标准从范围、规范性引用文件、术语与定义、产品分类、原材料、制作工艺、要求、实验方法、检验规则、标志与包装、运输和贮存十大方面入手起草,旨在推动歙砚标准的实施及规范使用,维护歙砚品牌,树立良好形象,促进歙砚健康有序发展。砚论二暨《砚学与砚艺》。该砚论是2011年4月应清华大学百年校庆之邀,授课砚学与砚艺的异同及关系。砚论三暨《砚叔》(2013年主编)。该著分"岭南砚缘、寻游四候、杏坛砚歌、场馆见证、砚艺群芳、砚田隽永"六部,内容广博。砚论四暨《中华砚文化大典》。该砚论编撰时首提砚学全史概论。砚论五暨《砚道概念及概述》(2016年)。该砚论贵在首倡"砚道概念"和"砚道、砚艺、砚文化"的辩证关系。

王祖伟说:"砚雕文化就是一部大书,砚雕者,要不断吸取砚文化的精华,才能不断创新。在纯粹的雕刻技艺上,大师与'准大师'往往各有千秋,难分高下,但对砚石的构思、设计上,往往伯仲分明。砚雕的构思与设计离不开砚文化。相反,不参悟砚文化,绝对成不了砚雕大师。"据介绍,现在,王祖伟用在看书研究上的时间,远远超过雕刻的时间。他的每一件作品,都是一道风景、一种人生感悟、一个寓意深刻的故事。

# 从哪里来 到哪里去
## ——砚雕国家级传承人江亮根

朱子艺苑里的亭榭回廊能走动了,挖开的泥土,木板铺在上面。巨大的冬瓜梁,粗圆的柱子,仿佛在牵动曙光。一棵黑漆漆的樟树,居于园子中心。虬枝上松鼠跳动,横竖的结构将绿叶和生命一起举向空中。歙砚加工制作体验区、歙砚史料楼、博物馆、紫阳书院等,都在园中。这里投资过亿,主人是江亮根。他的想法单纯:朱子学说本就富丽堂皇,更应该发扬光大,江亮根是徽文化的崇拜者、受益者、回报者。

江亮根在授徒

当然,二十多年前他没料到自己有一份如此大的家当。

一

说不清了,书念得好好的,怎么说不念就不念了,江湾中学初一(二)班少了一个叫江亮根的学生。他跟表姐吴凤珍雕砚台去了。就是在旁人看来,每天在石头上敲敲打打,石头上金星直冒,敲得人眼睛里直冒金星。敲碎的石末飘起来，被自己吃了，剩下的还原成手掌上的石头。一个很苦很乏味的差事。表姐算是把他引进了门。俗话说师傅引进门，修行在个人。江亮根知道了，雕好的砚台写字用，能卖钱，能卖很多钱。他雕的砚台卖钱了，不过卖不了几个钱。他发现自己雕得不好，拿着成品，对着光亮使劲地看着。觉得一块好材料被自己糟蹋了，然后他和石头一起发呆，阳光停在脚跟前面。

他决定去歙县，老徽州府衙的所在地。在做砚台的源头，能端正方向，找到毛病。他狠狠地对自己说。他还做了一个决定，不要工钱。哪有这样搞的，雕得再差，工钱还是有的嘛！低点就是啰。他好像没忘记要对自己惩罚。歙城六角牌坊边上的汪德钦是个好师傅，他观察好久了。汪师傅看了看他，目光非常清澈。汪师傅不多说什么，答应了江亮根的条件。哪有什么条件，就是不要钱来白干活，听起来像个圈套，甚至像个阴谋，汪师傅都答应了。

江亮根不是阴谋。他是来学技术的，一心要把自己粗糙的部分打磨掉。他的账简单：不要工钱，一天雕一块砚台，你不好说我什么，他可以对着石头，从容地理着思路。他就是要在一块石头上琢磨出许多门道。拿了工钱，可就没那么自由了。汪师傅早看清了，清澈的目光把他包容了。汪师傅手把手地教他，教他认识石头的光泽和结构，教他分辨里面的花纹，再因势利导，精彩的世界在石头里，更在你的手上和头脑里。汪师傅不留一手。

师母不吃酱油、味精，电饭煲里的饭没吃完，第二餐接着吃。十几个徒弟都不习惯。江亮根看到师傅师母一样地跟大家吃。没得说了，再不习惯也要习惯。江亮根勤劳，打扫卫生抢着干。师母看出来了，这个徒弟和那些徒弟不一样。烧鱼多放点辣的，江亮根喜欢。多少年后，师傅的为人和思想，仍像灯一样还在眼前亮着。

## 二

花了一晚上，江亮根给县委书记写了信。大意是婺源工艺雕刻厂解散了，游客到哪里看砚台？县里走旅游的路，不就少了一截？砚台是婺源的特色，在徽文化里份量重！雕刻厂还是要发展，要和县里的谋划配套。

有人在找江亮根，好不容易在县医药公司一间地下室里找到了。这地方又挤又暗，白天要点灯。小夫妻俩吃住、干活都在里面。地下室的后面是一大片淤泥，住宅楼里的垃圾、脏东西都往那里扔。吧嗒吧嗒的声音很特别，砸中的泥巴溅到墙上窗子上，臭气熏天，苍蝇蚊子嗡嗡飞。

江亮根以为是买砚台的，没想到是县里的干部。原来县委书记朱荣辉看了信，说小伙子有眼光，你们要找他谈谈。来人说到县里的难处，能不能解开国家的包袱,又能保住传统产品?

一股热劲从心里往上冲。江亮根决定把雕刻厂买下来。家里人反对,人家都不要了,你还当个宝?他和老婆从乡下到县里不到一年,租住在那么个破地方,拿什么去买?23万啊!

窸窸窣窣的声音又在四下里活动了,那是老鼠、蟑螂在走亲戚。江亮根睡不着,忽地将灯拉亮。他被自己的一个想法灼烫了,爬起来找老婆说话。这想法到底如何,老婆说不准。天麻麻亮,他跑回江湾的大畈,向亲戚朋友借存单,不借钱,这挺新鲜!那时乡下人有点钱了,却不像现在要投入到房子上。父老乡亲的眼里,江亮根是个规矩人,父母勤劳出了名。村里的红白喜事,都愿找他父亲。抬棺材挖地,扎扎实实地干,比别人做得好,还不要人家的烟。江亮根在买实物需要帮衬,存单放在家里也是放,利息什么的,一点不影响!

江亮根顺利地借到了二三十张存单。他现在还感叹,人穷的时候什么智慧都能用上!一万元的存单可贷款九千,存单帮他从银行贷到23万。三个月后,存单陆续还了。婺源工艺雕刻厂姓江了。一夜之间,租住地下室的砚台师傅,成了拥有二十多万资产的老板!奇迹是时代创造的,关键要想到!

## 三

运气一直给有准备的人。过了坎,有了平台,后面的事情顺理成章了。江亮根先后创办了婺源朱子艺苑、朱子实业有限公司、朱子龙尾砚文化园等,不到2亩①的雕刻厂扩大了地盘。他还去了景德镇美术高级研修班及西安美术学院高级研修班学习。

他真的如朱荣辉书记期待的那样,婺源的传统特色产品,不仅没有断掉或丧失,而且为越来越热的旅游大潮增加了亮色和厚重的文化内涵。在徽文化的传承保护中,发挥了不可估量的作用。县里框定的经济发展战略中,砚台扩大了婺源的影响力、知名度。江亮根带出了一大批靠石头吃饭的人。

江亮根的名气越来越响亮,他的事业也越干越红火了。2002年,他的作品砚雕《思秋》《踏雪寻梅》获江西省第二届民间工艺美术精品展二等奖,同年江西省文联、文艺家协会授予他"砚雕民间工艺美术师"称号。2004年,他的作品《塞下曲》获第十五届全国文房四宝名师名砚博览会金奖。2006年4月,省人事厅授予其"砚雕工艺美术师"称号。2007年,他荣获第八届"上饶十大杰出青年"。同年,

---

① 1亩=666.67平方米。

当选市"政协委员"。2012年,他当选省政协委员。2007年,砚雕《嫦娥奔月》荣获全国文房四宝名师名砚博览会金奖。2008年,他被评为国家非物质文化遗产"歙砚制作技艺"江西省代表性传承人。同年,砚雕《昭君出塞》《彩鸾戏虎》荣获第六届中国工艺美术博览会银奖。2012年12月25日,江亮根成为非物质文化遗产"歙砚制作技艺"国家级代表性传承人。

他依然低调,到老坑去买石头,走时会按下车窗和人打招呼。江亮根经常去厂里,拿起凿子、锤子做砚台,向徒弟们传授技艺,甚至人生哲学。

## 四

一天,上饶市委书记来到朱子艺苑。见到了衣着随便,一头短发的江亮根。书记脱口而出:这么年轻,做这个事?他以为朱子艺苑主人是个满腹经纶的老者。

朱子艺苑就是一个徽文化的大观园。唐宋元明清的人物蜡像馆,非物质文化遗产馆,砚石文化一站式三维动画空间。婺源意象,就是在石头上生存发展起来的山越文化、徽州文化。石头垒成房子,石头凿成砚台。所谓徽州就是石头凹下去的成了砚池,突出来的成了牌坊。朱熹、浙江、黄宾虹、胡适等文化巨匠,是沿着石头的纹路,渐次进入时代的视野的。

江亮根看到了婺源的根基亮点,石头和朱熹。2008年,他萌发了将大艺术家请到一起交流创作的念头,包吃包住,工资照发,把工作做好。三四年过去了,朱

婺源县溪头乡砚山村380万元的特大砚石

子艺苑里,只有投入没有回报,仍然坚定不移地沿着路线图走下去。可谓道可道非常道了。明明没有钱赚,还要做下去,这有些悲壮。

雕刻厂和朱子艺苑,江亮根说前面是生存后面是责任。二十几年的打磨,江亮根对生活多了独到的感悟。他觉得传承人担子重、荣誉多、活得累。然而作为一个土生土长的婺源人,老徽州人,他就是要将一些东西集中起来,好比在洼地垫一脚,也像在高处加点什么,这样才能让更多人能够了解徽州文化。

## 玩转了三个猴坑
## ——绿茶制作技艺国家级传承人方继凡

孙中山为方南山题词

想采访方继凡是件难事，他很忙，似乎一天到晚不得闲。例如丙申年入三伏第一天，傍晚闻说他从黄山区来屯溪看望公司病号，我急忙约见他，意欲见面采访，时间也就一两个小时。他回复：尽量挤时间。没想他医院跑完，因急事连夜又赶回去了，我的采访泡汤了。

好在我们很熟，经常因茶而遇，常有交往。回家翻博客，果然故事颇多。其中2013年3月22日记道：今陪《茶·一片树叶的故事》剧组踩点，在猴坑公司，我与方总商定，为拍好猴坑牌猴魁，剧组必须来两次，一次拍茶地外景，一次专拍手工制茶。方总说：拍得越多越好，我们一定搞好服务。忙完正事，我们聊天，无意间他提起自己的经历，说自己卖过鱼，卖过鸡，扒过房瓦，离奇经历，似乎传奇，昭示其不凡人生，令我感奋，觉得他是个人物。后再经往来，发现他满嘴不离猴坑，仿佛整个人生，就为猴坑而活。而他心中的猴坑，却又是个大概念，经他一手打造，数年间，蓬勃发展，内容很多，范围很大，名望很响。接着我上网搜索，想看看他的社会影响。没想输入方继凡三个字，搜到的相关结果竟有4050条，其中有关他的头衔，居然一大批，除却省市区三级两代表一委员，以及中国十大农村带头人物、安徽省茶产业十大杰出企业家、黄山市劳动模范等荣誉称号外,有关猴坑的有两项:猴坑茶业有限公司董事长兼总经理,黄山区新明乡猴坑村党支部书记兼村委会主任。明眼人一看就懂,这是货真价实的猴坑掌门人。

## 一、 酵母:猴坑牌猴魁

黄山区是中国十大名茶太平猴魁的唯一产地,产茶历史久,茶贸故事多。追溯猴魁由来,方继凡祖上方南山则是创制者之一。据《太平猴魁》载,方南山(约1871—1941年),私塾造就的儒商,为茶事终身未娶。青年时与侄儿方先柜、方先富等,以猴坑狮形头山为试验基地,历经反复,最终研造出极品之茶猴魁,赴巴拿马万国博览会,一举夺魁。方继凡生于1965年,是方先柜第四代孙,自幼看家人植茶制茶,从小对猴魁就有深厚的情感。1982年,高中毕业进军营,退伍后被安排在区汽运公司工作,受猴魁召唤,他毅然弃工务农,回村事茶。1992年,创办猴村茶场,成为新一代猴魁领军人。新世纪初,以超前意识,捷足先登,率先抢到了猴坑品牌。此为酵母,从此一发不可收拾,动作频频,好戏连台,使猴坑二字持续发酵。2006年,以猴村茶场为依托的猴坑茶业有限公司成立,5月在北京吴裕泰老店,策划"名茶与名店携手,茶技与茶艺交融,生产与消费直面"活动,隆重推出绿茶之王——猴坑牌猴魁,赢得市场青睐。此后,为扩大影响,他聘能人,强管理,努力提高茶品质量,同时设计特色包装,兴办猴魁网站,在屯溪新安江开通猴坑号游船,进军合肥等都市,开设连锁店,参加上海世博会,出征意大利米兰,甩出一连串动作。同时,积极参与市场营销和各种茶文化活动,先后使猴坑牌猴魁获茶博会茶王、安徽省名牌产品、原产地域保护产品,以及中华老字号、中国驰名商标等荣誉。自己先后在中央电视台二套《金土地》、安徽电视台《田野风》等栏目亮相,大树猴坑牌猴魁品牌。对内则大搞文化建设,建成茶文化楼,开展茶旅互动,出版《猴坑传奇》《仙崖绿金·猴坑》等茶书,组建茶艺队,以包装产品,带动营销。我多次到其公司,进门是庭院,迎面一座猴塑像。其公司所聘的茶界资深高人田雨农先生告诉我:此猴与黄山上的猴子望太平景点,是互动景观,诉说的都是有关猴魁来历的民间故事,山上是母猴,因呼唤走失的小猴和寻找公猴而呆立成像;这里是小猴,因想念母猴而呆盼,它面黄山而立,与山猴遥相呼应,诠释猴魁缘猴而来的不凡来历。猴像下有长廊,廊中真育有小猴。方总说,没事我喜欢喂它,我们有猴坑牌猴魁,猴有灵气,是我的吉祥物。正因继凡有此高超立意,前卫理念,因此举措每每出奇制胜,创下业绩骄人,足以令业界惊艳,其本人也荣膺国家级非遗传承人荣誉。

经多年拼搏,如今的猴坑公司,拥有科研基地和茶园4000多亩,茶厂3座。

其中核心产区有机茶示范基地400余亩,标准化加工厂2座。多次获得中国茶叶行业百强企业称号,年销售额近亿元,创利税数百万元,位列黄山区茶行业首位,猴坑牌猴魁品牌更是名闻天下。

## 二、酵池:猴坑自然村

猴坑茶王祭

一流茶叶,一流茶家。我2005年初夏首次走猴坑,先后乘汽车、登渡船、坐三轮爬坡再爬坡,终于攀上海拔700多米的高山。远远看见一道峡谷,苍翠欲滴。方总说,那就是猴坑牌猴魁产地,全是高山茶。此时已是早晨九点许,然放眼望去,林深叶茂的山谷,仍是云雾缭绕,乳白雾絮一缕一缕飘游,仿佛是仙气氤氲升腾。坡谷茶园尽在云雾笼罩之中,一块一块布局,被周边茂密林象包围。有道是,好茶就要不高不低的海拔,不大不小的面积,不阴不阳的环境。猴坑的茶地,无疑为天下一绝。关键是如何保护,使之百分之百地纯化,其时我心中嘀咕。

绕几道山弯,远见几幢房屋掩映于古木参天林中。往前走,便见几十幢粉墙黛瓦的民居,依山就势布落,静立于茂林修竹中,一片闪亮。有人告知,这就是猴坑自然村。在村口猴坑茶场门前,我见一块乡规民约碑,感到新奇,再读其中几条强硬规定,更感特别:任何人一律不准将不属于本村的干茶、鲜叶,运到本村加工、包装、销售;茶叶生产必须使用生物药品和有机肥,否则茶叶不得销往市场;为保护环境,扩建茶园必须经林业部门批准。我问此是谁的主意,陪同告知:是方继凡的杰作。远在20世纪90年代末,为维护猴坑牌猴魁品牌声誉,他就着手谋划对猴魁核心产区的保护工作,本着地域大保护,核心小保护的原则,山里锣鼓山里打,分别与猴村村民和派出所制定《村民公约》和《警民共建》制度,同时付诸实施。我心中震动,先前的担忧之心似乎可以落地。

再往里走,我见猴坑果真是一道谷坑,21户人家挨挨挤挤,高低错落,几乎可以用密不透风来形容。但家家新房,栋栋洋楼,白墙黑瓦塑钢窗,密密摆满坑谷,一片靓丽。且每户建筑面积都在一百平方米以上,入内看,家家皆备空床铺,俨然家庭小宾馆。这在茶与房抢地的猴坑,简直是谜,问缘由,方知竟是猴坑牌猴魁之故。猴坑人家,户户业茶,家家吃香,尤其茶季,采茶女、做茶工、买茶客,四面八方蜂拥来,最多时高达五六百人,都要分住在各家,屋小如何容纳,唯有搭床设铺,开门接客。所以,猴坑人在茶季个个是"领导"。男主内,既指挥茶工做茶,又负责与茶客谈价,当地人叫搬价;女主外,既为采工带山,又负责验收茶棵。而家中做饭,则专聘厨师。至于雇工工资,说是除管吃管住外,采工每天三五十元不等,茶工每天上百元不等,茶季结束,东家还解决来去车费,临别再送半公斤茶。

猴坑人很牛,牛在茶争气。说是一般茶,不出门就卖6000元一公斤。用乡干话说,叫一千元卖文化,一千元卖生态,一千元卖茶叶。茶客倚门,手握一把钞票,两眼巴巴盯茶锅,这边茶出锅,那边付钱走人,大有连同热气一道抢的态势,情景迷人。为方便卖茶,猴坑家家装电话,外来买茶者,先要预约,否则白跑。全村茶叶一部分被当场买走,顷刻间飞往北京上海南京等地;一部分走订单之路。以"公司+农户+基地"形式,猴坑公司与农户签订收购合同,农户按要求规范加工,公司引导茶农使用新技术,确保茶质量,提高竞争力。套用时尚话叫作从来都是"零库存"。

现在,猴坑交通大改善,汽车开到村口。然每逢茶季,村口必设岗哨,一是防止外来茶进村,严防死守护猴坑品牌;二是维持治安秩序。即村里天天车水马龙,搞好服务也重要。这一切,井井有条,忙而不慌,忙而不乱,最终效益体现在收入上。最普通的一家二口,按年产干茶100公斤算账,收入将近十万元。全村每年茶叶收入基本超过400万元,人均五六万元,人均收入的最高年份,划时代高达15万元,无疑是全国最富裕的村庄之一,家家户户,日子过得十分滋润。村人说,缘于有个好带头人——方继凡。

## 三、 发酵:猴坑行政村

懂茶人都知道,猴魁价格自2000年后成倍增长,带动整个黄山区种茶积极性空前高涨。然猴魁核心产区依旧那么大,好茶仍在新明乡,人称太平猴魁第一乡,那才是极品猴魁产地。

新明乡政府坐落公路旁,门前一溜绿化,路边一栋大楼,白墙黑瓦,宽敞走廊,崭新门窗,门挂多块牌,其中"太平猴魁协会"尤其闪亮显眼。大楼更有精妙构思,这就是门楼依据猴魁叶状设计成两刀一枪造型。两刀为具有象征意义的两片叶状墙面,一枪是立于两墙间的旗杆。刀枪耸立,寓示着新明乡猴魁茶旗飘扬,以此告示消费者,货比三家,验明正身最重要。

新明乡极品猴魁产地的行政村原叫三合村,位于黄山北麓,太平湖畔,属库区移民后靠村。这里山深水远,崇山峻岭,沟壑纵横,长年云雾缭绕,自然环境一流。往三合村走,一路山水一路风景,山坡不时闪现茶园,小块小块挂落在茂密树林中,绿韵可人。山间不时闪出人家,粉墙黛瓦一小片,写出诗意。路边不时跳出大幅广告牌:正宗猴魁基地,色彩艳丽,似乎也是景观。新建的村委大楼早已落成,猴魁合作社招牌迎风展示,似乎诉说村庄发展的业态。全村12个村民组都做猴魁。

经多年努力,三合村通过推广茶树良种、改造低产茶园,引进和繁育良种苗400万株,新建良种园1000亩,全村无公害认证面积3000亩,有机茶认证面积1500亩,基础工作扎实稳定,致使单产增量,茶地面积增幅,近年全村猴魁产量达5万公斤。同时村两委狠抓营销,村里年销售额超百万元大户近10个,全村90%以上的茶叶通过龙头企业、经销大户销售,茶农基本无需亲自外出卖茶,坐在家里销售,均价也有500多元,昔日经济状况较差的村民组也迅速成为富裕村。茶叶给三合人带来实实在在的效益,如西二村民组2002年茶叶收入人均2000多元,三年后人均超过6000元;甘坑村民组甚至超过1万元,比2002年增长5倍。全村基础设施也有了大改善。移动基站建了,水泥路铺了,名茶效益充分展现。然作为三合村当家人的方继凡,感觉似乎还缺什么。

缺什么呢?严格说,自2005年春,方继凡被推选为三合村主任那天起,他就开始苦苦思索,并为之努力奋斗。譬如,上任伊始,2006年,他便组织制定了三合村新农村规划并通过评审。用不到一年的时间,将三门滩村民迁至农民新村安置,解决困扰三门滩多年的泥石流难题。再譬如,为改变三合面貌,他实施了从三合到猴村的猴魁快速通道,完成了从新明通三合村断桥工程,配合供电部门,开征了阳光茶园行电力下乡工作,启动了茶乡行和农家乐旅游项目。经几年摸爬滚打,三合家底基本清。他开始深度思考,终于有一天,眼睛兀地一亮:市场经济就是品牌经济,三合地处猴魁核心区,辖区内的猴坑、猴岗和颜家是顶尖猴魁的历史产地,周边其他茶村山高水长,云雾缭绕,同样是名重天下的猴魁茶区。如今猴坑牌子很响,然作为统控猴坑的三合行政村,消费者似乎并不知道。三合不但有悠久的种茶历史,还有独特的地域文化和民风民俗,将此二者结合,充分发挥名茶之乡和乡村旅游的品牌优势,不但有利于深入挖掘猴魁茶文化内涵,推动茶文化与旅游资源的深度结合,更能促进猴魁茶产业大发展。如今是知道猴坑者多,知道三合者少。既如此,何不因地制宜,因势利导,整合资源,借船出海,接梯登高,改三合为猴坑,以使统控猴坑的三合,也像猴坑一样,赢得人们的赞誉,同时也可为猴魁铸造新的辉煌。

世间事,不怕做不到,就怕想不到。

2013年4月,经报请上级相关部门审核批准,新明乡三合村正式更名为猴坑村。新猴坑村东至甘坑、芦汐坑,北至曙光村小河里,西至龙门乡,南至饶家和双坑,总面积26.19平方千米,共辖双坑、饶家、甘坑、芦溪坑、颜家、西一、西二、猴村、猴岗、三门滩、湘潭、中潭等12个村民组,437户,1400余人,为国家级生态保护区,既是传统猴魁核心区,也是猴魁茶旅新高地。

  从猴坑牌猴魁到猴坑自然村,再到猴魁行政村,看似茶品到茶地的延伸,其实是思维嬗变、理念涅槃、事业升华。是抢手的猴坑牌猴魁培育了方继凡极强的环保意识、市场意识、品牌意识。经他四两拨千斤,带动了三个猴坑。有道是人生苦短,于历史长河而言,充其量也就近百年光阴,可谓昙花一现。然于短暂人生,鸟过留声,人过留迹,方继凡算一个。即如俗话所言,既要醒得早,更要起得来。醒得早是思维,起得来是行动,二者缺一不可,方继凡以活生生的事例,验证了这一点。

# 跋涉在徽派民居营造之路上
## ——徽派民居营造技艺国家级传承人胡公敏

在歙县城东 2 公里远的一处不起眼的院落，散布着三两幢异地拆建的徽州旧民居，旁边是一座徽式六柱单檐木亭和五凤楼木构。简陋的工棚里外，几位木工师傅或刨、或锯、或画线，都在紧张地忙碌着，地上整齐地码放着一色的方料，仅看浅红色的材质，大约是马来西亚进口的红柳桉木。2012 年 12 月，被文化部确认为国家级非物质文化遗产项目徽派民居营造技艺代表性传承人的胡公敏就在这里工作着。

胡公敏在雕刻

胡公敏个头不高，身体结实，一头短发乌黑发亮，显得比 59 岁的实际年龄更为年轻。黑里透红的肤色和一双结满老茧的双手，诉说着他数十年劳作的艰辛。浅色短袖 T 恤上，胸口绣着淡绿色的"志莲"二字。初见时不解其意，采访后才恍然大悟：志莲净苑，那可是胡公敏创下得意之作的地方啊！

胡公敏是歙县城里人，居民户口的身份让人很难一下将其与职业联系起来。在他平和的回忆中，历史画卷徐徐展开,无数的国家大事,都在眼前的这位国家级非遗传承人的人生履历上留下深深的印痕。

他的祖父曾在上海一带企业当会计,父亲胡大昌是位律师,20世纪40年代在歙县开设胡大昌律师事务所,家境还好。徽州人常说:浮财易散,田土难丢。祖父凭借较为丰厚的职业收入,省吃俭用,置下一些房产和一亩多菜园地。土改运动中,胡公敏的祖父被划为"地主",致使年轻时代的胡公敏升学无望、招工无路。为了生计,1978年5月,初中还差两个月才毕业的他,选择了外出谋生。

那时,胡公敏大哥在苏州发电厂工作。经他联系,胡公敏到苏州跟着一位木匠师傅学手艺。明清时期,苏州是我国长江下游经济、文化中心之一,不仅园林精致,苏式家具也以造型优美、线条流畅、用料及结构合理、比例尺寸合度等特点,以及朴素、大方的格调博得世人赞赏。但在"文革"期间,园林和苏式家具不能制作及使用。所以,胡公敏的师傅与歙县本地工匠师傅一样,只能为生产队或私人家庭制作些生产工具或生活用品。

按照传统规矩,学徒三年出师。胡公敏学会了制作一般的木家具和木构房屋技术,1981年7月,他回到家乡。此时,胡公敏得到招工机会,进了徽州古建公司。不仅专业对口,而且技术起点较高:当时刚进公司的青工(徒弟)月薪18.5元。公司其他员工需参加技术考核,分等级确定工资水平。胡公敏被定为2.5级(最低1级,最高4级),月工资46.8元,相当于中专毕业生的月工资水平。当然,这份工作对胡公敏之后人生之路影响最大的,是让他从此走进了徽派民居营造的新天地。

刚进徽州古建公司,胡公敏虽然不再是学徒,可以独立承担一些木作的加工任务,但对徽派古建没有多少认识。这时,同一公司的程启东师傅走进了他的视野。这位来自歙县上丰的老师傅,从民间的孙明辉师傅那承传下来了"徽州大木木雕"等绝活,让胡公敏心生羡慕。他主动拜程师傅为师,从榫卯、斗拱、雀替、驼峰等部件的设计、制作开始,逐渐掌握了亭阁、长廊、民居、大殿等整体木结构的选料、编号、画线、画图、配工、组装等所有工序的秘诀,为承担大型建筑工程奠定了扎实的基础。

胡公敏徽派民居营造技艺的提高,也是在不断参与各地工程建设的历程中实现的。1982年,他参加修复太平县甘棠六角楼。该楼原名太宇亭,始建于明万历年间,是一座三层重檐围廊式楼阁,具有典型的徽派古建特点,以木构为主,不施斗拱,利用梁头加斜撑承挑檐檩。尽管规模不大,但对胡公敏来说,是他第一次真正意义上的徽州古建营造实践。之后,歙县的多景园、太白楼、雄村竹山书院文昌阁、陶行知纪念馆,徽州区的潜口民宅,屯溪的戴震纪念馆,合肥的城隍庙,乃至德国的法兰克福春华园等地,都留下他和同事勤奋的身影。经十多年的历练,胡公敏也逐渐成长为一位响当当的"掌案"(师傅),徽州区呈坎宝纶阁修缮、太湖县五千年文博园中双层檐八角亭修建、芜湖广济寺大雄宝殿斗拱制作、北京徽商故里大门楼修造等,都是他主持的重要项目。由此,他也于1996年被中国风景园林学会授予"中国园林古建技术名师"称号。

在胡公敏的记忆中,香港志莲净苑重建工程最难以忘怀。志莲净苑位于香港钻石山,始建于1936年,背山面海,环境优美。从1989年开始整体重建,工程分六期,历时十年。其中的佛寺建筑群,由内地、香港地区及日本专家依敦煌壁画及中、日现存唐式寺院联袂设计。寺分三进,从南面进山门,首进四个莲池,正中为天王殿,供奉天冠弥勒佛、韦陀及四大天王,两侧为钟鼓楼。二进是全寺中心,大雄殿供奉释迦牟尼等佛,两旁配观音、药师两殿。三进为藏经阁和法堂。整组建筑由16座殿堂组成,建筑面积7000平方米,规模宏大,是现今世界最大型手造木构佛寺建筑群。通过招标,安徽省古建园林市政建设有限公司中标。该公司邀请徽州古建公司参与施工,胡公敏率领四十多人负责大木作。由于现场施工面积有限,工地设在东莞,所有部件加工成型,最后运往香港组装。为了该工程,胡公敏和同事们奋战三年,期间有不少展现他智慧的细节。有一次,他按图纸对斗拱构件放样时发现,如按图做,有的地方安装不了。难道图纸有问题?胡公敏反复推敲,确认设计有误,毅然提出质疑。负责设计的工程师赶来,经检查,立即更改了图纸。工程中,曾有高达九层的斗拱设计,这种超高超大型斗拱胡公敏从未制作过。他精心地做出了令人满意的验证小样,正准备按样制作构件时,业主却提出再按一比五的比例做成模型送审。胡公敏没有推托,按时完工。业主又请来外国总工程师将模型数据等进行验算,最后,才满意地同意继续加工。

1997年,志莲净苑古建部分竣工。当时,许多著名香港艺人如刘德华、曾志伟作为嘉宾被邀请参加庆典。为感谢施工团队的巨大贡献,胡公敏作为代表也是受邀嘉宾。在一张张胡公敏与曾、刘等明星合影的照片中,年轻的胡公敏笑得十分灿烂。2000年,该工程被香港建筑师协会等单位评为20世纪十大优秀建筑之一。2002年又被香港建筑业界九大团体联袂评为首届"优质建筑大奖"工程(名列第一)。为此,安徽省人民政府也于2002年9月16日对安徽古建园林公司进行表彰。

徽州府衙重建是胡公敏的又一杰作。宋代以来,徽州府衙历经多次兴建或重修,素以"规模宏敞,面势雄正"著称。2009年4月,歙县人民政府投资近2亿元,启动了修复徽州府衙工程。该项目建设范围2.4公顷,包括仪门、公堂、二堂、知府廨组群,建筑面积9800平方米,按明弘治年间的建筑规制,采用"原工艺、原材料、原规制"的模式在原址修复。胡公敏作为木工"掌案",率领木工五六十人,经三年努力,终于将一座气势雄伟、规模庞大的明清徽派大型古建筑奉献在公众面前。期间,他不仅参与具体的构件制作,更显示了不凡的管理才能:常常他先开出料单,亲自到杭州进料,有时多达一百多方。再根据梁、柱等不同用途将木料编号。当木料运回工地,虽然胡公敏还在杭州,但工人依着他的编号就可以加工了。程序严密,步骤科学,有效地保证了质量和工期。"建筑规模最大、使用斗拱最多、施工所用传统技艺最为地道"是中国工程院院士、建筑历史学家傅熹年对徽州府衙修复工程的三大特点的概括,2014年,徽州府衙修复工程获国家级"鲁班奖",这就是对胡公敏与他的团队的最高评价!

在长期的徽派民居营造实践中,胡公敏练就了很多绝活。在传统大木制作中,有许多专用工具,其中最主要的是大木画线工具——丈杆。大木画线前,先将整个建筑的面宽、进深、柱高等,标注在木制长条板块上,这就是丈杆。将各构件尺寸也标在另外的长木条上,就是分丈杆。再以丈杆为依据,将尺寸在木料上放线,再加工。由于古建各木构件都根据一个模数即柱高或斗口来进行加工,只要模数一定,其他构件的尺寸也就定了。与现代施工中常用钢卷尺相比,自有其优点。胡公敏对于丈杆的运用几乎达到出神入化的程度。无论怎样复杂或大型的构件,只要他心中一盘算,丈杆上便很快标注上了许多刻度,面阔、进深、柱高、出檐、榫卯位置等关键数据,准确而细致。再按刻度丈量制作或安装时核校,既保证无误,也提高了工效。

榫卯结构是我国古建营造技术的又一亮点,早在7000年前的浙江河姆渡遗址,就能见到这种极为精巧的结构。其后,榫卯在我国的建筑、家具中广泛使用,经一代代技术工人努力,衍生出企口、燕尾、双夹、半榫、托角、抱肩等多种形式。胡公敏对于不同材质、结构、要求的榫卯组合十分透彻,经他设计、加工的复杂榫卯组合,几乎就是一件精美的工艺品。

古建中的大屋顶,如大殿屋面,是带有一定弧度的凹曲面,既利于排水和采光,也显得流畅而飘逸。这种做法宋代称"举折",清代叫"举架"。从屋面横断面看,屋面坡度由若干折线组成。出檐处五分水,屋脊处可能是十二分水,差别很大。一般木匠做"举架"时,需要在屋架成型后再来配长短,而胡公敏能够在图纸上准确标注,一次加工、安装到位,显示出他扎实的技术功底。

在一般人看来,身为屈指可数的国家级非遗代表性传承人,身怀绝技,不仅让人仰慕,可能追随求艺者也如过江之鲫。其实,胡公敏带出的徒弟只有4个!

且年纪多在 40 岁以上。他坦然解释道:传统的师徒相授虽然有优点,但也存在不足。在大多数技艺没有文字、图纸说明,只能口耳相传的时代,徒弟能否成才、不砸师傅的牌子,影响因素很多,如道德品行、天资水准、努力程度等。所以,胡公敏对收徒很慎重,宁缺毋滥,少而精。有一位来自歙县大谷运、年纪算最年轻的潘姓徒弟,以前从事木工装潢,三年前才拜胡公敏为师。说到为什么要"老来学木匠"?他自然地说:以前师傅不愿收徒,后来想通了,才愿意带我。

2013 年,胡公敏将伴随多年的一套徽州传统木工工具 16 件捐赠给歙县古城管委会,用于徽州府衙展陈。虽然,胡公敏捐赠的工具也许会与他"掌案"的诸多建筑实物一道流传久远,但他掌握的徽派民居营造技艺的传承,却不容乐观,还有着其他项目不存在或不明显的问题:

第一,需求不旺。民居营造,无论对于家庭还是单位,都是较大的工程。普通百姓认为传统徽派民居不大符合现代生活习惯,因此,新的不做,旧的不修。而单位,除了有限的政府投资修复徽派民居项目外,就是少数单位锦上添花式的点缀。就在胡公敏现在的工地上,就有屯溪东方丽景小区定做的两个亭子和长廊。不少业主只求做成徽派样式,至于是不是用了传统材料和工艺、是不是很美观并不十分上心。工期上要求又紧,而古建恰好是需要慢工出细活的。没有项目,不仅徒弟失去大量磨炼技术的实践机会,甚至连工资也难有保障。

文化部颁发给胡公敏的证书

第二,过于劳累。虽说没有不辛苦的职业,但相对来看,大木作的从业者更需要吃苦。除了脑力,体力上的要求也很高。木料、成品的搬动、组装,没有足够的力气是扛不住的。尽管许多构件的前期加工可使用电锯、电刨、电钻等现代工具,但不可能完全替代。就在我们说话间,一位徒弟正费力地用手锯加工。原来该部件需要锯掉的部分恰好线条是斜的,电锯无能为力。再说,相比于雕刻之类可以靠个人完成的项目,不少大料、笨重构件的搬运、加工都需要多人协作,比较麻烦。

第三,收入偏低。好多人想象:作为徽州府衙的木作掌案,每天工资不低吧?胡公敏坦然相告:每天 150 元。显然,这样的工资水平与他付出的体力与脑力不成比例。如今搞装潢,徒弟跟师傅学三个月,基本可以单干,日工资接近 300 元。但学习古建,即便学了三年,也才掌握一些基本技能。每天 200 元左右的工资,还得担心找不到项目,这样的行业怎能吸引年轻人呢?尽管胡公敏和他徒弟们已经喜欢这一行,愿意将这一传统技艺传承下去,但是,一个仅靠人的境界才能维系的事业,能够行之久远吗?

再过年把,胡公敏就要退休了。徽派民居营造技艺尚无完整的文字和图谱,他有如此丰富的实践经验,如果能将其整理出版,那也将是功德无量的好事。

期待这位国家级非遗代表性传承人有新的成就!

# 让更多的人认识珠算
## ——程大位珠算法国家级传承人汪素秋

汪素秋在教学

汪素秋是黄山市屯溪区大位小学的一名老师,在近20年的教学工作中,她坚持将程大位珠算法融入数学教学。2012年12月底,汪素秋成为国家级非物质文化遗产传承人。现在珠算正式列入人类非物质文化遗产名录。汪素秋说,会尽自己的努力,让更多的人认识珠算。

汪素秋老师30出头,烫着时尚的卷发,一副干练的样子。受外祖父的影响,她从上小学开始就一直对珠算有着浓厚的兴趣。汪素秋的外祖父当时是个商人,珠算非常好,自然也希望汪素秋能够把算盘练好。在他手把手的教导和督促下,汪素秋的珠算水平一直很高。当汪素秋在屯光草市小学上学时,就曾代表草市小学参加屯溪区的"三算"(珠算、心算、笔算)比赛。随后那几年,也是珠算逐步退出课堂的时候,但是在她就读的安徽省徽州师范学校却正在兴起珠心算的热潮。这种新的珠算模式虽然没有进入学校的正式课程,却成为了学生们可以自主选修的课程。汪素秋报名参加了这个兴趣班,正式接触了珠心算理论,掌握了珠心算的教学方法。汪素秋毕业时,正是黄山市珠心算教学兴起之时。陆续出现了几个把珠心算作为特色教学项目的学校,大位小学就是其中之一,当时大位小学所有数学老师都要开展珠心算教学。懂珠心算的汪素秋顺理成章地进入了这所学校,担任数学教师和珠心算教师。

在历史上,程大位是公认的珠算鼻祖,也是黄山市人。大位小学就是以他的名字命名的,这所学校从1992年开设至今,一直设有珠心算的课程。在20世纪90年代中期,学校的珠心算出现高峰期,学生在大大小小的大赛上斩获大奖。但是,从2001年开始,教育部颁发的《义务教育数学课程标准》中,珠算课程被取消,算盘从小学课桌上消失。珠心算一直是大位小学的传统教学特色。为了传承中国古代悠久而博大精深的珠算文化,该校从90年代初起,在全校所有的学生中普及珠算教育,从学前班开始就开设了珠算和心算课程,并以珠心算教学来启发学生的智力和想象力,提高学生的学习兴趣。多年来,大位小学的小神算手层出不穷,小神算手们运用的"珠算式心算"速算技巧,其速度之快可达报题音落答案即出。他们在全省大赛中屡屡获奖,大位小学的"珠算特色"已引起海内外教育界、珠算界的关注。但在2009年之前,她从未想过自己会成为程大位珠算法的传承人。那一年,屯溪区文化局在推荐程大位珠算法的传承人时,想到了在屯溪大位小学的珠心算教师,汪素秋在几名教师中幸运地被选中。担负起了传承珠算文化的重任。

当时在选择传承人时有两个标准,一是在珠心算教学中取得过优异成绩,二是年轻,想选个年轻教师是考虑到珠算文化的传承任务很重,年龄大了从事教学工作有困难,同时也希望传承人可以多传承几年。汪素秋刚好是最符合这两个条件的人。

到目前为止,经她教授珠心算的学生有近千人。她多次组织学生为海内外嘉宾做珠心算表演,接受中央电视台《大风车》栏目、安徽省电视台《徽州寻梦》栏目组等新闻媒体采访拍摄;在安徽省珠心算经验交流会上进行题为《将珠心算融入低年级数学教学中》的发言。因工作成绩突出,2005年被评为省优秀珠心算教练;2009年组织选手参加安徽省第十二届少儿珠心算比赛获少儿组团体一等奖,并被评为省优秀珠心算教练;2009年指导学生在全国珠算选拔赛中荣获团体二等奖,指导的选手程光旭被省珠协选中并代表安徽省参加全国珠心算比赛。丰富的教学交流经验、完美的成绩单,还有强烈的上进心以及传承珠算文化的愿望,让她最终成为了"神算"的传人。汪素秋面对荣誉,总说自己是一个幸运儿,正好赶上了一个重视文化遗产保护的时代。

尽管如此,汪素秋在教学过程中,还是会遇到很多家长不理解,遭到他们的反对。她说:"在社会上很多人对珠算存在一些误区,认为计算机、电子计算器这么发达,为什么还要去用算盘拨,他们可能觉得算盘是一个计数的工具。"而看似简单的木杆与算珠组成的算盘蕴含着深邃的数学思想。2011年6月10日—15号,汪素秋带着她的学生赴北京参加文化部主办的"薪火相传——中国非物质文化遗产传承人师徒同台展演"活动。在5天内参观人数超过万人,观众们从这对师徒珠算和心算的现场表演中,领略了珠心算的魅力,也感受到了程大位珠算法这一文化遗产在当代经过与现代社会融合之后,所产生的具有特殊意义的存在价值。

　　从最简单的珠算加减法,到如今的珠算加减乘除,到珠心算,珠算也在一代代人手中不断创新,从而变成了开发智力的教学工具。可以说,珠算文化并非是与时代脱节的"古董",随着时代的发展,它的内涵与外延都在不断扩展。因此,面对珠算文化,我们不应仅仅躺在祖先"遗产"的功劳簿上去保护,反而应该思考如何更好地发展和传承,让珠算文化生生不息。汪素秋说,世界性申遗成功真的是一件让人非常开心的事情,同时也觉得担子会更重一些,作为传承人,要把文化传承好,作为教育一线工作者,她则希望更多的孩子学习珠算。

# 济人济世为己任　名医世家薪火传
## ——"张一帖"内科国家级传承人李济仁、张舜华和省级传承人李挺

被誉为新安医学世医家族第一家的定潭"张一帖"源远流长,至今有450余年的历史。"张一帖"代有传人,至今已15代。张氏医学世家,其代表性人物为明嘉靖年间得张一帖内科之名的张守仁(1550—1598年),他精研《黄帝内经》《伤寒杂病论》,勤于实践,复得民间医生密授,历30余年反复揣摩、临床验证,研制出一种粉状药剂——末药,此药由18味组成,号称"十八罗汉",有疏风散寒、理气合营、健胃宽中、渗湿利水之功,适用于劳力伤寒、肠胃疾患,并可扶助正气,防病患于未然,人称"张一帖"。"张一帖"以其辨证准、剂大力专、治疗内科疑难杂症和急性热病屡获佳绩而享誉皖、浙、赣数省。

李济仁、张舜华夫妇

## "张一帖"第十四代传人李济仁、张舜华的传奇人生

"张一帖"内科自明代张守仁一世祖至清末前后两个朝代,专攻医道,医技心法,口授心传,传男不传女,400多年血脉流淌,一直传至清末第十三世张根桂(1908—1957年)。

李挺和父亲李济仁

张根桂20岁时就闻达于乡里,而立之年,他根据自己临症所得,对祖传的末药进一步加以整理完善,创立"春、夏、秋、冬"四季加减法,从而进一步提高了临床疗效,并逐渐形成了认症准确,用药猛、择药专、剂量重,取重剂以刈病根之特色。其医治外感、急症等往往一剂奏效,开创了治疗内科疾病的系列疗法。在治疗湿温伤寒症方面,张根桂注重健脾宣渗;治疗虚寒症,又喜用大剂附子以壮阳,后则调治气血津液,标本兼顾,以求根治;治疗急症提倡针药并施,针灸以应其急,汤药以治根本;医治肝病、胃病、风湿、癫狂、妇科等疑难病症,擅用金石药、虫类药,并常辅以新安地道新鲜草药,还摸索制定了择时服药的规则,收效显著,往往一剂即起疴回春,皖浙赣各地求诊者如云而至。

"张一贴"十三代传人张根桂唯一的儿子早年夭折,旧社会,家传技术多传子不传女,外传就意味着对祖先的不孝。次女张舜华,1935年1月28日出生,15岁就悬壶济世。12岁时就决心跟父学医,却遭到父亲的严厉拒绝。

被拒绝后的张舜华矢志弥坚,为传承新安医学付出了异常艰辛的努力。她偷偷地学、偷偷地记。她陪父亲出诊,因为家规不许说话,她就一声不吭,以致很多外地人都以为她是哑巴。开始时她只能在张根桂诊治病人时一旁窥视,用心观察"望、闻、问、切"的每一个细节与过程,悉心记忆病名、症状,然后拿出家藏的古籍医案认真对照,悉心揣摩。遇到闲暇时,还一个人跑上山去对照父亲所采的药材标本识药、采药、尝药、配药。张舜华立志学医,勤学苦练,亲自上山采药,配药尝药,以至诚至孝感动父亲。

张舜华在当地有个外号叫"孝女香",因为她对父亲总是百依百顺,极尽孝道。有一次张根桂出诊因郁闷饮酒,归家时醉倒在路边,当时已是夜晚,张舜华用瘦弱的身体背着父亲一步一步走回家。到家时天已发亮,浑身湿透。但这样的孝顺并没有感动父亲,张根桂对女儿说:"我不能让张一帖姓外姓!你要学可以,要么终身不嫁,要么招上门女婿,生个儿子要姓张。"张舜华答应了。因为后继无人,因为女儿的至诚至孝、勤奋好学,张根桂终于改变了想法,将家传医道真经及个人临症经验尽数传授。张舜华随父学习4年,16岁就成了远近闻名的女大夫,多年后成了远近闻名的"女张一帖"。1957年,不到50岁的父亲张根桂因长年辛劳致疾,英年早逝。李济仁和张舜华共同承担起了张氏医学传承的重任。

1931年1月24日,徽州歙县桥亭山凤逸村的贫苦篾匠李荣珠家喜得贵子,取名李元善。7岁时,李元善入私塾,跟晚清秀才李近仁学四书五经。李元善天资聪颖,乐于思索,奠定了坚实的国学基础。1943—1948年,他遵从"天下之至变者,病也;天下之至精者,医也"的古训,跟随当地名医汪润身学医,立志以医道济人济世。在歙县小川开业行医。出师后,他想找名望更高的人拜师学艺。张根桂是新安世医"张一帖"第十三代传人,他的精湛医术和仁慈给李元善留下深刻印象,李元善对张根桂佩服得五体投地,顿时心中萌生念头,"不当医生则罢,当就当这样的名医"。于是,他毛遂自荐拜张根桂为师,并改名李济仁,意为"仁心济世",以表明自己的志向和决心。

作为徒弟,李济仁与小师妹张舜华一起朝吟夜诵,勤于实践,他们在跟师抄方、走乡巡诊、采药、制药的过程中也孕育了爱情。张根桂看在眼里,喜在心中。李济仁聪慧过人,老实能干,处理疑难杂症很有一套,令老师刮目相看,尤为欣赏。不久便把女儿张舜华许配给他,李济仁也诺日后做上门女婿,张根桂也将家学传了他。李济仁与张舜华共同担负起传承"张一帖"之责任。大概还有这样的君子协定,即未来李济仁的第一个儿子要随母姓张。后来,李济仁是"国医大师"了,名气大了,很多人到他家里来看病,看到张舜华都会问一句:"您是这家里的什么人啊?"张舜华总是逗趣地说:"我是那个老头子的——老师。"然后微微一笑。虽然这是一句玩笑话,不过就张一帖的师门关系来说,也算是道出了实情。

李济仁和张舜华结婚后,成了张根桂的上门女婿,也与张舜华同为"张一帖"的第十四代传人。

新中国成立后,李济仁的医术得到党和政府的肯定,也得到重视和培养。他两度被选派到安徽中医进修学校(安徽中医学院前身)师资班学习,还参与安徽中医学院和附院的筹建工作,并担任内经教研组组长、大基础教研室主任等职。随后在歙县人民医院、安徽中医学院、安徽医科大学附属医院、皖南医学院等单位工作。

在国家的关怀和培养下,丈夫李济仁医术精进,1959年,李济仁到安徽中医学院,任内经教研组组长、大教研室主任;1960年,李济仁参与筹建安徽中医学院附属医院;1965年10月至1966年5月,李济仁到北京中医学院、中国中医研究院参加内经教学研究班学习,并编写首批卫生部高等学校规划教材;1970年至1972年,李济仁任安徽医科大学内科医疗组组长;1972年,李济仁来到行医至今的皖南医学院,任中医教研室主任,附属弋矶山医院中医科主任,而张舜华,却一直坚守于乡土。李济仁业医60余年,在医治外感病、急症等方面,承继"张一帖"心法,以认证准确为基础和前提,用药猛、择药专、剂量重,往往一剂奏效;辨治杂病,则合参新安汪机"培元派"提出的调补气血、固本培元思想,重视培补肾本,辨证灵活机变。如对于进行性肌营养不良症等,李济仁系统地提出以补肾法为主,健脾和胃、养血舒筋的方法,治愈数例。

李济仁根据新安医家诊治痹症、痿症的基本特色与规律,临床上既强调鉴别,又强调辨治痹痿同病,提出"痹痿统一论",制定辨治顽痹四法,即顽痹从虚、从瘀、从痰辨治,痹痿同病则重调肝肾,兼以健脾和胃、养血舒筋。

他注重融会新安医学学术思想以及《内经》理论与诊治方法,从临床实践中加以体悟,建新说、立新法、研新方;创立"归芎参芪麦味方"。

对于疑难病症,李济仁主张辨证与辨病相结合,熔经方、时方、验方于一炉。治疗胃病倡导"和、降、温、清、养、消"六法等,并创立了治疗冠心病的"归芎参芪麦味方"、治疗痹证的"清络通痹饮"、治疗慢性肾炎蛋白尿的"固本益肾汤"、治疗乳糜尿的"苦参消浊汤"等效方、验方。

李济仁敏而好学,精勤不倦,在掌握复杂而深厚中医学知识的同时,也积累了大量的临床经验,对一些疑难杂症屡起沉疴。早在1965年,著名黄梅戏演员严凤英患顽固性失眠1年有余,屡服进口高效安眠药无效。严凤英的病情惊动了周总理,特批进口德国的最好的安眠药,可时间一长均无效。无奈严凤英慕名找到李济仁。李济仁回忆,当时严凤英眼眶四周青黑凹陷,头昏烦躁,腰膝酸软。李济仁分析,严凤英因创作新剧,日夜研思,用脑过度,失眠时久,诸治不应,应当从肝论治,以滋肝阴为主,辅以安神。于是,他开出了镇肝益肾、阴阳并调的方子。服7剂后,患者能睡4个小时。李济仁按照时间医学,嘱咐患者在午后及晚睡前各服一次,以便药效更好地发挥。三诊后,患者一切正常,严凤英痛苦一年多的疾病,李济仁仅用30副药,就彻底根除了。

1981年的夏季,53岁的黄某手术后高热达41℃,致使头痛、神志不清。医生采用冰敷以及抗生素退热,均无效。午夜时分,院长派人请李济仁会诊。李济仁认为患者因暑热交蒸,致高热不退,开出解表祛暑、芳香化湿的方药,如香薷饮、加减白虎汤等。服下不久,患者便退烧了。

15岁的王某,四肢痿弱无力,走路如鸭行,经常跌倒。经大医院诊断为"进行性肌营养不良症",长期服用激素、维生素等无效。患者父母慕名来求治。李济仁检查后,诊断为肝肾两虚型痿症,以《内经》理论与诊治方法融会新安医学学术思想,确立了补肾益肝、舒筋活络的治则。服用一段时间中药后,患者四肢感觉有力。李济仁根据病情连续调方数次,又嘱咐其坚持锻炼,不久,患者病情大有好转,臂力增、腿力强,近如常人。

作为传承了新安定潭"张一帖"的李济仁,由于对疑难杂症经验丰富,四诊辨证合参,疾病分型准确,方药随症加减,施治得心应手,疗效显著,医名远播,来自全国各地及马来西亚、新加坡、欧美等多个国家和地区的慕名求诊者纷至沓来。李济仁也先后获得首批名老中医学术经验继承人指导老师、首批国务院政府特殊津贴获得者等一系列荣誉。新中国成立后,李济仁夫妇二人先后调入皖南医学院工作,夫妻二人不仅在医术上继承"张一帖",还继续着"张一帖"舍医送药的传统。几十年来,他们无论多么繁忙,每年都会定期返回家乡为乡亲们赠医施药。

李济仁身体力行于《新安医著》的校注整理工作中,潜心提炼新安医学诊治之特色规律,带领学生成功还原了尘封于历史的668位新安医家、400余部新安医籍,并厘清和阐明了新安医学对急、危、难、重病症的诊疗经验和规律,是"新安医学"研究领域的奠基人之一。

李济仁理论与临床并重是其从医的另一重要特色。"西医出书,中医也出书,西医搞科研,中医一样搞科研。""新安医学需要更多的人来传承",李济仁凭借不服输的性格,孜孜以求、奋力拼搏,建新说、立新法、研新方。潜心提炼新安医家诊治之特色规律,主编《大医精要——新安医学研究》等书,其中,集新安医著之大成的鸿篇巨制《新安医籍丛刊》首次将历代新安医家著作进行校注整理。"独本不能流传……要让更多人领会新安医学的魅力",为此,他毅然捐出传本极少的新安医著《神灸经纶》,交由出版社出版。此外,李济仁还以《内经》为宗,理论与临证互作阐发,确立中医医学地理学、中医时间医学等新学术生长点,及体质学说、五体痹病、五脏痿病等研究专题,在中医理论与临床的研究上硕果累累。李济仁对于医术孜孜以求,凡有所悟、所思、所得,均述诸笔端,数十年来聚沙成塔,他独著、主编《济仁医录》《痹证通论》《痿病通论》《大医精要——新安医学研究》等学术著作14部,参编《内经》《中医基础理论》等首批卫生部高等学校规划教材,并获得省、部级科研成果奖5项,发表论文112篇。对新安医家学术思想与诊疗经验的传承与创新起到了重要的示范作用。皖南医学院和弋矶山医院的"四大支柱"和"四大名师",李济仁名列其中。

而张舜华,在未调入皖南医学院工作之前,仍然活跃在乡村医疗第一线,有"定潭向有车头寺,半夜叫门一帖传"一说。为人治病,一心赴救,无论白天黑夜,即叫即走,当地人称张舜华是"铁打身体,马不停蹄,上跑北京,跑遍农村"。张舜华继承张一帖临症特点,用药猛、择药专、剂量重。一根针,一把草,内外兼治,针药并施。针灸应急,汤药治本,辅以外贴。常常上山直接采来新鲜草药,对外感、急症往往一剂奏效。张舜华医治内科、妇科等疑难病症,擅用金石药、虫类药,并常辅以新安地道新鲜草药,收效显著。张舜华的患者治愈后,感激不已,要送锦旗、匾额,张舜华按照外公的指示,从来不收。徽州水运社为了报答张舜华,免费在家乡定潭放了几年电影,让当地百姓享受文化盛宴。

直到1980年,张舜华47岁时才调入芜湖弋矶山医院中医科行医,与李济仁团聚,弋矶山医院是一所具有120多年历史的大型三甲医院,中医科因为李济仁和张舜华的联手,力量大增。目前中医科有三位90岁以上、两位百岁以上的老中医,还有著名本草专家尚志钧,而李济仁是安徽唯一,也是全国唯一不在省城、不在中医院的"国医大师"。张舜华自己则依据多年临床经验,整理出版了《张舜华临证医案传真》等书籍,她的著作,内容丰富,涵盖支气管炎诊治,慢性胃炎诊治,肝炎诊治,胆囊炎与胆石症诊治,各种冠心病诊治,妇科、男科病诊治,小儿急惊风的诊治以及癫痫诊治和各种疑难杂症诊治经验。

几十年来,居住在芜湖的张一帖第十四代传人李济仁、张舜华无论多么繁忙,每年都会定期返回家乡住一段时间,很多乡亲也都在等着他们的赠医施药。如今,张舜华晚年和丈夫一样,不再独守世医之技,不仅不对五位儿女保密,1958年,张舜华就将祖传"十八罗汉"末药秘方毅然献给国家,而且将自己的六首有效验方公之于众,受到省卫生厅表彰。她还鼓励两位小儿子,用现代科技和现代医学来探索、研究和传承中医。"张一帖"也不再仅仅是一个家族的专利,而是社会的财富。张舜华在我国中医界影响甚巨,被著名国医大师邓铁涛先生誉为"当代新安医学第一家"。2008年6月,中国文化遗产日,"张一帖"作为国内唯一的世医家族接受中央电视台的访谈,作为中医药非物质文化遗产最具典型的代表,年逾八旬的李济仁夫妇作为全国名老中医和国医大师做客中央电视台《中国记忆——我们的精神家园》访谈。

## 留守家业的十五代传承人李挺

在"张一帖"第十四代传人李济仁张舜华的家里,一副不知何人所题的对联十分醒目:"博士不难,难则兄弟三博后;教授非贵,贵在一门七教授"。老两口与5个子女,"兄弟三博导,两代七教授",构成名医世家的家族链。"张一帖"世医就是家族链传承方式的典型代表。

长子张其成是北京中医药大学教授,博士生导师,著名国学专家,传统文化的传播者;二女李艳,现为皖南医学院副教授、硕导,弋矶山医院中医科副主任;三子李挺大学毕业后在当地经营诊所,继续"张一帖"家传,以实际行动诠释着"医在民间"的价值理念;四子李标是中国科学院博士,德国洪堡学者,目前在美国工作,担任主任工程师,侧重于生物材料学角度,开展生物医药和中医药学探索研究;幼子李梢是北京中医药大学中医内科学博士,师从王永炎院士和李衍达院士,现为清华大学副教授、博导,他以中医"证"为突破口,开辟"中医药生物信息学""系统生物学与中医药现代化"研究方向,受到学界极大关注。"兄弟三博导,两代七教授","张一帖"不再是一枝单传,而是满堂芳菲。

李挺,1963年出生在歙县定潭,自幼聪颖,兴趣广泛,接受事物的能力很强,因出身于世医之家,自幼受家庭熏陶,耳濡目染,对家学医道颇有兴致,常随母亲上山,识别了很多的草药,掌握了一些药材的用途及功效,并在母亲张舜华的指导下学习了一些经典医籍及家传医技。1980年,李挺母亲调往芜湖弋矶山医院工作,在父母、哥、姐、弟弟们都相继离开定潭,去往大城市的情况下,为了传承张一帖,家中决定要留下年仅17岁的李挺一个人守在这定潭村里继承张一帖。当时对孩子来说,李挺情绪也是很大的,世上有哪个孩子不愿意依偎在父母的"翅膀"之下衣食无忧,有多少农村的孩子刻苦读书为的是走出贫穷,迈进城市的大门。兄弟姐妹在外面的风光,他不可能不羡慕。李挺也有自己的理想,并没有以医为业的想法,还想继续努力去参加高考,但是李挺想到,其家传"张一帖内科"是400多年来以"劳力伤寒末药"(由18味药研粉末组成,号称"十八罗汉",对一些疑难重症、诸多杂病往往一帖即愈)而闻名,"张一帖"必须有人来继承,作为家中唯一留下守业的儿子,他是要做出牺牲的。李挺的身体条件好一点,哥哥姐姐都上大学了,弟弟年纪尚小,最终李挺还是尊重父母的意见,留下来了。

中学上完后,李挺报考了中国农业银行安庆电大的金融专业,1989年毕业后被安排在离家很近的歙县深渡农业银行工作。

李挺父母调往芜湖弋矶山医院后,沿袭多年"赶定潭"的乡风习俗却依然时有发生,总还是有一些边远山区信息不灵通,把病人抬到定潭找"张一帖"看病,当打听到"张一帖"一家已去芜湖,那失望的心情溢于言表。一次,又有乡民送病人前来看病,李挺向来人说明了情况,建议他们赶紧送深渡镇医院去治疗。望着乡民们焦急失望后匆匆离去的背影,李挺心中一阵阵激荡。定潭"世传张一帖"诊所就真的消失了吗?空守这份家业而不能为患者解决病痛,算什么"张一帖"传人?于是,在征得父母的首肯之后,李挺办理了深渡农业银行的病退手续,丢掉了那份安逸的工作,开始真正操持祖传"张一帖"的家业。

李挺靠着自己的聪明与才智,靠着早年随父母所学知识,认真刻苦地专心研究。为了进一步提高自己的专业水平,又报考了安徽中医学院函大中医专业。决心用其祖传医术及中医学院所学专业知识为本村及四方各地前来求诊的病人诊治疾病,"世传张一帖"诊所在李挺的打造下声名又起。在深渡镇学校当老师的妻子吴美英成了他的好帮手。李挺望、闻、问、切、诊病遣方,妻子配方抓药,可谓相得益彰。李挺还在妻子的配合下创新剂型,将祖传末药"十八罗汉"改制成了丸剂,编写了服用方法与注意事项,从而大大方便了患者服药。李挺夫妇俩还利用当地得天独厚的自然环境,常常上山去采集一些地道的新鲜药材,经过加工炮制后用于单方、验方及配方,接全国各地的末药订单,夫妇合作,采药、制药、配药,为附近的乡亲免费看病,为外地的病患函诊,夫妇俩亦医亦药,慕名而来的"世传张一帖"诊所的患者可谓络绎不绝。

李济仁　张舜华　李　挺

如今李挺在定潭的老宅子院子里竹编簸箕上，晒着灰黄色的小颗粒，这就是张一帖祖传的末药——"十八罗汉"，有疏风散寒、理气和营、健胃宽中、渗湿利水的奇效。自张守仁始，历明、清、民国至今，已有15代、400余年的历史。这种针对新安地区气候湿润，脾胃易伤的特点，因地制宜、就地取材，从调理后天之本的角度，采集新安地区地道药材和精心处方研制的"十八罗汉"丸药，其制作过程是枯燥费力的：首先要将粉末状药倒入簸箕一角，涂上一层热气腾腾的白开水，双手抓住簸箕，将全身的力量集于腰部顶住簸箕，来回反复地翻动，在不断的翻动中，粉末状药物逐渐变成神奇的"十八罗汉"小丸状。李挺看着妻子这么辛苦于心不忍，就购买了一台制丸机器，但机器在制作过程中，需要添加大量的面筋跟蜜糖才能将粉状制成丸状，父亲李济仁回乡看到后，立刻叫停。他斥责李挺说，这样随意添加成分，药效无法保证。于是，花巨资购置的制丸机被废弃了。

几十年来，就是这样不断地反复，靠妻子每天手工制药，非常辛苦。问他为啥不请人？他说，活累利薄，没人愿意干。再说，村里的青壮年都外出打工了，留下的人多半是老人、妇女和儿童，也干不了这个。做药的时候，李挺的幼子帮着打下手。李挺说，他希望儿子以后能传承，但他又不愿因此将儿子的一生束缚在乡间。

李挺认真地接待每一个病人，来看病的多是四乡八邻的，少的每天三五个，多的每天差不多二十个。草药是自己上山采的，药丸是自己做的，要不了几个钱，三五钱即可，没有钱拿点蔬菜也行。李挺说，现在在全国、世界，兄弟名气很大，但能够为山区人民就医看病，得到广大乡亲信任我也很满足，很愉快，我们在不同的地方同样做出自己的贡献。

如今，一儿一女两个孩子也长大了，460余年"张一帖"医学文化的历史积淀又将由其第十六代子孙承载。大女儿涵雨选修了中医专业，并与弟弟一同早早就已随奶奶改姓张，大学毕业后即去了芜湖，跟随在爷爷奶奶身边，由李济仁、张舜华二老手把手地传教"张一帖"祖传医学精髓。

李挺夫妇也步入了人生的中年。回顾近三十年所走过的路程，除了给患者疗疾而带来身心的愉悦，还有着更多的艰辛和痛苦。2015年3月，"世传张一帖"内科被批准为国家级"非物质文化遗产项目"，得到了政府的保护，李挺获"省级非物质文化遗产传承人"称号。诊疗工作之余，李挺却始终没有忘却他当年留守家业时的那份胸怀，那份信念。"张一帖内科"自明嘉靖年间得名，代代传承，历史悠久，是新安医学的重要组成部分。为了积极抢救、征集、收藏、整理研究以"张一帖内科"为主的各类新安医学成果，面向公众普及新安医学知识，弘扬和发展新安医学这一宝贵的非物质文化遗产，李挺夫妇毅然按照父母的愿望，在"张一帖"的发源地——定潭，建造新安国医博物馆。

2013年9月,经过张一帖传人的多方奔走,黄山市文物局批复设立新安国医博物馆,专为国医大师李济仁、张舜华夫妇及其新安医学家族而设立。历经九年的打拼,全家投入资金3千余万元,李挺夫妇也动用自己全部的积蓄,亲自规划设计,现场指挥,一座徽派风格的博物馆初具规模。该馆面积2600平方米,建筑面积1800平方米。装饰古朴典雅,馆藏内容丰富,为新安医学乃至祖国医学增添了浓墨重彩的一笔。李挺还投资收集散落于民间的一些古新安医学书籍、医疗器具,与"张一帖"家传的历史文物一同作为馆藏,向世人展示"张一帖"的灿烂历史,展示新安医学文化的博大精深。建造博物馆为"张一帖"的传承奠定了物质基础,提高了家族传承人的信心。李挺也成为全国唯一的独立在大山深处创建新安国医博物馆的非遗传承人。

2014年1月14日,国家级非物质文化遗产"张一帖"第十五代传承人李挺向歙县档案馆捐赠41部医学著作。该批著作为国医大师李济仁、"张一帖"第十四代传承人张舜华,北京中医药大学教授、博导、国学大师张其成,清华大学教授、博导、国家杰出青年科学基金获得者李梢,皖南医学院弋矶山医院中医科主任医师、中医科主任、硕士研究生导师李艳等撰写出版。内容涵盖中医理论、痹症通论、痿病通论、中医养生、中医哲学等,是中医研究者和中医爱好者不可多得的工具书。同时,也进一步丰富了歙县档案馆馆藏。

定潭"张一帖"诊所及李挺夫妇的事迹于2013年9月19日经人民日报主办的全国公信力最高、传播力最强、影响力最大、覆盖面最广的医药卫生健康类报刊《健康时报》以《擅用猛药起沉疴》为题进行了宣传报道;2014年3月,歙县电视台《歙县名人》栏目专题播出了《定潭张一帖第十五代传承人——李挺》;2015年5月,CCTV 4套《江河万里行——远方的家》栏目以《新安江畔古韵长》(268期)播出了采访报道:"新安医学传世家——歙县定潭张一帖第十五代传承人李挺",向国内外宣传展示了薪火传承460余年连绵不断的医学传奇。

李挺以其独到的技艺、至诚的仁心守护着故乡的热土,延续着周边民间仍广为流传着"赶定潭"的谚语与传说,传承着张氏世医家族流淌不息的血脉,传承着中华五千年的文明与文化精髓。

# 新一代沉香木雕刻大师
## ——徽州木雕技艺省级传承人郑尧锦

物以稀为贵。沉香,因其形成周期太长而显得十分珍贵,以至于珍贵得一般百姓不知道它是"什么东西",但有一点是咱老百姓不陌生的:在传媒和书籍中,人们常常能看到法国人或阿拉伯人,特别爱用香水,而且还知道他们用的香水特别名贵。其实,他们所用的最昂贵的香水中,也只会含有一丁点儿沉香油脂。自古至今,除了皇亲国戚,或者是极少数的职业玩家,很难有人能拥有一块小小的沉香。如果将沉香雕刻成工艺品,那就更为奢侈了。当然,在众多的雕刻艺人中,一辈子如果能捞一块沉香"小试牛刀",那已经算是难得的幸运儿了。可如今的黄山脚下,却有一位年轻人,近年来专门雕刻沉香,成了圈内有名的沉香雕刻大师,此人就是黄山歙县人郑尧锦。

### 被商人"包起来"的雕刻家

到目前为止,郑尧锦是记者此次采访的安徽省"非遗"传承人中最年轻的一位,他出生于1972年,是一位名副其实的"年轻老艺人"。读小学时,他就对做木工的叔叔表现得特别亲近,原因是这位叔叔的传统雕刻做得太好,龙椅、雕花木床,等等,做得精致、逼真。因为喜欢叔叔做的东西,所以一有空,小小年纪的郑尧锦就去看叔叔雕刻家具。渐渐地,郑尧锦也弄一块木板回家,又是凿又是刻,一晃半天,不亦乐乎。好在当小学老师的父亲不仅不反对儿子"不务正业",反而还支持儿子"做木匠"。不过,这种"木匠",不仅仅要会制作家具,父亲从街上买回工艺类图书，希望这个儿子将来能从工艺美术的角度，闯进"木工"天地。那时的郑尧锦是一张"白纸"，父亲想在这张"白纸"上画画，当然是很容易的。

读高中时，郑尧锦遇到一位令他敬佩的美术老师。虽然那时美术是门副课，不被重视，但这位老师却能从作品讲到作者，从作者讲到美术史，听得郑尧锦几乎痴迷。

郑尧锦在工作

因为对美术和木雕有着特别浓厚的兴趣，所以高中毕业后的郑尧锦义无反顾地走进了徽州旅游工艺厂——这是个制作徽州雕刻（包括竹雕、木雕、砖雕、砚雕等）的加工厂。在这里，他结识了一批徽州雕刻名家，竹木石砚，样样有大师。这时的郑尧锦，是个既有扎实的美术基础，又特具艺术天赋的小青年。在这个工艺厂里，郑尧锦一待就是三年，竹木石砚雕刻，他都做了大量实践。同时，他还以书为师，找到了著名文物专家王世襄写的《竹刻小言》和吴敏先生撰写的徽州雕刻系列著作，仔细揣摩前人的造型立意和技法。

在大量的创作中，郑尧锦渐渐对竹雕产生"偏爱"，特别是那些文人气息浓郁的竹雕作品，常常看得郑尧锦如痴如醉。在读书、读图的同时，他还做了很多仿刻作品。当这些仿刻作品做到"模仿谁的，就像谁的"的时候，有个外省古玩老板找上门来。

郑尧锦回忆说："我觉得这个古玩老板很有眼力，因为他利用我挣了不少钱。"

这位不便透露姓名的古玩老板，是如何利用郑尧锦挣钱的呢？

那是20世纪60年代初，这位古玩老板见郑尧锦的仿刻作品做到如此份上，就与郑尧锦协商：付给你每月5000元，你专门为我做仿刻品，所有做出来的，全部交给我，也即郑尧锦只管"生产"，不管销售。而郑尧锦仿刻的明清竹雕，被古玩商拿到市场上或进入拍卖行，每一件能卖多少钱，只有这位古玩老板知道，是赚了还是亏了，郑尧锦毫不知情。

"那个年代的那种月薪，对我当然有吸引力。那几年，我被这个古玩老板'包起来'了！"郑尧锦打趣地说。

## 自己雕残自己修复

　　仿刻品被古玩商拿到市场上以假充真,这是外人很难知道的。2008年,在北京一家拍卖行拍卖并成交的一批"天价古玩"中,有三件出自郑尧锦之手。

　　在"前线"忽悠的是古玩商,真正的雕刻大师,则一直身处"后方",郑尧锦就是这样一个"一直身处后方"的人。然而,古玩商的本领神通,这是人所共知的,他们就有这样的本领——将"身处后方"的雕刻家找到。

　　20世纪90年代末,经人指引,一名古董商千里迢迢找到郑尧锦。古董商身背一个精致的布袋,进门后,他将这个布袋放在桌子上,小心翼翼地打开,从里面拿出一件竹雕。这是一个竹雕的牛头,神态逼真,古色古香,只是牛头上少了一个角。古董商的来意,是请郑尧锦"修复"这个残缺的牛角。

　　郑尧锦将这个"牛头"拿起来,仔细端详,问:"这个缺角牛头,多少钱买的?"

　　面对行家,古董商不敢说谎,照实"坦白":"四万"。

　　郑尧锦看了看他,笑笑,说:"修复这个,不难,但没有用"。

　　古董商满脸困惑:"怎么啦,大师?"

　　郑尧锦说:"这个牛头,是从我手里走的,人家从我这儿拿走是一百元。如果你不信,你就坐在这里等着,我用一天时间,再给你做一个!"

　　虽然是仿刻的,但毕竟是一件仿刻的精品,总不希望它残缺。当缺角牛头被修复后,这名古董商突然萌发出一个新的发财"念头"。

## 犀角雕刻大师

　　古玩,顾名思义,是从古代流传下来的"玩器"。时间长了,古玩很难避免遭到自然或人为的损坏,从而变得残缺不全。能将残缺的古玩修复、做旧,其利润是可观的。外地的古董商见郑尧锦将破牛头修得这么好,便暗自庆幸遇到了"财神"。

　　这名古董商回去不久就又来了。他照旧背着那个精致的小布袋。这一次,他从布袋内掏出的,是一个沿口残破的犀角杯,请郑尧锦帮他修复。

　　那确实是一件上好的犀角杯,只是留有"维纳斯的残缺"。郑尧锦了解到,这只犀角杯买来的价格是2万元,可经他修复、做旧后,居然被卖到24万元!这名古董商由此对犀角雕刻产生了极大兴趣。

　　古董商的精明程度,在业内是不言自明的。自从这一笔犀角生意做成后,古董商到处收购残破的犀角雕件。收到后,就拿来请郑尧锦修复。那时的郑尧锦,也只是做着"古玩修复"的活儿,不知道修复背后的这些暴利买卖。他不断地接到古董商送来的犀角残雕,不断地修复、做旧,收一点修复、做旧的费用。事实上,他一直不自觉地被古玩商利用着。

可是,天下哪有那么多犀角残雕?找不到破犀牛角了,这位古董商干脆去收购完好的犀牛角,然后再请郑尧锦帮他雕——照旧仿刻古代犀角雕刻。

郑尧锦说:"古玩修复的难度很大,你不仅要会雕,而且还要摸透原雕的立意和技法。你要能把残缺部分准确地想象出来,事实上,这还是修复的第一个境界,是形似。修复的第二个境界才是高明的——神似,要把古人的风格和精神'雕'出来。当然,做到这一点很不容易,但我是令古董商满意的。"

郑尧锦对记者说:"事实上,天下有多少犀牛角可雕呢?雕了三年之后,我收刀不干了,因为我发现:我所有修复的和新创作的犀角雕刻,都被古董商拿去卖了,全部流落到朋友手里——这些东西在朋友之间传来传去,这当然很不好,所以,我收刀了。"

## 出手不凡的"极品之雕"

郑尧锦在角雕界的名气之大,与他的年龄颇不相称,上门请他雕刻的人很多。当他们知道郑尧锦不再"染指"犀角雕刻时,有人给他送来了"极品"的木雕材料——沉香木。

历史上,沉香木的主要产地是印尼、马来西亚、越南、泰国、老挝和中国的海南岛等地,印度和缅甸也曾产沉香,但由于大量采伐,现已很少出产。它以沉水的特点而得名。通常情况下,沉香木几乎没有香味,而在熏烧时则香气浓郁,能覆盖其他气味,成为一种十分"霸道"的香气,而且留香时间很长,是制造香精油和天然香水的高档香料。在一些阿拉伯国家,气候炎热,人的着装封闭性强,因此,人的体味自然很重,所以他们常常在一些重要的典礼和聚会上,直接熏烧沉香,使得环境清幽,处处飘香。在佛教中,沉香的地位也很高,是"浴佛"的主要香料之一,也是高僧参禅打坐的上等香品。沉香还有养生治病等神奇药效。就目前而言,沉香的市场价格要超过黄金10倍以上。

沉香质地坚硬,油脂饱满,是理想的雕刻材料。沉香对雕工的技艺要求很高,其硬度远大于木材,而且又凝聚了油脂和木质两种材料,质地不匀,不易雕琢,所以好的沉香木雕极为珍贵。

鉴于沉香极其稀少,所以很多雕刻家一辈子也碰不到一件沉香。当有人将一根长约10厘米的沉香木放到郑尧锦眼前时,他怔住了。

主人花10万元买来的这根沉香木,只有拇指一般粗细,呈棍状,是极其珍贵的越南红土沉香,如果做成手珠、佛珠,可算是沉香中的极品。

既然雕刻材料如此珍贵,这也决定了在雕刻过程中不能随意去除沉香边角。

郑尧锦盯着这块沉香木,犹如庖丁盯着眼前的一头全牛,开始为他的"极品雕刻"构思。

一个极具亲和力的供石罗汉,手里托着一块石头,眼睛眯成一条线,哈哈乐着,具有宋代石像的神态和意境,人见人爱。这是郑尧锦完成的第一件沉香木雕刻。他告诉记者:"下凿之前,我有点紧张,人家把这么珍贵的东西交给我,万一弄坏了,不好交差啊!雕刻过程中,我发现沉香的坚硬程度在木石之间,但它没有韧性,弄不好就会破碎。雕沉香,我是摸着石子过河的。"

据可靠消息称,郑尧锦的那件沉香雕"处女作",被主人转手以32万元人民币出手了。

## 年轻的沉香木雕专家

自那以后,一些古玩商看中了沉香的保值、增值空间,陆续给郑尧锦送来这种稀世之珍。郑尧锦也在反复的实践中,总结出沉香木雕刻的一整套经验,成为业内公认的沉香木雕专家。

郑尧锦说,雕刻沉香木必须具有极强的创作能力。它的珍稀程度,又决定了雕刻者必须具有极强的造型能力,不容轻易剔除,这就要求雕刻者要什么都会雕,山水、人物、花卉、花鸟、马鹿虎兔、梅兰竹菊,等等;要求雕刻者会各种雕刻技法,要有在沉香木上体现诗情画意的本领。郑尧锦雕过一件沉香《听涛》,苍松之下坐着一位僧人,僧人身边站着童子,童子在为僧人煮茶。"听涛",既是僧人和童子在听"松涛",又是他们在听煮茶的"涛声"。避开这种立意不谈,单从技法上

《太极》(郑尧锦作品)

《兰花》(郑尧锦作品)

《水仙》(郑尧锦作品)

看:僧人身后的松针,根根直竖,是全镂空的,而坚硬的沉香又没有弹性,没有韧性,万一崩掉一点儿,那就会前功尽弃。郑尧锦说:"这比木雕和石雕难上十倍也不止哦!"

雕完之后,郑尧锦放下工具,突然发现自己牙疼;一摸腮帮子,两边的太阳穴也酸疼——这时,他才发现自己在三个小时的雕刻过程中,不知不觉屏住了呼吸,咬紧了牙齿,他已经全然"忘我"了!郑尧锦说:"我把这种境界叫作雕刻的'精神极限'!"

郑尧锦还为一位收藏者雕过一枚《荸荠》。那是一块珍贵的越南红土沉香,环状的油性结珠清晰可见,是原生形态绝妙的"天生尤物"。郑尧锦惜刀如金,将它雕成了一枚令人叫绝的像生器——荸荠。原香146克的沉香,雕完之后一称:143克!

## 墨都项氏兄弟
### ——徽墨制作技艺省级传承人项德胜、项胜利

在享有"歙砚之乡,徽墨之都"的歙县,有一对兄弟你追我赶,双双跻身安徽省工艺美术大师和徽墨制作技艺省级代表性传承人行列。他们就是项德胜和项胜利。

项德胜,号紫墨山人,1963年出生于新安江畔的一个小山村。那里山青如黛,溪水潺潺,"人行明镜中,鸟渡屏风里"的大自然乳汁,使项德胜自幼就播下了艺术的种子。上小学时,他常用家中柴火烧成的小木炭在墙上勾画心中的儿童世界。17岁那年,作为歙县老胡开文墨厂老职工的项观树,将儿子推荐到厂里工作。为了使儿子能成为一名优秀的墨工,父亲不仅亲自将他带在身边学制墨、学刻模,而且还有针对性地嘱托同事好友传授徽墨调制的相关技艺。项德胜从艺不久,由于父亲的言传身教,由于师傅们的种种偏爱,他很快掌握了点烟、和胶、制墨、晾墨、打磨、描金、包装、墨模制作等工序。不久,一顶"墨模雕刻设计组组长"的帽子落到了他的头上。在他担任墨模雕刻设计组组长期间,数百幅精美的模具如愿以偿地问世了。新产品的问世,不仅得到社会各界的好评,更使身边的师傅们感到惊讶,觉得项德胜是一位徽墨制作的优秀继承人。

20世纪末,文房四宝企业陆续转轨,年逾不惑之年的项德胜,在古城租下仅8平方米的简陋民房开始创业。白天当工人,晚上搞设计,并与志同道合的妻子姜紫娟一道制定生产方案,一起外出跑市场。他俩嘴勤、腿勤、手勤的敬业精神和诚实守信的良好品质,不仅感动了新老客户,而且赢得了越来越多的知心朋友。一位远道而来的港澳艺术家曾对同行们说:"德胜,德胜,他的成功真是以德

取胜。"正当项德胜个人作坊刚有起色的时候,社会的需求理念发生了很大的变化,实用性的传统徽墨逐步转向收藏性和礼仪性。如何面对现实,怎样迎接挑战,项德胜很伤脑筋。为了使徽墨制作冲出漩涡,项德胜沉住气,练好功。一边向书本学习,一边写字绘画;一边向老艺人求教,一边深入市场调研。他坚持以传承为基础,以创新为目标,闯出了一条承上启下的新路子。短短几年工夫,项德胜不仅创业的点子有了,而且书画水平也上了一个大台阶。一些业内朋友走进他的设计室,竟然将抛在一边的书画一抢而空。

项德胜作品《百佛图》

1992年,项德胜毅然倾注多年来的全部积蓄和多方筹集的资金,创办了黄山市徽韵工艺品厂,店号为"紫墨轩"。在私人作坊向规模企业转化的同时,项德胜夫妇夜以继日地工作,在生产传统徽墨的基础上,不断研发了数百种收藏墨和礼品墨,挖掘了明清时期上千个已经失传的徽墨品种。为了使更多的人了解徽墨、喜欢徽墨、收藏徽墨,项德胜不断攻克难关,在墨料配制和成品保管上狠下工夫,考虑到全国各地的气候差异,逐步解决徽墨的防裂变形问题,得到省内外有关部门和专家学者的高度重视和大力支持。功夫不负有心人,项德胜自建厂以来,产品曾数十次荣获全国各类博览会银奖和金奖。其中《清明上河图》荣获中国手工业精品博览会优秀作品大赛金奖;《七弦琴》荣获中国国际徽商大会金奖;《百佛图》《百龙图》双双荣获中国工艺美术百花奖优秀作品选金奖。2009年元月和6月,项德胜两次应邀赴澳门讲学,为弘扬民族文化打开了新的窗口。近年来,他每年都要开发数十个徽墨新品种,并且成功恢复传统古法炼烟技艺,使徽墨品种质量跃上了一个新台阶。去年,项德胜还应邀赴黄山学院、安庆艺术学院、中央美术学院、南京艺术学院等高等学府讲学。近些年来,项德胜儿子项颂已跟随父亲同道躬行,深得业内好评。

项胜利,1969年出生于歙县。自幼喜爱绘画和雕刻技艺,曾学过木工,当过裱画师,有着良好的美术基础和雕刻技术。1987年进入父亲所在单位学习墨模雕刻和徽墨制作。1990年自己创办了"聚墨堂",同时招收了一些下岗职工,传授徽墨制作技艺。从此,项胜利一步步地走向了企业家的道路。

项胜利是一个颇具悟性的人。他是新安画派研究会会员,歙县文学艺术联合会副秘书长,安徽省美术家协会会员。擅作新安山水,其画作无论是巨幅长卷,或是盈尺小品,有感而发,即兴创作。他将新安江畔的"青山绿水马头墙,小桥流水丽人家"千姿百态地展示在读者眼前。项胜利笔下的作品,笔随景移,景随笔转,无一雷同,件件情景交融,生机盎然。其运笔用墨,大胆处理,精心尝试,在吸收古人技法的基础上,刻意创新,以独特的视觉效果给人以美的享受。他的上色点染,潇洒自如,泼泼点点,任意驰骋,使画面既有浓烈的跳跃性,又有清新的生态感。为此,项胜利的新安山水画又有广泛的读者圈。

项胜利是一个勇于创新的人。业内人皆知,制作徽墨,墨模是最主要的工具。它集中体现了书法、绘画、金石、雕刻等文学艺术的综合水准。对于这方面,项胜利时刻铭记心头,每天仔细琢磨,怎样才能使徽墨传统技艺发扬光大。当他一次又一次把玩先人留下的立体人物墨时,一股寻求传统立体墨模的强烈欲望在心底如惊涛拍岸,他立志要将失传多年的传统技艺恢复起来。于是,项胜利凭借自己对徽墨制作的内在潜质,依赖自己追求传统艺术的坚定信念,将前人留下的10余幅仍在使用的立体人物墨模当作"老师",刻苦练习,反复揣摩,不断实践,终于在一次又一次失败的求索之路上获得成功,将一个又一个墨模如愿以偿地雕刻出来。在"聚墨堂"一千多个品种的徽墨群中,最能引人注目的是千姿百态的立体人物徽墨,它们件件古朴凝重,美轮美奂,令人赞叹。其中一尊立体《济公和尚》,高64厘米,质量达18千克。人物丰满,勾勒有致,线条匀称,惟妙惟肖,充分体现了佛主题的内涵。还有一件最小的立体墨《罗汉》,个子不到10厘米,通体描金,活灵活现,人见人爱。另有《弥勒佛》《福如东海》《送子观音》等立体人物徽墨,每一件都具有艺术美和亲和力。

项胜利作品《盛世徽州城》

项胜利是一个很执着的人。21世纪以来,项胜利善于与时俱进,不断对市情、县情进行调查研究,认真钻研地方文化,精心设计旅游系列纪念墨和传统古法收藏墨。产品一问世,即受到中外游客的喜爱。其中《六罗汉》立体人物墨、《徽州府衙纪念墨》《梦圆徽州》《盛世徽州城》以及《琴韵松风》等,先后荣获中国工艺美术百花奖金奖。近些年来,"聚墨堂"有270件作品获得国家专利局颁发的外观设计专利证书,两项发明专利。目前,"聚墨堂"已发展成为颇具规模的"黄山市歙县聚墨堂墨业有限公司",总投资4930万元的徽墨研究生产技艺传承基地即将交付使用。该公司被评定为安徽省工艺美术促进会常务理事单位,黄山市非物质文化遗产传习基地。项胜利制墨技艺还被收录于《大黄山》大型纪录片。去年,项胜利又被联合国教科文组织民间工艺组授予国际民间工艺美术大师称号。

随着文化强国、旅游兴市发展线路的逐步实施,越来越多的中外朋友青睐徽墨,走进徽州,一个"墨行天下"的美好明天正在向发奋前行的项氏兄弟招手。

# 伉俪雕手的艺术人生
## ——徽州竹刻省级传承人洪建华、张红云

竹恋

位于徽州区岩寺镇的东部的洪坑是一个徽文化底蕴浓厚的古村落,村中有四座古祠堂、七座古牌坊和一座状元厅,明清风格的古民居更是鳞次栉比。洪建华生于斯,长于斯。牌坊上精美的石雕、祠堂里精巧的木雕以及民居里的各式雕刻,让洪建华渐渐地迷上了雕刻。初中毕业后,他照着村中的牌坊刻狮子、雕绣球;下田干活,也找些怪异的木桩竹脑雕兽刻禽。他还跑到附近的潜口民宅,跑呈坎古村,跑棠樾牌坊群,跑屯溪老街,用眼看,用脑子想,用心感悟徽派雕刻的神韵。儿时的志趣、坚定的信念加上夫妻俩多年创业和坚守,终使昔日的山乡苦少年,成为徽文化的守护者。

近年来,洪建华和张红云夫妇俩真是喜事连连:他们先后被授予"省级非物质文化遗产徽派竹雕传承人"称号;精心创作的竹木雕刻作品在国内各类权威大赛中斩获金奖;投资6000万元兴建的徽派雕刻博物馆被授予"国家级非物质文化遗产保护研究基地""国家级非物质文化遗产徽派竹雕项目保护单位"荣誉称号。这座旨在通过徽州雕刻展览、展示和培训,让更多的人直观地了解徽州雕

刻,使博大精深的徽文化更广泛地传播的博物馆向国内外游客展示着徽州文化的独特魅力。

洪建华说,这一切都始于——

## 一件被故宫博物院永久收藏的作品

2006年9月29日,是一个普通的日子。然而这一天对洪建华来说,却是一个永远值得纪念的日子。这一天在北京百工坊,故宫博物院为时年35岁的洪建华颁发了收藏证书。他的竹刻作品《竹林七贤》笔筒,经过专家的严格评审,被故宫博物院永久收藏。据了解,该笔筒高16.5厘米,直径14.5厘米,其雕刻手法为深浮雕,有四到五层刻工,最深处离竹簧只有3毫米,整个画面布局巧妙,疏密相间,虚实相生。这也是自20世纪50年代以来故宫收藏的第一件现代竹刻艺术品。到如今,他的竹刻笔筒《农家乐》《松鹤延年》还先后被中国农业博物馆、中国工艺美术馆收藏。

洪建华作品黄杨木香筒《兰亭雅集》

这一切对于一无学历、二无家传、三无师承的"三无大师"洪建华来说,都始于——

## 一本改变命运的"宝书"

洪建华作品竹刻笔筒《农家乐》

初中毕业后的洪建华因为迷上了雕刻,经常跑到屯溪老街上去看雕刻作品,有一次,他在老街的一家书店里看到并买下了一本改变命运的"宝书"——文物鉴赏大家王世襄写的《竹刻》,通过学习,他开拓了眼界,提高了技艺。从此,一种强烈的使命感使洪建华下定决心要让徽州竹刻得到传承和发展。

因为竹刻,给洪建华带来了成功,更给他带来了很多朋友,甚至包括他的爱人张红云。20世纪90年代初,洪建华进入城区的一家木雕家具工艺厂打工。在那里,他认识了当时也在厂里做竹刻的张红云。就在两人因为雕刻而结缘的时候,他们共同工作的厂子因为经营不善倒闭了。这一次,洪建华对于竹刻的前景也有些动摇了,是张红云的支持给了他信心。他们尝试着租了一个工作室,开始了他们的创业之旅。

洪建华作品木雕插屏《大美黄山》

当时的中国正实行改革开放政策,很多人都下海做起了生意。可是人前风光的背后,也有很多的酸甜苦辣。提起创业初期的艰辛,洪建华夫妇至今记忆犹新:他们当时租的房子只有十几平方米,除了一个卧室就是厨房了,工作室干脆就设在卧室里面。炎热的夏天来了,他们就直接在地上睡觉,而到了下雨天,整个屋子都漏雨,房间里就摆满了盆用来接雨。就是在这样艰苦的条件下,他们不断地提高着自己的技艺,一开始是临摹古人的作品,然后是在传统技法上的创新。洪建华说,自己的灵感来源于小时候生活的环境和对文字描述的提炼,时间久了,自己和竹子像是可以对话了:"你在雕刻的时候,你必须去和竹子对话,你必须融入到自己的构思里去,在刻画每一个人物的表情时要学着去琢磨,包括下棋怎么下啊,古人写字怎么写啊,你自己都要去临摹,深入体会后去刻它,感觉自己在画中游。在雕一个人物时,我就是他,他就是我。"

功夫不负有心人,洪建华的第一件作品《八仙过海》笔筒卖了300元,这给了他极大的鼓舞,因为他的创作得到了认可。从此,他终于可以抛开旁人的质疑,尽情地搞竹雕创作了。随后,他创办了徽州洪建华竹刻研究中心,吸收年轻人学竹雕。此后,他们的精品力作如《竹林七贤》《商旅图》《西厢记》《圣人泛舟》《游春图》《农家乐》等如雨后春笋般横空出世,并收获了广泛的赞誉。与之辉映的是,2007年,洪建华被评为安徽省非物质文化遗产徽派竹雕传承人。这是对他出色的竹刻技艺的肯定。慕名前来学习竹刻的人越来越多,他们公司的竹雕队伍不断壮大,而今有六十多人专门从事竹雕工作,其中省级传承人两人,市级传承人八人。让他们欣慰的是,在各类大赛中,徒弟们的作品也屡屡获奖。

我国有记载的竹刻艺术已有五六百年历史。但清嘉庆以后,竹刻水平逐渐衰退,后来最能体现竹刻功力和技艺水平的深浮雕更是无人能刻。而今,洪建华的作品攻克了深浮雕难关。故宫博物院竹木牙角专家刘静认为,洪建华的雕刻技法炉火纯青,文风厚重,大有清初竹刻大家的风范。如今的洪建华擅长竹、木、牙、角、文玩杂项的宫廷雕刻技法,其作品既秉承了明、清时期的艺术风格,又融入了自己的创新思想,逐渐形成"捉刀稳健,行刀刚劲,构思巧妙,古朴典雅,文风厚重"的雕刻艺术特点。

张红云作为洪建华的妻子,从事雕刻创作二十多年来,与丈夫相濡以沫,一直以"立志使徽州竹刻绽放光彩"为宗旨。除了同丈夫合作完成的鸿篇巨制外,她在徽州竹刻原有的浮雕、圆雕和浅刻基础上融会贯通,衍生出"深浮雕、镂空雕、透光浮雕、多层次镂空雕"等雕刻手法,她的作品具有淡淡的书卷气和金石味及女性特有的温婉细腻,风雅绝俗,栩栩如生,其内容之丰富,文化内涵之深厚,造型语言之纯熟,雕刻工艺之精湛,尤其高浮雕作品让人叹为观止。

2006年6月,张红云创作的《访友》竹刻笔筒获2006中国手工艺精品博览会"华茂杯"金奖;2008年5月,竹雕《徽乡行》在徽商大会的"第二届安徽省民间工艺精品展"上获金奖;2009年2月,她的作品入选参加九州大庙会——"中华非物质文化遗产"展示活动;同年9月,黄杨木雕《农家乐》在安徽省工艺美术60年精品大展中获安徽省工艺美术最高艺术奖金奖,竹刻作品《和谐》被中国徽州文化博物馆收藏。2014年,张红云被评为"安徽省工艺美术大师";2015年,她被授予"省级的非物质文化遗产徽派竹雕传承人"称号。

近年来,洪建华竹刻作品也是连连获奖:《踏歌图》在第八届中国工艺美术大师作品暨工艺美术精品博览会上获金奖;竹刻作品《徽商行》四条屏在"中国传统工艺美术精品大展"中荣获金奖;他花了一年时间,精心创作的竹刻作品《十八罗汉》获第十一届民间文艺"山花奖";"竹溪堂"获"国外使节最喜爱的中国优秀民间文化品牌"。CCTV-7《乡土》栏目以"天价笔筒背后的故事"为题、安徽卫视新闻广场栏目以"竹刻年华"为题、CCTV-2《财富故事会》以"黑白竹刻"为题分别介绍了他的雕刻事迹。中央电视台、新华社、人民

洪建华竹根雕作品《钟馗送福》

网、安徽日报、新民晚报、黄山日报等中央省市多家媒体也对其进行了报道。今年,洪建华被授予"全国技术能手"称号,并享受国务院特殊津贴。

为弘扬徽雕技艺,展示徽雕技艺,他们夫妻俩又在徽风浓郁的徽州大地上筹资兴建了——

## 一座徽派雕刻博物馆

二十多年的苦心研习,二十多年的潜心创作,洪建华登上了竹刻艺术的高峰。2007年4月,他被收藏家协会评为"收藏家最喜爱的竹刻工艺大师"。他的

很多雕刻作品被国内外知名艺术家和收藏家收藏。2008年,他筹资700多万元在徽州区地标的文峰塔下建起了竹溪堂洪建华竹木雕刻精品艺术馆。这座安徽省首家民间竹木雕刻艺术馆珍藏着洪建华夫妇20多来创作的竹刻(收藏)精品12000多件,作品琳琅满目,栩栩如生。开馆以来,吸引了许多雕刻专家和收藏爱好者前来参观。洪建华也被省文联、省民间文艺家协会授予"安徽民间文化杰出传承人""安徽民间工艺大师"等荣誉称号。

2012年,他们又投资6000万元兴建了徽派雕刻博物馆,为的是让人们更好地了解"徽州四雕",让专家学者们更好地研究和弘扬博大精深的徽州文化,让古老的徽雕技艺在新时期能够大放异彩。

洪建华说,让他们意想不到的是,九十多岁高龄的王世襄老先生得知他的一本《竹刻》改变了一个徽州年轻人的命运时,破例接见了洪建华,并嘱咐他"艺无止境"。洪建华深为感动,并牢记先生的教诲,他决心与张红云努力成为——

## 一对德艺双馨的艺术家

在巨大的成就面前,洪建华夫妇永不满足,他们都是喜欢挑战自我的人。去年下半年,北京嘉德拍卖公司有一个名贵器物蝈蝈罐的弧形盖子上有个玳瑁雕花配饰,损坏失修,洪建华一看,对这从没接触过的失传已久的技艺产生了浓厚兴趣,要将一张平面2厘米的玳瑁造型弯曲下来处理成直径4厘米,高度2厘米的弧形,他摩挲着玳瑁光滑的背脊,殚精竭虑,反复研究,多处查资料,电话咨询专家,废弃了许多材料,失败了无数次后,终于成功把这器物修复得几乎看不出痕迹。复活了一门特殊的雕刻技艺,他很欣慰。

近年来,洪建华夫妇进行了又一次大胆创新,他们利用各种不同的雕刻材质的自然形态,挑战高浮雕镶嵌技艺,来表现大美黄山的自然景观和人文景观,体现黄山人的美德和精神,这是门宫廷雕刻技艺手法(也称加减法),用黄山毛竹、小叶紫檀、金丝楠木、白牛角骨等多种材质和多样雕刻刀法,互相呼应,镶嵌拼接,创作过程中各环节需要高超的雕刻技艺实力,这件作品他们亲自主刀,与3个得力助手一起花了4个多月时间才完成。用这种特殊的雕刻语言来记载追忆让人值得怀念的事件和典故,对他们也是一种尝试。

竹雕是中国国家级非物质文化遗产。其源头可以追溯到人类文明初始的洪荒时代。据文献记载,在北方的先民在兽骨上刻写符号记事之前,南方的先民已在竹子上雕刻记事了。竹雕艺术是在竹制的器物上雕刻多种装饰图案和文字,或用竹根雕刻成各种陈设摆件,比如佛像、人物或花鸟虫鱼等,欣赏价值很高。竹雕艺术品大体分两类:一类为竹面雕:如笔筒;一类为立体圆雕,即竹根,雕刻人物鸟兽等立体形象。

作为一名安徽省非物质文化遗产徽派竹刻传承人,洪建华说,手工艺的非物质文化遗产的保护主要在于传承人,而现在最大的困难在于传承人的青黄不接,后继无人。相对于急剧发展的现代社会,非遗是一种弱势文化,传承人的经济收入远低于其他行业的,很多人因此不愿从事。而非物质文化遗产传承人也面临两个问题,一是这种技艺和现实有脱节,现实生活中对它的需求相对来说不如过去那么大;二是手工技艺本身面临着一些现代科技手段包括机械化手段的冲击。

洪建华介绍说,最近看了一个资料,上面介绍说,联合国教科文组织《保护非物质文化遗产公约》对非物质文化遗产保护定义的核心是:"采取措施,确保非物质文化遗产的生命力"。但由于人们对"非物质文化遗产生命力"的理解不同,在如何"确保"这个问题上产生了两种截然不同的路线。一种是保守路线,强调非物质文化遗产的"本真性""原生态",认为继承、传承大于发展、创新,坚持遗产文化本位,反对遗产商业化、产业化,尤其对借保护之名而进行的遗产开发深恶痛绝。另一种是激进路线,强调非物质文化遗产的"变化性""活态性",认为继承、传承就是发展、创新,坚持遗产与时俱进,肯定遗产的商业化、产业化。

洪建华夫妇认为,在这样的背景下,只有折中的路线还是可行的,那就是生产性保护,也就是按照非物质文化遗产自身的生产规律进行生产,比方说我们要针对这种手工技艺的特点和生产方式,一方面要继续保持传统的手工技艺自身的特点,另一方面又要考虑到社会的需要,根据社会的需要做一定的、适当的创新和发展。只有这样,生产性保护才是切实可行的。

洪建华夫妇是这么想的,更是这样做的。他说:"我们追求的理念,是怎么让作品跟上时代,既保持传统的技艺又有创新和时代感。这是我们面临和要走的路。"

作为传承人,洪建华夫妇为了竹刻艺术的发展想了很多办法。他说,包括竹刻在内的手工艺在古时的主要作用是装饰,技艺越精细,造型越精美,往往象征着主人拥有更高的社会地位和文化品位。近些年,随着中国经济的稳步发展,腰包鼓起来的人们又重新开始了对美的追求,尤其是一些中国传统的工艺品。这对于干他们这一行的传统手工艺人来说,无疑是件好事。他说:"我们现在能够创造出这么好的作品,应该感谢我们的祖国。祖国繁荣富强了,才有很多收藏家有钱来收藏这个,否则你做出来的作品就没有经济支撑着。一个好的作品,刻一下都要五六个月,甚至有的一做要做一年。"

竹雕的艺术价值得到了认可,竹雕工艺的市场也在慢慢地做大,这几年,洪建华张红云夫妇的名气越来越大,生意越来越火。而他刻的竹刻,每件最少都卖到万元。不少作品还被国内一些收藏家以高价收入囊中。

洪建华说,竹雕艺术获得更多的关注,这和政府的大力支持密不可分。他自己也想把赚到的钱回报给社会。为弘扬徽文化,展示徽雕技艺,洪建华不仅应央视《金土地》栏目组的邀请,登坛讲授徽派竹刻的刀具制作、选材、处理,雕刻技法及竹刻收藏和保养等相关内容,还先后被黄山学院和上海同济大学聘为客座教授。他还以政协委员的身份利用各种场合为传承和弘扬徽文化鼓与呼。

洪建华就这样忙碌着,从一个少不更事的孩子成为非遗传承人。在他成长的道路上,几乎每一步,都和竹子有关。他说,是一本书,让自己爱上了竹刻,这是"书缘";而竹刻,又让自己遇到了美丽的妻子,这就是"竹缘";婚后,夫妻一同为传承和弘扬徽雕技艺坚守一块净土,这叫"夫妻缘"。采访结束时,他们夫妇俩都说:让古老的徽雕技艺大放异彩,是我们共同的愿望。

# 他与祁红的一生情缘
## ——祁门红茶制作技艺省级传承人闵宣文

"在中国的香茶里,我发现了春天的芬芳。"

——土耳其诗人希克梅特诗赞祁门红茶

中国是茶的故乡。《神农本草》载:"神农尝百草,日遇七十二毒,得茶而解之。"茶叶,自我国有文字记载的历史,已有三千多年,是世界上种茶最早的国家,是茶和茶文化的发源地。

唐咸通三年(862年),歙州司马张途在《祁门县新修阊门溪记》中写道:山且植茗,高下无遗土,千里之内业于茶者(十之)七八矣……每岁二三月,赍银缗缯素求市,将货他郡者,摩肩接迹而至。由此可见祁门当时茶事繁盛。

一

祁门茶史悠久,红茶世界闻名。走进祁门文化中心大楼四楼的祁红历史文化展览馆,抖落历史尘烟,一个个祁红前辈,缓缓地向我们走来。

1875年,一位衣着长衫,一脸忧伤,面容清癯的黟人余干臣因老母去世丁忧,从福建踏上了漫漫的归乡路。途中,先后在祁门的西乡闪里、历口开设茶庄,采用闽红技艺试制"祁红"。是机缘巧合,更是殊途同归。与此同时,在祁门南乡,自幼饱读诗书,兼通武略,更崇尚实业和教育救国的贵溪人胡元龙,投资创办日顺茶厂,从江西修水宁州请来茶师,学宁红制作红茶。经反复试验和改进,都获

闵宣文

得成功。

独特的香气、超凡的品质,使得祁门红茶的一经问世,便石破天惊,声名远播。凭借着一河阊水,这一片片红叶从此走出了大山,漂洋过海,走上世界。1915年春,祁门功夫红茶参加巴拿马万国博览会荣获金奖。

"清光绪末年至民国初年间,为祁红贸易的最盛期,不仅价格独占鳌头,在国际市场的高香茶中雄居第一""销量之多,声誉之大,价格之高,为世界上其他红茶所不及也"。其间,因第一次、第二次世界大战,红茶的出口销售也曾陷入困境。

1932年,一代茶圣、当时主持上海商检局茶叶出口检验的吴觉农先生(新中国成立后任国家农业部常务副部长兼中国茶叶公司总经理)只身来祁,兼任祁门茶业改良场场长,垦复茶园,开展科研,筹办运销合作社……

就在第二年(1933年)的十月,远在浙江的湖州,有一位男孩呱呱坠地。这个命中注定与祁红有着特殊因缘的小男孩,便是被今人誉为"当代茶界泰斗、祁红之父"的闵宣文。

两年后,因出国考察,吴觉农先生推荐日本留学归来、当时在上海商检局工作的胡浩川先生继任。胡欣然受命,"离开繁华大上海,孑然一身,来到祁门。当时的祁门平里,道途阻塞,地方不靖,一夕数扰,草木皆兵,米盐无着,日恒三粥,且为淡食"。他迁场部,扩茶园,培育良种,科学种植管理,采用机械制茶。艰辛创业,惨淡经营,支撑坚持十五年之久(后调任中国茶叶公司任总技师,兼技术室主任、计划处处长)。

历史的脚步走到了1949年,中华民族从此告别了一百多年内忧外患、饱受列强欺侮的灾难深重历史,一个崭新的中国屹立在世界的东方!从此,祁门红茶也获得了新生,迎来了大发展。

1950年,在苏州市新苏师范读书的闵宣文,考入了与祁红有着特殊因缘的上海商检局,参加"茶叶产地检测人员培训班"学习。从此,沿着茶圣吴觉农、胡浩川前辈的人生轨迹,开始了与祁门红茶的不解情缘。

## 二

耄耋之年的闵宣文,中高个头,满头银发,面容消瘦,但精神矍铄,身体健硕。聊起祁门红茶的前世今生,闵老神情飞扬,如数家珍,侃侃而谈。

当时的上海商检局,是华东地区唯一一家国家进出口商品检验机构。从1953年开始,每年茶季5—10月,我们3人从上海来祁门,到祁门茶厂、历口茶厂进行红茶检验,一边工作一边学习。我跟随当时茶厂的陈季良先生,学习祁红初制的自然萎凋、揉捻及烘茶技术,了解手工精制和制成品等级规格和质量要求,并熟悉祁门红茶审评的品质特点。就这样,5年中,如候鸟一般,我们在祁门、上海两地来回奔波忙碌。

1958年,在一股上海支援安徽的热潮中,闵宣文与其他二人一道,从上海商检局正式调到祁门茶厂任技术员。后来,那两位先后调回了北京和浙江省茶叶公司,只有他一人默默坚守着祁红。

1960年,祁门茶厂搬迁,新厂建造了当时全国先进水平的初制车间,引进了苏联的茶叶生产萎凋、揉捻和干燥等红茶初制全套设备。闵宣文同其他技术人员一道,深入车间,认真学习,反复摸索,很快就熟悉掌握了国内第一套苏式茶叶加工机械的性能和操作要领。

祁门茶厂新建后,对红茶的初制技术工艺进行了改进,由室内自然萎凋改用萎凋机萎凋,大型茶机充分揉捻,室内自然发酵,高温烘干。精制选料分堆精细,通过筛选、风撩、拣剔等多道工序后,保持祁红品质风格,受到国家质量检验部门赞许。

从20世纪60年代开始,我国广泛开展国际贸易,尤其是1979年后,扩大对外开放,祁红每年出口400多吨,销往英、美、法、德等50多个国家和地区,高档祁红产品供不应求。

1982年3月,闵宣文担任祁门茶厂副厂长;1986年,被评为安徽省优秀质量管理工作者,荣获全国"五一"劳动奖章。

## 三

祁门红茶与印度大吉岭、斯里兰卡乌伐红茶并誉为世界三大高香红茶。其外形条索紧细,锋苗挺秀;汤色叶底红艳明亮,入口醇和,回味隽厚;香气独树一帜,似果香又似蕴藏的兰花香,清鲜持久,被国际市场赞为"祁门香""王子香"。据国外资料显示,祁红香气浓缩物几乎是斯里兰卡的两倍,这表明祁红高玫瑰香的所在。

英王查理二世的王妃凯塞琳出嫁时,从英国人办的东印度公司购买了221磅祁红作为嫁妆。当年的英国皇家贵族都以祁红作为向王太后祝寿的礼品,是高贵身份的象征。1961年以来,祁门红茶为国家外事礼茶品种之一。1986年,英国女皇访问中国,上海市特地派人来祁门茶厂购买祁红。1991年5月,江泽民总书记出访苏联,特地用祁门茶厂生产包装的 2 万听祁门红茶作为馈赠礼品。

1987 年,祁门红茶又获第 26 届世界优质食品评选会国际金奖;1980 年至 1995 年,四度蝉联中华人民共和国优质产品金质奖;1979 年,邓小平同志视察黄山,称赞"你们祁红世界有名"。自创制成功以来的百余年间,祁红书写了一个又一个的神话传奇,为一代代祁红人带来了无上荣光,同时也成了祁门最风光亮丽的一张名片。

在祁红的琳琅满目荣誉光环之中,闵老认为最具有含金量、最值得夸耀的,当属 1980 年祁红荣获的国家产品质量金奖和 1983 年国家对外经济贸易部颁发的出口商品优质荣誉证书,因为那是我国茶叶的第一块金牌,安徽省工业产品的第一个金奖,意义自然不同凡响。

## 四

说着说着,闵老拿出几张旧照片,原来是祁红获得世界金奖后,闵老他们出国领奖归来的纪念照片。那令人自豪、激动不已的一幕,又浮现在了闵老的眼前……

1987 年 9 月,正是金风送爽的好时节,电波传来喜讯,祁门红茶在比利时布鲁塞尔第 26 届世界优质食品评选大会上夺得金奖。安徽省政府决定组成领奖小组前往领奖。闵老作为祁门茶厂的代表同县长以及省茶叶进出口公司的一位同志赶赴北京,迅速办好出国护照和比利时驻华使馆的签证。9 月 15 日深夜,乘坐飞机直飞巴黎。在飞机上,可以俯瞰一望无垠的阿拉伯大沙漠,峰峦起伏的巴尔干部半岛,雪山连绵的阿尔卑斯山脉。飞机在夜幕中降临巴黎的戴高乐机场。第二天上午,转机抵达比利时首都布鲁塞尔。

布鲁塞尔是一座气候温和、绿树鲜花掩映的美丽城市。也是欧洲共同体总部所在地,人称"欧洲的首都"。第 26 届世界优质食品评选大会的授奖大会,在布鲁塞尔的希尔顿饭店举行,场面十分壮观。会场四周陈列着琳琅满目的获奖产品,两侧插着参评国的国旗,共有 63 个国家、283 家公司和集团的 705 种产品参评,祁门红茶是我省唯一的获奖产品,同时获奖的还有我国上海的特珍绿茶、山东烟台张裕白葡萄酒等 7 种产品。颁奖会后,我们应邀参观了评选会总部。评选会主席乔治德先生在会见我们时,连声称赞:祁门红茶是历届评选会参评茶叶中最好的茶叶。今后有机会访问中国,一定要去祁红产地走一走看一看。之后还手持盒装"祁门红茶",兴致勃勃地同我们合影留念。9 月 22 日,我们回到首都北京,受到了中国茶叶进出口公司领导接见;10 月 9 日,安徽省政府为此隆重召开庆祝大会,热烈祝贺祁门红茶载誉归来。

1993年,作为主要起草人之一的闵老参与制定了中华人民共和国《祁门功夫红茶行业标准》,获安徽省科技进步三等奖。当时参与标准制定的有省茶叶进出口公司、省农科院茶叶研究所等3家单位共计6人,闵老是祁门茶厂的唯一代表。对祁门功夫红茶的等级、技术要求(感官品质特征、理化指标)、检测规则、标志、包装、运输、贮存等做出详尽的规定,一个个指标和参数,无不凝聚着闵老的心智和汗水,经过反复修改论证,数易其稿,最终获得审批实施。从而规范了祁门功夫红茶的标准化生产,确保了祁红产品的质量和安全,推进了祁红健康快速发展。

## 五

天若有情天亦老,人间正道是沧桑!正是这份对祁红的执着和至情,当年那个青春洋溢、风华正茂的小伙子,从繁华大都市上海来到偏僻皖南山区,把全部精力和心血都默默奉献给了祁红。青丝变白发,热血写春秋。他在祁门茶厂一干就是四十多年。1995年12月,年过花甲的闵老正式退休。

从繁重工作岗位上退下来的他,还时刻牵挂关注着祁红的发展,经常深入红茶加工企业调研,指导帮助企业提高生产技术和产品质量。他撰写的《认识祁红》《当前红茶加工企业的现状调查》等文章,先后刊载在《茶业通报》等国家和省级茶业刊物上。作为茶界泰斗和从事祁红半个多世纪的技术权威,他的身影还频频出现在各类茶叶评审评比等活动中。2008年10月,闵老被列为安徽省第二批非物质文化遗产项目代表性传承人。

祁门红茶非遗技艺传承人

回首过去,闵老亲身见证了祁红半个多世纪的辉煌;展望未来,他对祁红的发展充满着信心。他说,茶是 21 世纪的饮料之王。借"一顶天红"和"祁眉"牌祁门红茶进入上海世博会之东风,扬祁门红茶发展之风帆,祁红的明天会更加绚丽多彩!这也是与祁红有着一生情缘的老人最深切、最美好的祝福。

# 百年谢裕大　制茶亦有道
## ——绿茶制作技艺省级传承人谢一平

"百年谢裕大，制茶亦有道。"早在清代光绪年间，由谢裕大茶行创制的黄山毛峰，就已遍布九州各地，而谢裕大茶行也被誉为"徽州六大茶庄之首"。晚清洋务重臣张之洞亲笔为其题下"诚招天下客，誉满谢公楼"；新安画派大师黄宾虹盛赞其为"黄山毛峰第一家"；谢裕大茶行名噪一时，为社会各界名流竞相追逐，并有"名震欧洲四五载"之美誉。当年白手起家的谢正安一手创建了谢裕大茶行，至今，已经传至第五代。谢一平，便是这个传奇家族黄山毛峰创始人谢正安的第五代传人。20世纪90年代初，已过而立之年的谢一平，已经打磨得日渐成熟，抱

中国茶叶行业十大年度经济人物谢一平

着不同于其他常人的抱负,谢一平"下海"了,创立了漕溪茶厂。漕溪(今徽州区富溪乡漕溪村),地处北纬 30.1°,风景秀丽的黄山南麓。这里是黄山毛峰传奇开始的地方,也是谢氏家族世世代代的根源所在地。这里山峦起伏,林木葱郁,高山深谷中溪涧遍布、幽兰丛生,终年被雾气所笼罩,日照充沛,为黄山毛峰提供了得天独厚的生长条件。天时、地利、人和,谢一平抓住机遇,挖掘了人生的第一桶金。作为谢裕大茶叶股份公司董事长、非物质文化遗产项目绿茶制作技艺代表性传承人,如今谢裕大的掌门人谢一平把这个传奇家族的光荣历史推上了更高的顶峰:

2006 年,为了将百年的茶文化发扬光大,在原来徽州漕溪茶厂的基础上,谢一平引入外资,成立谢裕大茶叶股份有限公司;

2006 年 8 月,谢裕大公司被评为安徽省"省级农业龙头企业",同年,黄山毛峰被批准为国家地理标志保护产品;黄山毛峰茶制作工艺被定为非物质文化遗产;

2007 年,谢裕大公司投资 3000 万元,在黄山毛峰原产地核心区建成目前国内最大的黄山毛峰自动化、清洁化生产线,它标志着黄山毛峰在制作工艺上取得了质的飞跃;

2008 年,谢一平被列为安徽省非物质文化遗产"绿茶制作技艺代表性传承人";

2010 年,谢裕大公司荣获国家商务部所颁发的"中华老字号";

2012 年,"谢正安"商标被认定为中国驰名商标;

2014 年,谢裕大公司成为中国首家上市茶企;

2014 年,谢裕大六安子公司成立,成功进入大别山茶区,完成安徽四大名茶的成功整合。

纵观谢裕大走过的路都是谢一平亲自掌舵,使谢裕大完成了由一个传统的百年老字号到一个现代企业的华丽转身。事实上,作为黄山茶区的核心企业,"谢裕大"已经成为推动整个黄山茶叶走向世界的重要力量——这不仅仅是见证谢一平的光荣,也不仅仅是实现了一个叫作"谢裕大"的茶企的梦想,更重要的是,他们与其他茶企一起,肩负着国人对于中国茶业复兴的期待。

谢一平生在茶乡长在茶乡,茶业世家的耳濡目染使他从小就和茶结缘。早在他读小学时期,每当学校放茶假(当年山区小学在春茶生产季节时放茶假两个星期)就跟着大人上山采摘鲜叶,十几岁就开始跟着三个叔叔学习做茶,18 岁时已掌握了"下锅炒、轻滚转、焙生坯、盖上园箔打老火"的黄山毛峰手工制作工艺。高中毕业后,谢一平有幸进了歙县茶叶公司,从事评茶员工作。工作期间,他在屯溪茶校进修两年,系统地学习和掌握了茶叶的栽培、初、精制加工、审评等专业知识。通过生产实践及专业学习,谢一平全面掌握了黄山毛峰的传统制作技艺,成为一名出色的制茶师。

当谢一平被评为黄山毛峰制作技艺传承人时,他和大家分享了喜悦:"黄山毛峰是谢正安创制的,国家非遗的认可,是国家文化产业对于我们百年基业的认可。从谢正安创制黄山毛峰,到我们现如今这个年代,已有140年的历史了,这个茶叶还在,还被大家接受和喜欢,被评为中国十大名茶。继续传承黄山毛峰以及工艺,是非常重要的任务,把茶叶做好,这才是非遗传承人的价值。我们要将黄山毛峰传统制作技艺手把手、一代又一代地传承下去,为文化遗产的传承和发展贡献自己的一份力量。"

谢一平传授茶叶制作技艺

"非遗更要有传承性,这是义务,也是责任。"作为传承人,谢一平是这么说的,更是身体力行地去实践的。为了使黄山毛峰传统制作技艺传承下去,谢一平积极认真地开展传、帮、带,他先后培训和带出弟子21人;谢一平不仅有决心,而且有远见;公司每年都举办"黄山毛峰茶开园节",茶艺进校园、茶文化进校园活动,让学生了解茶、茶艺等传统技艺和文化,受到了学生的欢迎,甚至带动了学生家长都加入到学习茶文化的行列中。其儿子谢明之在他的精心传教下,现已全面系统地掌握了黄山毛峰传统制作技艺,成为了市级黄山毛峰制茶技艺传承人。

由于拥有出色制茶技艺,谢一平先后参与了国家标准《地理标志产品——黄山毛峰茶》、省地方标准《黄山毛峰茶清洁化加工技术规程》的制定。2010年4月,受国家质量监督检验检疫总局的选定,谢一平亲手炒制的《地理标志产品——黄山毛峰茶》中的各等级的样茶标准实物样,被各级质检部门作为标样收藏。

茶,是我们的国饮,代表着我们的传统文化和品位。以茶待客不仅是一种日常生活礼仪,更是一种几千年来源远流长的文化传统。而以茶为国礼不仅展现了对客人的友好真诚,还向世界展示了中国的茶文化,也必将为我国"清静和美"的大国风范增光添彩。谢裕大黄山毛峰连续三次被选为"国礼"茶赠与外国元首。谢一平对茶叶品质的监管一丝不苟,每年亲自动手做一批精品,"手上的工夫不能停"。谢一平表示,谢裕大出产的茶叶如今屡次作为"外交使者"向世界传播中国茶文化,这是"中国茶,送给世界最好的礼物"。

"光前裕后,大展宏图。"如今的谢裕大茶叶股份有限公司,集生产、加工、销售、科研为一体,公司现有生态茶园基地5万亩,大型茶叶加工基地5个,数字化加工流水线7条,投资5亿元,打造安徽省首个生态茶博园——徽州茶博园,弘扬中国茶文化,打造黄山毛峰乃至徽茶的真正品牌。在谢裕大博物馆里,谢一平保存着从祖辈谢正安以来,所有遗留下的宝贵物什,小到一个账本,大到一个斗锅。当然,最珍贵的,还是祖辈在他心中种下的黄山毛峰的种子和一生对茶的执念。谢一平说,他有两个愿望:让百年老字号永放光芒,让黄山毛峰香飘四海。

我们有理由相信,这两个愿望能够实现!

# "医博世家"的现代传人
## ——新安医学省级传承人黄孝周

从前商贸云集、热闹非凡的歙县城里大北街,近百年来,因公路兴建、城区拓展而渐渐远离喧嚣。但临街一座普通三层楼前,常有人三五成群,低声交谈。原来,她们都是慕名前来求医的病人或家属,正期待著名的新安黄氏妇科传人黄孝周妙手回春。

说起新安医学,在我国中医界可谓声名卓著。其时间之长、名医之众、医著之繁、医技之高,同类医学流派很少能与其比肩。而其中以家族链形式世代相传的医学世家,更令人刮目相看。若以"学传三代,方称世家"的一般标准衡量,传承已达25世的黄氏妇科就是沿革最为悠久的典范。

新安黄氏妇科的源头可追溯到南宋初年。那时,被史家誉为南宋最杰出皇帝的宋孝宗,正开创"乾淳之治"的功勋。徽州名医黄孝通,擅长妇科,名噪于世。按宋代制度,中央设医疗兼行政管理的翰林医官院,地方州郡也设医官一人,称医学博士,从本州医生中选用医术精良者出任。黄孝通以其出色的医术、管理和教学能力,被选定为"医学博士",成为新安黄氏妇科"医博世家"的开创者。

黄孝通后裔,世代业医,尤其妇科,代有传人。生活于明万历至清顺治初年的14世孙黄鼎弦,字百遂,号渭滨,由儒入医,于妇科尤为精专。明崇祯皇帝朱由检宠爱的恭淑贵妃田氏,"生而纤妍,性寡言,多才艺",崇祯十一年(1638年)患有血崩危证,太医及京城名医多人治疗,效果甚微。时任御史的叶高标,崇祯初年曾出任歙县知县,素知黄鼎弦的医术,遂推荐他入京诊治。黄鼎弦深研病症,辨证遣方。一剂见效,二剂血止,加减调治才一月,顽症遂告痊愈。崇祯大为赞赏,欲留黄鼎弦为太医,黄鼎弦婉言谢绝。崇祯乃赐宴款待,由内阁大学士、礼部尚书方逢年陪宴送行。方逢年乃浙江遂安人,遂安与歙县相邻,方逢年亦为徽严方氏始祖方储之后。君主之命与乡谊之情交织,方逢年便题写了"医震宏都"匾额相送。由此,新安黄氏妇科在京城亦获盛名。

黄鼎弦的曾孙黄予石(1650—1737年),字允陞,为清中期新安黄氏妇科的标志性人物。他聪颖好学,幼习举子业,后受家族影响,立志岐黄,博采众长,医术高超。求治者甚至不远数百里而至,名震皖、苏、浙诸邑。徽州民间至今仍流传"治妇产科病要找黄予石医师"的说法。他也擅研医理,潜心著述,撰有《妇科衣钵》《妇科秘要》《临床验案》等著作,为后人留下丰厚的学术遗产。其子黄序庭、孙黄惠中、曾孙黄立辉、玄孙黄鹤龄等均继承祖传医术,使"黄予石妇科"的招牌历300余年仍熠熠生辉。

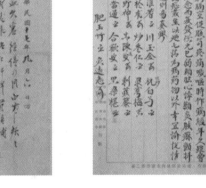

黄竹泉手书处方

民国时期,黄予石的昆孙黄竹泉承续了黄氏妇科的辉煌。黄竹泉(1884—1943年),字裕滨,幼习儒,15岁随父黄鹤龄学医,擅治妇科。1938年,时任歙县县长楼文钊有感于黄氏妇科代代相传之佳话,特向黄竹泉题赠"奕世载德"匾额。

随着近代西医的引入和迅速发展,传统中医药的传承面临前所未有的挑战。在新安黄氏妇科传承史上,黄从周(1910—1976年)功不可没。他是黄竹泉之子,14岁随父学医,18岁悬壶。1936年,"以科学方式研究高深国医药学术,造就国医高等人才及养成国医教育师资为宗旨"的苏州国医研究院成立,黄从周顺利考入深造,受教于章次公、叶橘泉、陆渊雷、王慎轩等大师,学业日进。学成返徽行医,名声远噪。黄从周终身行医。他常在歙县中医公会附设的义诊所免费为百姓诊病；抗战时，积极参加歙县中医师公会组建的医疗服务队，免费为出征军患病官兵及家属治疗。1944年，驻扎歙县的国民革命军第二十三集团军副总司令陶广为他题赠"医中国手"匾额；1946年，国民革命军第八十五军一一〇师师长、该师中共地下党委书记廖运周来徽，向他题赠"济人济世"匾额。1956年，他首批受聘于歙县人民医院，筹建中医科；1962年又以名老中医身份受聘为徽州地区人民医院名誉中医师。即便年老多病，仍数次参加医疗队深入农村、山区巡回医疗。许多不孕症患者被治愈后，称他为"送子观音"。黄从周也是歙县中医界主要领导人之一。民国时曾任歙县中医公会执行委员；新中国成立后，协助王任之筹建歙县医师联合会，当选为常务理事兼文书干事；后任县卫生工作者协会副主任。黄从周注重培养新人。1958年，参与筹建歙县中医学校，并讲授《内经》。"张一帖"传人张根桂之女张舜华、西园喉科传人郑铎、徽州名老中医汪济南等都曾在该校听他授课。他一生所带学生、实习生20余人中，殷扶伤、章传义等均成当地名医；长子黄孝周、次子黄兆强继承家学；张笑平、杨匀保、汪涛等成为高校教授。黄从周还认真总结临床经验，重视撰著。1946年起，他主编《徽州日报》副刊《新安医药》40期；在《中医杂志》《浙江中医杂志》等刊物发表论文多篇；1963年出席省中医学会成立大会，提交的4篇论文均入选《学会资料汇编》；其学术经验被成都中医学院收入《中医妇科学》一书。鉴于他一生为传承新安医学、发展徽州中医事业做出的贡献，《歙县志》《徽州人物志》《安徽当代中医名人志》《安徽名人大辞典》等均收录了他的事迹。

作为新安黄氏妇科的现代传人，黄孝通的第25世孙黄孝周，为延续"医博世家"的辉煌做出了重要贡献。

1943年9月出生的黄孝周是黄从周的长子，父亲的精妙医术和乐于助人的事迹经常感染着他。1958年，黄孝周正式随父学医；1960年继入歙县中医学校学习；1961年出师后被分配在歙县人民医院，边临床工作，边继续随父襄诊。1964年，他独立行医，开始了在杏林中辛勤耕耘的人生历程。1978年，党中央转发卫生部党组《关于认真贯彻党的中医政策，解决中医队伍后继乏人问题的报告》，提出由国家计委拨给1万人的劳动指标，从集体所有制医疗机构和散在城乡的民间医生中，选拔一批具有真才实学的中医，充实加强全民所有制的中医药医、教、研机构。1979年，安徽举行选拔500名中医药人员的考试。黄孝周名列榜首，为安徽中医学院选中。那时，安徽中医学院是全省中医的最高学府，该校1959年建校之初，三分之一的中医师资来源于新安医家。新安儿科世家杨以阶、王氏内科传人王乐匋、郑氏喉科传人郑景岐、张氏医学传人李济仁等专家，在中医基础、四大经典、中药、方剂、临床各科教学中发挥了学科带头人的作用。于是，黄孝周和中医内科名老中医胡翘武、曹氏外科传人曹恩泽等一道，走上安徽最高中医学府的讲台。

就在此时,为弘扬传统的新安医学,歙县政府积极筹建中医院,并力邀黄孝周回歙参与筹建。为发展家乡的中医事业,黄孝周毅然放弃大学的优越条件,调回歙县。先后任歙县中医院副院长、院长,黄山市新安医学研究中心主任、歙县人民医院顾问。现为主任中医师。

黄孝周行医五十余年,始终追求德术双馨。他认为:历代新安医家多儒医,强调的是"医乃仁术",具有"佛心仙手"。有佛家之心,德必高尚;讲"仁"者必具爱心,爱祖国、爱人民、爱家乡、爱前辈、爱中医事业、爱病人。有仙人之手,医术必精,着手回春。在多年的临床中,他处处为病人着想,做到能"中"不"西",能廉不贵。除个别危重病者外,基本上不用贵药,不开大方,不搭西药,坚持辨证论治,对症处方,合理用药,在保证疗效的前提下减轻病人负担。对于新安医学的传承,他主张继承不泥古,发扬不离宗,古为今用,有所创新。所以,黄孝周牢记父亲"中医理论深邃,文字古奥,非下苦功,实难体会,并须密切联系实践,做到'四多'(多读、多想、多问、多温),才能深刻体会,学以致用"的教导,即使临床、教学、科研、管理工作繁重,也从不放松学习,以求博采众长,融会贯通。在临床上,他与时俱进,精益求精,善于运用中医中药治疗妇科常见病和疑难重症,经验丰富,疗效显著。不少不孕症患者(女)喜得贵子,先兆流产、习惯性流产病人胎安产顺,痛经患者破涕为笑,崩漏病人血止经调。即便是子宫肌瘤、卵巢囊肿、子宫外孕病者,他也能运用中医药使病人免动手术之苦,既减少费用,又消除病痛。不仅名闻本市及周边地区,本省外地、外省、港台地区,甚至远至美、意等国病人也慕名前来求诊。黄孝周不仅做好门诊、住院诊疗工作,还多次下乡到岔口、北岸等地巡回医疗,积极参加市县卫生、文化、科技等部门组织的义诊,中央宣传部、卫生部等22部委联合举办"中医中药中国行"大型活动,他也应邀参加。2000年,他不幸身患胃癌;2003年退休。但他仍带病发挥专长,积极参加老科协工作,继续为病人服务。如今,他的妇科专长经验已被选入《求医问药咨询指南》《中国传统医疗绝技大全》等书籍,为全国广大中医界人士所借鉴。

黄孝周的部分著述

学习、传承新安医学的精华，是黄孝周多年的坚持。早在 1973 年，他在父亲指导下，开始业余探研新安医学。1977 年，撰写了《新安医学与古歙名医》等两篇论文参加县卫生局召开的中医座谈会，由此崭露头角。1978 年，县卫生局在全省率先成立新安医学研究小组，他即被调入，征集、整理、校点新安医学文献，编印了《新安医学书目》。歙县中医院建成后，他在医院专设新安医学研究室，组织编辑《歙县中医》，亲自校点程敬通的《医法心传》。1987 年，他参与组织并完成《新安医学对祖国医学的贡献》的科研课题，该课题"在研究地方医学史方面，居全国领先水平，是研究新安医学一项重大的阶段性研究成果"，不仅通过了省科委专家评审委员会评审，还获黄山市科技进步一等奖。三十年间，他已在各级中医杂志发表学术论文 50 余篇。他发表的《黄从周辨治痛经的经验》《黄从周妇科临床经验简介》《黄从周老中医应用补中益气汤的经验》《黄从周医案医话辑录》《黄从周治崩漏经验琐谈》《黄从周治疗产后发热的经验》《黄从周治疗带下病的经验》等论文，系统整理介绍了其父在学理上既继承祖传医术，更博采众长，强调辨证论治，贵在灵活变通，重视固护正气，善补气血脾肾，抓住调肝环节，注意调理奇经等经验，以及新创的"荣经活血汤""复方五子丸""脬损饮""安胎煎""消炎解毒汤""增乳汤""加味佛手散"等方剂。他在《新安妇科学术成就评析》一文中，认为新安妇科诸位医家在诠订病名、阐述病机、审病辨证、论治制方等方面既简明切要，又注重实效、颇有创见。在论文《吴谦与〈医宗金鉴·妇科心法要诀〉》中，也充分肯定了清初三大家之一的歙县人吴谦在妇科典籍整理上的贡献。他还撰著出版《新安医学绽奇葩——杏林第一枝》，参与校点《新安医籍丛刊》，参编《中医多选题》《中国传统医疗绝技大全》等著作。退休后，黄孝周仍未辍笔。2008 年撰写论文《新安医学形成于明朝中叶的十大理由》，在省卫生厅等举办的"新安医学论坛"上演讲；编写《新安医学史略续编》已完成初稿；与胞弟、马鞍山市中心医院主任中医师黄兆强共同整理了黄从周遗稿《丛菊医案医话辑录》一书。

黄孝周重视搜集原始资料。他曾带领人员在富山寻觅明代名医余午亭的故居和族谱，往槐塘查询明末名医程敬通的故居和牌匾，到富堨查访清代名医汪世渡的故居婆罗园，拍摄乾隆御赐给汪大顺的圣旨和婆罗树照片，赴棠樾探访清代名医鲍集成"五世同堂"故居，拍摄了鲍氏家藏的《疮疡经验》珍本及研钵等制药器具，为新安医学研究发掘了一批珍贵的医史资料。

广泛宣传是新安医学获得认同的途径之一，黄孝周为此不懈努力。"文革"后期，他曾多次为赤脚医生培训班讲授中医课，兼任过歙县五七大学中医课教师，承担过县卫生局中医经典著作温习辅导班授课任务。他还接待过牛津大学、中国中医科学院、福建中医学院、安徽中医药大学等专家来访，热心解答问题，推介新安医学。1990 年，卫生部等在北京举办"首届中国中医药文化博览会"，黄山市组成新安医学展览团参展。

由于黄孝周在中医临床、新安医学研究、医院管理等方面的突出成就,歙县电视台、黄山日报、黄山市电视台曾多次报道他的事迹;省党员电教中心播出他的优秀党员事迹片《妙手仁心》。1992年,市委、市政府授予他"有突出贡献的中青年专家"称号;1994年,市人事局授予他"全市卫生系统先进工作者"称号。2012年他又被评为"全省第二届优秀老科学技术工作者"。2009年,"黄氏妇科"被省政府批准列入"省级非物质文化遗产名录",他也成为省级非物质文化遗产新安医学项目代表性传承人。

"医博当归廿五代,丹心独活万千人""孝忠前贤振新安,周济后生育杏林"。师友书联所勉,正是黄孝周孜孜不倦传承优秀家学的真实写照!

# 新安医学的一朵奇葩
## ——新安医学（西园喉科）省级传承人郑铎、郑园

在徽州，在黄山，如果有人得了喉科疾病，几乎都会想到去找西园喉科，有些甚至还是从外地慕名而来。为啥？原因只有一个，西园喉科太神奇了，近乎于药到病除。

西园喉科，属新安医学一支。新安医学，古奥玄深，新安地域，名医辈出。西园喉科，古徽州清代五大名医之一，可谓新安医学的一朵奇葩。世居新安歙县郑村，因其郑氏祖宅名"西园"，俗称"西园喉科"。

西园喉科的起源，可上溯到明嘉靖初年，首代医家为郑赤山。据郑枢扶《重楼玉钥续编·自叙》称："先高祖赤山公，瀚七代祖也，性好堪舆、精研岐黄、渊源已久、代不乏人。"此序说明郑氏家族医学源于郑赤山，且代有传人。

西园喉科第九代、第十一代传人郑渭占、郑铎祖孙 1960 年 10 月于歙县人民医院门诊部

郑氏家族由商、医、文组成，从郑赤山到他的第五代，世代均从事中医内科治疗。第五代郑以显带着两个儿子来到江西南丰开设了裕和典。有一次，郑以显患了阴阳结（急性喉炎），慕名去找到当地的名医黄明生看病，经黄诊治即平复如初。郑以显顿感黄先生喉科医术之高明，平日无事就观其治病，只见黄先生仔细

第十一代传人为病人诊治

观察各路就医者,轻以药石,重以针灸,无不神效。于是就带着两个儿子郑于蕃、郑于丰去拜见黄明生先生,意想从黄学习喉科医道。谁料,这位黄明生先生,以先师身前之训为由,拒绝收兄弟俩为徒。后来,郑氏父子不急于拜学医技,而是与黄先生以朋友相处,日久便成了挚友。日久见人心,黄明生终于看到郑氏父子的一片诚心,于是,有一天,他痛快地说,"区区者,天下之公物也,吾焉敢私诸身?"意思是说这门医术算不了什么,应该归天下人所有,我岂敢一人私藏。然后,就交给这兄弟俩两本书,手把手地教,不厌其烦地口授。三年下来,兄弟俩已经可以单独接诊了。这时候,郑以显父子因事回郑村,修造门庭,并取宅名"西园",这就是西园喉科的由来。后来,郑于蕃、郑于丰又扩建门庭,同时以喉科医术服务疾者,屡治屡效,活人无数。

西园喉科治医严谨,名医辈出,代代相传,声名远扬,享有"手到病除、神仙医术"之美誉。它内服外治、手术针灸,高温烙法合为一体,疗效神速。尤以遵秘配制之喉药,历经精选,择名贵药材,按传承改良之秘方配制而成,从而临床屡见奇效,成为喉病之克星。在攻克喉科疑难症,包括早期癌症上,都有独到的疗效。先叔祖郑梅涧于清乾隆四十年(1775年)创制的"养阴清肺汤"成为当时治疗"白喉"的灵丹妙药。

第十二代传人郑园为安徽中医药大学学生上课

该药比德国医药家、诺贝尔奖金获得者冯贝林发明抗毒血清治疗"白喉"早一个多世纪。因此,足见这一成就,从理论到实践,从国内到国外,还是时间上都处于当时世界领先的地位,为我国医学史谱写了光辉而有意义的篇章。

三百多年来,他们既重视临床实践,又重视理论研究,并在临床实践中不断丰富、创新,创造了一套治疗喉科病症的系统理论,是新安医学文书文献最多的新安医家之一。其中先祖编撰的《重楼玉钥》就是我国古代重要的喉科专著,至今仍然是中西医治疗喉科的重要参考书,还有其他的《重楼玉钥续编》《愚意医草》《医学正义》《喉菌发明》《医汇简切》《症治正名类参》《伤寒金匮经方简易阁括《喉科杂症》《喉科秘钥》《松巢秘录》等10多部专著,都编入了《中国医学大成》一书。在三百多年的医学实践中不断积累临床各科经验而形成的家传医学,亦均蜚声医林,在喉科著作中,一直为后世医家所推崇。更难能可贵的是一支一脉相承的时间跨度之长,被《中医大辞典》收载的临床医家人数之多,医学专科著作数量及保存完好程度,在中国医学史上都是罕见的。

西园喉科不仅医术精湛,每天门庭若市,而且家风好、医德优,行医先做人。先祖所追求的应以病家为重,救死扶伤而不应乘危邀利。"救危起死,求治者踵门",以服务社会,治病救人为准则,为社会公益事业做贡献。同时注重教育,要求下一代学好文化,打下深厚的文学功底,为著书立说打基础。过去郑村西园家中就有私塾,供家中儿童学习。现在的第13代传人,都在名牌中医大学就读。这些传人个个重实践,人人都能动手制药,钻研配方。第十一代传人郑铎率子女郑公望、郑荨、郑园经黄山市科技局批准,创办了"黄山市西园喉科药物研究所"及其门诊部。如今,在第十一代传人郑铎先生的带领下,这朵奇葩正艳丽绽放。

听说次子第十二代传人郑园在屯溪区政府对面新设了门诊部,抱着好奇,我走进了新开的位于阳湖人民广场旁的西园喉科门诊部。一脚跨进门诊部,眼前一亮,红色的地毯一直铺到三楼宽敞的候诊大厅,国务院公布的"国家级非物质文化遗产郑氏西园喉科"金字招牌映入眼帘,上到三楼,一排整齐的诊治室,西园喉科展厅,非物质文化遗产传承基地,新安医学郑式喉科流派传承工作室,安徽中医药大学新安医学教学见习基地,老式的中药柜台,现代的医疗器械,分门别类,各式瓶瓶罐罐,琳琅满目。就诊大厅的椅子上,门诊室内的凳子上,坐满了等候就诊的病人。我挤进第十二代传人郑园的诊室,里里外外都是病号。"孩子嘴里生东西,两三天都不见好,不吃奶,整天哭。听说西园喉科很厉害,特地从外地赶了200多里路过来。"一对外地夫妇带着2岁大小的女儿来到西园喉科就诊。郑园在仔细检查过孩子的口腔、手心、腹部,询问了病程、病情后,一面开出药方,一面细心嘱咐:"小孩子怕苦,吃的时候拌些冰糖就可以了,可别把糖和药一起熬哦。"这么小的孩子吃中药?我正纳闷。郑园看出我的疑惑说:"我们这里90%以上都用中医药方法治疗,中药副作用小,百姓都很欢迎。""一般病症,针药并用,施治尤重药。家传医学治疗咽喉口腔疾病,轻以药石内服,佐以洗、敷、吹、噙诸法,重则刀、针、灸、熏并用。喉科吹药直达病所,药轻力宏,是最主要的外治法。吹药性能各异,品种繁多,依据家藏资料从中筛选,去芜存精,严格要求,一丝不苟。"除了疗法特殊,西园喉科还有一系列祖传方药,如治疗白喉的"养阴清肺汤",对咽、喉、口腔疾病的临床治疗功效显著。咽喉为人体饮食呼吸之门户,一有急重病证,则凶险多变,所谓"走马看咽喉",西园喉科在治疗咽喉口腔危急重症的治疗方面颇有研究,如急喉风(急性喉阻塞)、走马牙疳(坏死性龈口炎)、喉痈（扁桃体周围脓肿）、骨槽风（颌骨骨髓炎）等病，采用散风豁痰、通利咽喉等方法，针药共施，内服外吹并用，均有特殊疗效。而对于一些慢性复杂性疾病，如声带病变、慢性咽炎、复发性口疮等属于虚火者，则采用达、滋、引之法以治其本。从他们家处方起首章刻有"合外内之道也"六个字就可以看出，意思为双管齐下，标本兼治。

据郑铎先生介绍："西园喉科"的发展，如同徽商发展规律一样，曾经历了经商、入仕、官商合一、扩大经营规模、行善的循环。西园行医，原为行善，不收取医金和药金。当年祖宗郑以显（于蕃父）父子曾在黄明生先生面前立下誓言：今恳先生之秘者，实为济人之念耳。郑村老家西园门楼上至今有对联"西园世业，东里惠人"。郑氏并不以医为生，而是以商富家。当时，郑氏家族在外的商号主要有：江西南丰的裕和典、湖北汉口的油业、江苏扬州的盐业、福建汀州的纸业等，实为腰缠万贯、富甲一方的徽商巨贾。西园郑氏由此善心，更有此经济实力。只是日后经历了两次大的变故之后，才不得已以医为生。"哦？这里面还有故事？"我急不可待地问。"说来话长了。"郑铎回忆说："一次是在乾隆丁丑年（1757年），于蕃之长孙郑曦高中进士，与纪晓岚同科，入翰林院编修，后掌山西道监察御史，相当于现在的省纪委书记一职。皇上，也就是乾隆皇帝诰命荣封'太史第'。因其祖父祖母在堂，皇上又赐'三代荣封'金匾。皇恩浩荡啊！为谢龙恩，西园赶紧建造一幢四献柱官厅（可惜'文革'中被拆改为生产队仓库）。家族中这么大的喜事，必须庆贺。于是张灯结彩，大摆香案，族人和邻里共同庆贺，非常气魄。后又奉旨进贡，经济上因此耗资巨大，连在外商号生意都被迫歇业，大伤元气。第二次是遭太平军败军抢劫，家洗一空，从此一蹶不振。有史料载：洪扬乱后，郑永杓（西园郑氏喉科第七代传人，字政庭）辗转流离，返，四壁萧然，惟延世业，收薄入维持生计。实不得已，才以医为生。"

在世人眼里，西园喉科是专门医治咽、喉、口腔病的古老专科。但他们不是躺在祖宗的功劳簿上吃老本，而是承祖创新，不断发展完善，不断创新，开发家传秘方，不仅与全国多家中医药大学都有合作，前些年还经黄山市科技局批准，创办了"黄山市西园喉科药物研究所"及其门诊部。郑铎父子在保护、开发和发展祖先在治疗理论、治疗方法的基础上，结合现代科学技术，积极探索中西医结合之道。特别是在辨证施治上，借助现代医疗器械，实现更快捷、更准确的诊治。药型上，开发祖传秘药，成绩斐然。除传统散剂外，不断改革剂型，增加了制片剂、露剂、袋泡剂等剂型。1995年开发的西园喉药散剂，已于2000年获得卫生部批号，由江苏扬子药业集团生产上市；郑氏父子和黄山制药厂联合开发的西园喉宝含片和露剂，已于1997年获准上市。郑铎长子在歙县古城成立了西园喉科门诊部，次子被北京中医药大学特聘为导师，其女在广州南方医科大学中西医结合医院工作,求医者遍及全国各地,海外亦众。郑铎至今仍然不忘西园,不顾高龄每天上午还要去郑村老宅坐诊行医。中央电视台、安徽卫视、香港凤凰卫视、台湾东森电视台、黄山电视台等陆续将"郑氏西园喉科"制成专题片播放,使西园喉科更加声名远播。

国务院批准公布第四批国家级非物质文化遗产代表性项目"西园喉科医术",由西园喉科第十一代郑铎、第十二代郑园父子领衔也是理所当然、众望所归。更值得欣慰的是,西园喉科后继有人,如今的第十三代传人郑翼,于安徽中医大学毕业,在长辈们的带领下认真实习,第十三代传人郑辛夷也正在北京中医药大学本硕连读,他们在家族的传帮带下,传承有望。

"如今,西园喉科被列入国家级非遗名录的传承基地,我们感觉身上的担子更重了。能让祖上传下来的医术、药物在现今更好地发展,造福更多的百姓,也是我们的荣耀。"郑铎如是说。医而好儒,儒而兼医,亦儒亦医,是新安医家的一大特点。这也是西园喉科祖祖辈辈行医的写照。

# 盆盎之内有乾坤
## ——徽派盆景技艺省级传承人洪观清

洪观清工作照

正如古诗所云:"山重水复疑无路,柳暗花明又一村。"经过蜿蜒曲折的盘山公路,我们来到了徽派盆景的发源地——歙县卖花渔村。

卖花渔村位于歙县城东南7公里的新安江南岸沟谷腹地。该村最早定居者为洪姓,唐代时,先祖洪辉的儿子洪延出任绩溪县令,致仕后留居县南,命名"洪村"。洪延生三子谅、诚、诗,唐末迁歙县篁墩以避黄巢战乱。战事平息,洪谅迁回绩溪洪村,洪诚、洪诗见此地"山川环抱,土腴泉洁",遂定居,以姓名村为"洪川"。后洪诗之子洪华任饶州通判,徙居德兴新营。在洪川繁衍生息的实为洪诚的后裔。随着家族繁荣,洪氏加强了村落建设,形成了宅居形胜、锦屏障外、庄峰耸秀、水会社坛、古宅乔松、西陇云庄、石涧流泉、瀹岭声钟等"洪川八景"。又因村形如鱼:村头尖尖如鱼嘴,村腰渐宽如鱼腹,村脚房屋因山势而向两侧展开如鱼尾;加上村民又以卖花为业,故取了"卖花渔村"这个富有诗情画意的名字。能将姓氏、村名、村形融为一体以表达期望的这种设计,真的太巧妙!

步入村落,只见群山环抱,路边、山上,只要是可垦殖之处,都是各类盆景植物或树桩。据称,早在北宋初年,自号梅窗居士的族人洪必信,"嗜书史,善吟咏",曾建小楼数楹,植梅于前,作《梅花百韵》。受他的影响,洪川洪氏也利用当地气候温湿、土壤肥沃、植物种类繁多的自然条件,在房前屋后植梅栽竹,从而诞生了徽派盆景。据该村宗谱记载,明代的洪宗义"隐处山林,栽花植竹";洪时旸、洪善文、洪元光等都曾"商艺北京"。说明洪川盆景艺人不仅在家乡培植,还到北京从事盆景的商业生产,从而奠定了徽派盆景艺术走进京城等城市市场的历史基础。

卖花渔村村民世代制作盆景,从未间断。2008 年,洪观清获得省级非物质文化遗产项目徽派盆景技艺代表性传承人荣誉称号,是该村第一位获此殊荣的盆景艺术家。我们对他进行了走访。

洪观清出身于盆景世家,代代靠扎盆景、卖盆景生活。他的父亲洪月田是村里数一数二的名师,为人憨厚、技艺精湛,无论是传统的游龙式、三台式,还是疙瘩式、劈干式、屏风式,凡经他绑扎的盆景,都非常耐看。尤其对疙瘩式研究颇深。人们常评价道:洪老有一双巧手,绑什么像什么。他在操作时,经常有很多邻里乡人慕名一睹其高超技艺。甚至有外乡的盆景制作专业人士向他挑战,但也无一获胜。所以他经常受聘到歙县、屯溪、芜湖、合肥,甚至杭州、上海等地,为居民家或园林单位扎盆景。1978 年,洪月田被聘为黄山管理处技师,负责栽培、修剪和绑扎盆景。他虽然不识字,但凭借出众的技艺,很快引起黄山树木园领导的关注,受邀出任技师。黄山树木园是安徽省林科院的科研基地,是我省进行国内外木本植物引种驯化的重要基地,引种栽培有各种珍贵稀有植物及特色树木 300 多种,技术要求很高,但洪月田在此工作却如鱼得水,深受欢迎。在园艺界有一定声望的胡一民、黄映泉就是他的高足。由于不适应高山气候,五六年后,他辞职返乡务农养花。20 世纪 80 年代中期,又受朋友邀请到岩寺的跃进厂任技师,帮助设计、整治厂区绿化,培植盆景。

洪观清自幼就对盆景制作很感兴趣。父亲高超的技艺和获得的好评,洪观清看在眼里,记在心上,立志长大后也要做一名像父亲一样优秀的盆景技艺家。洪观清八岁时,就在父亲指导下,开始学习花卉栽培、盆景制作和养护技艺。即便上学了,放学后或休息日、寒暑假,仍然跟着父亲到地里帮忙,既干栽花、除草、松土、施肥、浇水等基础农活,也逐渐接触选苗、养桩、嫁接、扦插、压条等技术性的花事。父亲有时去外地扎盆景,也会带上洪观清,一方面让他做帮手,同时也让他见世面。在洪观清九岁那年,母亲离开人世,父子相依,洪观清更一门心思扑在盆景制作上。学习盆景制作技艺既需要勤劳,更需要悟性。几十年里,洪观

洪观清作品1

清经常天刚亮就去地里,直到天黑才回家。面对一根有待加工的树桩或小苗,哪枝该留,哪枝该剪,如何移栽,怎么摘心去芽等问题,常常萦绕在脑海中。一旦处理未妥或功夫未到,常常耿耿于怀,茶饭不思。在父亲的言传身教和自己的努力下,洪观清进步飞快,待到而立之年,他的盆景造型技艺在村中已经相当有名望了。

洪观清爱花如命。几十年来,他每天早上起来的第一件事就是去看看花木,甚至到了晚上,还要看上两眼才肯睡。他对要出售的佳作从不取名,把这一权力让给购花者。他说:像为自己的孩子取名一样,养护时就有一种"亲情"。洪观清就有深刻的体验。1978年,他和村里几个代表被派到全国著名的花木之村浙江奉化三十六湾村选购五针松树苗带回培育,他家里留有4棵,至今已养了四十多年。前几年有一棵被冻死了。为此,洪观清伤心了很久。剩下的三棵,他根据造型分别取名为"大鹏展翅""蛟龙探海""托云举日",好多人愿出高价购买,洪观清一直不舍得。他说:它们就像自己的家人一样,已经分不开了。

洪观清的盆景制作风格和他父亲一脉相承。他认为,盆景是移天缩地,小中见大。整体上,树木应该很紧凑,枝叶不间断,不能松松垮垮、空空荡荡。主干尽量少大弯大曲,主枝也少用长直枝。曲中求直,乱中求平。造型要活泼,看起来既严谨又充满动感。

经几十年探索和总结,洪观清积累了丰富的经验。花木繁殖时,压条繁殖是一种重要方式,操作简单,成苗时间短,繁殖速度快,产生的新个体能完全保留母体的优良性状。很多花农在繁殖梅花、罗汉松,甚至茶花、海棠时,常用此法。但他们往往遇到成活率不高的问题。而洪观清做的,几乎棵棵活。他的技巧就是压条前要折枝,还要在折处撕开,使枝头部分的折处仅带一点皮层,以免折处带的木质部多,只形成愈合组织而不生根。又如盆景的最佳绑扎时机和技巧。要做弯的花木,绑扎前不能洒水,这样枝条不变脆,绑扎时不易脱皮或折断。各种花木要依树性定时间,梅花在二月可绑扎,而罗汉松到三月底四月初才行。梅花、罗汉松造型做弯时,扳的力不能集中在弧的一点上,否则主干容易折断,即使不断,做成的弧弯也不圆滑,很难看。而紫薇、腊梅枝条脆,每年只能做一个弯,做两个弯很容易失败。在造型上,洪观清能根据不同花木的特点绑扎各种造型。他善将柏树绑扎成狮、虎形,紫薇做成屏风式,五针松塑成扭旋式、三台式,梅树和罗汉松加工成龙桩、磨盘桩、疙瘩桩等等。可谓样样上手,件件精美。

洪观清在继承的同时讲究创新,他是村里最早制作自然式盆景的艺人。以前做盆景为追求新奇,从树桩到成型,盆景要经历几次"大手术":栽在地里的树桩要用铁丝绑成相应的造型,上盆时又绑一遍,不仅人为痕迹很重,盆景成活率也较低。有的死在地里,有的上盆一二十年还是死了。看着这些,洪观清感到很可惜。怎样提高盆景成活率?如果不大修大剪能做成什么?洪观清陷入了深思。于是,他开始尝试顺应树坯的生长姿势做自然式盆景,即因树而异,看桩定势,适合什么造型就做什么造型,不强求一律。除枝也看树势,该除的除,该留的留。上下片间疏密有致,整个树冠高低错落。果然,自然式盆景不仅成活率大为提高,样式看起来也更为自然,很快就在村民中流行起来。

洪观清技艺精湛,获奖也很多。他的作品几次被选参加全国、省、市盆景展览,均获奖项。1991年第二届中国梅花腊梅展上,他的作品《春荡新安》《洪岭二红》双双获得银奖。2000年,五针松盆景《步步青云》获安徽省第三届裕丰杯盆景展览三等奖;同年,《古徽天下名》获徽派盆景博览会三等奖。2003年,《千针寄情》树桩盆景获黄山市第四届盆景展二等奖。2008年,盆景《苍龙戏水》获黄山市盆景展一等奖,获安徽省花卉博览会三等奖。他的五针松盆景《大鹏展翅》被收入《徽派盆景艺术》一书中的"佳作欣赏"栏目,获评很高:"松树盘根曲干,枝片舒展,结构严谨,疏密有致,疏可走马,密不透风,顶片昂首而立,一大枝前伸,如大鹏展翅,整体上有如欲飞的鹏鸟,形态生动"。

洪观清的眼光也很长远,为"盆景专业村"的形成做出了重大贡献。改革开放之初,村里的盆景名气有限,加上地处深山,来村里买盆景者不多,村民的生活相当艰苦。为把盆景推销出去,扩大影响力,提高生活水平,洪观清带领乡亲们用扁担挑着盆景,走上十几里山路,到南源口坐船,再换乘汽车、火车,到合肥、杭州、南京等地出售。由于盆景较大,既不能压,也不能碰,又十分沉重,搬运过程非常艰难,每次出去都是十天半个月。洪观清和村民们克服诸多难以想象的困难,一趟趟地往返于家乡与城市之间。庆幸的是,通过这样的方式,外地人渐渐了解了卖花渔村,了解了徽派盆景,被徽派盆景"天工人可代,人工天不知"的独特魅力所吸引。卖花渔村也挣到了第一桶金,村民们纷纷参与到制作盆景的行列。

在一般村民眼里,只要盆景能卖出去就行,但洪观清不同,他要想办法提升徽派盆景的知名度和身价,提高盆景的附加值。于是,他将目光移到各地偶尔举办的高端的盆景展览会上。1989年,第二届中国盆景评比展览在武汉举办。洪观清认识到这是不可多得的良机,在村民多不愿参展的情况下,他不远上千里,首次带着自己的盆景到武汉参展。可喜的是,作品《几度春秋》获得优秀奖。现在老人回忆起当年的场景,依然十分兴奋。他说:当年这么做,一方面可让家乡的盆景走出去,扩大知名度,因为与苏派、扬派、川派、海派盆景不同,徽派盆景的发源地不在人口集中,政治、经济、文化高度繁华的城镇闹市,而在大山深处的小山村。另一方面,自己出去可以多交流,学习其他派别盆景的制作经验,以便把家乡的盆景制作得更好。

回到家乡后,洪观清又意识到,要把盆景发展作为村里的主业,最大的问题是种植规模太小。于是,他带头迁往村里的后山,在那搭棚,建立起几亩培育林。在他的带领下,很多村民举家外移,扩大了盆景苗木种植规模,使卖花渔村成为名副其实的"盆景专业村"。果真,此后的卖花渔村殊荣不断:2001年被黄山市命名为"盆景专业村";2008年,不仅被列入县级新农村建设示范村,还被省农业委授予"安徽省一村一品专业村"称号;同年,卖花渔村盆景技艺被列入国家非物质文化遗产名录。目前,全村有14名盆景艺人被省花卉协会授予"盆景艺术家"称号。洪观清成为"盆景专业村"形成的功臣之一。

卖花渔村成为盆景专业村后,家家户户以栽培花木为主业,以出售盆景为主要经济来源。但很多花农缺少花木栽培和养护知识,更缺绑扎造型技艺,有的虽能做,但水准低。在市场竞争日趋激烈的环境中,洪观清没有过多考虑个人利益,对养护花木知识和绑扎造型技艺从不保守,只要有人来请教,他都会毫不保留地传授。粗略统计,全村就有几十户因他的指导和帮忙而受益匪浅。在他点拨之下,洪定勇、洪毅、蔡元绍、蔡明松、胡立志、洪元中、洪建华、洪义成等都成了村里的盆景专家,有的被省花协授予盆景艺术家称号,作品参展也不断获奖。进入21世纪,周边瀹岭坞、瀹坑、瀹岭下等村也掀起发展花木的浪潮,洪观清无私地向他们供给部分

洪观清作品2

苗木,空闲时还前去指导。遇有机会,他还到徽州区慈张线沿线花卉专业户去义务指导。

鉴于洪观清在徽派盆景传承、创新上的成就与声望,很多领导、媒体和各种参观考查团都会常来拜访。每次接到村委会的电话,他都丢下手中事务,热情接待,认真介绍,详细讲解。在他看来,自己就是一张名片,如果能因此扩大卖花渔村及其徽派盆景的社会影响,那就是最好的回报。

小小盆盎,一撮之土,盈尺之树,但却枝干虬曲,提根露爪,叶茂花盛。73岁的洪观清老人已默默地在盆景世界里行走了60多年,他的徽派盆景制作技艺,也将会如老树新花,别样火红。

## "纸"为你精彩

### ——撕纸艺术省级传承人蒋劲华

时间定格在2013年9月15日这一天。这一天,注定是撕纸大师蒋劲华终身最不平凡、最值得纪念和最难忘的日子,因为这天上午10时左右,他有幸为前来安徽省徽州博物馆视察的原国家领导人胡锦涛展演他首创的撕纸书法艺术。在表演现场,当胡锦涛与他互动,亲自撕出了最后一点,一个完整的"樂"字呈现在大家面前时,展厅内响起了一片热烈的掌声。蒋劲华高兴地说道:"谢谢总书记给全国人民谋幸福,现在又给我们添'点'乐。"

能够为中央领导和外国政要表演撕纸艺术,蒋劲华先生无疑是幸运的。大家对蒋劲华都竖起了大拇指,认为他是天才!可天才来自于勤奋,这一手绝活也是非一般人能够掌握的。熟知蒋劲华的人都知道,蒋劲华多才多艺,毛笔和硬笔书法,写诗填词、起文稿、写散文、作歌词,搞企业文化策划、设计广告和商品标志等,蒋劲华的思维都驰骋在广阔的时空中,他的座右铭是"换位思考,异想天开",这样往往可以达到意想不到的效果。

千百年来,纸作为书写的载体,在传承华夏文明中发挥了不可替代的作用。然而,现在不但书写工具发生了很大的变化,硬笔逐渐取代了毛笔,而且随着电脑技术的普及,无纸化办公也成了一种趋势,纸作为书写工具的功能正日渐退化,在这样的背景下,蒋劲华与时俱进,在坚持传统毛笔书法的基础上,以手当剪,以撕代写,撕纸书法游龙走蛇,一气呵成,那撕出来的笔画写不出来、剪不出来、也刻不出来,既具有笔墨韵致,又具有篆刻的金石味,不但丰富了书法创作的空间,而且拓展了纸艺的新领域,赋予了纸艺创作新的生命力。

也许有人要问,既然撕纸书法是蒋劲华的首创,那也不过是三四十年时间,他怎么能被命名为省级"非遗"传承人呢？问得好。其实蒋劲华被安徽省文化部门授予的称号是"安徽省非物质文化遗产(撕纸项目)代表性传承人",撕纸书法是蒋劲华的首创,但撕纸作为剪纸大类却历史悠久,而剪纸(撕纸)则是国家级"非遗"项目,也就是说,蒋劲华的撕纸书法只不过是在此基础上的传承和创新。

蒋劲华赠送罗格(时任奥委会主席)《惠风和畅》

实际上,我国早在唐宋时期,就有人"以剪代写"。唐代诗人崔道融所留传的诗中就有这样的词句:"欲剪宜春字,春寒人剪刀",这里所讲的"宜春帖子",也就是现在人们所熟悉的剪纸。而在宋代词人杨万里集子里,还提到了一位"剪字道人",说他"取义山经年别远公诗,用青纸剪字,什米元章体逼真"。在广州建德县志中也有这样的记载:林文辉,字纲齐,剪纸为字,飞动如龙蛇,点横不差毫发,室人装璜成轴,易薪米以自给,人称之曰"林剪"。南宋·周密所著《志雅堂诗杂钞》中写有:旧都天衔,有剪诸色花样者,极精妙。又中原有余承志者,每剪诸家书字,毕专门。其后有少年能于衣袖中剪字及花朵之类,极精工。还有,出现于明末年建州女真时代,起源于满族萨满祭祀文化的长白山满族撕纸,更是把撕纸作为有浓郁地域特色的独特艺术。

黄山市的歙县唐模景区,有人曾见过,有幅古楹联的书法,字就是用剪刀剪出来的,也充分说明徽州剪字有着悠久的历史。而根植于徽州剪纸的丰厚土壤,蒋劲华的撕纸书法,正是在跨越时空求索的背景下传承的"非遗"。蒋劲华的外公,黟县人胡元良,字一贞(1867—1948年)。《安徽人物大词典》载,胡元良,幼承家学,聪颖好学,潜心六书研究,博览古今名人印集,勤摹广征,不拘一格,著有

《胡一贞印存》,有笔有墨,大雅不群,为世所重。《黟县四志》(卷十五)黄密题记:高轩占端杏墩春,片额标题笔有神,阅尽尘容都碌碌,却钦石骨傲粼粼。琢磨端赖他山力,顶礼甘为凡事人,烟墨淋漓留一记,襄阳颠趣见天真。时任黟县县长武斌看了胡元良的书画后题联:脂红粉白春消息,墨淡烟浓老画翁。

由于有篆刻治印和书法绘画外的扎实功底,剪纸也别具一格。除了徽州民间喜闻乐见的民俗题材外,那就是把剪纸和刻纸用于扎风筝和做花灯的饰物,而花灯上的剪纸装饰还要有表现吉祥喜庆的字样,这其实就是"剪字"或"刻字"。作为徽文化发祥地的徽州,明清时期徽商足迹遍布全国,徽州人在走出去的同时,也带进了各地的剪纸艺术,再同徽州本土的民俗结合,逐渐形成了具有鲜明地方特色的徽州剪纸艺术。蒋劲华的外公胡元良的剪纸或刻纸主要有三大特点:一是有书法和国画的素养,更加精巧雅致;二是题材广,有着江南剪纸的灵秀;三是巧妙地把剪字融入剪纸作品中。

蒋劲华的外婆汪兆麟习字学文化和学剪纸以及打算盘等,都是由其外公一手教的,特别是剪纸,更是得到了外公的真传。而蒋劲华一直是由外婆带大的,他跟外婆不仅学会了唱当地很多民谣,还学会了剪纸(主要是剪窗花,有时也剪一些如福、禄、寿、喜、春等字),这也为蒋劲华后来发展为"撕纸书法"埋下了伏笔,打下了基础。

据蒋劲华介绍,他的撕纸书法并非一蹴而就,而是一个循序渐进的过程。蒋劲华自幼酷爱书法艺术和徽州民间的剪纸艺术,从五六岁开始不仅学写字,还学剪纸玩。刚开始时完全是凭一时兴趣,"照葫芦画瓢",在自娱自乐剪纸玩的基础上,每每剪得好时总得到人们的夸奖,以至于随大人参加一些婚庆喜事时,也主动向大人们学习和请教,剪各种各样窗花和大红"囍"字。由于父亲十分喜爱书法,以至于蒋劲华也养成了喜用毛笔的习惯,甚至连做作文时也常用毛笔。即使这样蒋劲华还不过瘾,他对毛笔字情有独钟,每当看到别人写得一手好毛笔字时总是称羡慕不已,那些楹联、匾额、招牌、碑刻、条幅等都成了蒋劲华描摹的对象,甚至电影片头、片尾的题字,春节期间千家万户风格迥异的春联也引起了蒋劲华的极大兴趣。他就这样年复一年地潜心研练书法,即使是1976年17岁时到黟县乡下插队,为了排遣单一无聊的生活,也为了削减农村繁重农活的压力,蒋劲华把"练字"当作一种享受,一有时间就写写画画,就连在田头劳动休息,也会找根树枝在地上划着方块字的笔画。练字让他找到了乐趣,给他以莫大的精神慰藉,也磨砺着他的韧性。

一次偶然的机会,他用吃瓜子剩下来的瓜子壳拼字,瓜子壳不够用了,就临时撕了些纸片补上,结果发现纸片的表现效果非常好,与笔墨异曲同工,于是他萌生了将撕纸和书法结合到一起的想法。尝试后,他发现撕纸还能突显出用笔写不出来的力度和效果,于是一发不可收拾,在继承中国书法艺术和剪纸艺术传统的基础上大胆创新,逐渐成就了徒手直接将纸撕成了书法作品的艺术首创。1991年,黄山市举办一个读书演讲会,蒋劲华应邀做了第一次"撕纸书法"公开表演。只见他在台上"捏着"一张大纸,手中撕撕扯扯,手下纸片飘零,台下近千双眼睛瞪着他上下翻飞的手,不一会儿,竖行、连笔的"风华正茂"四个大字出现在观众眼前,顿时,台下惊呼一片,掌声一片,蒋劲华"撕纸书法"首次得到公开的肯定。

"黄山有个人会用纸撕字"的消息很快飞出安徽,飞向全国。从那以后,中央电视台、安徽电视台、各级省台以及港澳台地区的有关电视台邀请函不断飞来,蒋劲华经常应约到外地进行"撕纸书法"表演。1995年参加安徽省"春晚"《书与剑》节目,撕"春满江淮"四个字时,他还要眼睛始终盯着纸,无法与观众交流,后来为了达到更好的舞台效果,蒋劲华又开始练习"盲撕"。功夫不负有心人,经过近六年的"心手合一"的训练,蒋劲华不用眼睛看,也能将字撕出来。再后来,他开始一边看着观众,一边说话,一边手中撕着字,还可以一边接受媒体采访,撕纸的内容也由词句发展到整篇,功夫越来越深,真正是"心想字成"!此外为了与观众有互动,他又发明了"碎纸成书":让别人任意将纸撕成碎片,不再进行加工,而将这些碎片作为创作书法作品的基本笔画,往往人越多撕出的"笔画"就越丰富,蒋劲华"拼"出来的书法作品也就越生动。由于每个人撕纸的手法不同,基本"笔画"也五花八门,给蒋劲华的"碎纸成书"提供了无穷的创作空间,往往一个灵感就产生一个新的创意,作品有意想不到的艺术表现力。

蒋劲华近40年磨一"剑",把传统的书法艺术和民间撕纸艺术结合起来,创立了"撕纸书法"的独门艺术,填补了一项艺术空白。即:以手当剪,承剪纸一脉;以撕代写,融书法一炉;传承"非遗",开撕纸一派。作为非物质文化遗产传承人,蒋劲华时常应邀去全国各地甚至国外进行展演、交流和讲学,他也利用业余时间义务教徒,通过兴办"传习所"来更好地传承这门技艺。真正将撕纸艺术在民间传播开来,让更多的人领略到撕纸书法的魅力。他表示愿把自己多年的实践经验和感悟上升到理论层面加以总结,将撕纸书法艺术编成一本教材,好让更多爱好者能有章可循、学习传承。

# 徽剧传承忙
## ——徽剧省级传承人汪亦平

安徽省非物质文化遗产徽剧项目代表性传承人、黄山市徽剧研究中心的国家二级演员汪亦平，将京、徽剧艺术植入自己的血液、融入自己的生命。从艺30年来，她不但在京、徽剧演出、研究中做出了较大的贡献，而且还将京、徽剧演到了国门之外、传进了校园社区……

### 先看亦平演京、徽

"我是一名生活、工作在京剧、徽剧故乡古徽州（黄山市）的青年演员，自1980年进入市京徽剧团以来，专攻老旦和青衣，在传统剧目、现代剧目和创作剧目等演出中不断实践，注重领悟，勤于总结，步步提高，收获喜人。1989年，中国戏曲研究所和中央电视台前来我团录制了由我主演或参演的《出猎·回书》（我饰李二娘）、《百花赠剑》（我饰江花佑）和《宇宙锋·装疯》（我饰赵艳蓉）等徽剧折子戏用作研究资料和对外播放；1999年，在安徽省传统戏、折子戏、小戏调研比赛中，我参赛的《红灯记·痛说革命家史》和《井台会》分别获得演出二等奖和个人表演二等奖。回顾这段梨园生涯，深感艺途无止境，甘苦寸心知，愿将习艺中的所思、所感整理如下，以求教于方家，并与同行们交流。"这是汪亦平当年申报高级职称时撰写并发表的一篇题为《将京剧、徽剧进行到底》的学术论文中的一段文字。

看亦平演京、徽，你能够看到她的独具匠心之处：在接受现代京剧《红灯记》李奶奶饰演任务之前，她已有十多年传统京剧的演出实践，一招一式，一唱一白，全都循规蹈矩,苛求传统程式化。但现代京剧却要与之适应的崭新的程式,这对她是个大考验。在著名演员吴奇林、贾丽云等的教导下,她领悟了传统与现代之间的水乳交融的关系,应该在继承的基础上创新,又在创新的过程中继承,尤其要注意"软"向"刚"的转变;同时,她通过欣赏光盘、录像等现代学习手段,向高玉倩老师学习,尽力做到形似而神似,既学到她如何表演,更研究她为什么要这么表演,进而再深思是否有其他的更适合自己发挥长处而又有助于人物形象塑造的方案。在第五场《学你爹心红胆壮志如钢》一段唱腔中,最后一句"心红胆壮志如钢"的"钢"字拖腔很难唱到高老师那样刚毅、动人的程度,她就反复欣赏原唱,仔细揣摩研究,终于发现了高老师在这儿已经

汪亦萍饰演贵妃醉酒杨贵妃

突破了老旦传统而借鉴使用了花脸的鼻腔共鸣的演唱方法,大大丰富了老旦演唱艺术,这种"兼收并蓄,为内容服务"的大胆创新的领悟,不但使她很好地攻下了这个难关,而且给予她很多珍贵的启迪,实现了传统与现代的有机融合。

看亦平演京、徽,你能够看到她的独具悟性之处:在出演《红灯记》的过程中,她悟出了有位戏剧大师说过的这么一句话的内涵:"演员竞争到最后,比的已不只是演技,而是比文化底蕴,比综合素质。"她说:"这句话是非常有见地的,我在这方面也有很深的体会。由于我的年纪与李奶奶之间差距很大,要饰演好李奶奶,形似固然重要,但更重要的还是要神似。为此,我花费很多时间读抗日战争历史的书籍,到云岭新四军纪念馆参观,访问抗日战争老战士,使我能够体悟到《红灯记》的历史背景和主题思想,进而掌握到剧中人李奶奶等心路历程和情感路线,这样我在处理第五场《痛说革命家史》中的长达6分钟的大段念白的时候,由于身入其境进而心入其情,演员与角色之间已达到高度的统一与和谐,因此每次都能渐入佳境,抑扬顿挫,声情并茂,恰到好处。"而在处理《壮别》时,汪亦平对于"铁梅,拿—酒—去!"的简短念白,又为自己设计了语音双关的潜台词:这"酒"是革命精神的化身,有这碗"酒"给李玉和垫底,鸠山们的什么"酒"就都能对付过去。因此在念白时,她设法在语气中念出这种双关寓意感,传递出力量与嘱咐的信息。同时,为了渲染"壮别"氛围,对于这句"既不能太悲,又不能太扬,既不能太高,又不能太低,必须让最后一排观众都能听得清且能听出其中的话中有话的语感"的念白,她大胆借鉴运用了徽剧念白基本功使其"京剧化",在"酒"字上用尽嘴皮功、蓄足待发势,不矫揉造作,使其生活化、时代化,取得了良好的艺术效果。

看亦平演京、徽,你能够听到她的遗产研究结晶:对于"京剧、徽剧到底有哪些异、同"的理论性极强的问题,汪亦平善于将实践加以升华,总结出这样的对比观来——京剧与徽剧相同之处:唱法相同,中国戏剧用普通话唱的大剧种有5个,就是昆、徽、京、评、河北梆子,前3个与后2个一听到唱就可以分辨出是昆、京、徽或是评、梆子,因为徽剧形成时,受昆曲影响很大,唱徽剧要先学昆曲,用昆曲唱法唱徽剧,在进京前就用官话演唱,京剧继承徽剧唱法。伴奏乐器相同,徽胡就是早期京胡,徽胡比京胡琴筒直径要小一点,琴筒要长一点。板腔相同,皮黄、吹拨、昆腔。京剧与徽剧不同之处:皮黄所占比例不同,京剧唱腔,皮黄占百分之七十,而徽剧唱腔,皮黄只占百分之四十。唱腔风格不同,徽剧唱腔粗犷,托腔简单,没有京剧长,倒板过门、唱腔过门没有京剧长,动作边唱边舞、载歌载舞;京剧唱腔托腔悠扬婉转,动作文雅潇洒。曲谱不同,同一种声腔,京剧、徽剧的曲谱不一样,京剧在保留徽剧主音外又加长、加花。这样的异、同研究,对于徽剧的传承与研究的意义,是非常隽永的。

## 徽剧演到瑞典去

作为非物质文化遗产徽剧的传承人,汪亦平还利用出访瑞典的机缘,将徽剧演到瑞典去,扩大中国徽剧艺术的影响力,弘扬中国非物质文化遗产的传统。2008年9月,应瑞典瓦拉市政府瓦林市长的盛情邀请,汪亦平有幸随黄山市演出团赴瑞典进行了访问演出。9月17日中午抵达瑞典瓦拉市,为了确保首场演出成功,展示中国形象,汪亦平克服了倒时差的困难,马不停蹄地与瑞典沃克斯乐团的艺术家们进行了认真合练。之后,又参加了招待酒会,并于当晚在瓦拉市音乐厅进行了首场演出。中国外交部驻瑞典哥德堡市总领事馆总领事崔惠欣、瑞典瓦拉市政府市长瓦林、黄山市人大常委会副主任胡新方等中外嘉宾兴致勃勃地观看了演出。演出在徽剧《水淹七军·观阵》中拉开了序幕,演员的"唱、做、念"功夫到位,为这场演出赢得了头彩。随后的几天时间里,汪亦平他们又相继在瑞典的好几个城市,为瑞典的观众们演出了徽剧传统剧目《百花赠剑》《王昭君》《贵妃醉酒》,每次演出结束时,场内都是掌声雷动,观众全场起立鼓掌数分钟,祝贺演出成功。9月19日中午,汪亦平他们还特地赶往哥德堡中学剧场,为瑞典哥德堡中学师生展示了徽州悠久的传统文化。

## 徽剧传承进校园

作为一个生活、工作在徽剧故乡的传承人,汪亦平从2008年3月起,就积极参加了黄山市徽剧研究中心组织的"徽剧进校园"活动,先后来到屯溪柏树小学等四所学校,举办了多场精彩的讲座,介绍徽剧的起源、发展、特点等,并为同学们现场表演徽剧片段。同学们兴趣盎然,纷纷要求跟她们学习一些简单的台步、招式,汪亦平每一次总是耐心细致地反复教导,一招一式地认真示范,这不但增强了学生们对于徽剧艺术的兴趣,还丰富了孩子们的历史文化知识和业余文化生活,让学生们初步了解、认识、接触了自己家乡的这一古老的剧种——徽剧,切身感受到徽州戏曲艺术的独特魅力,对传承徽文化、传承"非遗"都具有深远的意义。

汪亦平认为:作为一种非物质文化遗产,徽剧一般是由传承人的口传身授而得以代代传递、延续和发展的,具有民间的、口传的、乡野的、活态的历史文化价值。但随着时代的变迁,新文化的冲击,电视、网络的普及等原因,人们的生态环境以及生态方式发生了变化,一些风俗活动不再举行,与此相关的自编自演的徽剧,也慢慢地淡出人们的生活。特别是随着一些"绝活"老艺人的去世,部分曲艺项目面临断代的危险,徽剧成为一种濒危剧种,在民间直接面临失传的边缘。因此,对传统徽剧进行抢救、挖掘、保护、传承成为亟待解决的问题。徽剧进校园、进社区,是一种积极、有效的尝试。

汪亦平认为:目前,我国已经加紧了对非物质文化遗产的保护步伐,除了政府和文化部门的抢救性保护外,将非物质文化遗产的保护与传承放进学校教育的机制和模式中,以老带新,培养一批新的传人,已成为有识之士的共识。在这样的背景下,徽剧进入校园,使徽剧成为学生学习、传承传统徽文化的一个重要窗口,就有了传承保护非物质文化遗产的意义。同时,徽剧艺术进校园,对于具有浓郁地方特色的校园文化建设、对于让学生在浓郁的地方文化熏陶感染下,全面提升自身的文化品位,逐渐走向审美人生和创意人生,都有着巨大的作用。

## 徽剧传承责任重

汪亦平发现:在非物质文化遗产的各个子项目(如民间文学、工艺美术、民间习俗等)中,又以"传统戏剧"的保护最为突出;在2006年5月国务院公布的第一批国家非物质文化遗产名录中,"戏剧"类以92项的数量位居榜首,这充分表明戏剧类非物质文化遗产极其重要的地位。这个发现,不但极大地增强了她做好徽剧传承工作的责任感、自豪感,而且更警醒了她对于徽剧目前所面临着的不尽如人意的文化生态环境的忧思:演员老化,传承乏人,经费紧张,从业人员越来越少,年轻观众越来越少,徽剧面临着"断种"的危险! 现在必须加紧从保护老艺人入手,进行徽剧的抢救、挖掘、整理工作,否则将会错失良机,留下巨大的遗憾。

汪亦萍饰演出猎回书李三娘

汪亦平呼吁：文化部、财政部应该尽快联合制定、出台《国家徽剧艺术抢救、保护和扶持工程实施方案》，内容包括：将徽剧艺术尽快列入中国民族民间文化保护工程试点项目；建立徽剧艺术专项资金；新创艺术精湛、制作优良的优秀徽剧剧目；抢救徽剧经典剧目和徽剧传统折子戏；举办徽剧展演活动；建设徽剧博物馆作为研究整理和展示交流中心；发掘整理珍贵的徽剧文物和资料；培养徽剧专门人才；通过各种渠道传播徽剧等，进而增强抢救、保护和扶持工作的可操作性，解决必需的科研、宣传、场地、经费等问题。

汪亦平表示，我们这一代青年演员，遇到了前辈们所没有遇到的情况：改革开放、社会主义市场经济等。电视文化、网络文化等多元现代文化来势迅猛，对包括京剧、徽剧在内的戏剧艺术造成巨大的冲击：有的剧团陷入"大演大赔钱，小演小赔钱，不演不赔钱"的怪圈，有的剧团迫于市场压力改弦易辙放弃京剧改歌舞；有的青年演员滋生拜金主义倾向，或转行跳槽，或弃剧从歌，更多的青年演员则处于茫然、矛盾之中，无心练功，无意演戏，凡此种种，不一而足。面对如此态势，汪亦平坦承："我也曾有过迷惘，但很快就走出了困境，因为我想：既然我是那么喜爱京、徽剧艺术，那么我就要珍惜对于一个演员来说重如生命的艺术青春，不能让黄金时间被虚度浪费掉。同时，我更想到了自己肩负的使命和责任，京剧是我们的国粹，徽剧是京剧的前身，它们都是中国宝贵的文化遗产，热爱京、徽剧艺术因此而被赋予爱国主义的色彩，我们不能让京、徽剧艺术在我们这一代演员手上夭折，我们就应该成为承上启下接力赛中的佼佼者，把京剧、徽剧进行到底。艺无止境，我将永取求索攀登之势；因为挚爱，故我愿将京剧、徽剧进行到底"。

# 将京徽剧表演艺术完美融合
## ——徽剧省级传承人江贤琴

## 一、江贤琴其人

徽剧省级传承人江贤琴文武兼修,将京徽剧表演艺术融为一身。如今在黄山市文艺界只要提起江贤琴,可谓是无人不知,无人不晓。用时兴的话来说:是黄山市文艺圈里的"大腕"。

江贤琴的唱腔嗓音清脆甜润、雍容华贵、细腻婉转,扮相俊美。近几年多家电视台和电视剧组只要来黄山录制徽剧,就要请江贤琴唱上几段。黄山市申报国家级非物质文化遗产拍摄制作《徽剧》专题片,江贤琴为专题片配唱了背景音乐,这是她最为自豪的事。

江贤琴先后为中央电视台四套《国宝档案》栏目组录制了徽剧《出猎回书》(饰李三娘)、京剧《穆桂英》(饰穆桂英);《让世界了解你》栏目中,她演唱徽剧《斩貂蝉》和京剧《杨门女将》两个剧种的唱腔;《五洲同乐》录制外国人学徽剧《百花赠剑》,并在国际范围播放。在中央电视台二套《中国商人》栏目和台湾地区大爱电视台《灵山传奇》电视专题

徽剧《贵妃醉酒》饰贵妃

片中,录制了徽剧《贵妃醉酒》。江贤琴还为著名电影演员刘晓庆和李冰冰主演的电视连续剧《徽娘宛心》演唱了片头曲和剧中所有的徽剧唱段。

## 二、初涉艺坛

江贤琴京剧《霸王别姬》饰虞姬

1978年,江贤琴考入原徽州地区文艺训练班开始学习京剧,师从著名京剧名家贾(正)丽云,1982年还在文艺训练班当学员期间,江贤琴演出的京剧《穆桂英》就一炮打响,荣获原徽州地区中青年演员文艺调演一等奖。良好的开端是成功的一半。从文艺训练班回到京徽剧团以后,江贤琴的业务更是出类拔萃、胜人一筹。无论是梅派的《穆桂英》(饰演穆桂英)、《贵妃醉酒》(饰杨玉环)、《霸王别姬》(饰虞姬)、《凤还巢》(饰程雪娥)、《断桥》(饰白素贞)等,还是张派的《玉堂春》(饰苏三)、《状元媒》(饰柴郡主)、《龙凤呈祥》(饰孙尚香等),再到荀派(慧生)的《金玉奴》(饰金玉奴等),江贤琴都能扮演得惟妙惟肖。行家称江贤琴学"梅"似梅,演"张"像张,仿"荀"是荀,形象逼真。看了江贤琴在现代京剧《杜鹃山》(饰柯湘)和《沙家浜》(饰阿庆嫂)以及《红灯记》(饰铁梅),时任安徽省剧协创作委员会主任的吴炳南曾在安徽戏剧报和安徽文化周报以及戏剧电影杂志写了题为《新安江畔春常驻》和《白雪皑皑映红梅》以及《江贤琴和她的贾老师》的文章,对江贤琴的表演给予了肯定。

## 三、学 习 徽 剧

1988年,黄山市京徽剧团成立徽剧队,江贤琴,这个京徽剧团里的尖子演员、业务骨干被分到了徽剧队,开始了在徽剧表演艺术领域的学习和钻研。

作为徽剧队第三代徽剧演员,江贤琴在国家级徽剧传承人、著名徽剧演员章其祥和徽剧演员吴艳芳、王千斤等老师的指导下,先后学习、演出了《出猎回书》《百花赠剑》《贵妃醉酒》《斩貂蝉》《双下山》《白蛇传·游湖》《水淹七军》《万花献瑞》等。1997年,江贤琴主演的徽剧《出猎回书》(饰刘承佑),参加了安徽省第五届艺术节。主演的徽剧《出猎回书》(饰刘承佑)、《百花赠剑》(饰百花公主)被中国戏剧研究院录成专题资料片,作为《中国戏曲研究发展史·徽剧》的研究资料,被录入国家艺术档案保存。

　　江贤琴是学京剧出身,行当是大青衣和刀马旦,且文武兼备,有了这些扎实的徽剧的功底,学习徽剧很快就驾轻就熟了。在京剧中文戏她能唱《玉堂春》,武戏她能演《穆桂英》等。转到徽剧之后,文戏能唱《贵妃醉酒》《磨房会》《宇宙锋》和小花旦戏《双下山》等,武戏她能演《昭君出塞》和徽剧《穆桂英破洪州》等。可以说是文武兼修,将京徽剧表演艺术融为一身。

## 四、艺 术 成 果

　　江贤琴在业务上刻苦钻研、精益求精。鉴于她的刻苦努力,1999 年参加了安徽省文化厅举办的 1999 安徽"小戏"调演,她主演的徽剧传统小戏《井台会》和现代折子戏《痛说家史》分别荣获个人表演三等奖和演出二等奖。

　　2007 年,黄山市成立 20 周年大型文艺演出,与安徽省京剧团著名演员董成合唱京歌《黄山松·黄山杜鹃花》;同年代表黄山市政府、黄山风景区赴贵州黄果树参加《唱山祭水》大型文艺活动。江贤琴从 2011 年至 2015 年连续五年参加皖浙赣闽四省四市文艺调演,演出的徽剧《百花赠剑》《贵妃醉酒》,分别荣获金奖、银奖和优秀表演奖。

　　2012 年参加黄山市举办《大美黄山·大爱母亲》文艺演出,江贤琴主演的现代京剧《挑山妈妈》(饰汪美红)获一致好评。

　　2014 年主演的新编现代京剧小戏《挑起一片天》,入选中华人民共和国文化部首批国家艺术基金,同年参加安徽省文化厅举办的小戏调演,获多个奖项,本人获得表演二等奖;此剧 2015 年又在安徽省戏剧家协会主办的戏剧调演中,获得个人表演二等奖。

　　自京剧小戏《挑起一片天》入选国家文化部首批艺术基金以来,江贤琴在黄山市境内已演出 20 余场,欣喜所演之处观众也随之开心大笑;动情之处观众也潸然泪下,每场都得到观众经久不息的掌声。

## 五、表 演 特 征

　　江贤琴的表演之所以能够征服观众和专家,第一是她的唱腔优美,第二是她的表演真实,第三是她的基本功过硬。在谈到徽剧艺术的表演时她说:"在表演上我特别注重用眼神刻画人物的内心世界,譬如:徽剧《贵妃醉酒》中的杨玉环是集'三千宠爱在一身'的贵妃,我会借鉴京剧《贵妃醉酒》中的表演,一颦一笑,突出'娇''媚'和雍容华贵。而《百花赠剑》中的百花公主则是一员女将,突出的是英武。我也会在京剧《穆桂英》中找到一些她们有共性的表演技巧;还有《双下山》中的小尼姑,活泼可爱、不甘寂寞,向往过普通生活,我在京剧荀派表演中找出她们类似的表演来加以借鉴。不同的角色、不同的年龄我都会演绎得淋漓尽致。"

在演武戏时,江贤琴能做到一个圆场、一个鹞子翻身、一戳一站、一招一式干净利索,威武挺拔;文戏则能沉着、稳健、身段、台步、水袖配合协调,身上不僵不懈。

江贤琴嗓音洪亮、音色甜美、具有"娇""柔""脆""水"的特色,特别是在徽剧的唱腔上,江贤琴进行了长时间的揣摩和研究,因戏曲唱腔基本上是口传心授,在学习、演出徽剧时,力求达到老师要求的古朴典雅,追求原汁原味。

江贤琴除了演出自己的本行当角色外,还能反串演出一些男性角色。譬如:徽剧《出猎回书》中的刘承佑是娃娃生行当;《水淹七军》中的关平则是武生行当,江贤琴都能得心应手,得到观众的一致好评。

## 六、研究徽剧

徽剧在徽州扎根已有200多年的历史。据新中国成立初部分老艺人回忆、摸底,徽剧共有传统剧目1404个,当时收集到的手抄剧本即有753个。黄山市是徽剧的发源地,也是京剧的"娘家"。古老而厚重的徽剧深深地吸引着江贤琴,从她穿起那一身戏服起,就再也没有离开过戏曲。为了更好地弘扬博大精深的徽文化,2007年黄山市成立了市徽剧研究中心,江贤琴用她那扎实的戏曲基本功和对徽剧的热爱,以全团总分第一的优异成绩考进了徽剧研究中心。

到了中心以后,江贤琴担任分管业务的副主任,这无形中就给她增加了压力。在这期间她主动向著名徽剧演员章其祥学习徽剧《红霞》《戏牡丹》《万花献瑞》《磨房会》等戏。并虚心向著名徽剧演员、梅花奖获得者李龙斌学习徽剧《蔡文姬》;向著名老徽剧演员吴小叶学习徽剧《断桥》《宇宙锋》等。在做好演员的本职工作的同时,还要负责业务以外的其他一些工作。在单位人员有限的条件下,组织一批退休的老徽剧演员,共同挖掘、整理、复排出一些传统徽剧,在徽剧中心成立挂牌仪式上展演。在继承老徽剧的同时又创作一些新编徽剧。

江贤琴除了自己演出徽剧和京剧以外,在歌舞剧团任艺委会主任期间就开始编导了一些大型的京徽剧戏曲舞蹈,有《博大精深徽文化》《徽风古韵》《国粹风采》等,黄山市徽剧中心成立以来她又先后编导了徽韵戏曲舞蹈《双拥城里好风采》《黄山金叶徽骆驼》等,得到了领导、专家和同行的一致好评。

到了徽剧研究中心以后,江贤琴在徽剧研究方面更是马不停蹄,查阅了大量资料,先后又撰写了《从"京剧寻根之旅"谈徽剧的发源地》和《徽昆和昆曲的关系》以及《我与徽剧的情缘》等文章。几篇文章从论点、论证、论据的角度,清晰地论述了徽剧的发源地,徽昆与昆曲声腔的异同以及自己与徽剧的情缘。

## 七、走 出 黄 山

2006年和2008年,江贤琴作为一名优秀的徽剧演员两次随市委市政府去香港做宣传黄山的文艺演出,演出徽剧《贵妃醉酒》和《百花赠剑》得到香港特别行政区领导和香港市民的好评。2004年赴韩国大邱市进行文化交流,演出了京剧《贵妃醉酒》(饰杨玉环)和徽剧《水淹七军》(反串饰演武生关平)。2008年9月16日,江贤琴作为黄山市文化使者又一次走出国门,赴欧洲瑞典瓦拉市进行文化交流,主演徽剧《贵妃醉酒》《百花赠剑》并进行民俗表演《婚嫁》,得到外国观众一致赞扬。下面就节选两段江贤琴去瑞典瓦拉市进行文化交流后自己写的札记。

9月17日19:30—22:30,在音乐厅与沃克斯乐团同台合作演出,全场鸦雀无声,每一个节目演完后,观众才报以长久的、雷鸣般的掌声。直到演员下场才停止。观众报以极大的热情,对徽剧情有独钟。

9月19日中午11:00,因对方要求,到哥德堡维特弗尔兹加(Hvitfeldtska)中学(这是一所高中学校)进行一场徽剧专场演出,没想到在万里之外的瑞典,能举办一场非常特别、非常有意义的徽剧进校园活动。学生们虽然听不懂我们唱什么,但是,他们对我们的服装、扮相以及表演非常感兴趣,一直对我说"beautifal",其中还有几个中国留学生,看到我们特别兴奋,有一种他乡遇故知的感觉,他们主动与我们交谈,并拍下我们的剧照。

## 八、传 承 徽 剧

在说到徽剧作为国家非物质文化遗产的传承时,江贤琴非常激动:"徽剧作为第一批国家级非物质文化遗产,为了有效传承,我作为徽剧艺术传习所副所长和安徽省非物质文化遗产徽剧的传承人,有责任、有义务为徽剧多培养一些人才,目前中心城区已有几所小学开办了徽剧表演课,孩子们非常欢迎"。

江贤琴不但利用工作之余教授多名徽剧学生,还主动联系学校,开展"徽剧进校园活动",2011年,她促成徽剧艺术传习所与黄山学校签订合约,在学校的小学部成立了以徽剧为主的特色戏曲培训班,使学校成为市级徽剧传习基地。戏曲培训班自成立以来,她亲自制定教学大纲,从基本功、身段、毯子功、唱腔、表演到排练,演出了一个个精彩的剧目。五年以来,共举办十期培训班,学生达800多人,多个剧目在央视十一频道《快乐戏园》栏目播出;并在安徽电视台和黄山市电视台录制播出。教授学生演出的徽剧剧目有:《水淹七军》《借靴》《贵妃醉酒》《万花献瑞》《葡萄架下》等。其中徽剧《借靴》《贵妃醉酒》参加2013年全省少儿艺术节荣获二等奖。

她创作编排的《皮黄徽唱和谐》在安徽省文化厅2013年全省第六届"六一"少儿艺术节获二等奖,同时作为我市唯一的节目参加安徽电视台2014年少儿春节联欢晚会。

2015年,她教授的学生——歙县城关小学方欣参加安徽省戏剧家协会主办的第十七届小梅花大赛,荣获二等奖;同年参加黄山市"六一"少儿文艺调演,获二等奖。

对徽剧的传承,江贤琴有所担忧。她说:"我们是第三代徽剧演员,也是最年轻的徽剧演员了,然而我们都已经到了不惑之年,深感肩上的责任重大,徽剧舞台上还需要有新生力量,徽剧才能传承下去,光靠学校的非专业培养是远远不够的,还需要专业的、系统的培养。我认为,政府和主管部门还应该加大力度,从资金、人员、政策等方面考虑培养专业徽剧演员的问题。培养了专业的徽剧演员,我们这些徽剧承上启下者手中的'接力棒'才能一代一代往下传。这是我们徽剧传习所目前亟待解决的一个现实的大问题,也是我们黄山市文化艺术界不容忽视的一个大问题,徽剧艺术绝不能在我们这一代人身上消失。"

子　瑜

江贤琴给学生上课

# 黄山八音鸟　徽州追梦女
## ——徽州民歌省级传承人操明花

### 新安江畔歌声传

1962年底出生的操明花至今已年过半百,可是听到她歌声的人都会被她那童声般清脆甜美、嘹亮宽阔的独特声腔所震撼!儿时的操明花经常住在歙县渔梁古镇的外婆家,渔梁街的河边有处被誉为"江南都江堰"的渔梁古坝,是新安江上游古老的隋朝大坝,也是徽商放飞梦想的地方,炎热的夏夜,外公外婆会拿上竹簸箩带上小明花来到热闹的古坝上乘凉,外公是个歌迷,京剧、徽剧都能来上几段,最让她难忘的就是外公经常吟唱的"滚声哈哈腔"哈哈哈哟嗬嗬哟,晚上淘气的小明花经常不肯乖乖入睡,外婆便哼起优美的徽州小调:"磨米磨麦,磨出粉唻,做成粿唻,宝宝吃唻,快快长唻,要进学堂唻,哟哟喂呀;月亮上唻,亮堂堂唻,宝宝睡唻,做个梦唻,人之初唻,性本善唻,考着状元唻,哟哟喂呀。"就这样,操明花在古坝的浪花声中,学会了徽州神奇的特色唱腔、学会了一首首古老的徽州歌谣。

操明花《广播歌选》剧照

少年时的操明花活泼好动,是出了名的假小子,父亲把她当个男孩子养,暑期她常常赤着脚跟在父亲的板车后面帮忙推车,工人叔叔们上坡打包推车:"哼哟嗨哟、加吧劲喽、哼哟嗨哟、快上坡喽、嗨走嗨走"的推车号子,深深的溶化在小明花的血液里。操明花从小就比同龄孩子要瘦小些,但她说话和唱歌的嗓音却比其他小伙伴更为高亢响亮。调皮贪玩的她,在练江边游泳时,经常练习呼气,无形中增大了肺活量,对之后歌唱气息的运用助益良多。

黄山脚下的古徽州府——歙县是个群山环抱景色迷人的地方。操明花经常跟着母亲一起上山拔野笋、挑野菜。每次上山母亲总要放开洪亮的歌喉唱上几段山歌小调,这时操明花也快乐地唱起从母亲那里学来的徽州民歌、从外公外婆那里学来的"滚声哈哈腔"、从父亲那里听来的黄梅调和在广播下学会的经典歌曲,当她和母亲站在山头歌唱的时候,那清脆嘹亮且具有徽州神韵的歌声回荡在群山的怀抱中,余音袅袅不绝如缕……

## 徽墨工人爱唱歌

由于家庭拮据,操明花高中才上了一年,便不得不辍学开始了自己的打工生涯,她当过幼儿班的代课音乐老师,做过食品厂的包糖工等。终于有一天被招进了歙县老胡开文墨厂,捧上了"铁饭碗",成了一名正式的描金工人。

在工作之余,她把歌唱视为生命。当时县文化局和县工会联合招收一批业余合唱团的歌手,她得知后第一时间便报了名,初试后第二天好多歌手都被通知进入复试了,而她却没接到任何消息。当朋友告诉她这一情况后,她顾不得吃中饭,直接跑去文化局找到汪继长老师询问情况。见面后操明花二话不说扯开嗓子就唱上了,汪老师被她的歌声和真情打动了,和蔼地说:"明天你再到徽州师范的音乐教室去唱唱吧,被初选上的歌手都在那儿参加复试。"第二天她便急匆匆地来到复试地点,等所有的歌手唱完之后,她便自告奋勇地清唱了一段《看天下劳苦人民都解放》,歌声未歇,全场便响起了雷鸣般的掌声,此时评委席上一位声乐专家汪慧芳老师默默地记下了她的名字。

1988年,黄山团市委举办"黄山市首届青年歌手大奖赛",汪慧芳老师特意向组委会推荐了操明花。团县委通知她当天必须赶到市里参加比赛,她急忙赶到现场,在没有充分准备的情况下,直接参加了复赛演唱,并顺利晋级决赛,在当天晚上的决赛中操明花仍然以一曲《看天下劳苦人民都解放》获得了台下评委的好评,刘凡、王清华、张斗武、吴成栋等评委为她打出了当场比赛的最高分9.88分,获得了本次大赛的第一名。这一天操明花在自己歌唱的道路上迈出了坚实的一步。在1988至1991年间她连续四次荣获安徽省、市歌唱大赛一等奖。提起这些,操明花深情地说:"我真心地感谢我所遇到的所有评委和老师,因为正是有了他们公平公正的评判和鼓励,才赋予了我勇气坚持至今。"

## 黄山"八音"梦京城

　　黄山有一种非常漂亮的小鸟,人称八音鸟,也称音乐鸟,其声婉转优美,令人叹止。而在黄山当地人们亲切地称呼操明花为黄山"八音",这称号着实让操明花欢喜万分。在追求歌唱的道路上,操明花能坚持到现在,离不开社会各界对她的关心帮助,离不开观众歌迷的喜爱和鼓励,更离不开家人的支持。从事教师职业的爱人凌胜利提前退休跟随妻子南征北战,协助她打理日常生活,自学音乐,一心帮助妻子追寻歌唱梦想。为了系统有效地提高歌唱技艺,在家人的支持下,操明花毅然来到北京找到了正在授课的金铁霖教授,当得知这位陌生学子是从黄山专门跑来求艺的时候,金教授爽快地答应明天听她唱歌。第二天操明花找到了中央乐团宿舍,见到了正忙于搬家的金铁霖教授。金老师立即放下手中的活,说道:"你唱两句吧,"操明花便唱了两句《看天下劳苦人民都解放》,金老师点点头:"把这段全部唱完,"唱完之后,金老师问道:"你会唱你们当地的民歌吗?"她便唱了一首徽州民歌《十二月花》,金老师听后说:"你的本钱不错,唱歌很有韵味,你很会唱歌,是块唱歌的料,希望你能留下来学习一段时间。"操明花非常高兴,如果留在北京学习需要一笔不小的开支,这对于当时的操明花一家来说,是非常困难的。但是为了自己的歌唱梦想,操明花还是咬牙坚持了下来。为了减轻家里的负担,操明花到餐馆洗碗刷盘、给报社抄写信封,还利用假期推销起了黄山的茶叶、文房四宝等特产,生活虽然清贫,但让操明花感到欣慰的是一路走来得到很多好心人的帮助。一次,她拉着沉甸甸的行李车在北京古玩市场推销歙砚,古玩城的几位老板看见之后说:"你这么小的个子,拉这么多的砚台来回走多累啊,"她说:"只要能卖掉这些砚台,在北京学习唱歌的费用就有着落了,"老板们半是惊讶半是同情地说:"你会唱歌? 能唱给我们听听吗? 如果唱得好,我们把你的砚台全买了。"操明花听后立刻唱了一首徽州民歌《十二月花》,老板们说:"想不到你这么小的个子唱起歌来,嗓音却这么高,这么亮,"一位老板说:"你刚才用方言唱得虽然好听,可是我们没听明白歌词的内容,你能不能用普通话再唱一首我们比较熟悉的歌曲?"这时另一位老板建议道:"就唱《上甘岭》里面郭兰英唱的《我的祖国》怎么样?"操明花张口便唱,老板们听完后拍手叫好,要求再来一首,其中有位姓徐的老板在经商之前是学戏曲出身的,在他的提议下,操明花又唱了一段安徽的戏曲,这位老板说:"好! 好! 好! 真不愧是来自徽剧故乡的,唱得有板有眼,歌唱得这么好,这歙砚肯定也货真价实,我买了。"

　　在生活的一点一滴中操明花学会了感恩。2009年12月在由中央文明办举办的"全国道德模范与身边好人现场交流活动(晚会)"上她演唱了一首《世上还是好人多》；2011年她又把参加"第四届中国农民歌会"的演出报酬全部捐赠给了"安徽省希望工程"……

在北京学习期间，操明花不但得到了金铁霖教授免费的悉心指导，而且还在师资讲习班里先后得到了中央民族大学声乐教授糜若如，著名男高音歌唱家姜嘉锵，声乐教授马秀云、谭萍等老师的指导，学习中既保留了独特的演唱风格，又在声乐艺术上得到了显著的提高，拓宽了歌路。

## 徽州民歌响四方

1992年，中国国际广播电台在"五一"期间准备向全世界推出一名中国民歌手，人选从全国各个地方电台选送的几十名歌手中甄选。作为皖中南民歌大赛一等奖的获得者操明花，深得著名歌唱家申保山老师的赏识和教诲，并在安徽人民广播电台胡兆麟老师的推荐下，坐上了去北京的火车。由于时间紧迫，在南京站中转时，她只买到了去北京的站票，下车之后，她顾不上旅途的劳顿，立即赶往中国国际广播电台。操明花先给广播电台的负责人听了自己在黄山市歌唱比赛的获奖歌曲《看天下劳苦人民都解放》和《十二月花》的录音带。听完之后，负责人问她有没有自己的作品，操明花便把带来的十二首具有浓郁徽州特色的民歌和赞美黄山的歌曲拿了出来，录音导演丁海渔说："把这十二首歌现场清唱一下吧"，她想都没想就把这十二首歌从头到尾唱了一遍。虽然这次机会很重要，但是从南京上车一直站到北京，身体和嗓子都已经很疲劳了。自信的操明花没有退却，强烈的歌唱欲望促使她当场唱完了这些歌曲。导演听后，当即决定将十二首歌全部录音。五一期间，中国国际广播电台以"黄山来的歌手——介绍工人歌唱家操明花"为题，将这些歌曲用43种语言向世界各地连续三天滚动播出；1994年至1997年国际电台又为其录制了一大批安徽民歌和赞美黄山的歌曲；中国国际广播音像出版社出版发行了《云海歌仙黄山情——民歌演唱家操明花专辑》，并先后在中央人民广播电台《九州艺苑——民歌风》《全国听众喜爱的歌手》《中国之声——民歌中国》等栏目专访播出。

1993年操明花随北京某艺术团赴深圳、东莞等地演出。在东莞"民族文化村"开园仪式晚会上，操明花正在台上演唱，突然停电，全场一片漆黑，伴奏戛然而止，伴舞演员也纷纷退下舞台，此时观众嘘声一片，台下混乱渐起。电断了，歌声不能断，徽州民歌《十二月花》还在舞台上绽放。操明花的无伴奏清唱，在漆黑的舞台上更加甜美嘹亮、更具艺术魅力，此时的她，才真正体现出一个优秀民歌者的实力和魅力。她那响亮甜美的歌声镇住了嘈杂的混乱声，在黑暗中大家静静地欣赏着美妙的歌声，歌声渐息掌声却经久不息。这就是一个真情朴实的操明花、一个随时随地都会给大家带来惊喜的民间歌手。

## 绽放异彩为徽歌

操明花除了传承演唱徽州原生态民歌外,她还不断学习借鉴我国少数民族和其他风格的民歌。1997年4月、2004年12月、2007年7月,分别应邀在北京人民大会堂参加了主题性的文艺演出,演唱了《满怀深情望北京》《黄山美》《毛主席的话儿记心上》《十二月花》等;2008年,应邀参加广西南宁国际民歌艺术节开幕式,领唱了《侗族大歌——侗族蝉歌》并在央视三套和音乐频道播出;2009年5月,应邀参加了北京舞蹈学院国庆60周年和建校55周年的活动,演唱《大理三月好风光》;2002至2011年,操明花演唱拍摄了具有浓郁民族风格的八首音乐电视《和谐中国年》《天上的西藏》《祖国》等在中央电视台播出;2012年5月,中央电视台三套《天天把歌唱》栏目组录制播出了《洪湖水浪打浪》等;2014年1月,操明花将徽州古老的特色唱腔"滚声哈哈腔"唱进了革命老区西柏坡;2015年6月、2015年11月,操明花还将徽州民歌《牧牛山歌》唱响在中国"非遗日"和"第二届中国非物质文化遗产传统技艺大展"的开幕式上。操明花走到哪儿,哪儿就响起徽歌神韵。

操明花在第二届中国非遗大展演唱

2008年,操明花被评为"徽州民歌代表性传承人",2012年,经黄山市文化委审批,在安徽行知学校建立了"安徽非遗职业教育集团——明花徽州民歌传习所",因此,操明花传承传播徽州民歌的责任和义务更加明确了。她坚持在教学中传承徽州民歌;2009年,经黄山市文化馆组织举办了"操明花徽州民歌传习班";几年来,她以安徽行知学校、徽州师范为重点,义务向万名学生和音乐爱好者传习《十二月花》《四季歌》《种麦歌》《十绣鞋》《磨米磨麦》等徽州民歌。操明花这种自发的传承行为能逐步演变成传承人的共识,让我国珍贵的文化遗产永久传承下去!

操明花在徽州师范传授徽州民歌

操明花,一个不断追梦的徽州女人,她以她的朴实无华执着于徽州民歌演唱、传播和传承,因为有了梦想,平凡的人生才有了不平凡的追梦传奇。

# 志存高远传民歌
## ——徽州民歌省级传承人凌志远

"正月采茶是新春,二月采茶正逢春,三月采茶桃花红,四月采茶做茶忙……"大型纪录片《大黄山》画面中那绿油油的茶山上,一位身穿黄色民族服装的老人,正在引吭高歌。他,就是徽州民歌省级代表性传承人凌志远先生。

徽州,山山相依,水水相绕,粉墙黛瓦,牌坊古桥,俊男倩女,徽韵美妙,这灵山秀水、如诗如画的仙境,配上含蓄甜美的徽州民歌,更如

凌致远在演唱

锦上添花,令人心驰神往……凌志远,出生在这山清水秀的新安江旁的歙县岔口村一个民歌世家。他的曾祖父凌成炎就是当地有名的民歌手,不仅歌唱得好,还会吹笙、唢呐、笛,会拉胡琴,弹月琴,会工尺谱,善唱徽州民歌。孩提时,凌志远就受徽州民歌的熏陶,他不仅是在祖母的膝盖上,边推拉边唱"推茶哥、磨茶郎""摘茶姐、卖茶朗"等徽州民歌中的儿歌长大,还自幼跟随当老师的父亲、亲戚和邻居学唱徽州民歌。也许他骨子里就有着音乐天赋,几代人的积累,如今在凌志远的身上得到了传承和发展。小时候,跟祖母、父母等走亲戚时,学唱了较多的徽州民歌。如《哭轿》《哪个是偷闲》《小妹今年一十七》《寡妇娘》《夫妻怨》《四绣

红绣鞋》《正月十五看花灯》等。通过父亲和亲戚的传教,还学会了工尺谱、简谱、二胡、笛、阮等。如今,他又言传身教,将这些民歌传给儿子凌华兵、孙女凌书言和外孙女戴琳颖。

说到徽州民歌,凌志远的话匣子一打开就收不住了,他告诉我:"'文革'期间,我正读高中,几乎没有接触过徽州民歌。'文革'结束以后,从教书改行到文化部门,在家乡岔口镇文化站工作才又重新拾起对徽州民歌的研究。恰逢国务院提出抢救民间艺术,包括民歌。当时从事徽州民歌研究的汪继长和刘凡老师来岔口镇做民歌抢救性挖掘工作。岔口镇是我的家乡,在老师的带领下,寻找健在的民歌传承人,让他们演唱,我们记谱,没想到一下子搜集了50多首民歌。"从那以后,凌志远一发不可收拾,一有机会,就去田间地头采风。2003年,机会又一次降临,市文化局组织了一次大规模的民间艺术普查和搜集工作,包括民歌、戏剧、民俗等。凌志远专门负责民歌的搜集工作,这次又搜集到30多首民歌。他把这两次搜集到的民歌整理出来,加上他自己会唱的徽州民歌,着手编了一本《徽州民歌100首》的小册子。没想到这本书出版以后在社会上反响很大,好潮如评。也有专业人士在肯定了这本《徽州民歌100首》的小册子后,提出了一些中肯的建议,比如收集的民歌里没有茶歌、没有号子就是一个遗憾。这一席话提醒了凌志远,是啊,民歌来源于生活和劳动,我们徽州是产茶区,种茶是徽州的主要产业,不可能没有茶歌;新安江是我们的母亲河,历代徽杭经商,新安江是水上唯一通道,行船还要靠拉纤。在漫长的行船日子里,纤工们战险滩、斗恶浪,在生死线上拼搏,肯定会喊号子的。在徽州,不可能没有这方面的民歌啊,只是我们暂时没发现而已。说干就干,凌志远又一头钻到乡下,走村串户。功夫不负有心人,终于挖到了徽州的茶歌和新安江拉纤号子,填补了这两项徽州民歌的空白。

徽州民歌好比泥土里的冬笋,不去挖就发现不了,搜集民歌就像挖冬笋一样,管他有没有,这里挖一下那里挖一下。挖到一颗冬笋就算挖到了。"让民歌手出声音是很不容易的事情,我们的工作就是把他的嘴撬开。"他还和我说了一个他在乡下搜集民歌的真实故事:2004年,当他知道歙南呈村降村有一位70多岁的瞎子民歌手,不仅会唱民歌,二胡拉得也非常好。他就骑上自行车赶到那个村子,见面聊天的时候,老人是用方言唱的,再加上老人牙没了,口齿不清。虽然勉强地把唱的民歌录下来了,但回来整理歌词的时候总是听不清楚他唱的什么词。于是决定再去一次,可是到他家的时候,老人家已经过世了。从那以后,作为省级民歌传承人的他更感到责任重大。他说:"这次采访我体会到什么叫抢救。老人家一旦不在了,也就把民歌带走了,我们回头再抢救民歌就太晚了!徽州民歌是我们徽州的奇葩,徽州民歌是我们徽州的名片。徽州民歌目前在全国的影响不大,还要靠我们这一代人再努力,把徽州民歌传下去。"

这是凌志远几十年搜集、记录民歌的亲身体会。直到现在,凌志远还经常像挖冬笋一样去民间挖掘、搜集民歌,在徽州民歌这片土地上,坚持不懈地"挖"。在徽州这片大地上,努力辛苦地、孜孜以求地挖掘着徽州民歌的宝藏。到目前已挖掘了有近200首。

一花独放不是春。民歌是需要口传的,若只有乐谱,懂乐理的人来唱也不可能唱出真正的民歌味道。传承,就要代代相传,生生不息,连绵不断,就像新安江之水,长流不止。徽州民歌这朵奇葩,需要这样传承下去,并且在传承中得到发展。在徽州民歌的传承和发展上,我看出了凌先生的担忧:"我作为徽州民歌的传承人也在思考怎样才能使徽州民歌传承下去,尽管我一直坚持去做,但我确实很担心。我目前的办法就是从娃娃抓起,到学校里义务去教小孩子唱民歌"。于是,从2008年开始,他多方联系,最后得到了歙县新安学校的大力支持,在新安学校幼儿园及一、二年级教唱民歌,几年来,凌志远先生风雨无阻,在规定的时间里免费教唱徽州民歌,目前,跟他学唱的学生达200多人,已教会徽州民歌20余首。看着这些学唱民歌的小孩,凌志远打心眼里高兴!徽州民歌后继有人了。他说,不仅是这些小孩子会唱了,他们回家一定也会唱民歌给他们的家人听,这就会勾起他们爷爷奶奶的回忆,慢慢地,徽州民歌影响就出来了。如今,歙县新安学校已被命名为黄山市市级非物质文化遗产徽州民歌传习基地。除了徽州民歌进校园和家族传承外,现在他的周围已经聚集了不少学唱徽州民歌的年轻人,他免费带徒传承,现已带徒5人。他带出的徒弟,有的也成了徽州民歌传承人,有的已经把唱民歌当成一项工作,在旅游景区专门向游客唱徽州民歌。

老马不用扬鞭自奋蹄。为了使徽州民歌重新回到民间、扎根百姓心间,凌志远一有空就去公园里唱民歌,但是发展比较艰难。如何让徽州民歌和徽州民间器乐曲能更好地传承和发展?在县文广新局的直接关心和支持下,凌志远又牵头组建了"歙县徽艺传承俱乐部",旨在传承、研究和发展徽州民歌及民间器乐曲,还包括徽戏、徽民俗舞等。在这个俱乐部里,他不辞劳苦,常年传教徽州民歌和徽州民间器乐曲,成为徽州民歌的传唱中心,他的目标是努力再打造一个社会上的徽州民歌传承基地。

非物质文化遗产,首先是保护和传承,徽州民歌当然也一样,但要使徽州民歌有生命力,还必须有所发展。凌志远靠着他懂乐理的天赋,对一些民歌在不影响原汁原味的前提下,进行适当润色或添加。

有些民歌的词不完整,含意不清就需要修改或添加。如《四绣红绣鞋》,原词的标题是《十双红绣鞋》,可是只有一段词:"一双红绣鞋,哎哟,正月是梅花开,哎哟,小小蜜蜂飞到奴家来,哎哟,一不是绣鸳鸯,绣的是绣凤"。既然是"十双红绣鞋",按理应有十段,但在乡野调查搜集中原唱者也记不清唱词了,如是,在曲子不变的前提下改成了"四绣鞋"。

"一绣红绣鞋,哎哟,正月里梅花开哎哟,闺阁前绣鞋春意透心房哎哟,一绣想情郎,绣一对好鸳鸯哎哟。

二绣红绣鞋,哎哟,六月里荷花开哎哟,闺阁前绣鞋薄汗吸衣裳哎哟,二绣想情郎,绣一对并蒂莲哎哟。

三绣红绣鞋,哎哟,八月里桂花开哎哟,闺阁前绣鞋中秋月当空哎哟,三绣想情郎,绣玉兔绣成双哎哟。

四绣红绣鞋,哎哟,腊月里雪花飘哎哟。闺阁前绣鞋又要到年关哎哟,四绣想情郎,绣相思绣不完哎哟。"

改过后的词更能体现徽州女人对在外做生意不能归家的丈夫那种思念之情。而对于有些徽州民歌本来就很完整,也较美,且具有代表性,为使之锦上添花,更便于流行,原歙县文化局音乐专职干部汪继长便在不影响原曲的基础上加以润色,如《四季探妹》原曲四段一样,后将第四段改动,使之产生对比,更能引起听众的共鸣。

用徽州民歌素材创作歌曲也是凌老师一直在做的事情。"我也一直在呼吁,希望懂音乐的人士在进行音乐创作时能多用我们徽州民歌的素材,我自己是一直尽量在用。"凌志远如是说。在徽州民歌的传承、发展、创新上,凌志远努力了,也出名了,连安徽师范大学音乐学院院长、教授张建华,教授姚迅,张春林等人也慕名前来拜访。那天正巧我也在凌志远家闲聊,张院长一行三人专程登门采访,凌志远见到专家教授能够来到他家,非常兴奋,高兴地唱起了《新安江上背纤帮》,那朗朗上口、富于变化的旋律,一下子让我们感受到徽州民歌的迷人魅力。我也是徽州民歌的爱好者,自从和凌志远认识后,我隔三差五就去他家切磋。只要是有机会,我都要邀请凌志远先生去唱徽州民歌,连续三次邀请他去富溪参加新茶开园节演唱《采茶谣》等徽州民歌。记得拍摄《大黄山》纪录片时,导演请我找个民歌手,我立马推荐了凌志远。这也算是我为徽州民歌做了点小小的贡献吧。而他呢,更是把徽州民歌看成是民族文化的一块璞玉,守着它,也不断去擦拭它,希望它可以保持着旺盛的生命力。2004年,在歙县文化局牵头下,由柯灵权领衔,在全县范围内展开民间艺术大调查,其中包括徽州民歌、徽州民间器乐曲,很多的民歌及器乐曲方面都是由凌志远整理记谱的。大调查结束后出版了《歙县民间艺术》一书,音乐部分他任主编。最近县文广新局编纂的主讲徽州民歌和技艺的《古歙音韵》一书,他任第一副主编。在歙县县歌征集中进入前五首的《走进古徽州》(钱贵宝词)、《计划生育话今昔》《徽莲心茶》和为歙县第九届民俗文化节编写的《钹舞》《墨砚之歌》中,他都是用徽州民歌或徽戏的音乐元素创作的,其中《墨砚之歌》在国家级歌刊《广播歌选》上发表。《墨砚之歌》(凌瑛词)、

《敬最后一个军礼》《再唱你的歌》(志远、凌瑛词)等在全国分别获得金、银、铜奖；《徽州是个神奇的地方》在参加音乐中国2011年全国大型音乐展示选拔赛中获原生态演唱金奖。

凌志远,在徽州民歌的传承、发展、创新上,就如他的名字一样,胸中自有凌云志,志存高远传民歌。他坚信,只要努力,徽州民歌就不会消失。诚如他所说的：" 有生之年,我对徽州民歌的传承会一直坚持下去,生命不息,传承不止！"

凌致远教孙女唱民歌

# 见尘其人
## ——歙砚制作技艺省级传承人方见尘

要说"人杰地灵",几乎没有什么地方能比得过徽州了。徽州山水涵养的名师大家,不可胜计,方见尘是其中一个。这一个不同凡响,说他是狂狷之士,毫不为过。

## 狂 人 一 个

方见尘,又名建成,1948年8月生,安徽歙县人。为人纯真,肝胆可见,潇洒超脱,风流偶傥,癫狂寓世。在徽州,方见尘是一个传奇,一本需要细品、精读的经典。在艺术上,他敢于睥睨一切,不为成法所囿,他才气纵横,艺高胆大。真可谓:狂得真诚,怪得离奇。

他卓尔不群,常古装打扮,一派清廷遗风,一束烟管在手,两目炯然发光。几分凛冽,几分神秘,还有几分傲气。初次相见,便能感悟他是一个见微知著、不惑于事的智者。

他若狂若颠,有悖常理。待人接物,古制今用。重礼仪却傲节,行恭谦而思烂漫,有学士之儒雅;吟之啸之,如痴如醉,有魏晋风骨。

与先生晤谈,辄能领略到"兰亭之会,行林之欢"的超逸。他那辞达而理举,飞灵机智的话语,总像闪闪发光的珠玑,既能激越人的心灵,又能开启人的心智。

与先生交往,首先感受到的是他"心河"之涛声。他那"心河之浪"总是铺天盖地而来,浩浩荡荡而去。丽日狂风,满河金涛,给人以宽厚博大的感受。也时有多雨之秋,浪卷千堆,急流汹涌,给人以惊心慑魄的悸动,又给人激励心志的震撼。妙言出口则涌起团团漩涡,飞出无数个惊叹号——喷扬起珠玑万斛,令人动容。

方见尘在工作

尼采曾说过:"若狂也,若忘也,若游戏之状态也,若万物之源也,若自转之轮也,若第一之推动也,若神圣之自尊也。"古今中外之有创造者,大凡都有着这种天才的赤子之心,赤子之情,赤子之态。有人说方见尘乃亦奇亦怪之天才。此语不虚!

先生之狂是怀抱的抒发,心境的写真,是平凡岁月的痕迹向世人敞开宽阔胸襟中无比自由的心。这颗自由之心,总是能不断升腾到一个不可名状的境域,内心澎湃着激情,闪烁着充满个性色彩的坚贞。

## 奇 艺 双 绝

很难想象艺术家的作品能将深刻与华美融于一身,但是方见尘做到了,虽然年近古稀,艺术成就不仅砚雕一项,水墨丹青、音律舞蹈几乎无一不涉猎,而且风格迥异,有怪才之谓。先生的砚雕和仕女图,堪称二绝。

先生擅雕砚,所雕歙砚神妙绝伦,浑然天成,耐人玩味。有着"砚雕第一刀"美誉,在他的砚雕作品中保留着"本我"的淳朴,在个体的层面上保持着意会的通彻,在材形的掌控中保留着绝少雕饰的天然品质。作为生于斯,长于斯的艺术家,方见尘饱受徽州文化陶冶,徽派砚雕的妙处在他的作品中体现得淋漓尽致,无论是形如泉眼、陨石,还是状如琴头、木屐或册页,都昭示着视觉形态在文化源头上的闪烁,揭示了以小见大、以拙胜巧、雄浑天成的魅力。1973年,其砚雕作品《全神贯注》《迎客松》《蕉牛》参加全国工艺美展,并载于《人民日报》《全国工艺美术》等刊物;1985年,砚作《云水拱月》在全国工艺美展上列全国四大名砚之

方见尘作品1

首;同年创作的《嫦娥奔月》在香港展出;《新安揽胜》《大佛砚》在人民大会堂展出,被胡子昂、胡厥文等有识之士誉之为国宝;《八百里黄山图》砚作在日本展出,被博物馆以七万美元购藏;1989年雕《黄岳奇观》砚,被黄山市博物馆收藏,刘海粟十上黄山见此砚作后,题云"国之瑰宝"。

方见尘作品2

方见尘善于把中国画的写意技法融入到砚雕中去,将石质、造型、雕刻艺术三者合而为一,使写实的砚雕作品中含有不尽的深意。他制作过一座巨砚,六米长、四米宽,那充满激情的临阵状态,以及举刀时的骤雨急风、金戈铁马之风,令观者无不啧啧称赞。最小的砚台却只有一粒花生米那么大,可谓精细异常。《石鱼砚》似鱼非鱼,睁着一只怪眼睥睨人世,有朱耷之风。他在20世纪80年代送给日本友人东山魁夫的一尊《古筝》,一尺来长,一头留下弹筝者的指痕,另一头则是砚坑,文房四宝中的两宝融为一体。造型别致,刀笔古朴,确实另有一功。

方见尘将临界于实用、自然和本我的事物做了一番"无作为"的置换和挪用,使之别开悟道,意会情理,顿觉真妥。"不雕"(新徽派版画艺术家赖少其评语)和"天趣"(国画大师李苦禅评语)应该是对方见尘砚雕最妥帖的评价。国内外有关传播媒体曾多次介绍其砚雕成就,称为"砚雕大师""砚雕第一刀",当不为过也。

先生工书画。所绘国画笔墨潇洒豪放,无拘无束,直抒胸臆。写山水景物,以构图简朴、墨少意多、豪放潇洒、意境空灵、超尘拔俗见称。与砚雕古朴沧桑形成对照的是,方见尘的水墨极其率性而华美。他对徽州新安画派"构图简朴、笔墨清远、意境冷漠、超尘拔俗"的传统技法和艺术特色有着深厚的认识和理解,然而在长期的艺术实践所形成的另类艺术特质,让他的绘画成为了新安画派的叛逆。

尤可称道者,则是仕女图。他笔下的仕女秉承盛唐风范,人物丰盈温婉,神韵娴雅淑静。呼之欲出,画品不让程十发,画界同仁皆称其为一绝。先生的人物画作多以表现古代、现代或少数民族的妙韵女性为题材,行笔干净利落,顿挫有致,勾勒点染笔精墨妙,取势得意,其艺术风格是建立在传统基础上的变异与夸张。他的表现手法以线为主,辅以彩墨,不论在造型之灵动,笔墨之洒脱,墨色之淋漓,还是在景物之融合,书画之浑然,都已进入了驾轻就熟的自由境界。人物变异得俊美,夸张得可爱,构图多变而奇崛,依然是传统的"以线造型",却融入了现代人的审美趋势。线条流畅豪放,率意放为,飘动行云,或粗或细,或线或面,或虚或实,或疏或密,或藏或露,或聚或散,创造了一种动态的美、飘逸的美、浪漫的美。先生在线的"抽象"空间中寻找"自由",以其抽象的思维模式、意象的造型手法创造一个个如梦似仙的活生生人物,终以其别具独特的艺术风格与特色,林立于中国画坛玉丛,并深博行家里手的击节相赞。

先生创作多在情不自禁,灵感袭来之时,凡挥刀挥毫,心得意会,舞之蹈之,吟之啸之,如痴如醉,若颠若狂,令人动容。山水则笔墨纵横恣肆,意境空灵雅逸。他作画时随形就势,笔笔相生,始为得气。浓淡干湿,轻重徐疾,都是从率意中来。他的画让人分不清宗法哪一家、哪一派,而是一种荡去铅华,留存率真的"方家样"。他的这种水墨性情正是对其砚雕深沉雄浑的静态美的形态补充,同时将文人水墨的移情转化为一种更为饱满而积极的"入世"态度。

## 其道三宝

见尘先生的艺术才情正是在内外兼修,亦阴亦阳,一刚一柔,华朴相生的交互对映中,用"雕"与"绘"交替转换的行为方式渡至达人,传达出特有的艺术功力。

一是勤奋,一天当作两天用。

也许是几十年凄楚磨难生活的丰富积累,一直热爱生活并对生活有着深刻感悟的方见尘,凭着对新鲜事物的敏锐观赏力和接纳的热情,加之日复一日、年复一年乐此不疲的艺术磨炼,奠定了方见尘拓展创造内涵的强有力的载体基础。因此而言,方见尘的作品总能给人一种以丰富的想象和轻松和谐的诗一般的境界,极富充满生活哲理性的人生思考和启迪。

有人曾请教方见尘先生:你的砚雕艺术的创作原则是什么?他笑笑说:"我尊奉法国艺术大师罗丹的意见:把多余的东西去掉。"为做到这一点,方先生穷其毕生精力。细细欣赏他雕刻的和尚达摩面壁坐像,发现砚台里的水是从一个山洞里流出来的。构思奇妙,栩栩如生,一静一动,融为一体。方见尘先生自己也以达摩自诩,一天工作十几个小时是寻常事,就像一个苦行僧。三十五年辛苦不寻常,终于自成一家。

二是专注,一辈子钻研砚雕书画艺术。

方见尘十七岁投入舞台艺术工作。早上写海报,白天画布景,晚上跑龙套。1965年开始钻研雕刻艺术至今不渝。每块没有生命的石头,未经雕刻,沉默不语,一旦到了方见尘先生手下,经过他巧手雕刻,去掉多余的东西,便一一灵动起来,成了精湛的艺术作品。这是智慧的点化。这时的石头也会说话,有时絮语,有时呼叫,有时慷慨激昂,有时细声低回……形态也各异,有的雄奇,有的玲珑,有的怪异,有的端庄,有的神采飞扬,有的情思肃静,大小不一,高低不同。展厅中的四十多幅砚雕作品:《老坑水浪》《绕石求鱼》《祥云》《天眼》《天地一盘棋》

……真是鬼斧神工,妙手天成,题名也富有意蕴、情趣盎然。看一个展览会,仿佛是听一支石头交响乐。

先生在艺术王国里,有他自己发现的"新大陆",有他个人独有的"艺术符号"。他的人物画,着力弘扬中国人的精神,以真为质,以美为神,返璞归真,振奇拔俗,尽显其一尘不染的心灵,尽显其狂放与清逸,真乃人格铮铮,画格熠熠。这种揽天下奇珍于襟怀,神而化之,其状物和咏物往往胶在一起,无我之境和有我之境熔为一炉。人们总是情不自禁地为他的器识和才具惊叹不已。

三是执着,一种特有的徽骆驼精神。

被人们誉为"沙漠之舟"的骆驼,吃苦耐劳,勤恳努力,有着敬业、执着、拼搏、坚韧、进取等优秀品质。人格化的骆驼,更是给人以一种不畏道路艰险、忍辱负重、长途跋涉、富有进取开拓精神的深刻印象……从某种意义上说,先生的巨大成功与忍辱负重、坚韧不拔的"徽骆驼"精神是密不可分的。

先生始终向善持真,他总能发现别人视而不见之大美,与大美不言的天地相往返、相对话。他极力崇尚参差错落才是造化的美学,持守过犹不及,圆满则俗,大成若缺,超越一切时尚定义的美学——宇宙自如自在的美学。于是,美在超越中激发;美,在超越中创造。见尘先生就是这样揣摩着大美所引燃的奇与纯净的艺术之光,心里有一种说不出的激奋和感动,甚至梦里也萦绕着生命的诗性。在嘲弄戒律的同时最大限度地获得自由。他与艺术是机智的,他视艺术的"高眺"是阳光、星空与旗帜下对大地的成长,对人类最壮观情状的俯瞰。每一次创作的冲动,都成为搜觅艺术活水源头的标志。先生能把艺术悟成飘逸的褶痕,好似一捧被揉捏的陶土,是圆润的轮廓、柔和的纹理,是缠绕在物体外的被纯化了的线条,是对生活的吟咏和抗议。

方见尘生活照

先生之艺术成就、人格魅力,亦源于其佛行之人的福经,在于心中有经、心中有佛,在于用行为来实践佛家情怀。佛教经典乃洞彻世间万象的无上智慧。先生以佛法教化已心,以船若智慧彻底超越世俗之见,对"心"的纷繁样态进行消解,参悟佛法,真见如来,从而一步步迈向正等正觉之境界,实现天人合一之大自在,不为形役,不为物役,图的是一种磅礴的精神大气,一种登高临绝的思维,一种主心主物的哲思。见尘先生不懈追寻的艺之大爱、艺之真性、艺之灵觉、艺之感应和艺之透悟便在其间闪烁,既人性,又不失艺术的旨趣。愿见尘先生在如此多娇盛世胜境中"尽得风流",香溢人间。

程森海　周伟祥

# 被逼上工艺之路的大师
## ——徽墨制作技艺省级传承人汪培坤

## 被迫辍学

汪培坤产品1

汪培坤出身徽商,祖上在上海做生意,直到他的父辈,依旧是"沪籍徽商",他的外公是一位比较开明的民族资本家,1959年,一家人被动员回到徽州。

汪培坤在读小学六年级时,由于历史和家庭原因,被迫辍学了。

父亲无可奈何地对儿子说:"去学一门手艺吧。默默无闻地去做自己的事,这是你们唯一的出路!"

## 从学名门

学雕刻——竹雕、木雕、砚雕,在徽州,有着得天独厚的条件。不说别人,单说砚雕大师吴水清,他的竹雕、木雕、石雕工艺样样出类拔萃。新中国成立初,北京人民大会堂安徽厅的工艺布置,当年有9名大师参与,其中徽州7人,吴水清是其中之一。汪培坤就跟吴水清学雕刻,竹雕、木雕、石雕、砚雕,样样都做。

20世纪70年代,民族手工艺走着潮起潮落的曲折道路,汪培坤凭着过硬的雕功进了屯溪工艺美术厂,当过班长,当过砚雕车间主任。他在精心钻研砚雕的同时,还关注曾有过辉煌历史的徽州漆器工艺。1978年,汪培坤被任命为工艺厂副厂长,分管砚雕和漆器。同时,厂里成立了工艺美术研究所,汪培坤任所长。

别看这仅仅是个小厂里的研究所,却几乎集中了三百年徽州雕刻及文房四宝制作的英才骨干,十几个人,个个是"武林高手"。汪培坤在跟随他们学习的同时,还经常利用外出考察、观摩的机会,见识各种古墨、古砚台、古漆器,也就是从这时候开始,他有意收藏民间古墨和古砚。观摩与收藏,对汪培坤所起的作用之大,是出乎所有人意料的。他走南闯北,每到一处,什么都可以不看,但必须看古墨,看古砚;远远近近的"圈内人",很快就知道汪培坤是个有钱收购古墨、古砚的人,于是各种古墨以及大小方圆各种砚台,不时有人送上门来。

灯光下,将一锭锭古墨和一方方古砚捧在手里,欣赏把玩,汪培坤心里总会产生一种特别的感受。闲时,他开始模仿古人,雕起古砚。

## 以 假 乱 真

特殊的人生经历,使得汪培坤一向低调。那段日子,人们常常见不到他的踪影,他夜晚赏砚、雕砚,把玩古墨,白天睡觉,用他自己的话说,是"要安静下来"。

他渐渐把古墨放在一边,开始细细琢磨各朝各代的砚台,并模仿雕刻。唐宋元明清的古砚,见的多了,雕的也"像"了,但新砚与古砚在外观上是明显不同的,汪培坤简直入迷了,他开始钻研将新砚"做旧"的技术。他玩出了一手绝活:能雕出"古砚",而且能以假乱真。

汪培坤的收藏室曾经失窃,6方古砚,一夜之间,不翼而飞。汪培坤赶紧报案,警方高度重视,不久,将小偷抓获了。因为所盗财物的价值,直接关系到对小偷的最后量刑,因此,警方委托文物专家来鉴定,鉴定结论为:6方古砚全是清代的,属国家三级文物。这种结论,使汪培坤哭笑不得——对小偷的最后量刑姑且不论,事实上,那6方砚台中,有2方是汪培坤自己做的!

但汪培坤收藏了很多古代名砚是事实,祖上传下来的积蓄,几乎全被他用于古砚和古墨的收藏了。汪培坤爱古砚,更爱模仿雕刻古砚。

对于一个雕刻技艺优秀的人来说石材是十分讲究的。为了拥有良好的砚石,汪培坤不惜卖掉不少爱不释手的古砚,用所得的报酬购买老坑石材。他领着记者,打开了阴暗的收藏室,数十吨质地优良的砚石,让人叹为观止。

鉴于当时的市场需求,汪培坤先后在黄山开了三家砚雕厂,手下有一百多人帮他雕刻砚台,其中就有后来已经名闻海内外的一批年轻的砚雕大师。汪培坤说:"我的砚雕厂打造出一批砚雕人才。"

当然,业内人知道汪培坤自己雕刻的"古砚"能以假乱真,为此送给他另一个称呼——仿古先生。那些出自"仿古先生"之手的"古砚",明知是赝品,买家也愿意买;至于他们乐呵呵地买去干什么,这就不得而知了。

## 结缘胡开文

20世纪末,中华老字号胡开文墨厂改制,很多人都十分关注这家老字号在新的经济浪潮中的命运,并一致认为,胡开文墨厂新的主人,不仅要有足够的经济实力,而且还应该懂得徽墨的制作工艺,地方政府最后决定采取招标形式来选择胡开文墨厂新的主人。

汪培坤一向留意古墨,尤其对胡开文墨感兴趣,原因在于汪家与胡开文墨之间有一段特殊的姻缘。

提起胡开文,人们自然想到绩溪的胡天柱。胡天柱早年到休宁当学徒,投奔的是一家墨庄,这家墨庄的主人名叫汪启茂。汪启茂发现胡天柱很能吃苦,也很能干,就招他为上门女婿。胡开文从此在汪家由学做生意到学制墨,后来给汪家的墨取了个字号,叫"胡开文",因此,"胡开文"一开始就是一个字号。在激烈的市场竞争中,"胡开文墨"取得了极好的口碑和信誉,成为著名的"中华老字号",而汪培坤就是休宁汪启茂的族裔。汪培坤早年在研究古砚和漆器时,就对徽墨有所留意,在他的收藏室里,珍藏着他多年来积攒收藏的一批古墨。他收藏这些古墨,一来缘于爱好,二来是家族延续的特殊情结。如今,徽州胡开文墨厂要改制,他自然会特别关注。根据改制的相关要求,他积极报名参加胡开文墨厂拍卖招标(议标)。

连同汪培坤在内,共有6个人参加投标。2001年9月28日上午8点,开标时间到了。当地政府共有七位领导督阵,汪培坤早早地赶到,可一直等到上午10点,另五家报名单位不见一个人影——他们放弃了。汪培坤顺利接管了胡开文墨厂。

"从汪启茂墨庄到我接管胡开文墨厂,这是历史的巧合,也是天生的缘分,让胡开文'天开文运'到永远,这是历史的使命,也是汪氏后人的责任,即便是赔钱,我也要把它接过来。"汪培坤说。

## 墨 海 探 索

汪培坤接管胡开文墨厂的第一件事,就是调研胡开文品牌在全国市场的信誉度。汪培坤以墨厂经营人的身份调研,接触的是销售一线的群体。从他们口中,汪培坤真实地了解到:对于胡开文品牌,市场是认可的——这是振兴这个老字号最基础的条件,汪培坤更加有信心了。

接着,汪培坤开始研究质量问题。眼下胡开文墨的质量,与当年在巴拿马万国博览会上拿金牌时相比,到底有什么区别?

走进屯溪老厂,汪培坤发现依山而建的厂院内有一排破旧的矮房,房内是一组废弃的古法点烟设备。汪培坤想,既然是古法制墨所用的东西,为什么现在不用呢?取代它的"现代的东西"又是什么呢?如此刨根问底,汪培坤发现:胡开文墨厂已经多年不用古法点烟了,制墨所用的烟是从市场买来的。再顺着市场找到制烟厂家,汪培坤恍然大悟:原来制烟厂家有掺假现象!掺的什么假?掺的是炭黑!炭黑怎么能与古法烧出的油烟相比呢?

要恢复质量,必须从原料上着手。汪培坤立即恢复废弃多年的古法点烟装置。一盏盏小蜡烛灯,重新闪烁在山腰的矮房里。同样是10公斤烟,同样粗细,可"古法"的个子要比市场上买来的、掺有炭黑的高出三分之一!可见掺和炭黑的"假烟",偷工减料已经到了几近猖狂的地步!

找出了"病因",汪培坤很快就有了对症的"药方"。他自己动手,做了两套古法点烟装置,彻底地解决了胡开文墨的原材料质量问题。最后,他严格要求工人在制墨时,再苦再累也不可少砸一锤,以确保墨的黏性;晾墨时,只要有风,一定要随时翻晒,以免墨条弯曲,确保定型优美。汪培坤说:"锤炼后的墨,在我厂一般要晾晒半年,可有的墨厂只晾晒一个月、甚至半个月,原因是那里面掺了石膏。这种掺和石膏的墨,不仅干得快,而且容易定型,确实好看,但也只是看看而已——它是不中用的。"

与此同时,他还在桐油、蛇胆、熊胆、麝香等制墨配方方面精益求精,使胡开文墨以全新的质量形象展现在书画界。

当年,汪培坤投入30万元恢复的胡开文墨古法点烟遗址,如今已成为国家旅游局指定的旅游参观示范点,每年免费接待游客3万人以上,受到海内外游客的高度评价。

## 老树着新花

汪培坤对记者说了这样一个故事:曾经有个人,提着一只大口袋找上门来,请他鉴定一对古墨。打开口袋,汪培坤说:"不用鉴定,是假的"。汪培坤解释说:"说出来您就知道了。古墨中没有您这么大的墨,不论哪个朝代的墨谱,从来没有'大墨'的记载。墨是古人写字用的,案几上,砚池里,哪能容得下'大墨'?这个大家伙,是近年来的产物。"接着,汪培坤又从晾晒、定型等方面分析了"大墨不是古墨"的道理。显然,来人得的是"假货"。汪培坤说:"像那种骗人的东西,充其量只能观赏而已,一点也不适用,而古墨,没有一锭是不适用的。"

汪培坤接管后的胡开文墨厂,继续做着传统的集锦墨,但在取材上,又有了"新花样儿":四老图、兰亭图、渔樵图及名人字画等,质量以中高档为主。据汪培坤透露,由于原材料价格的上涨,做低档次的手工墨都会亏本。汪培坤曾与一些书画家聊天说:"用心的书画家,到后来都是专家——鉴定笔墨纸砚的专家,但对笔墨纸砚不识货的'书画家',他们的作品可能比他们的生命更短——就拿

汪培坤产品 2

墨来说,墨的质量不过关,书画很快就会变色、褪色,而流传下来的用上等墨创作的古代书画,有的纸张已经被虫蛀了,可有字迹的地方却全是完好的,这是因为墨中含有一些虫子不蛀的中草药配方。不论何时,胡开文墨都会秉承质量第一的宗旨,各种成分的含量成本只会上升,不会下降,更不会偷工减料。"

如今的胡开文墨厂已跻身国家级非物质遗产保护单位,汪培坤本人也被评为国家级制墨大师。他对子女们说:"你们知道,我接管胡开文墨厂,不是刚刚出道做生意——把经济效益看得很重。在市场经济潮流中,文房四宝是做不大的,但胡开文墨之所以几百年来经久不衰,原因在于它的质量与信誉。维持这种质量和信誉——无论从家族发展史上说,还是从保护国家'非遗'的高度看,我都希望你们能和我一样,倾尽心力,鞠躬尽瘁。"

人们期待着胡开文这棵"老树",能绽放出更多的新花。

# 徽墨香飘四海
## ——徽墨制作技艺省级传承人吴成林

不久前,在友人洪建华的陪同下,我来到205国道徽州区与歙县交界处的徽州曹素功墨厂,拜访省级非物质文化遗产徽墨传承人、徽州制墨大师吴成林。

一脚踏进徽墨堂,一股浓浓的墨香扑鼻而来。各种形状不一、颜色不一的徽墨整齐有序地摆在展橱里,透射出一种厚重悠远的徽文化。

"天下墨业尽出徽州,徽州是徽墨的故乡。"吴成林介绍说,"徽墨是'文房四宝'之一,因产于古徽州府而得名。

吴成林在工作

已有1000多年历史的徽墨制作是我国制墨技艺中的一朵奇葩,在中国制墨史上占有重要地位。用传统技艺制作的徽墨,有的'其坚如玉,其纹如犀,写数十幅不耗一二分也',有的'香彻肌骨,磨研至尽而香不衰'。"

徽墨品种繁多,有漆烟、油烟、松烟、全烟、净烟、减胶、加香等,高级漆烟墨,是用桐油烟、麝香、冰片、金箔、珍珠粉等10余种名贵材料制成的。徽墨素有拈来轻、磨来清、嗅来馨、坚如玉、研无声、一点如漆、万载存真的美誉,是书画家的谈及曹素功这个金字招牌,吴成林滔滔不绝地和我讲起了徽墨的历史:早期的墨都是天然石墨,书写后极易脱落。人工制墨大约始于西周。大规模制墨应该是在汉代以后。到唐代时制墨技术已臻于完善。唐时制墨的代表人物是保定易县人,他叫奚鼐。据说他所制的墨不但黑而发亮,而且还有香味,所以就形成了品牌。当时国内书画界都趋之若鹜。因为易县唐时叫易水,奚鼐制的墨国内统称"易水墨",为了维护品牌,奚鼐在他制的墨体上都印有"奚鼐"二字。

　　唐末至五代十国时,由于社会动乱,奚家举家迁至安徽歙州居住。这里的新安江水和黄山松,成为奚鼐制墨最好的原材料,他们生产的墨,受到当时精书法,善绘画,通音律的南唐李后主李煜的高度赞扬,李后主遂对奚鼐家族恩赐了自己的李姓。

　　奚鼐的孙子李廷珪在继承祖辈技术的同时,努力创新,他做的墨,胶不变质、墨不变形,不仅"拈来轻、嗅来馨、磨来清",而且"丰肌腻理,光泽如漆",达到了登峰造极的程度,这样就形成了新的品牌——"李廷珪墨",又称"李墨"。李廷珪被召为墨务官,徽州地区的墨工都视李墨为正宗。

　　曹素功与汪近圣、汪节庵、胡开文并称"徽州四大墨家",他原名圣臣,号素功,歙县人。他早年潜心科举仕宦之途,因不遂心愿,便返乡以制墨为业。最初借用名家吴叔大的墨模和墨名,并开店营业,以后墨质和工艺造型日渐精良,名声亦渐远扬,其墨业更加兴旺。后移店至苏州、上海等地,常为权贵和名流定版制墨,在社会上层影响很大,被誉为"天下墨业尽推歙州,歙州墨业推曹氏"。

　　吴成林说像曹素功这样的文人制墨不仅保持了徽墨作为文房用具的用途,还渐渐地使徽墨有了文化人寄托情怀的功用。而自己打出曹素功的品牌,也是表明自己制作的墨属于文人墨这个流派,既是书画之用的好墨,更是收藏的上品。

　　在展橱前,吴成林大师气定神闲地道出了自己四十多年来在徽墨的世界里跌打滚爬的故事。

　　今年60岁的吴成林因为父亲是歙县老徽墨厂职工的缘故,小时候就与徽墨结下了不解之缘。1972年,初中毕业的吴成林子承父业,进入歙县胡开文墨厂当起了工人。吴成林说:"当时并没有传承人这样的说法,更没有这样的想法!虽然这样的工作又脏又累,只是因为它能让我养家糊口,所以我就这样干了下来。"

　　凭着对徽州文化的热爱和执着,他苦心学习,在父亲的指导下认真钻研制墨技艺,不怕苦,不叫累,渐渐地成了车间的技术骨干。他不仅爱上了制墨工作,还在工作之余认真研习了一些制墨的古谱,也有了自己的思考。他一直希望能在车间里尝试一下古墨的制作工艺,却碍于墨厂的体制而始终不能如愿。加之工作十多年来一直是临时工的身份,于是他期望有朝一日能自己做老板。

1983年,改革开放全面展开,中央的政策逐步放开,允许并积极鼓励个体经济的发展。在改革春风的沐浴下,当时已是一名制墨熟练工的吴成林敏锐地意识到创办自己的企业,不仅可以传承徽墨制作技艺,还可以实现自己人生的价值。于是,他很快就把想法化为实际的行动:选厂址、办贷款、购设备、进原料、制墨模、找销路……吴成林的徽墨厂就这样开张了。

创业的初期是艰辛的,墨模不多,吴成林就从烟盒上、从书本里、在日常生活中找图案,自己动手制墨模。

直到1992年,他将墨厂迁往徽州区岩寺镇,才算是安定了下来。"我一直觉得制墨是一种文化产业,一定要把这份产业传承下去!"也正是这种信念一直引着他不断前进。

最初几年,他墨厂里的墨模很简单,做出来的墨也没什么文化内涵,基本上是供学生使用。1997年以后,吴成林的墨开始受到市场冲击。"要赋予徽墨更多的文化内涵,它才会有生命力,才能在市场上站稳脚跟。"吴成林想。一次,他到杭州玉皇山游玩时看到景点上有一幅完整的奚氏全景相片,他兴奋不已,当即用相机拍下后便匆匆赶回家中,根据相片上的模式和文字,结合史料介绍,设计了一套完整的奚氏四十五景墨模。这套墨模制作出来的套墨在市场上很受欢迎。有了这次成功的尝试,吴成林的信心更足了。接下来的日子里,他抽出大量时间跑书店、跑图书馆、跑博物馆,查阅历史资料、研究库存老墨。吴成林在把历史资料转制成墨模的同时,还注重恢复一些优秀的传统产品。一次,他在市场上发现一套破旧且不完整的《棉花耕织图》墨模。他想,这历史的墨模失去太可惜,应该让它完整地传承下来,于是他开始费尽心思地搜集整理相关资料。一年后,一套从播种到收获,再到织布、染料的完整《棉花耕织图》墨模诞生了。在首届中国旅游纪念品创意大会暨2008中国手工艺精品博览会上,吴成林的朱砂徽墨作品《棉花耕织图》喜获金奖。

功夫不负有心人,为传承曹素功制墨品牌,弘扬传统制墨技艺,吴成林相继开发了茶墨、青墨、朱砂墨、五彩墨及手卷墨等百余种徽墨系列产品,深受海内外书画家、收藏家的喜爱。

墨模是由能工巧匠在制墨的模具上雕刻出名人书画,是集绘画、书法、雕刻、造型等艺术于一体的综合性艺术珍品。通过四十多年的不断收集和创新开发,如今吴成林的墨模库里,大大小小的墨模已有100多套,有单件的如太白醉酒、东坡泛舟、渊明卧松等,有整套的组合墨模,如西湖四十五景、颐和园六十四景图等。开发的新老墨模越来越多,墨的质量越来越好,墨的产品越来越丰富,曹素功墨厂徽墨堂的社会美誉度和市场影响力也越来越好,慕名而来的客人也越来越多!

吴成林作品

在我的强烈要求下,虽然吴成林一再说,生产环境不好,都是黑乎乎的,看起来很脏,但还是带我观看了制墨的全过程:首先我们来到堆放原料的仓库,他说这一袋袋的都是制墨所需的重要原料炭黑,也说是烧松树时松油燃烧后的烟炭。根据制墨的需要,炭黑又分松烟、油烟和漆烟几种。"但随着工业进程的加快,真正烧松树的炭黑越来越少,很多的都是工业品。用工业品的炭黑制作的徽墨质量就差多了。"吴成林指着这些原料高兴地说,"我这里堆放的都是二十年前收购的老料,所以制成的墨质量非常稳定!"说罢,他带我们来到隔壁的生产车间,把明胶放在烧热的大锅内溶化后拌入炭黑,充分搅拌后根据制坯所需的大小,放入杵臼里,同时加入麝香、冰片甚至金箔等数以百千下的连续捣杵。接下来就是"轻胶十万锤"的连续不断而又有节奏地锤打墨坯,最后才把墨坯填入内部刻有汉字和花纹的墨模之中,待其冷却成形后,将其取出,然后描金、晾干并配以古朴精美的包装,这样一件件让人爱不释手的徽墨就在涅槃之后诞生了。

吴成林略有遗憾地说,因为制墨过程中,很多工艺活又脏又累,一般人不愿意做,收徒有些难。

吴成林说,在制墨过程中,他不敢有丝毫的懈怠,每一批墨他都亲自选料、亲自配方,严把质量关,做出来的墨要"无大头小尾、无偏刀编锋、无髁丝髁疤"。哪怕是有一点不合格的墨坯,他都坚决舍弃。正因为他"严把质量关",所以这位看上去憨厚淳朴的大师才敢气势如虹地说:"我的徽墨独一无二!"

近年来,吴成林时常应邀带着他的徽墨到处"赶考":2008年4月,在第二十一届全国文房四宝艺博会暨名师名作精品展上,他的徽墨吸引了众多爱好者驻足观看购买。2013年,《西湖四十五景》朱砂墨荣获"中国工艺美术'百花奖'金奖"。他制作的《西湖四十五景》油烟墨和《棉花耕织图》朱砂墨都被中国工艺美术馆收藏。

吴成林说,随着社会生活水平的提高,越来越多的人喜欢了解徽墨、收藏徽墨,所以他投资200万开工建设徽墨制作工艺流程展示馆。展馆里设产品陈列室、工艺流程展示厅、墨文化展示厅、荣誉室等,为的是把徽墨产业做大,让更多的人了解徽州,了解徽墨,喜爱徽墨。

# 滋龄妙笔　画龙点睛
## ——徽笔制作技艺省级传承人杨文

由安徽省黄山市徽笔工艺研究所申报的"徽笔制作技艺",于2009年12月被列入安徽省非物质文化遗产项目名录。已经专业从事徽笔制作与研究30余年的黄山市徽笔工艺研究所所长杨文先生,随后被推荐为第三批省级非物质文化遗产项目"徽笔制作技艺"的代表性传承人。

## 一位出生于制笔世家的非遗传人

毛笔,是以各种毛类梳扎成锥形笔头,黏结在竹管或木管一端,用于书写绘画的笔。属中国传统"文房四宝"笔、墨、纸、砚之首,是举世无双的书写工具。而徽笔,则是发轫于宋代,以古徽州吕大渊、汪伯立等为代表的制笔大师,以独特的制作技艺制作而成的徽州毛笔。所以,徽笔又称为汪伯立笔、诸葛笔、歙笔等。徽笔既有很好的实用价值,又有很高的观赏、收藏价值,是古今书画艺术大师与收藏家们喜爱的瑰宝。南宋理宗时,徽州知府将汪伯立笔、李廷珪墨、澄心堂纸和羊头岭旧坑砚,并称为"新安四宝",一并列为进献朝廷的贡品。历史上的徽笔产量极少,大都以贡品深藏于宫殿宝库。随着毛笔市场的急剧缩减,徽笔及其制作技艺便日渐式微直至濒临窘境。

杨文,高级工艺美术师,黄山市徽笔工艺研究所所长,非物质文化遗产传承人。1969年出生于制笔世家,祖辈所制之笔曾为贡品。在家世良好氛围的熏陶下,自幼开始制作毛笔,1987年,在恒云笔厂制作毛笔;1993年为桂林四宝公制作礼品高档毛笔；1994年在黄山市屯溪老街创办杨文笔庄；2006年成立黄山市徽笔工艺研究所。

杨文在工作

杨文一家人，奶奶、父母、三个姐姐与姐夫、妹妹与妹夫、妻子与儿子等，人人都是徽笔制作的行家里手，个个都有强烈的徽笔事业心。而杨文，则无疑是杨氏徽笔制作团队中的中流砥柱，是杨氏制笔世家中徽笔制作、研究的主要传承人与代表者。他的家族20世纪40年代由先祖重拾技艺，开设毛笔作坊，至今已有七十余年。他的爷爷杨友金与奶奶徐余德均为制笔好手，在"文革"期间偷偷开设私人作坊制作徽笔，家谱和一切祖传徽笔物品全部被销毁。他的父亲杨恒云和母亲吴木英只得进公办笔厂做工，为了将祖传手艺教给儿子杨文，同时也为了改善家里的生活条件，业余时间就在家中偷偷地手把手教会杨文做点徽笔，拿到景德镇瓷厂去卖，换点瓷器回家。杨文的徽笔学艺，虽然悟性极强、兴趣极高，然而由于祖传的习艺传统，使得他也吃了不少苦。在他整个小学、初中求学阶段里，他每天上学前都必须要用嘴里的唾沫口水润透笔头，每次都要完成咬300只笔头的任务之后，才能获得一段甘蔗边吃边上学去。

## 一支出价十几万也不能卖的徽笔

金刚经微雕（杨文作品）

在杨文笔庄的陈列中，我们惊喜地欣赏到那支被杨文声称为"出价十几万也不能卖"的镇店之宝，它的名字叫作"微刻金刚经徽笔"。不久前，来自日本的一个电视摄制组专程来杨文笔庄拍摄了这支早已蜚声内外的"微刻金刚经徽笔"，并当场出价十几万却被杨文以"非卖品"为由而婉拒。

那么，这支"微刻金刚经徽笔"的珍贵之处，到底在什么地方呢？

其一，这是一支诞生于十几年前杨文眼力、手感最佳时期，花费整整三年时间方才完成的特种微刻之作，现在的杨文已经无法复制了。如此绝唱，怎愿出手呢？那圆柱形的毛笔笔杆上端三分之一位置处，方寸之间微刻着的，竟然是佛教重要经典唐玄奘译本《能断金刚般若波罗蜜经》的全文，总共5000多个字。在高倍放大镜的视野里，字字清晰，笔笔遒劲，堪称奇迹。

其二，非常漂亮的流线型笔头，是全部采用细嫩光锋羊毫作为原料、在反复研究古代贡品徽笔基础上、运用宫廷做法一丝不苟地做出来的。最后入选用作原料的羊毫，一只笔头是从半公斤羊毛中筛选百分之一精制而成的，确确实实是符合"万毛选一毫"的原则的。这种笔不仅笔毫达到了"尖、圆、齐、健"的标准，笔头呈纺锤形，而且笔管上进行了微刻工艺制作。所谓"毫"，是指羊毛顶端那段实心的部分，而下边的空心部分则称为"毛"。一般的毛笔毫长，达到2毫米就是好笔了；而"微刻金刚经徽笔"的珍贵之处，正在于它的每一根羊毛的毫长都达到了40毫米。

其三，制作笔杆的那根竹竿，是在几十车竹竿原料中千挑万选而偶然得之的。天然的圆滑可人，天然的颜色宜人，完完全全是原生态，浑然天成得竟达如此地步，杨文说他做了三十几年徽笔还是头一回遇到。

其四，收藏界有句俗语，叫作"藏墨如藏宝，藏笔如藏草"，说的是毛笔自古易染虫灾、不好收藏。然而，"微刻金刚经徽笔"的珍贵之处，就在于该笔已经进行了特殊的防虫、防褪色、防变形等处理，因此更加便于珍藏。

## 一支费尽九牛二虎之力的创新徽笔

在杨文的徽笔代表作中，最花工夫的，就是这支名为"滋龄妙笔"的创新徽笔，是一支费尽杨文九牛二虎之力的极品之作。那是2001年的事儿，经过朋友的介绍，杨文有幸与中国美术家协会副主席、天津著名画家杜滋龄先生相识，并且接受了杜先生提出的创新徽笔试制任务，他的要求是：研制出一支特别的徽笔，这支笔的性能可以帮助他只用一支毛笔就能单独完成一幅作品，而不需要如现在这样在作画途中须更换多支毛笔，以便于他在参加笔会时的携带。

于是，迎难而上的杨文开始了又一次徽笔创新的拼搏：他认真地翻看、研究画家们留下的画稿和资料，找出各种毛笔绘画时的特性，找出画家们不同的绘画手法对于不同笔的要求，并记录了相关数据，根据这些研究成果而相应设计出该笔的图稿，决定借鉴鹤颈为细长毛笔、多用于线的勾勒，及石笋笔毛多锋短、含墨丰富的特点，加以结合并给予改良；确定总体思路后，他又开始用各种材料相结合以制出杜先生要求的毛笔，为此设计了好几个方案：方案一，是以羊毛为副毛和披毛,黄鼠狼尾巴毛为主毛,这样制作出来的毛笔聚锋好,含墨量足,弹性却一般,并且做不出较大的笔头;方案二,还是以羊毛做副毛和披毛,但以牛耳毛作为主毛,这样做出来的毛笔含墨丰富,弹性适佳,聚锋也还可以,但是在对画面微妙处的表现却难以体现;方案三,以猪鬃配合山羊毛做副毛,羊毛作为披毛,再以牛耳毛为主毛,这样做出来的毛笔弹性上佳,含墨丰富,能使绘画时对线条的力度感凸显,聚锋却一般。试验结果,三种方案都或多或少存在一定的缺点,无论哪一种都不能使制作出的毛笔有预期效果。因此,他想:是不是可以将三种方案结合在一起来制作呢?这样,他带着自己思考的结果,进行了初步的试制,经过几个月的反复试验,终于取得了成功。

最终的"滋龄妙笔"成品,直径为2.2厘米,笔毛长9厘米,出锋7.5厘米,材料混合采用产自西藏的牛耳毛(弹性好,聚锋尚可,含墨一般)、产自江浙一带的山羊毛(羊毛细嫩光锋,其毛长细嫩光滑,毫颖较长,含墨反复经久耐用)、产自辽宁一带的黄鼠狼尾巴大尾毛(弹性强,聚锋最佳,含墨却一般)和产自四川一带的猪鬃毛(毛体粗壮,弹性特强,起到使笔头根部稳健的作用)等材料搭配相结合,再按照一定的比例混合制成。之后以传统徽笔制作技艺按照上述比例加工而成,堪称费尽九牛二虎之力。

"滋龄妙笔"由杜先生试用之后非常满意,杜先生对此笔赞不绝口,对杨文的徽笔制作技艺更是大加赞赏。不但挥毫为其题写了"杨文笔庄""黄山市徽笔工艺研究所"的店名与所名招牌,而且还将一幅使用这支"滋龄妙笔"徽笔绘就的《藏族风情》的国画题词赠送给杨文,赠词为:"乙酉年秋月,滋龄试用安徽黄山杨文先生为我特制毛笔,写此藏族风情一帧,所用之笔表达线的力度及墨韵得心应手,故此留念"。杨文说:"这段赠词对于我而言,不仅仅是肯定和赞扬,更是令我明白,对于现今的制笔行业而言,创新才是最重要的,尤其是徽笔。"

## 一条在研究中传承徽笔的非遗之路

在诸多"非遗"传承人中,杨文所走出的这条"在研究中传承非遗、在创新中传承徽笔"之路是独具特色的。正由于他的"杨文笔庄"与"徽笔工艺研究所"的两块牌子、一套人马、亦店亦所、杨氏家族的架构特色,使得杨文的徽笔制作与徽笔研究事业喜获双赢。至今,杨文的徽笔创新代表作,已经有《微刻金刚经徽笔》《滋龄妙笔》《画龙点睛徽笔》和《桃园三结义徽笔》等多件;徽笔工艺研究类论文,也已经撰写或发表了《徽笔的创新》《徽笔的制作过程》《徽笔的制作与发展》《试论徽笔的鉴赏》等多篇。同时,杨文的徽笔频频参展、屡获殊荣,主要有:1999年6月,参加"昆明艺术博览会精品展"获金奖,并被世博局永久收藏;1999年10

月,参加在中国军事博物馆举办的"中国工艺美术创作大展",获世纪杯佳作奖;2000年10月,入选并参加"第三届西湖艺术博览会";2004年4月,参加"安徽省首届民间工艺博览会"并获银奖等。中国美术馆馆长杨力舟先生在徽笔工艺研究所试笔后,夸之曰:"神笔"。而最让杨文感到欣慰的是,2001年5月17日至20日,原中共中央总书记、国家主席江泽民视察黄山时,挥毫题写《登黄山偶感》诗篇时所用的毛笔,正是杨文应邀特地提供的徽笔。

在杨文的徽笔工艺研究中,"徽笔与其他毛笔的区别"的研究成果初获。根据杨文的研究,它们的主要区别有:

选择的材料季节、地方、存放时间不同:徽笔选用冬季的皮毛,达到万毛选一毫。以羊毫、狼毫为例:山羊毛产地多,等级不一,江、浙一带为佳;主毛挑选粗壮、毫颖长、色白亮、毛直的毛料;选用细嫩光锋为批毛。黄鼠狼尾毛以东北三省为首,尾毛长、毛直粗壮、色泽亮;上等的毛料价格昂贵,一般毛笔不采用,且要存放较长的时间,而徽笔的用料却恰恰最讲究这些。

毛笔的制作和配料不同:徽笔笔头的制作尤其注重齐毫,要达到毫端基本一条线且平直不歪斜;注重主毛、叠毛和披毛尺寸的准确性;而刮倒毛和挑虚锋时,则要仔细将其处理干净。毛料配制时,尤其注重主毛和叠毛的比例加上其他材料作为根基,披毛要厚薄均匀,扎笔根要做到整齐且不脱毛,而其他毛笔则没这么苛刻。

笔杆的制作材料工艺不同:徽笔笔杆主要以牛角、竹子、上等的木料为材料,而其他毛笔现在多采用有机玻璃或塑料。

笔头的黏合剂不同:徽笔主要使用生漆和树脂胶,而其他毛笔多采用白乳胶。

与书画家的关系不同:徽笔提倡根据书画家的要求量身定制不同的毛笔,甚至于是专门为其创新的徽笔。徽笔要求毛笔主动适应书画家,而不要求书画家被动适应毛笔。通过与书画家不同的交流,可以根据他们对现在用笔、用墨、用色的特殊要求创新出新型品种,如:滋龄妙笔、画龙点睛、桃园三结义等,而其他毛笔则一般只能让书画家们被动适应毛笔。

杨文喜欢向别人讲述这么一则故事:2009年五月份,中国美术家协会主席刘大为先生来到黄山,负责接待的人从我这选购了几支毛笔送给刘先生,刘先生试过后,感觉非常顺手,于第二天亲自来到杨文笔庄,选购了十几支毛笔,并和我进行了深入交流。他表示自己对毛笔制作工艺非常关注,希望这么古老的传统技艺能够一直传承下去,并发扬光大。

中国徽州博物馆收藏品(杨文作品)

随着黄山市书画业、非遗业与旅游业的融合发展,杨文的"杨文笔庄"与"徽笔工艺研究所",现在已经发展到拥有制笔、研究人员二十多人的规模,年产各式徽笔十多万支。杨文的儿子杨达学业完成以后,也子承父业,加入徽笔事业,一年多以来,他对徽州毛笔的制作技艺很有天赋,而且认真、勤奋、刻苦,现有小成。杨文表示:"今后我将加大力度,广收门徒,以确保徽州制笔技艺得到更好的传承与发展。"

# 古民居里的壁画
## ——徽州彩绘壁画省级传承人胡晓耕

2009年年末有消息称:黄山黟县发现彩绘壁画。这则消息揭开了徽州彩绘壁画神秘的面纱,并引起了书画界、学术界的关注。2010年,黟县彩绘壁画被列入省非物质文化遗产名录。这种刚刚被"发现"、但历史已经久远的民间绘画艺术,被人们称为古民居里的"敦煌壁画"。2014年10月下旬的一次采访,让我第一次走近了徽州彩绘壁画及其发现者。

胡晓耕在工作

胡晓耕是徽州彩绘壁画最早的"发现"者和研究者,说起彩绘壁画自然很兴奋。据介绍:"徽州彩绘壁画"其实是一种传统的民间绘画装饰艺术,是徽州古民居中除三雕之外的另一种建筑装饰艺术,被广泛运用于徽州古民居的装饰中。

"徽州彩绘壁画"一般出现在古民居内的前厅、正厅及后厅的云端上（天花板）、窗扇内外裙板、厢房天花、厢房四周内壁、满顶床上方的阁楼门板上以及古民居外立面的马头墙、门楣、窗楣上，在室外的彩绘壁画又称"墙头画"。

由于徽州彩绘壁画大多隐于民居的厢房内、阁楼上或者满顶床里，这些都属于私人领地，外人一般不得入内，所以"徽州彩绘壁画"躲过了一场又一场的人为劫难，得以大量地、完整地保存至今。更由于壁画的着色采用的是本地的矿物、植物等制成的原生态染料，虽历经几百年，至今仍旧层次分明，色彩鲜亮。

据史料记载，中国古建彩绘壁画从有文献记载的商末"宫墙文化"开始，距今已有三千多年的悠久历史。唐宋以前彩绘壁画多依附于宫廷、庙宇和洞窟中，至南宋及元以后，因山水花鸟开始盛行，人物画不被画家所重视，描绘彩绘壁画成为民间工匠的一种谋生手艺。民居建筑彩绘壁画受到宫廷彩绘的影响，设色亮丽，大红大绿是这个时期的特点。明清时期，徽商的兴起，促进了当地文化的发展，"贾而好儒"成为徽州人的主要人文特征。徽州人在建造自己的民居时，很注重民居的建筑装饰，建筑装饰除大量使用木雕、砖雕、石雕、书画匾额外，彩绘壁画也是其选择的重要装饰内容之一。商人为了显示自己的富有，更是在民居内部装饰上追求富丽堂皇，彩绘壁画也应了当时这一社会需求。

由于深受传统儒家思想文化和传统人文画的影响，徽州彩绘壁画在绘画上充分呈现出新安画派之风，体现了徽州山水意境和儒家文化的人文追求，人物、动物、花卉多以勾勒填彩，有的以工带写，画面大气，布局合理，所绘人物生动丰满，花鸟则楚楚动人，山水则远淡萧疏，徽州彩绘壁画虽称不上画中逸品，但也有自然之韵，朴素之美。民居内部彩绘壁画色彩艳丽典雅、富丽堂皇；外墙则以墨色勾勒为主，与白墙黑瓦的民居保持色彩上的协调。厢房内的壁画在内容上主要有郭子仪拜寿、张公意百忍图、文王访贤、三娘教子等，窗裙上则有"麒麟送子""童子图"及"福禄寿禧"等图案。厅堂云端上则主要表现人文典故、历史故事、祥云及凤打牡丹等。外墙上则以梅兰竹菊、渔樵耕读、八仙等内容为主，构图上也较为简约。随着民居彩绘壁画的盛行，大批民间画师应运而生，民间画师虽为工匠，但他们绘制的壁画则画工技艺精湛，明清文人遗风盛浓。徽州彩绘壁画多出自民间工匠之手，据考证，民间画师一般先在民居的板壁和外墙上用老灰、骨胶和桐油按一定比例搅拌后打底抹平，干后再勾勒线条设色填彩，最后用自制矿物、植物颜料绘就而成，壁画的色彩多以赤色、藤黄、靛蓝、石绿、黑色为主。

在黟县美术馆里，我有幸欣赏到了黟县彩绘壁画，它们的年代已经久远，但构图清晰，色彩依旧明亮。这些彩绘壁画，画面布局合理，用线高古，或富丽堂皇，或清新典雅，所绘人物栩栩如生，花鸟楚楚动人。从绘画作品的风格与高超的绘画技艺上来看，让人很难相信笔墨精湛、线骨猶劲的徽州彩绘壁画是民间工匠所为。据介绍,保留下来的彩绘壁画以清乾隆年间最多,此时恰好是徽商鼎盛时期。徽州彩绘壁画表达的内容和题材主要有徽商当时的生活经历、历史故事、民间传说。崇尚儒家思想的徽州商人,通过民居彩绘壁画的形式来表现忠孝礼节、福禄寿禧等理想追求。彩绘壁画也成了"成教化,助人伦"的一种方式,如《文王访贤》《太公垂钓》《渔樵耕读》《麒麟送子》及《百子闹元宵》等;儒家的"以孝治天下",讲究的是忍让、孝慈,以和为贵,群僚同乐,体现中庸哲学,如《张公意的百忍图》《群英会》等;讲仁义,感恩荣,亮节气,尽孝心,如《郭子仪上寿》《苏武牧羊》《商山九老》《一诺千金》《竹林七贤》等;民间故事、历史掌故、文人轶事都可入画,如《张良进履》《东坡赏砚》《林逋放鹤》《牛角挂书》《负薪苦读》《曦之爱鹅》等;文风独茂,向往入仕及励志,如《十一郎教子图》《三娘教子》《五子夺冠》及《状元及第》等;还有大量的童子图以表达福禄寿喜、吉祥如意、四季平安、多子多福的传统思想。从一幅幅彩绘壁画中我们可看出古代徽州人的理想追求、处世哲学和审美取向。徽州彩绘壁画既是徽州人文化修养、儒学思想的集中反映,也是历代无数民间画工聪明才智和艺术修养的集中展示,传承至今,仍可起到启蒙、教化和传播中华优秀传统文化的积极意义。其中有一幅被珍藏在文物局的彩绘壁画《骑白象游云南》,反映了当时徽商已经游历到云南热带地区经商,对如今研究徽商文化很有帮助。

清末、民国以后,随着徽商的衰败,彩绘壁画艺术在新建民居建筑中日益衰退,但留下的一批民间画师仍在古居民维修和少量传统徽派民居建设中发挥着作用。至今黟县、歙县、婺源等地尚有一些工匠掌握着徽州壁画的绘画技艺,且在古民居及祠堂的维修中发挥着作用。

据介绍:由于黟县古村落保留较为完整,徽州壁画在这里得以较好地保存,据普查,现保存在徽州古民居中的历代彩绘壁画有近万幅,其中黟县境内就有3000多幅。其特色鲜活,堪为宝库。又因元、明之后山水花卉为主流,壁画属工匠行为,不再列入史传行列,所在文献籍档中很难见到有关壁画的记录,甚为遗憾。据黟县关麓村77岁的老画师汪国民回忆,至新中国成立初,黟县仍有近百名画匠掌握着彩绘壁画的技能,据估算,当时徽州区域内至少应有近千名画匠。改革开放后,居民建房引进了钢筋混凝土结构,彩绘壁画传承人失去了施展的空间与载体,彩绘壁画画师大为减少,并濒临失传。2000年,西递、宏村古村落被列为世界文化遗产后,徽州古民居保护得到前所未有的重视,根据古民居"修旧如旧"的要求,彩绘壁画开始被世人所关注,彩绘壁画传人再次有了用武之地。特别是近几年,黄山市实施的古民居保护利用"百村千幢"工程,也为徽州彩绘壁画的传承提供了良好的机遇。

作为徽州彩绘壁画的发现者、探秘者、传承者,胡晓耕发现和关注徽州彩绘壁画的时间要比媒体披露的时间早得多。出生在黟县西递古村落的胡晓耕,对徽州民间艺术有一种本能的痴迷,这种痴迷来自于他幼年的成长环境,胡晓耕的家就在西递的一所古民居里,家中的窗户上、天花板上,还有满顶床上都布满着色彩斑斓的图画。20世纪60年代的农村,没有电影,更没有电视,幼年时的晓耕夜晚的唯一"娱乐"就是躺在自家满顶床上,盯着上面的图画出神,他每晚必看,百看不厌,图画中的内容和图案早已熟记于胸,并萌发了一种向往绘画世界的原始冲动。幼年时的晓耕当然不知道这图画代表什么,也不知这天花板上,还有满顶床上的画被称为徽州彩绘壁画,更不知其在中国绘画中的地位和研究价值,但是这些图画让晓耕对绘画产生了兴趣。在他儿时居住的老房子板壁上也就成了他涂涂画画的画板,为此,还遭到长辈的不少呵责,至今老房子还留有他儿时涂画的痕迹。

　　1978年高考,晓耕报考了安徽大学艺术系,但没能如愿。1979年晓耕阴差阳错成了一名军人,来到军营后,他依然迷恋绘画,因此理所当然地成了部队的文艺骨干,他被抽调在上海警备区绘制军事资料,负责创作幻灯片连环画,并得到部队上的认可。他所创作的幻灯片连环画作品曾经获得过南京军区一等奖。结束军旅生涯后,晓耕回到地方继续追寻着他的绘画梦,1984年,晓耕因工作所需考到广东肇庆师范学院美术系代培,开始系统专业学习,继续他的绘画梦。

　　开始进一步关注彩绘壁画,是在我国申报民间非物质文化遗产之时,徽州当时已有二十多项非遗项目进入省级国家保护项目。晓耕在基层一直从事民间文化艺术工作,对民居的彩绘壁画也十分关注。那时的徽州彩绘壁画并不为人们所熟悉,关注的人也很少。晓耕在关注徽州彩绘壁画同时,潜心向民间老艺人、老画师学习彩绘壁画技艺。在民间老艺人的指导下,胡晓耕逐渐掌握了彩绘壁画的鉴赏知识和修复技能。

　　艺术之路被人称为寂寞之道。胡晓耕选择的就是这样一条寂寞之道,他喜爱着这门色彩浓郁、历史悠久的民间艺术。从20世纪90年代初以来的近二十年时间胡晓耕的关注点一刻也没离开过彩绘壁画。为了寻找散落在古徽州的彩绘壁画,他的足迹遍布徽州及周边的村村落落,有时为了寻找一幅画、为了证实一幅画、为了修复一幅画他会废寝忘食,一直追寻。如今胡晓耕已收

彩绘壁画:文王访贤

集修整徽州彩绘壁画资料图片近两千幅。

正所谓十年磨一剑。胡晓耕经过二十年的磨砺,如今他完全有了对彩绘壁画的把握能力,特别是对彩绘壁画的研究与对彩绘壁画的修复技艺已经达到了一定的高度,他曾先后参与完成了西递敬爱堂、追慕堂、迪吉堂、宏村汪氏宗祠的彩绘壁画的修复和创作。在黟县美术馆展示的彩绘壁画中有很多是他修复的。经他修复的壁画再次重现了昔日的风采,成为了研究古代徽州壁画的活化石。

彩绘壁画:汾阳王做寿

在2011年首届中国非物质文化遗产(黄山)的大展上,胡晓耕的彩绘壁画作品"童子图"获金质奖项。经他整理修复的彩绘壁画作品曾参加广州时代美术馆黟县民俗系列展、第三届安徽省传统工艺美术产品展,还参加了在合肥安徽大学举行的2014年安徽省第九个中国文化遗产日——黟县百工展,并获一致好评。

据了解,书画界对徽州彩绘壁画给予了很高的评价。中国艺术研究院民间美术研究中心主任、美术研究所研究员王海霞教授认为:徽州彩绘壁画,其丰富的文化内涵和固有的民居文化特色可成为中国传统文化的重要组成部分,是研究民间彩绘壁画的典范。著名画家安徽合肥画院院长凌徽涛先生,在观看徽州彩绘壁画后说:徽州彩绘壁画可谓民间的敦煌,其构图洒脱,用线精良,风格独特,人物刻画活跃多姿,丰富自然,是不可多得的民间艺术。我国著名画家张大千也曾说过:唐宋画家,不画壁画者不能享誉盛名,可见壁画在绘画中的重要地位。对徽州彩绘壁画多有探究的胡晓耕认为:徽州彩绘壁画是呈现在徽州民居中的一种艺术形式,是一种真正属于民间百姓的文化艺术。它是继"徽州三雕"之后的又一种发现,填补了徽州壁画的空白。其历史地位与艺术性不容小觑。

作为安徽省乡土文化研究会会员、安徽省民间文艺家协会会员、黄山市民间文艺家协会副秘书长、黟县民间文艺家协会副主席、秘书长,作为徽州彩绘壁画的追寻者和传承人,胡晓耕有一种紧迫感,更有一种责任感,他感觉到身上沉甸甸的担子。他认为前几年有许多壁画被转卖或者被破坏,随着时间的推移,现存徽州彩绘壁画将会越来越珍贵,保护和传承刻不容缓。眼下保护和传承徽州彩绘壁画要从两个方面入手:一是要让百姓了解彩绘壁画的艺术价值和保护壁画的现实意义;二是政府机构要介入壁画的保护和传承工作,成立专业研究机构并给予资金上的扶持;三是要做好与培养彩绘壁画传承人的人才工作;四是要在抓紧现存壁画修复和保护的同时,通过旅游的形式,向外界展示徽州彩绘壁画的艺术魅力,延伸其艺术价值,比如生产彩绘壁画屏风、彩绘壁画礼品、彩绘壁画艺术墙、彩绘室内摆设等,让徽州彩绘壁画的艺术生命永存。

# 心系祁红  志在传承
## ——祁门红茶省级传承人王昶

王昶出生于 1966 年,在那个年代,物质贫乏,家庭生活艰难。王昶和那个年代的很多年轻人一样,为了减轻家庭负担,还是个孩子时便进入村集体茶厂从事茶叶的生产加工。在艰苦的劳动中,聪慧勤快的王昶很快就掌握了茶叶加工的各种技能,学到了有关茶叶的很多知识,并成了厂里的生产骨干。20 世纪 80 年代初,头脑灵活,善于思考的王昶开始个体茶叶经营。其后,他又从承包村集体茶厂起步,创立了自己的"凫绿"有机茶公司,实现了从个体户到企业家的角色转换,成了一名真正的"茶人"。

### 投身祁红  建基立业

祁门是红茶的发源地,传承和发展红茶是王昶的梦想,当时红茶生产大多是小打小闹,品牌不响,规模不大,王昶一直在谋划着祁门红茶的规模化生产。他认为祁门红茶是祁门的名片,是中国红茶的第一品牌,是专供出口的外贸茶。他对市场发展前景一直看好。作为一名有抱负的茶人,想要事业上有所成功,进军祁红生产领域,是最佳的选择。同时,他还曾因机缘凑巧,认识了祁门茶厂的技术厂长陈季良。陈先生早年师从茶界泰斗胡浩川,是公认的祁门红茶大师级和正统的祁门红茶制作技艺传承人。王昶对老先生执弟子之礼,经常向他请教有关祁门红茶加工制作方面的问题,他从老先生那获益颇多。

正是有了这样一段情缘,当他得知祁门茶厂经营陷入困境,不得不将全厂分立、重组、改制成六大分公司后,马上行动起来,通过多方努力,于1997年4月正式接手了原属祁门茶厂的红茶公司,开始创办了自己的红茶加工企业。创业的道路并不平坦。其他几家分立出去的公司因种种原因,相继退出祁红生产领域,个体生产厂家纷纷上马,大家为了各自的利益,打起了"价格战"。祁门红茶的整体质量一度下滑,更有外地红茶假冒祁门红茶流入市场,使得祁门红茶的声誉受到了严重损害。一时间,业界对祁门红茶的前景无不表示担忧。王昶在感受到压力的同时,更是酝酿着如何摆脱困境,把企业做大,使祁红产业在"涅槃"中重生的长远计划。

王昶参加中国非物质文化遗产年俗展示

2005年,国有祁门茶厂进行了最后的改制,全部资产被一家浙江民企整体收购。尽管政府要求收购企业必须继续从事祁门红茶的生产,但作为一直从事房地产的企业,它的收购行为并没有给祁门红茶带来希望。由于生产规模小,生产经营不善等原因,这家半路出山的企业仅仅维持了很短的一段时间就停产了。祁红产业再一次处于一盘散沙的状态。这时的王昶既感到创业的艰难,也看到了机遇。经过深思熟虑,他决定破釜沉舟,挺身而出,立志要把祁门茶厂的经营承接下来,把祁门红茶的大旗扛起来。于是,他多方奔走,克服了许多意想不到的困难,在政府主管领导的支持下,2005年王昶投资5000万在祁门龙门坦工业园区新建了一个占地35000平方米、拥有现代化厂房和设备的大型茶企,并定名为"安徽省祁门红茶发展有限公司"。公司的建立,结束了自祁门茶厂破产以来祁红生产小打小闹的尴尬局面,开启了祁红产业由龙头企业带动全局的新局面,并最终成为了新时期祁红产业的领跑者。

## 顺应发展 开拓创新

王昶善于学习,勇于开拓,对家乡、对祁门红茶充满感情。近年来,为了企业的成长,为了祁红产业的发展,他不辞辛劳,呕心沥血,做出了特别的贡献。

首先,他总结并进一步完善了公司与茶农协议成立茶叶生产合作社的成功经验,通过租赁、承包和流转等形式,在祁红主产区的多个乡镇、村组建立了以"公司+合作社+基地+农户"的生态茶园基地。公司以提高茶叶的安全卫生质

王昶(右一)在参与评茶

量、提升"天之红"品牌价值为主旨,配合美好乡村建设,合理整合和配置资源,在不改变土地集体所有性质、不改变土地用途、不损害农民土地承包权益的前提下,对基地附近的荒山、低产茶园进行了科学改造。通过对茶园的无公害和有机化改造,改善了基地茶园的生产条件,提高了茶叶原料的安全卫生质量和产量,带动了茶农增收。实现了企业和农民"双赢",促进了企业的可持续发展。

为了提升公司研发水平,公司与省农科院茶叶研究所合作组建了省级"安徽省祁门红茶工程技术研究中心",与大专院校签定了长期的产学研战略合作协议,聘请了业界专家、学者担任茶叶科研项目负责人。公司组建的"天之红祁门红茶创新团队"被列入黄山市第三批前沿技术创新团队,形成了产学研同步发展的长效机制,加快了科研成果的完成和转换。"天之红"科技创新团队所进行的前沿课题攻关,取得了一批关键性、实用性、前瞻性的成果。与省农科院茶叶研究所共同研建的国内首条工夫红茶清洁化、自动化生产线,实现了工夫红茶生产加工技术的重大突破。

公司还致力于管理创新,2011年正式导入卓越绩效管理模式,以吸收外资入股、优化架构、部门重组、建章立制、人才培训和加大督查等方式,使公司建立起现代化管理机制,先后通过了ISO9001质量管理体系和HACCP食品安全体系认证;2013年获祁门县政府质量奖和黄山市市长质量奖。

作为本土最大的集茶叶种植、生产、销售、科研和茶文化传承于一体的省农业产业化龙头企业和全国综合实力百强茶企,一路走来,公司开创了祁红产业的几个"之最":

最先由企业建立自有生态茶园;最先取得欧盟BCS有机认证;最先获得自营出口权;

最早与科研院校合作,在茶叶专家的帮助、指导下开展多学科的茶叶科研;最早导入现代企业管理模式……

今天,这些管理和经营模式在一些有实力的祁红茶企已逐步推广开来,但作为第一个"吃螃蟹"者,公司已在产业发展史上留下了自己清晰而又坚实的足迹。

## 志在传承　着眼发展

为传承和传播祁门红茶文化,王昶始终以祁红传人的情怀和责任,努力践行着心中那一份对祁门红茶的承诺。他积极申报了祁门红茶非物质文化遗产传承人;在公司内开设了祁红文化展示厅和传统手工技艺展示点;利用"徽州文化生态保护实验区"和省级"非物质文化遗产传习基地"积极传播祁红文化。

为了让更多的人熟悉祁门红茶、了解祁红文化,王昶亲力亲为,不遗余力。在由文化部主办的北京中国非物质文化遗产年俗文化周和深圳非物质文化遗产百项技艺联展活动中,他亲手操作,向广大参观者演示祁红的手工筛分技艺;在各种接待场合,他亲自向党和国家以及各级政府领导讲解祁红的创制史,宣传祁门红茶的高品质;公司营销团队按照他的要求,在品牌的塑造和宣传上,将祁红文化元素渗入到每个细节和过程,以祁红文化为引领,向文化界人士、客商和年轻的消费者宣传和展示祁红文化的魅力,吸引消费者饮茶和品味祁红茶文化。"天之红"品牌也是最早被认定为"安徽老字号"的祁门红茶品牌之一。

为了更广泛地传播祁红文化,公司主动配合央视及多家电视台对祁门红茶进行拍摄,协助各省市平面及网络媒体完成对祁门红茶发展历史和文化的宣传和报道。公司还关注青少年的乡土文化传统教育,每年都要接待包括大中小学在内的学子们到公司参观和参加社会实践活动;公司围绕社会主义核心价值观打造企业文化,以公司、公司党支部和公司工会的名义积极组织和参加各类社会公益活动,从十几年前就开始的捐资助学、困难帮扶到现在经常举行的环境整治、志愿者义务劳动、文化和体育赛事赞助等,无不显现了祁红茶人的宽广心胸,为新时代祁红文化的传承续写着新的篇章。

王昶先后被认定为祁门红茶"非物质文化遗产项目代表性传承人"和"祁门红茶制作技能大师"。

## 心系祁红　无怨无悔

2014年9月,为适应社会民间组织去行政化和优化法人治理结构、强化协会自身建设的要求,祁门红茶协会第二届大会举行了改选。鉴于王昶在祁红产业发展和文化传承方面所作的努力,被大会推选为新一届红茶协会会长。这是荣誉,更是责任。今天,祁红产业已走出了低迷,迎来了快速发展的大好时机。祁门县委县政府鼓励和支持各祁红企业加快转型升级的步伐,以适应国家经济建设的新常态。

王昶（前排右二）与大家一起祭拜红茶鼻祖胡元龙

由于红茶市场看好，民间资本也把转型茶产业当作投资的热点，纷纷加入到祁红产业的队伍中来。一时间，你追我赶，竞争加剧。对此，王昶在为祁红产业的美好前景感到庆幸的同时，也保持了一份冷静。他认为，祁红产业要保持健康发展的势头，在贯彻落实政府提出的产业发展规划的同时，还需要把茶叶的生产加工同祁红文化的传承和弘扬有机结合起来，同国家"一带一路"的战略规划结合起来。每个有抱负、有担当的企业家不但是祁红产品的生产者、祁红品牌的锻造者，也应当是祁红文化的传播者。

王昶认为，在祁红文化的传播和品牌塑造上，各厂家应遵循"和而不同"的理念，既要保持各自的经营特点和发展路径，又要携手共进，加强自律，共同维护原产地地理标志产品的纯洁性和正统性。协会成员要重视对祁红传统技艺的传习，保证产品的安全卫生质量和高品质，以质取胜，才能最大限度地体现出祁门红茶的品牌价值，使祁门红茶的市场影响力长盛不衰。

正是基于这样的认识，当他得知在祁门红茶首获巴拿马万国博览会大奖100周年之际，意大利米兰将在2015年举办以"滋养地球生命的能源"为主题的世博会，于是便与中国企业联合馆组委会联手，把公司品牌"天之红"推介到米兰世博会上去。他认为，祁门红茶不能在这样的国际展台上缺席。作为"绿色、健康、安全"的标志性产品，祁门红茶参展世博会，既是对祁红先人的缅怀和追寻，也是对祁红文化最好的诠释和传承。

让世界上更多的消费者认识、喜爱祁门红茶，让祁门红茶走进千家万户，是祁红茶人孜孜以求的目标，也是王昶的责任所在。有了这份责任、有了这份担当，注定了他将一如既往地在祁红发展的道路上负重前行。

# 保护传承制作技艺　创新发展龙湾茶干
## ——五城豆腐干制作技艺省级传承人洪光明

黄山作为全国乃至世界的一张旅游名片，旅游资源极其丰富，黄山风景区、西递宏村、屯溪老街、齐云山道教圣地、花山谜窟等景点驰名海内外，令无数人向往之。但是令黄山人引以为傲的却不仅如此——极具地方特色的旅游食品，如太平猴魁、黄山毛峰、祁门红茶、黄山茶干、臭鳜鱼、毛豆腐亦相当有名、独一无二。大美黄山不仅孕育了好山好水好风光，更孕育了一批具有代表性的名茶美食。

黄山茶干久负盛名，尤以龙湾茶干为代表：龙湾茶干，是徽州的传统特产，据有证可靠的记载，其始创于南宋末年，工艺成熟于元代，隆盛于清。古老相传，清乾隆游历江南，品尝到龙湾茶干时，特在茶干上印下无字印，誉为有口皆碑。

洪光明在车间

如今，龙湾茶干的掌舵人是省级非遗传承人——洪光明。

洪光明，男，1966年5月出生，第四代龙湾茶干正宗传承人。洪家世代制作茶干，选料十分讲究：精选土生"六月黄"黄豆，选用小磨麻油、桂皮、茴香、丁香、冰糖等多种天然辅料，历经"选豆""洗豆""泡豆"等十二道严密工序，所制而成的茶干质纯味鲜，柔韧香醇，对折不断，回味悠长。

为了更好地传承并带动这一非物质文化遗产,洪光明于2002年成立佳龙土特产有限公司,重拾沉寂十几年,渐渐淡出人们视线的老品牌——龙湾,主要从事茶干的生产。

作为龙湾茶干制作技艺第四代正宗传承人,同时也是省非物质文化遗产传承人的洪光明,他的心中装着两件事:一是如何致力于龙湾茶干制作技艺的保护、传承、创新与发展,二是如何发挥龙湾茶干的经济优势,带动生产经营户做大做强,共同致富。

一方面,他决定将生产基地迁回原产地龙湾镇龙湾村,添置新生产线,扩大企业生产能力,引进标准化加工、包装、保鲜、除污设备,解决企业的生产能力与市场需求的矛盾。与此同时,洪光明不断追求自身高度的提升,积极消化、吸收国内外先进管理经验。他提出"诚信、团队、创新、责任"的经营理念,认为培育企业的核心竞争力和持久增长能力远比追求企业的短期利润更为重要。为此,他引导企业驶上以"科技、绿色、健康、节约"为先导的快车道,致力于对人才的引进以及与科研院所、高等院校的技术合作,坚持树立"品质决定存亡,管理决定盈亏"的经营方针,确保产品质量的稳步提升,力争实现企业"广纳科技人才、依托高新技术、追求高端品质"的经营宗旨。他积极发挥员工主观能动性和潜能,使员工充分认识到自我价值。作为公司的最高层领导,洪光明经常与员工一起在食堂就餐,亲自接送员工上下班,与员工交流工作心得,关心员工的家庭生活。让员工以佳龙为荣,以佳龙为家,这种人性化管理模式及经营理念无疑也是"龙湾"不断壮大的内在原因。

为了更好地传承龙湾茶干传统制作技艺,洪光明特别注意招收对传统工艺有兴趣的手工技法爱好者,手把手教授龙湾茶干制作技艺,如今培养出龙湾茶干制作技艺人员40余人,这批骨干潜心于龙湾茶干的制作开发研究中,将传统工艺、家传秘方与现代科技有机结合。

龙湾本地生产经营豆腐、茶干的店家很多,如何形成豆制品专业户、专业村,使龙湾茶干上规模、上档次?洪光明大胆创新经营模式,带头组建全市首个茶干农民合作社。通过对当地农户提供技术指导和卫生把关,实现品牌共享,以点带面,逐步深化,带动我县大豆种植面积迅速扩大,在实践传统行业向市场现代化转变、开发绿色生态农业、发展循环经济、促进农业结构调整等方面起着表率示范作用,在满足企业自身发展的同时,也解决了当地农户单打独斗、生产效率低下等问题,切实引领农民发家致富,为休宁县农业经济的可持续发展做出了显著贡献。

在创造效益的同时,洪光明时常提醒自己,"做事要认真,做人要感恩"。公司是在政府的关怀和社会各界的爱护下发展起来的,面对员工、客户、社会、国家,他都怀揣责任。他常说,食品企业不仅仅是项事业,而且是项道德工程。因此他时刻不忘回报社会。一方面,洪光明热心于公益事业,关心下一代健康成长,帮助贫困学校建设,慰问辛勤的园丁,给祖国的花朵送去温暖和感动。他深知下岗职工的艰辛,帮助解决贫困职工生活及其子女上学困难等问题,特别注重下岗职工再就业、发挥其积极作用。另一方面,洪光明希望通过"龙湾"品牌的辐射作用,吸纳周边村庄的剩余劳动力,这不仅能解决周边部分农民的就业问题,也有利于传统茶干工艺的传承。

经过十几年的发展壮大,如今的龙湾已名声大震,"龙湾"品牌也已成为安徽省著名商标和安徽省名牌产品,并在省内外的众多展览会上获得很好的口碑和知名度。以前经营分散、缺乏整体品牌合力的茶干市场,在其影响和带动下,正朝规模化、产业化、品牌化方向发展,并已成为促进地方经济增长、农民增收的一大亮点,受到了市、县党政领导的高度关注。而洪光明个人也荣获 2005 年度"黄山市农村致富带头人"、2006 年度"安徽省农民创业带头人"、2007 年度"黄山市首届创业能手"等多项荣誉称号。2008 年,洪光明任第二届黄山市质量协会副会长、黄山市粮食协会常务理事、黄山市第五届总商会副会长、休宁县政协委员、黄山市人大代表。

面对众多的荣誉,洪光明没有故步自封。作为一个普通的民营企业带头人,他始终怀着一颗"感恩"的心,积极回报祖国。"传承、发扬非物质文化遗产,是我义不容辞的责任。"洪光明这样说道。

# 人若有志　万事可为
## ——徽菜省级传承人黄卫国

"我是伙夫"是他的网名,但如今的黄卫国已不仅仅是伙夫了,他是省级徽菜非遗传承人,承担着徽菜的传承与创新的重任。

"人若有志,万事可为"是黄卫国的个性签名,也是他的"座右铭"和人生坐标。黄卫国的工作是寻找美食,创造美味。

在我所采访的非遗传承人中,认识最早的是邵之惠先生,联系最多的是黄卫国。因为美食,因为徽菜,我与他有了较多的联系。

外表文绉绉、体型单薄的黄卫国,与人们印象中的传统厨师形象相差甚远。他于1972年出生在安庆桐城,一个桐城人如何成了徽厨,迷上了徽菜,并孜孜不倦地探寻徽菜的秘密,还做了黄山市餐饮界龙头老大——老街一楼的行政总厨,说起来有点让人诧异。当初步入这一行,抑或是为生活所迫,或许是喜欢,抑或是不经意的选择……无论当初是什么原因让黄卫国与徽菜结缘,但是如今,传承和创新徽菜已成为黄卫国为之奋斗的事业已是不争的事实。

有人说,一家餐饮企业是否能立足,是否能成功,厨师是关键,没有一个好的厨师,这家餐饮企业肯定不会走远,那么一个合格的行政总厨更是关键之关键,这话一点也不夸张。行政总厨对一家餐饮企业来说,非同小可,他的主要职责是掌握菜品的质量和菜肴配制标准,根据顾客的需求,与时俱进地推出创新菜品。从某种意义上来说,行政总厨掌握了餐饮企业的咽喉和命脉。

徽菜是中国八大菜系之一。徽菜起源于歙县,发扬光大于绩溪县"徽帮厨师"。徽菜与其他菜系所不同的是,它充分利用本地资源,以烹饪山珍野味著称。

徽州山高林多,溪水清澈,盛产石鸡、甲鱼、桃花鳜鱼、果子狸、竹笋、香菇、木耳、板栗等山珍异果,"沙地马蹄鳖""雪天牛尾狸""问政山笋",既是特产,也是名菜,从南宋以来,一直是徽菜代表性菜肴。徽菜在选料上,立足于原料的新鲜活嫩,即便是像"臭鳜鱼"这类特殊风味菜,其最初的用料也必须是新鲜鳜鱼,经过一定的加工腌制后烹调而成,绝不滥竽充数。徽菜讲究火工,以善于巧控火候而闻名。厨师们除根据菜肴的特点和要求,分别运用旺火、中火、小火烹调外,还经常运用几种不同的火温烹调一种菜肴。尤其讲究木炭微火单炖、单烤,如"石耳炖鸡""黄山炖鸽"等,因火功到家,成为名闻遐迩的佳肴。徽菜擅长烧、炖、蒸,浓淡适宜,有重油重色的特点。烧菜讲究软糯可口,其味隽永;炖菜要求汤醇味鲜,熟透酥嫩,蒸菜做到原汁原味,爽口宜人。徽菜中的烧鱼方法更为独特,鲜活之鱼,不用油煎,只用油滑锅,加调味品,旺火急烧五六分钟即成,由于水分损失少,鱼肉异常鲜嫩味美。

1995年,23岁的黄卫国正式拜师徽菜大师——王可喜,王可喜曾师从于民国时期蜚声海内外的代表性徽菜老艺人、"徽菜馆"创始人——胡银春大师。得益于高手指导加上自身的刻苦钻研,黄卫国在烧、炖、蒸、煮中逐渐成熟,在油、盐、酱、醋中完成了对徽菜技艺的原始积累。2003年黄卫国参加了黄山市创新徽菜大赛荣获宴席赛金奖,2005年参加安徽省创新菜大赛荣获个人项目特金奖,2007年荣获安徽省十大金牌厨师长称号。2008年参加中国烹饪大赛(安徽赛区)荣获个人项目特金奖。

徽菜在与时俱进中不断衍变、不断充实着。如今的徽菜需要融合更多的元素,来迎合四面八方食客的味蕾需求。当年,徽商、徽厨将徽菜带到了全国各地,如今需要将各地的美味融入徽菜,这就是融合与创新。作为行政总厨的黄卫国一直在做,也一直在思考着这样的问题。在传承中发展,在传承中创新,是黄卫国一直以来的追求。黄卫国在坚持继承传统徽菜烧、炖、蒸、煮特色工艺,保持徽菜原汁原味的基础上,通过原料之间的巧妙搭配来体现色、香、味;黄卫国在在创新徽菜的研发上保留了传统徽菜特色,不断求新、求异,在融合了其他菜系和现代西式烹饪的不同特点的同时,他所创制的菜品即不失传统徽菜的特点,又适应现代人不同的心理需求。他所供职的"老街一楼"每天都有创新菜,这其中凝聚了黄卫国的心血和努力。不断变幻的美食,不断创新的美味,才能让顾客的味蕾得到了充分的享受,因为有了徽菜,因为有了美食,"老街一楼食业有限公司"也不断做大做强,成为了黄山市餐饮界的龙头老大。

"如意鸡"是一道传统名菜,原名"路菜鸡",源于歙县棠樾村。相传清代徽州大盐商鲍漱芳首次外出经商,母亲制作烤鸡,装在竹制路菜筒内。一筒烤鸡吃到扬州,依然香气袭人。后来乾隆皇帝南巡至鲍家,富甲一方的鲍漱芳用这道菜招

如意鸡

待,乾隆尝后说从未吃过如此色、香、味足的烤鸡。为祝鲍漱芳生财有道,万事如意,取名为"如意鸡"。一顿如意鸡让主、呈双方都满意,可见一道成功菜品的魅力。

黄卫国在基本保留传统"如意鸡"选料和制作方法的基础上进行了创新。选择当地产的童子鸡作为主料,通过刀工处理后,将其放置煲底并铺上粽叶、鸡爪、笋片,再将鸡内外撒匀盐码入煲内,面上撒匀秘制汤料,铺上姜花和火腿,淋入黄酒,上火烧开后,改用小火炖制1小时关火;上席前加入调料,再烧开用调味搅匀,再将汤汁均匀地浇在鸡身上即可。这道菜,黄卫国取名"一楼如意鸡"。创新的"如意鸡"在原料中加入火腿、笋片,以增加香鲜味,同时改原来的炭火熏烤为文火慢炖,增加了汤汁,这道"如意鸡",无论在选料上还是在烹调上都充分地体现了徽菜的诸多特色。"一楼如意鸡",作为黄卫国的个人赛菜品荣获2008年中国烹饪大赛个人项目特金奖。"一楼如意鸡"也成了黄卫国成功的代表作。

"毛峰茶香虾"是黄卫国的创新菜,"毛峰茶香虾"是将明虾与黄山毛峰进行组合,加入黄酒、姜葱作为调料,通过虾腹部开刀、黄酒盐姜葱略腌、入油炸制、加姜葱略炒香、加毛峰炒出香味后,起锅装入锡纸包中,后放入铁板上席等数道工序烹制而成。

毛峰茶香虾

"毛峰茶香虾"通过特殊工艺将黄山毛峰的茶香与明虾的鲜美进行完美融合,形成了这道菜的咸、鲜、香味,明虾外脆内嫩,茶香味浓,深得食客喜爱。

双椒鱼头王

"双椒鱼头王"也是黄卫国的创新菜,其主料是胖头鱼,辅料有面条、红椒、酱青椒、姜葱蒜等。胖头鱼通过略腌制、淋味精猪油、铺红椒酱青椒、上笼蒸制、淋入豉油、铺面条浇热油上席等数道工序,将普通的胖头鱼通过特殊烹调手法,与面条、红椒、酱青椒、姜葱蒜等进行组合,达到了不一样的效果,白色的鱼肉铺上红、绿椒,鱼肉嫩滑,酸辣开胃,鲜中带辣,这道菜也是很多顾客的必选菜肴。

如今的黄卫国已是国家二级烹调技师和省高级考评员,中国快餐业职业经理人和餐饮业职业经理人,黄山市徽菜名厨、安徽省徽菜名厨,省级非物质文化遗产项目徽菜代表性传承人。作为当代徽菜传承与创新的实践者,他对徽菜事业的发展有一份热爱,更有一份责任感。1999年起,黄卫国就担任了黄山市徽菜传习基地——黄山一楼集团大众美食城厨师长及老街第一楼厨师长,一楼集团公司配送中心经理、集团行政总厨,全面负责集团产品(创新徽菜)的研发工作。

黄卫国还积极参与省、市两级徽菜标准化的制定工作。在徽菜标准化制定的过程中,黄卫国将徽菜标准化从理论逐步运用到产品研发的工作中。他认为:徽菜需要标准化,鱼龙混杂不行,没有创新也不行。黄卫国充分利用一楼集团的资源发展平台以及黄山市烹饪协会副秘书长等社会职务,致力于徽菜产业化发展和与其他兄弟菜系的交流,为徽菜的标准化制定做着积极的努力。

人若有志,万事可为。黄卫国从一个学技术、找碗饭吃的徽厨小学徒,努力成为了一家大型餐饮企业的菜品标准制定和推陈出新的领军人物。黄卫国的工作也从开始的厨艺技能运用逐步走向挖掘徽菜传承与创新的深度和广度,不断探寻徽菜的秘密,在传承中不断创新是黄卫国永远的追求……

# 徽菜情缘
## ——赛琼碗省级传承人邵之惠

有人说:说徽菜,绝对不可以不说邵之惠;绩溪县成功申报"中国徽菜之乡""中国厨师之乡",也不得不说邵之惠。

外表儒雅,擅长书画艺术的邵之惠迷上了徽菜,那是自然的。他的故乡在绩溪伏岭下,大山褶皱中一个不起眼的古村落,一个被称为"徽厨之乡"的著名村庄。他是徽菜名厨之后,祖、父辈皆从厨艺,他的父亲在上海开过酒楼,又在18家徽馆拥有股份。父亲在蒸、煮、炒、炸中经历了半个多世纪,他的成长伴随着父亲在餐饮界艰难行走的历程,一路走来也离不开徽菜的滋养。

邵之惠真正与徽菜结缘是在20世纪80年代。一次下乡工作的闲暇之余,在与老父亲的唠家常中,让他触摸到了"徽菜"产生、发展的历史脉络,让他感受到徽菜厨艺的秘密和徽菜的独特魅力,同时也激发了他对研究徽州餐饮文化的浓厚兴趣。二十多年来,邵之惠一直痴迷于对徽菜烹饪技艺的探秘,致力于徽州餐饮文化的研究与传承,为徽菜的重新崛起奉献了很多……

## 一

《安徽商报》记者张扬曾发文称:"邵之惠是'徽菜'田野调查第一人。"他所掌握的有关资料最先源于与父亲的一次次谈话、一段段回忆,还有在父亲带领下的一次次走访。

在老父亲陪同下,邵之惠曾先后走访过绩溪伏岭一带的七八十位老徽厨。

当时的受访者，大多是耄耋老人，最大的叫胡汉维，当时年已90岁。说是走访，其实是一种探寻，是对徽菜的一种抢救。连续的走访调查，邵之惠获得了大量珍贵的有关徽菜的起源与发展以及徽馆的对外拓展与衰败轨迹的第一手资料。据了解，当年绩溪人在上海、杭州、苏州、嘉兴、孝丰、芜湖、南京、武汉三镇、重庆、成都及西南一带都开办过徽馆。邵之惠在调查中不仅了解了当年旅外徽馆的数量，还详细了解到了这些徽馆的开办年代、创办人、店址、规模、特色、名菜、名厨、徽菜特点、形成原因以及经营沿革等。这期间，邵之惠还通过供职于上海市教育部门的兄长邵之泉三次到上海图书馆、徐汇区藏书楼等单位收集当年旅外徽馆的有关资料，同时还为父亲整理了"徽馆琐忆"及传统徽菜菜谱；其弟邵之年也多次前往绩溪北村一带走访了十余位退休老徽厨，获得了更多的第一手资料。

邵之惠的执着也勾起了老父亲的回忆。其母亲曾嗔怪他："你平时工作忙，这次回家一会，又不清闲，弄得你爸夜里都睡不好觉。"那段时间，老父亲床边的马鞍桌上总是放满一张张零乱的麻酥糖包装纸，纸上横七竖八地画了许多线条，标明了新中国成立前上海各处马路的位置，线条两边写了徽馆的店号名称。父亲的认真让他有些感动，又有些愧疚。因为当年父亲在上海开过徽馆，在新中国成立后的历次运动中，难免受到冲击，回忆过去无异对父亲是一种煎熬和刺激。父亲做事一贯热心、细致、认真。那一阵，父亲经常晚上都睡不好觉，邵之惠完全理解父母的心思。父亲夜间频繁起身，是因为老人记忆衰退，晚上一旦想起一家徽馆，又不得不起身记下，以免次日忘记。那些日子，他的父亲共回忆起的徽馆近百家，这对邵之惠来说是个不小的收获。

让邵之惠对徽菜的抢救感到有危机感的是在1974年的初夏，那时，邵之惠的父亲刚退休不久，安徽省行管局寻求徽菜名厨去合肥稻香楼、华侨饭店等大宾馆从事徽菜烹饪工作。他们首先来到原徽州地区饮食服务公司寻求帮助，结果被告知徽厨大多来自绩溪；于是，省行管局又马不停蹄来到了绩溪饮服公司，经理许家健又告知徽厨出在伏岭。此话不假，据后来调查，仅当时籍属伏岭的退休厨师就达上千人。但是，当年的徽厨大多年事已高，新徽厨又后继乏人。这件事让邵之惠感觉到一种危机，一种对徽菜传承现状的担忧，作为徽厨之后，他感到肩上沉甸甸的担子。邵之惠决定将在伏岭一个多月的采访中收集到的有关徽厨、徽菜、徽馆的资料进行整理。

经过几个夜晚的挑灯夜战，几天后，一份题为《抓紧挖掘传统的徽菜烹饪技艺——关于旅外徽馆业历史和现状的调查》写出来了，并送到了绩溪县委、县政府领导的手中，主要内容有：一、徽馆经营历史悠久，涉及面广，影响深远；二、徽菜烹调讲究精细，地方特色突出；三、徽厨后继乏人，传承势在必行。其中还列出了四条具体建议。然而，报告呈上后，却未等到县领导的一字回音，后来得到有关领导的答复却是:"老邵啊,现在经济建设这么忙,哪有时间考虑这菜不菜的事情",邵之惠的一片苦心被打入了"冷宫"。这让他沮丧了很久,这个调查报告也因此被尘封了数年。

后来的一个偶然的机会,又让这份调查报告绝处逢生了。那是1984年元月28日,邵之惠偶见26日《安徽日报》刊载了时任徽州地委书记程寿娣写的题为《从实际出发,大力开发山区资源》一文。文中谈到"绩溪厨师的烹饪技术更是闻名全国"。这让邵之惠喜出望外,他赶紧找出了当初那份调查报告进行了重新整理,准备将这份调查报告邮寄给程寿娣书记。说来也凑巧,程书记不久正好到绩溪检查工作,下榻在绩溪县委招待所(绩溪宾馆前身)。那天,正好邵之惠妻子张丽雯在总台值班,程书记的秘书张正祥又是妻子的同学。当张正祥在总台登记住宿时,张丽雯就委托张正祥将调查报告直接递呈程书记。程书记看过后对邵之惠的想法给予了肯定。

1984年5月2日,绩溪县人民政府办公室以文件形式转发了徽州地委办公室关于程寿娣书记对邵之惠呈报地委的调查报告所作的指示的通知:"绩溪县地方志办公室邵之惠同志《关于绩溪县旅外徽馆业历史与现状的调查》程寿娣书记看了,并批示,要告诉拟稿人:1.材料写得好,但论据考证不够,须继续深入。2.可以整理登报,以作者的名义。3.绩溪县政府正副县长要看,要研究,要筹办培训厨师班。先搞30至50人,毕业后到单位当炊事员,提高了上调,任人挑选。4.可以到城镇去开徽菜馆,我支持。"是年下半年,绩溪县烹饪技工班在绩溪县西山华阳二小校址成立。

这是绩溪县有史以来的第一个正规培训厨师的技工班,培训厨师有了平台,这也极大地鼓舞了邵之惠深入研究徽菜的积极性。邵之惠对徽厨、徽馆、徽菜不经意间地涉足也变为了他对徽州饮食文化的深入探索与孜孜不倦的研究。从此,他经常利用业余时间,继续开展对徽菜的挖掘和调查工作,他先后到过屯溪、杭州、南京、芜湖、上海、郑州、洛阳、武汉、衡阳等地,先后访问过涉足徽菜的各方人士230多人(现有70%的人已作古,这些资料十分珍贵)。同时,又把收集起来的数十万字资料进行整理、分类、鉴别、求证、补充,并形成了关于徽菜的历史、现状及发展前景分析的一系列研究性文章。其中《初论徽菜特点的成因与发展》,先后在《黄山学院报》和《中国徽菜》杂志创刊号刊发。此后,该文获得了中国管理科学研究院颁发的优秀论文奖,颁奖词称:(该文)"体现原创性,并在徽菜研究领域有突破性贡献",并发了"著作证书",后入选《中国当代思想宝库》丛书。随着研究的深入,邵之惠又相继撰写了《绩溪旅外徽馆业的发展与现代开发》等文章,发表于国际学术交流期刊《饮食文化研究》。为进一步宣传、推介徽菜,邵之惠又以考证、文史、报导、散文等体裁,撰写并发表了《徽菜源流考》《寻找路文彬》

《历尽艰辛闯西南》《悠悠徽厨情》《伏岭徽厨走天下》《"我为邓小平值过厨"》《绩溪名厨为毛主席烹制武昌鱼》《徽菜先声夺沪上》《徽菜,在这里诞生》《在波恩值厨》《婺源访徽菜》《徽帮领袖路文彬》《漫话绩溪拓粿》《在紫园吃一品锅》《到绩溪去吃"十碗八"》《寻找徽菜失落之因》《徽菜的人物和谐及其社会价值》等文章数十篇,这些文章先后在有关报刊上刊出,对宣传徽菜、宣传徽州饮食文化发挥了积极作用。

1997年夏,邵之惠接受香港凤凰卫视《寻找远逝的家园》栏目组的采访,解答了他们所提出的"徽菜特点、成因、徽菜狮子头与扬州狮子球有何异同"等问题。后来又连续接受了宣城电视台《关注》栏目、《安徽日报》《安徽商报》《中国徽菜》《中国烹饪》等报刊的专题采访。邵之惠围绕徽菜的秘密、徽厨的技艺、舌尖上的徽州等问题向媒体做了较为权威性的解答。

## 二

2005年,被称为新中国成立以来我省规模最大的一部原创性学术著作《徽州文化全书》,历时六年多的编撰,由安徽人民出版社正式出版。这套由安徽省委宣传部、省社科联牵头编纂,被称为安徽省"九五"期间社科研究的重大项目和跨世纪的学术文化建设工程的《徽州文化全书》的出版发行,在社会上引起了极大反响。《徽州文化全书》共分20卷,《徽菜》也列入其中。邵之惠作为《徽菜》的主要撰写者参与其中,笔者也被时任黄山市市委副书记的张脉贤安排其中承担部分章节的编写任务。

在《徽菜》卷的撰写过程中,我认识了邵之惠。第一次见到邵之惠是在一次编辑工作会上,中等个头,带着宽边眼镜,谈吐儒雅,这是我对邵之惠先生的最初印象。一交流,才知邵之惠是绩溪县地志办的主任,是个地道的文化人,并且对徽菜的挖掘做了大量的调查,对徽菜的产生、发展及现状已做了很多的调查研究工作。作为绩溪县地志办的主任,那些日子里,他正在县志稿校对的紧张阶段,弄得眼睛十分疲倦,视力急速下降。他说:既然答应了《全书》的事,一定要认真去做。从1998年5月起着手编写,每天挑灯夜撰,给自己硬性规定每晚必须完成一两千字的写作任务方可休息。经过邵之惠及主要撰稿人的努力,近20万字的《徽菜》终于交稿。看了初稿,安徽师范大学副校长、徽商研究专家王世华教授则认为,"徽菜是徽学研究的空白,从无人进行过探索,这方面文字档案资料又极少见,这是历史造成的。作者能主动开展田野调查,积极抢救填补这方面资料的空白,所获大量的口碑资料就显得尤为珍贵,我们今后的学术研究,不应'天下文章一大抄',而应极力提倡这样深入实际的调研之风,我们的徽学研究方能健康发展"。后来,在《徽州文化全书》出版发行的广告页中,便有了"这套丛书体现原创性"一词。《徽菜》卷的"原创性"应该说,是以邵之惠当初的田野调查为基础和依据的。负责本书编辑的是安徽人民出版社编辑张胜莲老师,她在书稿编辑联络中,也几次对邵之惠说:"此书具有较强的专业特点和地方特点","资料来源显得弥足珍贵,此书发行前景一定看好。"邵之惠在《徽菜》中所付的艰苦努力不可小觑。

如今,《徽菜》被翻译成英文版和繁体中文版向世界一百多个国家和地区发行。

## 三

随着时间的推移和研究的深入,邵之惠也更加忙碌了,人们经常在餐饮活动现场见到他的身影。2005年9月中旬,绩溪举办了第一届美食节,一是促进旅游业发展;二是推出徽菜创新菜谱;三是邀请有关专家给绩溪餐饮企业授牌。邵之惠作为徽菜研究专家自然参与其中。同时,绩溪县有关领导要求邵之惠参与绩溪县"中国徽菜之乡""中国厨师之乡"的申报工作,邵之惠理所当然地承担了申报材料的组织、执笔工作。他深深感到这是县里的大事,也是徽菜产业发展的极好机遇,申报工作如获成功,意义深远。于是,当天下午便去了县委李副书记的办公室,正式接受了"中国徽菜之乡""中国厨师之乡"的"组织、执笔申报材料"撰稿任务。县领导要求邵之惠一周内完成申报材料的撰写工作,他凭借多年的有心研究和收集,仅用了两天一晚的时间,就完成了2万多字的申报材料的撰写工作。这份申报材料,分八个部分,材料内容丰富、翔实。后来,中烹协考评组王赛时教授对绩溪县的申报工作给予了"用工甚巨"的评价。

自2005年5月下旬参加申报工作起,至2007年10月在安徽省徽厨技师学院"首届中国徽菜高级培训班开学典礼"上开课的30个月中,邵之惠亲历了"中国徽菜之乡""安徽省徽厨技师学院""中国厨师之乡"的三次申报工作;参与了"绩溪·首届中国徽菜之美食文化节"以及相关活动的筹备;参加了"安徽省徽厨技师学院"建校之初一年多的工作。这一切,让邵之惠感到身心疲惫,但又深深感受到一种从未有的满足和释怀。

新千年之初,是绩溪县的收获年代。2005年至2007年的三年中,绩溪县连续获得了"中国徽菜之乡""安徽徽厨技师学院""中国厨师之乡"三张城市名片。这几张名片的取得,是数十代徽厨奋力打拼的回报,是县委、县政府及各级领导高度重视、积极运作的结果,这其中更有邵之惠的不懈努力和孜孜追求。

2008年6月,邵之惠参与了中央电视台国际频道《走遍中国》栏目组摄制的专题片《徽菜——赛琼碗》的拍摄工作并担任顾问;2010年初,邵之惠参与我国第一部《中国徽菜标准化菜谱》的编委会并承担撰稿工作;2010年春,根据邵之惠有关徽菜、徽厨、徽馆资料拍摄的、反映徽厨坎坷经历的大型电视连续剧《徽骆驼》在绩溪拍摄,邵之惠参与剧本和工作台本的讨论修改工作,并担任该片的"民俗顾问";同年年夏,《徽州文化全书》(徽菜卷)有幸入选国家出版委推出的《经典中国》丛书向海外发行;是年,邵之惠还被评为安徽省非物质文化遗产赛琼碗的传承人之一;2013年在全省名厨群英会上,邵之惠被颁发"安徽省烹饪事业终身成就奖"。

赛琼碗

邵之惠为徽菜而痴迷,为传承徽菜而不懈追求,为重振徽菜产业而努力。作为徽菜研究专家,邵之惠认为:要使徽菜立足与发展,没有传承不行,没有创新也不行,徽菜既要保留它的原有特色,还要与时俱进地创新,迎合现代人的口味。要使徽菜产业有更大的发展,必须在徽菜原材料的采集、种植、养殖及流通上逐步产业化,在徽菜菜品的工业化生产、徽菜资源的挖掘和创新、徽菜人才的培养与输出、旅外徽馆业的复兴和徽菜文化的理论研究等方面狠下工夫,真正把徽菜做成徽文化保护区的一大特色产业。

# 将徽菜传承进行到底
## ——徽菜省级传承人张根东

**核心提示:** 他18岁参军,从未想过会与油盐酱醋结缘,没想到厨师将成为他的终生职业;他28岁被破格评为特级厨师;30年艰苦磨炼让他成为徽菜大师;他遍访名厨,广纳百家之长,运用得天独厚的新鲜食材,让古老的徽菜在创新中收获更多美誉。他就是徽菜传承人、中国烹饪大师张根东。

## 入伍进厨房

1967年,张根东生于安徽庐江。在18岁参军前,他从未想过会成为一名厨师,并且将厨师作为自己的终生职业。

1985年,张根东被分配到武警黄山市支队,和另一名小战士被挑选到支队炊事班,这是最初涉及厨师行业。那时的张根东完全不会做菜,只能从切菜开始学。为了提高厨艺,张根东买了很多教做菜的书,空闲时就按书上的步骤一步步练习。

有些炊事兵觉得在部队炊事班能把菜做熟了就行,但张根东觉得既然当了厨师,不仅要把菜学着做出来,还要做得好,色香味得抓准,战友们都说张根东的菜烧得好吃。张根东凭着一股韧劲不断钻研,他的厨艺逐渐得到战友们的认可。

1986年,张根东参加全省武警部队第一批培训班,1987年取得三级厨师证。同年,在华山宾馆徽菜厨师培训班学习过程中,张根东初识徽菜,开始系统了解传统徽菜烹饪技艺。"那时老师管得严,每一道徽菜都要和老师学做一遍。"张根东介绍说。

## 研究新徽菜

1990年,张根东从部队转业,来到安徽省计划生育干部培训基地,先后担任厨师长、餐饮部经理、总经理助理等职务。

对于普通人来说,培训基地工作稳定,生活安逸,应是别无所求了,但张根东并没停滞不前。为提高徽菜技艺,他对徽菜的取材、烹饪方法、制作工艺等方面进行了全方位研究。

"很多人一直对徽菜存在误解,认为所有的徽菜都是重油重色重火候,但其实并不是如此。"和徽菜打了多年交道的张根东明白,徽菜立足本地优势,取材主要来自品种繁多的山珍野味,这是徽州天然的地理环境所赐。为了做好独具特色的徽菜,闲暇时,他一人钻进厨房,琢磨研究徽菜制作技艺。每研究出一种新菜,他都让其他人品尝。根据品尝者提出的意见,自己又不断改进和完善。"徽菜需要改进,需要创新,更需要从中吃出健康。"张根东说,新式徽菜讲究荤素搭配,结合现代人的饮食习惯来烹制,满足不同食客的需求。

在培训基地工作的10年间,张根东取得了不少成就:1994年被破格评为特级厨师;1995年取得安徽省职业技能考评员资格证,担任黄山厨师高级考评员;1998年被评为安徽省烹饪技师;1999年被评为国家级高级技师……

## 创新成大师

1999年,张根东为让自己的厨艺有更好的发展空间,决意加盟正在筹备的四星级酒店——黄山红塔酒店。家人、朋友、同事反对声一片,但张根东心里已做出决定。

凭着对厨艺的热爱,张根东从行政总厨做起,后担任餐饮总监、副总经理、党支部书记,成为红塔集团全国70多个项目中唯一没有外派的副总经理。在红塔酒店的10年时间中,张根东多次带队参加徽菜烹饪大赛,并将自己创新研制的新徽菜推广出去。2001年,张根东带领团队以创新的"世纪徽州宴"一举夺得安徽省第一届烹饪大赛团体宴席第一名。2005年,安徽省第二届烹饪大赛举行,张根东设计的"徽州特产宴"再获团体宴席冠军。

"徽菜作为徽文化的重要组成部分,我希望制作的每一道菜都能凸显出徽菜的地方特色。"张根东深知徽菜创新中蕴藏的道理,于是在准备参赛食材时,多次前往黄山三区四县找寻原料。在制作自创的"齐云山双珍"时,张根东两次前往齐云山,深入了解道教文化,力争将道教八卦图融入这道菜中。

为推广新徽菜,张根东还经常到全国各地举办徽菜美食节,传授徽菜技艺,宣传徽菜品牌,同时吸收别人的长处,由此在徽菜创新上有了雄厚的实力。

在这10年中,张根东又获得中国烹饪大师、国家一级评委、国家级高级考评员等诸多荣誉。

## 传承不停步

2009年,张根东离开红塔酒店,创办黄山根东徽菜餐饮管理公司,"徽菜大院"就是他的第一个基地。张根东认为,自己创业的目的不单纯是为了赚钱,而是想用自身的影响和成就为徽菜厨师打造一个学习和展示的平台,建立起弘扬徽菜的精英团队,更好地经营和推广新式徽菜。

安徽省非遗省级传承人、中国烹饪大师、国家级高级技师、餐饮业国家一级评委、黄山市徽菜质量标准专家评审组组长……年已50的张根东有十多个身份,但他最看重的身份是徽菜传承人。在30年的烹饪生涯中,张根东以传统徽菜为基础,博采众长,终于形成了自己新式徽菜的独到特色。

"徽菜的广泛传播,不能离开徽菜的本质,同时还要得到食客的认可。虽然新式徽菜讲究创新突破,但归根结底还是徽菜的一部分,其根源和底蕴不能改变。"张根东介绍,为更好弘扬徽菜技艺,他参与了多部徽菜书籍的制订,其中的《徽菜质量标准》详细描述了20道传统徽菜的制作工艺,包括臭鳜鱼、毛豆腐、徽州一品锅等,"比如大家最熟悉的臭鳜鱼,厨师可以在烹饪上有所改变,可以融入新的口味,但是作为徽菜最传统的菜品,它特色的臭味不能忘记"。

张根东说,作为黄山市烹饪协会培训班教员,他已经带了十几届厨师专业培训班。经他调教的徒弟也逐渐担当起传承徽菜的重任,在省市乃至全国的烹饪大赛中都摘金夺银。

张根东在烹坛奋斗的30年间,在徽菜创新上一直坚持不懈,书写着属于自己的精彩篇章。如今,他把全部身心都扑到徽菜的创新研究上,无论再忙,都会抽出时间钻进厨房,拿起熟悉的炒勺,继续演绎着自己的梦想。

# 雕刻万形千状　成就人生梦想
## ——徽州木雕技艺省级传承人朱泓、朱伟

"带着梦想的刻刀",有人曾经以这个题目采访过朱氏兄弟,我认为这个题目好,无论什么人,无论从事什么职业,有梦想就好,有梦想就有动力,有梦想就有目标,有梦想就有希望。尽管朱氏兄弟当初的选择有点偶然,有点无奈。

## 一

秋天本是一个收获的季节,可是1995年的秋天对于岩寺古镇的朱家来说是既有收获又有失落。这一年,朱伟、朱泓兄弟同时考上了高中,这让一家人很高兴,但是在一家农机厂上班的父亲却下岗了,家中失去了主要的经济来源。两个儿子同时上高中,家中经济状况不允许,手心手背都是肉,让谁继续上高中?这让朱家父母陷入了两难。懂事的兄弟俩私下商量,决定由年长一岁的哥哥朱伟继续上学,而弟弟朱泓则开始了打工养家。和所有乡村少年一样,朱泓最初的选择是学一门手艺——泥瓦匠,这时的选择与竹雕完全没有关系,但是这活技术要求不高,简单,有力气就行。然而,毕竟是十五岁的少年,加上身体单薄,最终朱泓还是应付不了这沉重的泥瓦匠的活。

朱泓开始改学木工,常言说:"师傅领进门,学艺在自身"。心灵手巧的朱泓不到三个月就学会了制作椅子。无意中,朱泓发现舅舅的木雕手艺很神奇,一件件造型各异的木雕作品深深地吸引了他,于是朱泓决定跟着舅舅学习木雕手艺。在渐行渐近中,朱泓更喜欢钻研竹雕技艺。半年之后,朱泓就可以用刻刀在竹子

上游刃有余地游走了。当时他雕刻的竹刻笔筒虽然稍显稚嫩,但已能和师傅的作品相媲美。

一年以后,朱泓终于有了自己的第一批竹雕作品——荷蟹仿古笔筒。这批仿古笔筒,分别采用了深浮雕、浅浮雕,以及镂空雕等多种雕刻手法。每个笔筒上都雕刻了以假乱真的荷花,有的盛开着,有的含苞待放……一只只雕刻精致的螃蟹依偎在荷叶上,造型优美,雕刻精细,深受顾客青睐。在广州,一个笔筒就卖了1500元,这让朱泓十分兴奋。1500元,对于朱泓、对于当时的朱家来说都是一笔不小的数目。

17岁时,朱泓开始有了自己的竹刻小作坊。他开始潜心钻研竹雕技艺,作品也越来越受欢迎。有客商为了买到朱泓的作品,专门坐飞机登门拜访。朱泓虽然对竹刻工艺有着超人的天赋,但在家闭门造车显然不行,他明显感觉自己还需要提高,他想寻找突破……

岩寺古镇上有许多民间艺人,但他们技艺从不外传,刻品多为自家收藏、把玩,也有流入古玩市场的。朱泓决定前去拜访他们。从此,岩寺镇的街头就行走着一位清瘦的少年,他背着一只工具包,到各位老艺人家拜师学艺,老艺人们都被少年的执着深深打动,他们也希望徽州竹刻技艺后继有人。他们开始不厌其烦地向少年讲述雕刻技艺的各种要领和手法,同时还无私地把收藏的各类竹刻艺术品拿给他细细揣摩。那段时间,朱泓脑子里装满了各种竹刻笔筒、竹刻臂搁、竹刻香筒、竹刻屏风……睡梦里也经常出现刻刀刷刷的游走声。

竹雕是朱泓的长项,恰恰竹雕又是雕刻行业最难把握的一种雕刻技艺。竹子纵纹密度不均匀,难雕刻,又极易断裂,稍不留意,一件作品就会半途而废,而且竹雕的最细微处也是最难雕刻的部分,比如在雕刻人物、动物作品时,人物、动物的眼睛最难把握,而一件刻品的最关键所在,就是传神的眼睛,少一刀则会眼睛无神,多一刀就神散了,这些最细微处恰恰又是师傅所不教授的。这种分寸的把握,往往靠个人的造化和悟性,有悟性的往往会青出于蓝而胜于蓝,缺乏悟性的,或许一辈子走不出误区,更成不了气候。朱泓深谙其中之理,他经常在家里反复琢磨和练习,重点在竹刻笔筒上下工夫。为了不至于让一件刻品半途而废,他选一节竹筒,专刻人物的眼睛。他认为人物作品,传神之处在眼睛,眼睛的关键在眼神,有什么样的眼神,关键在于中间的眼珠,那个小小的圆点,是整个画面的点睛之笔。朱泓反复揣摩,刻苦练习,为了这点睛之笔,朱泓不知用坏了多少把刻刀,刻坏了多少只竹筒。功夫不负有心人,朱泓的雕刻水平得到了大幅度提升。或疾风骤雨划过数刀,或电闪雷鸣握刀直下,或蜻蜓点水点到为止……雕刻为朱泓提供了丰富的想象空间,刻刀终于在朱泓的手中随心所欲地游走,同时也让他的悟性和想象力发挥到极致,他的小作坊源源不断地生产出精美的竹雕作品。一双双眼睛,或睿智,或狡黠,或温厚,或迷茫,都在朱泓的刻刀下栩栩如生起来。一个个粗糙的竹筒、木块在朱泓的刻刀下华丽转身为一件件精美的艺术品。

专业人士评价:朱泓竹、木雕作品,纯净,自然,富有真挚的原始儒学伦理内涵,具有朴素简洁、淡雅清丽的艺术风格,是实用与审美相结合之佳品。

朱泓的竹、木雕雕刻作品,内容取材广泛,有人物、山水、花卉、禽兽、虫鱼、云头、回纹、八宝博古、文字锡联,以及各种吉祥图案等。以人物为主的作品,有名人轶事、文学故事、戏曲唱本、宗教神话、民俗风情、民间传说和社会生活等题材;以山水为素材的作品,主要是徽州名胜,如黄山、白岳、新安江及徽州各县具有代表性的山水风光;以动物、花木、图案为内容的,一般呈连续图样形式,亦能独立成画,并根据建筑物体的部件需要与可能,采用圆雕、浮雕、透雕等表现手法。

朱泓性格内敛,不善言谈,但他一直在思考,如何运用雕刻技巧、如何表现主题、如何让构图更美……有时为了成就一件作品,他一坐就是几小时,有时几天不出门,一副百骏图,他整整耗费了一年多的时间。在不断的思考和探寻中,朱泓的木雕作品已达到了很高的雕刻水准,他雕刻的作品,边框一般都雕有缠技图案,婉转流动,凹凸有致。他多用原柏、梓、椿、银杏、楠木、榧树、甲级杉树等特种木材作为雕刻材料。为凸显木材品质的高贵,均不加油漆,以免影响雕刻的细部,同时可以显出木材的本色柔和及木纹的自然美。从 2006 年开始,朱弘的作品屡屡获得大奖:

2006 年朱弘的竹雕《百子图》在"第二届安徽省民间工艺精品展"上荣获金奖;

2009 年 10 月,朱弘的木雕作品《浴马图》荣获"第三届全国文化纪念品博览会银奖";

2009 年 12 月,朱弘的木雕作品《养性图》荣获安徽省工艺美术最高学术奖金奖;

2011 年 6 月,竹雕作品《人间百态》在中国国际旅游商品博览会上荣获"2011 中国旅游商品大赛"银奖;

2011 年 7 月,竹雕作品《商旅图》《兰亭雅集图》分别获中国工艺美术学会"盛世天工"木雕展银奖;

2011 年 12 月,竹雕作品《兰亭雅集图香筒》荣获"十大安徽非物质文化遗产旅游商品创新作品"奖,并荣获"首届安徽省旅游商品大赛"银奖;

2012 年 5 月,百年老竹雕笔筒《栖霞仙馆》入选中国当代工艺美术双年展;

2012 年 5 月,竹雕作品《兰亭雅集图》荣获"2012 中国旅游商品大赛"银奖,并获第一届安徽传统工艺美术产品奖二等奖;

2014年5月,朱泓的竹雕笔筒《赤壁夜游》再次在深圳文化博览会上获银奖;

2014年10月,朱泓的作品还荣获第三届中国非物质文化遗产博览会优秀传承人展示奖。

《商旅图》竹雕笔筒　　　《栖霞仙馆》竹雕笔筒　　　《兰亭雅集图》竹雕香筒

## 二

哥哥朱伟的路与弟弟朱泓走得有些不同,他上过大学,弟弟当年无私的放弃让他愧疚过好久,他何尝不想与弟弟一起奋斗。为了今后能帮上弟弟,当时朱伟报考了安徽农业大学,选择了林区多种经营专业。当时他曾跟弟弟说:朱泓,我毕业后,我们一起干。

朱伟毕业了,他没有食言,回到了家乡,来到朱泓身边。如何干?怎么干?朱伟在苦苦思索着,他在寻找最佳答案。开始时,弟弟在楼上开雕刻工艺厂,朱伟在楼下开网吧。终于,朱伟在网络上看到了网络销售的无限商机,他试着注册了竹艺轩网站,通过网络帮助弟弟销售竹雕作品,效果不错。

为了真正走进徽雕世界,最终朱伟还是从雕刻开始,最先朱伟跟着弟弟朱泓学习雕刻,在弟弟朱泓的耐心指导下,朱伟很快掌握竹、木雕刻技艺的基本手法,为了进一步掌握徽州雕刻技艺,后来朱伟又从师著名雕刻艺人程华媚、徐春来进行系统学习,经过刻苦钻研,朱伟终于学有所成。

受过高等教育的朱伟有了更多的思考,他一方面潜心钻研传统的竹、木雕的精髓,另一方面阅读了大量的雕刻方面的理论书籍,结合现代雕刻艺术的审美观,使传统的徽雕技艺在原有的基础上得到了进一步的升华。

朱伟的作品主要以徽州木材为原料,以刀代笔,因材施艺,因需造型,将诸子经典、名人墨迹、山川风貌、民间传说、神话故事、珍禽异兽等中国传统文化表现在木雕作品上,并形成了自己独特的艺术风格。刻刀下山水人物,表现得如梦如幻、生动而又传神,使人产生无穷的遐想。

朱伟所创作的木雕作品多次在各类大赛获奖：

2001年，朱伟创作的微型雕刻百首《咏竹诗》在安吉国际竹产业博览会上获金奖，并成为国际竹产业博览会指定礼品；

2008年，朱伟的竹雕作品《孙子兵法》成为徽商大会指定礼品，其设计的《淮南赋》成为淮南豆腐节指定礼品；

2008年，朱伟创作的竹雕《百子图》在第二届安徽民间工艺精品展上荣获金奖，同年朱伟的木雕《和谐屏风》又荣获"2008中国手工艺精品博览会"金奖，并成为2009中博会指定贵宾礼；

2009年，朱伟的竹雕作品《竹林雅集图》荣获安徽省工艺美术最高学术金奖，木雕作品《荣升之喜》插屏荣获"第三届全国文化纪念品博览会"优秀作品金奖；

2010年11月，朱伟创作的《兰亭序》竹简被评为第3届中国义乌国际森林产品博览会优质奖；

2012年11月，木雕作品《五福临门》荣获首届中国（黄山）非物质遗产传统技艺大展金奖；

2014年朱伟又在"金凤凰"创新产品设计大赛及2014年中国工艺美术文化创意展中荣获奖项。

年轻人的梦想是大胆的，有文化的年轻人的梦想更加大胆。朱伟在潜心钻研雕刻技艺的同时，他的梦想是开一家上规模、现代化的雕刻工艺厂，让更多的人了解徽州雕刻文化，让更多的人享受徽雕文化带来的愉悦，让徽雕文化得以不断传承发展。2005年，朱氏兄弟在徽州区城北工业园成立了黄山徽州竹艺轩雕刻厂，这也是当时黄山市最大的竹木雕工艺品生产厂家。朱氏兄弟通过传统徽雕手工艺的产业化发展，实行两条腿走路。一方面坚持手工创意引领产业化发展，另一方面由产业化发展反哺手工创意。这样双方互补，双轮驱动，使徽雕技艺的创承得以健康发展。

2012年是朱伟、朱泓兄弟俩事业发展最快的一年，在市领导的直接关怀下，地处黄山经济开发区，总投资1.29亿元的徽字号徽雕有限公司在一年的时间里就全部建成并投产，年生产规模大大提升，如今徽字号徽雕有限公司生产的徽雕文化产品已经远销世界五大洲。

朱氏兄弟还通过兴办雕刻公司，一方面积极扩大徽州雕刻的社会影响力，一方面广泛吸纳在徽州民间的雕刻艺人，带徒传艺。近年来，在竹艺轩的雕刻车间里，走出了一批批徽雕学徒，他们从对木雕一无所知，到学成出师。如今他们的足迹已遍布黄山市甚至全国各地，有的已经是徽州竹雕、徽州三雕市级非遗传承人，现在，朱氏兄弟的雕刻公司已成为培养雕刻人才的传承基地。

经过多少年的付出和努力，朱氏兄弟的产业在不断发展和壮大，他们的雕刻工艺品也得到了越来越多的认可。公司的产品继 2010 年成功入选世博会后，2013 年由朱氏徽州竹艺轩雕刻有限公司设计制作国内首套木雕邮册《妙相庄严经折装木雕邮票珍藏册》，也由中国集邮总公司成功发行。以后竹艺轩又陆续和中国邮政公司合作，成功开发了"金铜佛邮票""马年邮票"等多套木雕邮票项目，开启了木雕邮票史上的里程碑。有人称：这是我国乃至全世界首次使用徽雕工艺制作的邮票，彰显了徽州木雕技艺的超凡脱俗，是世界邮票史上制作材质的一次重大突破和创新，这种契合，使得徽雕艺术通过一枚枚精致的邮票得到更广泛、更久远的弘扬与传承，实现了国宝徽雕、"国家名片"邮票和中国佛文化的完美结合。2014 年 11 月，朱氏公司又成功承接并完成 APEC 非领导人正式会议午餐菜单的开发、设计制作项目；经过几个月精心筹备的第八届国际竹文化节也在徽字号博物馆圆满落幕。

朱氏兄弟凭借精湛的技艺和胸怀产业发展的远大目标，绘制着今日竹艺轩和徽字号的产业蓝图。目前，公司已荣获"国家文化出口重点企业""国家文化出口重点项目""安徽省著名商标""全国工业旅游示范点""安徽省文化产业示范基地""安徽省林业产业化龙头企业""安徽省农业产业化龙头企业"，并于 2014 年被文化部评为"国家级非物质文化遗产生产性保护示范基地"。

雕刻万形千状，成就人生梦想。朱氏兄弟用刻刀雕刻万千世界，用刻刀雕刻人生梦想。如今，朱伟、朱泓兄弟已是徽州木雕省级传承人。在传承中发展，在传承中创新，这是朱氏兄弟的梦想，更是他们的永远的追求。

# 徽州漆艺的前世今生
## ——徽州漆器髹饰技艺省级传承人范福安

与 2015 年以培训徽州漆器髹饰技艺传承人才为主不同，2016 年范福安的主要任务是，将他的漆画艺术作品在全国重要城市长春、福州、合肥、上海、济南、天津进行巡展、交流、传播。国家资助的艺术基金专项用于巡展和展陈开支。项目启动时支付 50 万元，另 35 万在项目完成后验收合格时全部支付到位。

我国的髹漆技艺历史悠久，早在秦汉时期就达到了很高水平。徽州漆艺起源较早，在南宋罗愿《新安志》中就有采漆的历史记载，由于古代交通不发达，手工艺的发展与原材料的开发利用有密切的关系，由此推断，徽州漆器髹饰技艺应该在南宋以前就产生了。

徽州漆艺鼎盛期出现在明代，明朝廷重视漆器生产，设有官坊，名为"果园厂"，徽州民间制作的漆器中比较好的作品有时能达到官坊水平。明万历（1573—1620 年）《歙志》卷九对此有明确记载："髹器则余氏、汪氏俱精，有退光罩漆、胎锡雕红、泥金螺钿诸种，上者欲追果园厂。"明代徽州螺钿髹漆技艺已相当精巧，据方以智《物理小识》记载："近徽吴氏漆，绢胎鹿角灰磨者，螺钿用金银粒，杂蚌片成花者，皆艳，古未有之。"可见，当时，吴氏绢胎鹿角灰磨光漆和螺钿漆工艺水平都有所创新，清代漆彩雕刻成为徽州漆器的主要特色之一。而这一时期的螺钿漆器作为朝廷贡品送入皇宫。

明代黄成在《髹饰录》中将漆器分为 14 大门类，据说技法多样甚至达到上千种。范福安说："我们徽州明代黄成所做的《髹饰录》中有几百上千种技法。"

康熙年间，徽州漆器以木为胎，土漆拌瓷粉，金刚砂为涂料，制成漆砂砚。民国《歙县志·方技》记载:"程以藩、善制漆器,精者银胎嵌甸红黑退光诸目,……缀补旧物,无迹可寻。"清末以后受社会动荡影响,徽州漆器与其他产业一样,一片凋敝。这些传统工艺也都难以为继,许多工艺失传,包括漆砂砚制作工艺。随着时代的变迁,以及战乱的影响,有许多珍贵的漆器工艺品失传,据已经故去的原屯溪漆器工艺厂老漆工俞金海回忆,菠萝漆工艺在抗日战争前期就已经失传。

新中国成立后,政府对此项技艺十分重视,采取了一系列政策措施恢复生产,20世纪50年代初,当地政府将一批民间艺人组织起来,成立了屯溪工艺品社,生产漆器、罗盘等工艺品。后屯溪工艺品社更名为屯溪工艺品厂,主要生产漆器和竹编这两个系列产品。1956年,屯溪工艺厂的老漆工甘金元复原螺钿漆器取得成功。1958年,该厂生产出60多件漆器雕漆画由有关外贸部门外贸出口,1959年徽州漆器的发展达到了历史上一个高峰期,俞金海、饶云卿、甘金元等老一辈漆器工艺师带领他们的徒弟参加了人民大会堂安徽厅内部装饰的设计和创作,制作出著名作品《百子图》漆画屏。20世纪60年代"文革"开始后,漆器制作也陷入困境,许多艺人被遣散。1972年,周总理关于恢复工艺美术品生产,以利于出口换汇的指示传达后,屯溪工艺品厂重新恢复漆器生产,但当时产品题材过于政治化,不适应外销市场需求,经济效益不显著。改革开放后,漆器生产重获生机,一批具有浓郁民族特色和地方特点的漆器工艺品受到外销市场的欢迎。1978年,老漆工俞金海经反复试验,终于制成菠萝漆,并复制出失传已久的漆砂砚,使这一古老技艺得以延续和发扬。1984年8月,屯溪漆器工艺厂加入全国漆器质量管理协会,并成为理事单位。以此为契机,漆器产业迎来了第二个高峰期。1987年,屯溪漆器工艺厂成为全国同行业的主要骨干企业,取得了与扬州漆器、福州漆器、北京金漆器齐名的地位。在随后的企业改革浪潮中,屯溪漆器工艺厂于2004年4月停止生产,成立留守处做善后工作。为了保留这门技艺,当时的厂法人代表奚建辉带领厂里工人40余人,成立了黄山市漆器工艺有限公司,继续发展漆器工艺品生产和销售。2008年6月,徽州髹漆技艺被列入第二批国家级非物质文化遗产名录。

徽州髹漆技艺历经沧桑,目前流传至今的这些技艺只是古代髹漆技艺中很小的一部分,蕴含着徽州地区深厚的文化内涵。一般学者认为,徽州髹漆技艺主要包括镶嵌、刻漆、描金彩绘、磨漆、堆漆五大类,以螺钿镶嵌、菠萝漆和漆砂砚著名。最具特色的为菠萝漆和漆砂砚。按照《髹饰录》中漆器的分类方法,可以对徽州髹漆技艺主要五大类技法进行归类,均属于《髹饰录》中的十四大门类。但在实际创作过程中,一件漆器作品的完成不仅仅只运用一种技法,往往综合运用到各种髹饰技法。

目前,徽州髹漆技艺的传习基地有奚建辉成立的黄山市徽漆工艺有限公司,甘而可、范福安、俞均鹏、汪大俊各自成立了自己的工作室。甘而可已被认定为国家级非物质文化遗产徽州髹饰技艺代表性传承人,范福安、奚建辉、俞均鹏、章国华、汪大俊、江延根被认定为省级传承人,俞万进等被认定为市级传承人。

范福安虽然目前还不是国家级传承人,但是,在大学学油画的他极具创新意识。他的漆艺工作室成立于2005年,主要从事漆器、漆画及艺术推广工作,由他开创的漆画艺术不仅是对徽州传统髹漆技艺的传承,更是超越传统技艺的现代绘画,代表作有:《徽州女人》《古巷深深》《徽府秋韵》《山居》等,其系列漆画作品已被国家及新西兰使馆、丹麦王室、中国艺术研究院、中国文化部、湖北省美术馆、安徽省美术馆、合肥市政府等收藏,或许是这些卓越的艺术成就,为他赢得连续两届国家艺术基金的眷顾,赢得了千载难逢的机遇并打下了坚实的工作基础。

范福安作品1

这里有必要向读者、受众和盘托出、娓娓道来的是,从去年冬天起,范福安花费了近一年时间创作的两幅丹麦女王和亲王肖像漆画,作为中国外交部、文化部赠送丹麦王室重要礼物的故事。范福安说,"这两个肖像是由中国文化部、丹麦驻华大使和丹麦的国家历史博物馆馆长一起邀请我为丹麦女王在中丹建交65周年之际创作的肖像。"在创作这两幅将载入中国与丹麦文化交流史册的艺术瑰宝过程中,范福安从选用材料上和创作技法上做了艰辛的努力和探索。范福安说:"漆画要在板上制作,底板刚才做完,全部用天然的,所以,你到我工作室来了以后,我们在这里聊天嘛,你到工作室闻不到一点气味,因为它是天然的、纯植物的。如果它不是纯植物而是化学的,这么多作品没办法坐下来的。所以,传统的这种漆画技艺是从从漆树上割下来的,纯天然材料它一开始像橡胶树一样是乳白色的。生漆慢慢通过加工变成熟漆,熟漆以后开始做板,用麻灰调色做板,整个画面做完要一百多道程序,但底板就相当于我们做纸张,或者是做油画布。油画是在油画布上画的,没有油画布这种载体,用什么东西来画呢?画国画没有宣纸要到那儿去表现呢。但是漆画必须要把板做好。板要做得平整光亮,不变形。它能够有承受力,它能够抗氧,耐酸耐碱,耐高温。能保存上千年以上,所以,现在中国出土一些东西,一个是青铜器,一个是陶器、陶瓷,一个是金币,然后就是漆器了。另外呢,我运用了徽州漆器的一种技法,结合了中国各省市的传统技法以及我们徽州明代黄成所做的《髹饰录》中近上千种技法。不断地总结和探索,再加上我大学学的是油画专业,就把东西方的技艺和油画一起融合。开辟出一种漆画界的也是一个领域先河吧。"

范福安作品 2

范福安说,他的成功之处在于把传统的徽州髹漆技艺与现代油画技艺完美结合。他在接受记者采访时,意味深长地说:"用中国大漆传统的技艺,和欧洲的油画色彩关系、绘画关系相结合,就非常有意义。否则,一味传统的东西在国际上不一定被认可、能被看得懂。一定要把东西方的文化嫁接,嫁接以后这样做出来的东西才有生命力。艺术没有国界,大家更能理解,一看哦,很漂亮。东方的艺术漆画能做成这样子啊!它既有油画的色彩,又有几千年的文化、技艺和内涵等一些综合的艺术表现力。"

笔者注意到,之所以从事漆画艺术创作的人如此稀少,能把这门艺术推向世界的就更是少之又少,是因为,从事这种艺术创作,技法用料异常繁复,制作漆画的过程更为艰辛。仅是作画用的底板就要从初坯做起,每一道工序完成后都要有自然晾干的过程,而且在用料用色上不能有一丝一毫的差错。范福安介绍了他的创作过程:我在做肖像时,采用了大漆的漆粉、玉、钻石、金箔、银箔、蛋壳粉等,还有矿物质的弱漆的色漆材料,全部是天然的。我不仅仅是创作女王和亲王这个肖像,作为中丹建交 65 周年国礼走出去。另外是祝贺丹麦女王 75 周岁生日。中国文化部孙(旭光)先生,为这幅肖像题词八字,"高山流水,琴瑟相知"。表现出他们夫妇的恩爱,珠联璧合。我所有的作品都是采用这种天然的材料来做的。尤其是亲王身上的这个钛金蓝,非常难做。在传统技艺当中,这种天然矿物质,做得不好就发暗,所以我要一点点做,一点点撒,上漆上色,这幅作品历时将近有一年的时间。

由于长期精力体力透支,加上作为吉林省艺术学院硕士生

丹麦女王玛格丽特二世与中国文化部孙旭光先生,为范福安先生创作的女王漆画艺术肖像作品揭幕

导师的工作,范福安在制作漆画期间还要在黄山和长春之间奔波,他曾经积劳成疾,因用眼过度造成视网膜脱落。看着墙壁上挂着的那两幅丹麦女王和亲王高兴地端详着范福安为他们创作的神采奕奕、惟妙惟肖的肖像的照片,范福安感到非常欣慰:"非常开心能得到丹麦女王、亲王和他们国家的博物馆馆长、学者们的好评。"

范福安向笔者透露,这是他在突破徽州漆艺发展进程中的第一步。下一步,他不仅要自己超越自己,还要在艺术世界里努力实现自己新的发明。

在此,我们祝愿范福安先生继续怀着他的艺术梦想在徽州漆画艺术道路上走得更高更远。

# 为神灵歌唱　为百姓祈福
## ——道教音乐省级传承人詹和平

詹和平

2012年"十一"黄金周,以"道乐颂太平,共祝祖国好"为主题的齐云山道乐表演,再现了1000多年历史的道乐奇观,让游客们亲耳聆听到了底蕴深厚并有些神秘的道教音乐。中国四大道教圣地之一的齐云山道教音乐,时隔多年后的情景再现,得到了旅游者的青睐,也引起了业内人士的关注。

与其他门类的非遗相比,道教音乐离人们有点远,甚至有些神秘。

据介绍,道教音乐是一种具有中国地方音乐特点的宗教音乐,作为一种古老的宗教音乐,在曲式和情调的内涵上无不渗透着道教的基本信仰和美学思想,并形成了自己独特的风格。道乐主要用于颂赞神仙、祈福禳[rang]灾(祈祷消除灾殃)、超度亡灵和修持养炼,曲调形式上有"阳韵"和"阴韵"之分,"阳韵"多用于早坛功课和祥祈性法事,"阴韵"多用于晚坛功课和超度法事。其美学思想反映了道教追求长生久视和清静无为,情调庄严肃穆,清幽恬静,有时会表现出召神遣将时磅礴气势,有时又会表现出降妖驱魔时威武果敢,祈福祝庆时欢乐轻快,赞颂神仙时优美恬静,而表现祈祷养炼时则悠扬缥缈……

有关道教音乐的来历,有这样一种说法,据史料记载:"陈思王游山,忽闻空里诵经声。清远遒亮,解音者则而写之,为神仙声。道士效之,作步虚声也(步虚声,传说中神仙于空中的诵经声。后指道士育经礼赞的一种腔调)。"早期道教科仪中的道教音乐资料现存较少,北魏明元帝神瑞二年(415年)寇谦之所得的云中音诵,即"华夏颂""步虚声",是道教音乐较早的书面记载。唐代道教因受帝王的推崇,道教音乐也受到重视,高宗曾令乐工制作道调。玄宗不但诏道士、大臣广制道曲,还在宫廷内道场上亲自教道士"步虚声韵"。唐代道教音乐在吸收当时的民间音乐、西域音乐以及佛教音乐的基础上,逐步发展和提高。到北宋时,则产生了道教音乐的曲谱集《玉音法事》,其中共记录从唐代传至宋代的道教音乐曲谱50首,这是目前能见到的最早一本道教音乐的声乐曲谱集(现存的是明代道藏的版本,宋代版本已佚)。南宋时,道教音乐在民间广泛流传。据《无上黄大斋立成仪》卷五十七记载,当时的道教音乐对于声乐形式和器乐形式的运用已经比较讲究悦耳动听。明代的道教音乐,由于洪武七年(1374年)道门科仪去繁就简,更加规范和统一,而且又有新的发展,进入了定型时期。此时出现的道教音乐谱集《大明御制玄教乐章》采用传统的工尺记谱法记谱。

近代道教音乐,基本上承袭明代以来的音乐传统,是中国传统文化的遗产之一。在20世纪50年代之前,江南及南方诸省中,看道场欣赏道教音乐,也曾是人们文化生活中的盛事。道教音乐主要用于道士诵经、赞礼及各种祭祀斋醮(道教祭祷仪式)活动,所以又称为"道场音乐""法事音乐"。道教音乐来自民间,经历代道士加工、提炼,形成了自成一体的宗教音乐。它运用原始老谱"工尺谱"的曲调进行演奏,具有优美、恬淡、缥缈并庄严威武的特点。

齐云山是中国道教四大名山之一,曾经一度成为整个华东地区的道教中心,对华东地区道教的影响不言而喻。在历史上齐云山有过道教的全真派、正一派两大派,并且两派都曾在齐云山上达到鼎盛。当代的正一派道乐与全真派道乐,是在道教历史长河中分衍至今的道教两大主流乐派,两派科仪宗出一脉、韵曲结构趋同、乐音根基同源。两派各自的音乐此中有彼、彼中有此、亦此亦彼、兼包并融。齐云山道教音乐保存了全真派和正一派两大教派的科仪、音乐等,通过漫长的历史进程中潜移默化的演变和糅合,互为并存,互相彰显,共同组成道教音乐的靓丽殿堂。

齐云山正一派道教音乐经过一千多年的历史演变、传承发展,不断进行修补改善,已经成为我国传统文化的一个重要组成部分。其音乐在中国宗教音乐中占有重要地位,对研究全真、正一两派之间的相互联系与作用等方面也有一定的参考作用。道教音乐与中国传统音乐有很深的渊源,同时对民间音乐的发展也有一定的影响。

道教音乐曾被称为靡靡之音,因历次政治运动而被迫中断,道经乐谱也大多流逝,近年来,休宁县有关部门及齐云山管理处审时度势,成立了齐云山道教协会,并开始收集整理齐云山道教音乐,经过4年多的精心整理,齐云山道教音乐沉寂了多年后终于再次在齐云山奏响。2008年6月,齐云山道场音乐被批准为"国家级非物质文化遗产"。承担齐云山道场音乐承上启下这一重任的是世代定居齐云山的新生代道人詹和平和他的道友们。

詹和平在主持天光法会赐福活动

为了能亲耳聆听到神秘的道教音乐,感受它的独特魅力,也为了与道教音乐的传承人詹和平做一次近距离的交流,2015年元宵节,笔者一行应詹和平之约,冒着淅淅沥沥的春雨到了齐云山太素宫正殿。上午九点,一场天光法会赐福活动即将开场,虽然天下着雨,并有几分寒意,但是虔诚的香客还是早早地来到了太素宫。道教音乐传承人詹和平是这场法会的主持人,他身着道袍,神情庄严。詹和平的道友们(这是詹和平对他的同行的称呼)同样身着道袍有序地端坐在大殿一侧,他们都是道教音乐的演奏者。据了解,齐云山天光法会赐福活动每年都要举行数次,除了春节、端午节要举行赐福活动外,每年的"九月九"作为玄武得道日和"三月三"玄武诞辰日,也是齐云山道教赐福日。赐福活动也是齐云山一项重要的法事活动。这天的天光赐福活动中唱主角的除了道长詹和平以外,还有齐云山的道家音乐。九点整,赐福活动开始,大殿内音乐齐鸣,场面肃穆庄严,身着道袍的詹和平,口中念念有词,虔诚而专注。香客们为保佑平安,敬香祈福。

出生在齐云山道教世家,终年被香火"熏陶"的詹和平成为齐云山道场音乐传承人也在情理之中。詹和平从小就受道教文化的影响,1992年(18岁)在齐云山道教协会做了一名学徒,1993年正月詹和平在齐云山太素宫正式拜"兴"字辈老道长詹松海为师,入道学习道教文化,这其中就包括道教音乐中的唱腔,配乐,以及道教仪式活动的部分动作。作为齐云山道人之后,对齐云山的道教文化自然有所了解,但对道教音乐却知之甚少。1993年3月至1995年元月,詹和平被派到中国道教学院进行了将近两年的学习,期间主要学习全真派的经韵和参加一些道教仪式活动,并利用寒暑假期间回山正式参加齐云山道教的仪式活动,学习唱念和乐器的使用。

1995年初,詹和平学成回到齐云山,正式投入齐云山道教文化的传承工作中,全面系统地学习各种道场的念唱和配乐使用。2007年冬至,詹和平参加了中国道教协会举办的正一派道士第二次授箓仪式并正式受箓。按道教中正一派的观点,道士只有在获得了箓之后,才能名登天曹,才能有道位神职,也才具有了差遣一定数量护身神兵的权力,因而才能斩妖除邪、超度生灵、救济困厄。未受箓受职,就无权遣神役鬼。从法术这个意义上说,所谓的授箓,更像是一个给被授予者(道教内称为箓生)颁发在神、仙界通行的职务证书的仪式。

有了"在神、仙界的职务证书",也表明詹和平从此正式入道,成为了正宗的正一派弟子,弘扬道教文化和做好齐云山道场与道乐的传承也成了他毕生的事业。

经过系统培训和钻研,如今詹和平对道教音乐已了然于胸。詹和平头头是道地向我们介绍了道乐的组成形式及道乐的功能,据介绍,道乐由声乐和器乐两部分组成,表演形式多种多样,包括独唱、齐唱、独奏、合奏、伴奏等形式,颂、赞、步虚、偈是单独的曲式,各种曲式贯通搭配,组成整个法事活动。

道乐中的器乐,几乎包括了汉民族乐器的全部,用得较多的是钟、鼓、磬、钹、铛、木鱼等打击乐,笙、管、笛、箫等吹管乐,古琴、二胡、板胡、阮等弹拨乐。齐云山道教音乐有着其独到之处,就是在演奏中对锣鼓的频繁运用,在有些法事中经常使用锣鼓配合着法器进行演奏,这种演奏方式与徽州民间音乐风格有着密切的关系,徽州民间音乐除地方小调外,最具代表的就是锣鼓乐(如《休宁得胜鼓》),这是为了适应婚丧喜庆,祭祀典礼等场合而创作的。一些地方现今还保留着婚俗套曲中的曲牌《小开门》,这在齐云山道乐曲牌中也有存在,而在操办红白喜事演奏的音乐之中,也或多或少地糅合了一些道乐片段,使得这些音乐在演奏时听起来有种超凡脱俗的感觉。通过这样的相互糅合,齐云山道教音乐很好地体现了道教正一派音乐的地域性、民众性等特点。齐云山道教音乐也从特殊的角度反映了徽州民间音乐的独特性。

道教十分注重道乐的功能,如道教经典《太平经》就提出道教音乐的"治身""守形""顺念""致思""却灾"等功能,认为道乐可使奉道者理入清虚之境而得到心灵净化,道乐能通神灵、驱邪魔、禳灾患。而今道教音乐作为中华文化遗产的一部分,正是遵循这样的音乐理论,为人祈福禳灾,为国祈祷太平,为社会增进和谐,追求一种乐人、乐治、乐天地、乐神灵的理想境界。作为传统民间音乐和传统文化,如今恢复和传承道教音乐,也是审时度势之良举。

据詹和平介绍:根据不同的场合,齐云道乐有念唱和乐器演奏两种表现形式,技法也有所区别,主要是为了配合不同的道场科仪,配以打击、吹奏乐器伴奏。齐云山道教音乐经过一千多年的历史演变、不断改进、日益完善之后,已成为我国传统文化、徽文化的一个重要组成部分。比如老徽州地区原来普遍存在的为操办红白喜事所演奏的"响器班",所演奏的民族打击乐器和丝竹管弦乐器,在他们所演奏的乐谱中,就有机地掺杂、糅和进了许多古老而又优美的道乐音符在内,使其更加抑扬顿挫,扣人心弦。锣鼓代表庄严热烈,也包含着沉重肃穆;唢呐横笛,既代表喜庆欢乐,也寓意悲痛与哀愁。它说明道乐来自民间,在民间这块土地上,道教音乐在为民所用的同时,也不断吸收着来自民间的"营养",使道乐这一民间古老的文化艺术更加丰满、完善。道教音乐以其强烈而独特的宗教信仰色彩,显示出高度的艺术内涵、个性和美,彰显出道教与地域文化紧密结合的魅力,极易被崇拜道教者和一般群众所接受,因此,齐云山道教音乐有着浓厚的大众基础。演奏的齐云山道乐主要是运用老谱"工尺谱"(工、尺、上、乙、凡、五、六)进行演奏,根据不同的道场演奏不同的曲牌,道乐具有优美怡淡、缥缈飞翔的韵律,兼具庄严威武、气冲霄汉的声调,抑扬顿挫,朗朗上口。

经过历代道士对齐云道乐的进一步加工、提炼完善,形成了自成一体的道教文化表现形式。有些科仪中注重将地方戏曲与科仪场合兼容并蓄,相辅相成,成为浑然一体的艺术。在不同的道场活动中,锣鼓笙箫等器乐和经韵此起彼伏,将道教音乐与道场活动,演绎得天衣无缝。

詹和平从事道乐和道场活动近20年,注重道场和道乐的收集、挖掘、整理工作,并积极与道友一起探讨齐云山道场和道乐的相关知识,不断规范道场程序,使道场和道乐更好地有机融合,促进道教活动趋于正常化和规模化,确保了齐云山道教文化的传承有序。采用现代七音阶乐谱演绎道教曲牌,对齐云山原有的道教音乐进行重新编排,既保留了道教音乐的原始韵味,又迎合了现代人的欣赏

喜好,如用打击乐与吹奏乐联合演奏的"迎神、礼神、禹步"等,听来更加悦耳动听。

据了解,现保存齐云山道教音乐的工尺谱一本,抄录有道教音乐曲牌42首,道乐演奏乐器12件。

近年来,詹和平和他的道友们一直为齐云山道教文化的保护与传承而忙碌着……为神灵歌唱,为百姓祈福,更是为了保护和传承道教音乐。

# 争当传统文化的传播者
## ——歙砚制作技艺省级传承人胡秋生

胡秋生在工作

在古徽州文化之乡郑村路口,有一家安徽省最大的砚业企业,成立于1999年4月,为美中教科文组织合作单位,该公司是传承中华民族文化的优秀企业,法定代表人胡秋生为文房四宝行业的佼佼者,高级工艺美术师,歙砚制作技艺省级传承人。

胡秋生,1960年生于秀美的新安江畔,名山秀水的灵气给胡秋生快乐的童年注入了得天独厚的营养,使他从小就对美的东西有着本能的追求和向往。少年时期,秋生痴迷美术,擅长手工,读书之余总是写写画画,弄这弄那,让长辈们觉得淘气。19岁那年,胡秋生秉承父亲的事业步入歙县工艺厂。自此,他如鱼得水,能够尽情发挥自己的才能,努力实现自己的梦想。秋生在父亲的嘱托下,师从王金生大师学习竹、木雕刻和制砚技艺。在大师的悉心教导下,秋生埋藏已久的艺术潜质得到有效的发挥,他所雕刻的竹、木作品,超凡脱俗,情趣并蓄。所制的歙砚,刀法流畅,浑厚苍劲,得到同行长辈和专家们的一致好评。在师傅和艺友们的鼓励下,秋生逐渐锤炼成长为该厂的技术骨干,专门制作省及国家礼品和出口工艺品,其中好些传统工艺精品,为家乡赢得了荣誉。

胡秋生是一个责任心很强的人,他认准的事情就一定要去干,并且努力干好。他当过组长,当过车间主任,当过歙砚研究所所长,歙砚厂厂长和歙县工艺厂厂长。在他担任企业领导期间,是该厂最为艰难的时候,曾经一度发不出工资,交不起水电费。为了走出困境,胡秋生沉下心来,放下架子,虚心向老领导学习,真诚求教行家里手,认真分析市场,努力打开局面。当他将一款又一款微薄的收入,交纳水电费,交给退休老人,发给在职员工,最后再让干部领取的时候,厂里的机器转了,职工笑了,干部们放心了。可是,谁也没有想到,在20世纪的末期,中国文房四宝的龙头企业,全部在企业改制的尾声中完成了历史使命。

1999年,胡秋生出于对文房四宝事业的热爱,凭借多年担任企业领导的胆识,创办了黄山市古城歙砚有限公司,招收了一些有经验、懂技术、有理想,并且热衷于砚雕事业的员工,重起炉灶,锤炼新品。当他一次又一次收到产品订单的时候,家人们乐了,跟随他的员工们觉得有奔头了。于是,已逾不惑之年的胡秋生于2006年成立了首家黄山市歙县文房四宝市场,打造中国文房四宝、徽州四雕等旅游工艺品产、供、销一条龙企业。

胡秋生是一个勇于开拓进取的人,他的文房四宝市场鸣锣不久,即着手创办歙县古城墨砚博物馆,并于2008年对外开放。该馆为徽州园林式建筑,融山水、庭院、楼阁、回廊、花园于一体,集展览、休闲、研讨、诗会等以文会友之大成。总面积一万多平方米,设展厅两个,分别由四个部分组成。另辟有聚友阁、休息室、会议室、放映室以及档案室等。开馆以来,赢得社会各界广泛赞誉。2012年,该馆荣获安徽省首届十佳民办博物馆称号。

近些年来,黄山市古城歙砚有限公司生产的砚雕作品,屡屡在全国各种文化活动评选中荣获大奖,国内许多知名媒体也相继进行多种形式的宣传报道。在成绩和荣誉面前,胡秋生依然马不停蹄地冲在生产第一线,不断地搞市场调研,逐渐改善公司基础设施,持续地充实馆藏内容。有人问他为啥要这般吃苦,胡秋生坚定地回答:"我是一个土生土长的徽州人,生于斯,长于斯,理当报效于斯。我不想当名人,但我一定要做能人,做一个传播徽州文化的能人。将自己的爱好作为事业来干,使我的公司、市场和博物馆成为一个宣传窗口,让越来越多的中外友人和子孙后代,都来了解和热爱中华民族传统文化。"

我们衷心祝愿胡秋生能够如愿以偿。

# 重振松萝茶昔日辉煌
## ——松萝茶制作技艺省级传承人王光熙

王光熙工作照

松萝茶,创制于明初,距今已有 500 多年历史。以独特的品质和独树一帜的制作技术备受后人推崇,有"炒青鼻祖""徽茶始祖"等美誉。

1745 年 9 月 12 日,哥德堡号在驶入瑞典哥德堡港口时沉没,当时载有 370 吨中国茶叶,数量最多的是安徽休宁地区的一种松萝茶。1993 年 4 月,上海茶文化专家卢祺义先生在《乾隆时期的出口古茶》一文中写道:谁能想象,被海水与泥埋淹近 250 年的沉船又见天日。更惊奇的是,分装在船舱内的 370 吨茶叶,一直没被氧化,其中一部分还能饮用。松萝茶的鼎盛时期在明末清初,清中叶以后,逐步走向衰落。直到新中国成立前夕,茶园荒芜品质大减。新中国成立后虽然有提高,但因多次易主,人员不定,技术缺乏,管理粗放,松萝山茶园单产极低,平均亩产 20 余公斤,茶园缺棵,茶树衰老,肥培不足,管理不善,年产量也不过 1000 公斤。茶叶品质也不如过去,远远满足不了消费者的需求,习惯用松萝茶入药治病的患者,也得不到供应。自诩"皇帝女儿不愁嫁",从来没有广告宣传及评比,采摘粗老、加工粗糙、泡来断碎,喝来既苦又涩,历史名茶地位几被淡忘,如不采取积极的保护与传承措施,不但松萝茶应有的历史地位得不到提高,而且中国茶叶发展的见证也将会自然消亡。

担任过30多年村干部的王光熙1998年深入松萝山,怀着对传统名茶松萝茶深厚的感情,潜心研究松萝茶技艺特点,并虚心向老茶农学习,熟练掌握、传承和创新了松萝茶传统技艺,同时他邀请安徽农业大学、省供销社、中国科学技术大学、安徽省茶叶研究所等科研单位专家来松萝山进行专项考察。实施松萝良种无性繁殖和水土保护,恢复松萝山优美的自然环境,茶园得到改造。成立以经营松萝茶为主的公司积极传播松萝茶的传统技艺,先后培养了松萝茶制作技艺传承人12人,成为新一代松萝茶生产技艺传承人。

王光熙的18年松萝茶传统技艺传承和发展之路是艰辛的,松萝茶传统技艺能在他手中传承,也是他的骄傲。王光熙在茶区长大,早在20世纪80年代,闯荡上海市场,艰苦创业,打开了休宁松萝茶的销售市场,在上海两大茶叶批发市场都有自己的直销门市部,年销售松萝炒青20多万公斤、名优茶2.5万公斤以上,有着上海滩"炒青大王"之美誉。为解决茶农卖茶难的问题,他于1994年创办休宁县秀阳林茶果开发公司,投身茶业加工行业。1998年王光熙深入松萝山腹地,从此他就潜心研究并虚心学习松萝茶传统技艺,在熟练掌握松萝茶传统技艺的情况下担当传承重任。

2000年,正值"国退民进"的改革浪潮,加上国际茶叶市场需求的低迷萧条,大批的国营、集体茶厂相继破产倒闭,茶叶卖不出去,茶区茶农的收入和地方财政来源受到了严重的威胁,地方政府领导也是忧心忡忡。身为村长、书记的他,对茶叶产销的困境十分清楚和焦急。他临危受命,注册成立了黄山市松萝有机茶叶开发有限公司,受让海阳镇集体企业的"松萝山"商标,走上了传承和创新传播松萝茶的传统技艺的道路,走内外贸并举之路。

此后的4年间,王光熙极力确保松萝茶品质,提升质量,加强管理。"质量是企业生命,诚信是立业之本。""松萝是历史名牌,而品牌则是企业的核心竞争力,是企业的生命。"这是两句整天挂在王光熙嘴边话。王光熙认为传承就是要对松萝茶的原汁原味的技术工艺的历史、特性、价值的保护和继承。王光熙坚持按照传统技艺对松萝茶统一采摘,统一加工,统一销售,确保松萝茶的品质。"绝不向市场销售一片不合格的茶叶。"是他对市场的承诺。王光熙说:"在我们厂,内部建立健全了一整套质量检验、检测体系,不合格的原料坚决不进厂,不合格的产品坚决不出厂,伪劣的产品也坚决不生产,所有产品严格实施标准化、清洁化生产。自己经营制作松萝茶,打的不仅仅是茶叶品牌,更是徽州人诚信经营的商业精神。"历年来,他一直亲临一线抓生产。从收购鲜叶到茶叶初制,再到成品包装,他都严把质量关,毫不懈怠。

2005年,他创新工艺,对传统历史名茶松萝茶实施了改型,在传承传统工艺的基础上结合高新技术手段研制出符合当前大众消费的新松萝茶,其条索紧卷、匀壮,白毫显露,色泽翠绿光滑,滋味醇厚浓郁,回味甘甜,有橄榄果清香,冲泡后香气四溢,沁人心脾,呈现出松萝茶的显著特点,改"色重、香重、味重"为"色绿、香高、味醇"。

2011年,王光熙潜心经营的黄山市松萝有机茶叶开发有限公司被评定为"农业产业化国家重点龙头企业""农产品加工示范企业"。

2012年4月,他又把茶产业与底蕴深厚的状元文化和博大精深的徽茶文化有机结合,按照"品质松萝,文化松萝,科技松萝,人文松萝"的总体要求,建成了松萝茶文化博物馆,通过故事性和情节性相容、参与性和互动性并举的展陈,传播松萝茶文化,提升松萝茶品牌。它是集松萝茶历史文化研究、展示、体验、参观、品饮为一体的多功能展示服务平台,为传承松萝茶提供了更好的展示平台。

2013年1月,王光熙用自己的名字注册了第三代松萝茶商标"王光熙",旨在以人格保证企业生产的松萝茶品质上乘,正宗正源,百年传承,为松萝茶品牌运营奠定了情感和文化的基础铺垫。

2013年3月,王光熙组建成立了安徽省松萝茶业集团,在农业产业化发展实践中,采取"公司+专业合作社+农户"的形式,其中:松萝茶业专业合作社就发展会员2039余户;松萝茶叶协会已建成茶叶生产基地10万余亩,基地范围覆盖全县12个乡镇;建立了订单基地近7万亩,涉及订单农户2万余户。特别是带动了休宁县最贫困的璜尖、白际等15个贫困村实现了脱贫致富。每年开园前,他采取现场培训、现场辅导、"一带一、一带多"等多种方式,在重点产茶乡镇茶叶基地举办松萝茶制作工艺培训班,解决松萝茶制作技艺过程中的一些关键问题,近三年来累计培训乡村松萝茶制作生产技术骨干近200人,并无偿向茶农提供生物农药、免费供应有机肥和无性系良种茶苗,扶持基地农户生产,按订单收购,从不打白条。并通过合作社这一载体实行统一供苗、统一采购生产资料、统一技术指导、统一质量标准和品牌、统一对外销售"五统一"管理服务,实现了基地标准化生产。

公司与茶农合作,通过自建基地、订单生产、合作组织带动等方式,标准化原料基地建设取得突出成绩,不仅确保了按时、按质、按量收购基地茶农盛产的茶叶原料,而且开创了松萝茶业公司加农户、产供销一体化的新模式。

王光熙近20年来,认真学习、潜心研究并积极传承松萝茶传统工艺,把松萝茶生产技艺中摊青、杀青、揉捻、烘炒、足烘技艺通过文字记录下来。近几年来,他主持编写并出版了《徽茶始祖·休宁松萝》一书,发表了《松萝茶研究报告》,完成了《地理标志产品松萝茶》省级地方标准的制定,并组织松萝茶科考队对松萝茶进行系统完整的科研考察,2014年1月申请注册的"松萝山及图"商标,被评定为中国驰名商标。他在全国多省市设立了松萝茶旗舰店,建立松萝茶销售宣传窗口。王光熙还先后接待黄山、合肥、上海、福州、浙江、安徽等多家报纸媒体的新闻专题采访拍摄,录制了《松萝之旅》《松萝茶博物馆》等专题片在媒体播出,还先后在《黄山日报》《安徽茶叶》《茶博览》《问茶之旅》《上海茶叶》《徽茶》以及《徽州社会科学》等报刊上发表近万字的介绍松萝茶专题文章。

为了让天下茶人了解"松萝茶"的过去和今日辉煌,王光熙建立了松萝茶网站,利用电子信息技术总结和展现松萝茶的加工技艺绝技绝活和创新成果,发布新产品、新技术等信息,形成成果共享、信息沟通的网络体系,还通过报告会、名师论坛、公开教学、专题讲座等形式开展松萝茶的宣传。

如今,在休宁县经济开发区新厂区,一个占地面积65000平方米,标准化厂库房45000平方米的松萝茶清洁化、自动化、机电一体化的生产流水线已经建成。为对松萝茶进行品牌保护,王光熙注册了"松萝山""王光熙"商标,并创制了松萝毛峰、松萝红茶等一批创新茶。公司还在松萝茶产地万安镇福寺村投资3200万元组建了"黄山松萝茶文化博物馆",建筑面积4100平方米,馆内展厅面积1200平方米,拥有千余件松萝茶历史文物、史料等,是集松萝茶历史文化研究、展示、体验、参观、品饮为一体的多功能展示服务平台,使国内外茶商对松萝茶更加刮目相看。王光熙积极以各级各类文化旅游节、展销展示会等为契机,采取以文助茶、以茶促旅、以旅兴茶、茶旅互动等方式,着力扩大企业品牌的影响。现在松萝茶已经走出大山。公司先后和上海百年老店"汪怡记"、厦门旅游商超"茶博士"强强联手,目前全国在各地很多大型超市、旅游卖场和会所茶庄里都可以见到松萝茶的标志。"松萝山牌松萝眉茶"荣获安徽名牌农产品和安徽出口名牌称号,"松萝山牌"商标被评为中国驰名商标和安徽省著名商标。

为进一步延伸产业链,王光熙还结合地方文化资源优势,创立了松萝茶具有限公司,现已开发生产十大系列百余个品种,年产销10万余套,产值达5000万元。

发展是永恒的主题。王光熙自担任新一代松萝茶生产技艺传承人18年以来,一步一个脚印,从一个在上海滩叫卖的村办企业到年产松萝茶200吨和松萝眉茶1.4万吨,产值

王光熙在展示手工制茶技艺

3.79亿元,集茶叶收购、生产、加工、销售、科研为一体的全面型产业集团,产品远销美国、德国、英国、阿拉伯等国家和地区,出口创汇2370万美元的现代化企业,从一个村办企业的小厂长到国家级农业产业化重点龙头企业和全国农产品加工业示范企业,也是全国最大的绿茶出口基地之一的总经理,王光熙同志不愧为松萝茶业的"领头雁"。

鉴于王光熙对松萝茶产业传承和全县茶叶发展作出的贡献,安徽省政府授予王光熙"五一劳动奖章""安徽省优秀龙头企业家""861行动计划重点工程建设先进个人""创业之星""农村致富带头人""百佳茶叶经纪人""百名制茶能手"等称号,他还多次被市县党委评为优秀共产党员,被市县工商部门授予优秀诚信民营企业家称号。2015年王光熙绿茶(松萝茶)制作技艺被定为第五批省级非遗传承人。

# 人名+商标的组合
## ——安茶制作技艺省级传承人汪升平

## 一、其人是茶家

汪升平,作为人名,是一瘦削精干老头,紫铜色长脸,布满皱褶,写满人生阅历。灰白长发,覆盖睿智额头,闪烁敦厚沉稳光泽。他1947年出生于祁南芦溪,母亲是安茶老字号孙义顺养女,打从懂事起,他便时常从母亲口中听说安茶怎样怎样,可从未见过,再加家乡盛产祁门红茶,是中外驰名的茶乡,于是冥冥中感觉,自己人生似乎应与茶有关。然1967年高中毕业,作为老三届回乡知青,那时计划经济,茶归国家管,公社无权问,于是他被安排到水电站当负责人,这一干就是十多年。其后,改革开放,乡镇企业兴起,1982年他到芦溪综合厂工作,两年后任乡经委主任。就在这时,县里派来茶技人员,说是香港客商点名道

汪升平生活照

姓要祁门安茶,同时还寄来了民国间自己外公孙义顺号的老茶,省里下通知,祁门方面务必恢复。恰其时国家取消茶叶统购统销政策,放开茶叶市场,汪升平朦胧中察觉,事茶机会兴许来了。果不其然,稍后,乡里兴办安茶厂,任命汪升平为副厂长,主管销售,他的人生茶路从此开始。这一年是1990年,其时他43岁,年

富力强迎来好时机。

安茶古名六安茶,明末清初问世,清末民初鼎盛,主销两广及东南亚地区,被尊为圣茶,红极一时,甚至远销至美国旧金山,茶名远扬。然抗战爆发后,战火纷飞运路断,安茶被迫停产,从此淡出人们视野,至今已是半世纪。市场经济就是销售经济,销售经济就是客户经济,安茶虽说起死复生,但东山再起,客户何在?市场安有?江南春厂主管销售的汪升平陷入深思。

汪升平商标

有必要回顾一下安茶复产经历。其中市场作用至关重要。1985年,芦溪乡依据香港爱国茶商关奋发先生寄来的老茶样,在老茶人指导下,经无数回合,揣摩试验,制出首批样品,送达香港。然港人试茶,感觉尚远,茶人再次苦战,二次送样,仍不理想。同时期,全国茶叶市场放开,各地名优茶蜂拥而出,祁门红茶由于受销售体制和国际市场制约,暂陷困境。为增加茶农收入,解决卖茶难问题,县里倡导乡镇实施红改绿,并从茶改费中拨出专款给予扶持。于是乡镇纷纷加大力度,发展名优茶,芦溪乡在安茶复产实验基础上,决定乘势而上,兴办安茶厂,取名江南春,同时双管齐下,一方面积极筹建厂,继续试制安茶,一方面大力广开门路,开拓市场,以使生产和销售同步。其中重启广东市场任务首当其冲交到汪升平手上。他一面参与筹建新厂,申请贷款;一面四处走访打探,寻找客户。然当汪升平携茶到广东,不但卖不掉,且老客户也毫无踪影。首战失利,市场不开,导致新办茶厂陷入困境。为担起贷款责任,次年,他索性独自承包经营,鼓起勇气,再跑广东。这一次,稍有成绩,所带安茶4000公斤,销售2500公斤,曙光初现,他继续坚持,终于到1992年,其携第三批茶样来到广东佛山山泉茶庄,交到一位叫傅锡球老茶师手上待检。傅为资深老茶师,其年轻时不但卖过安茶,深知安茶在两广市场的影响,且亲自见过当年经营孙义顺安茶最著名的湖北籍茶商黄老板,甚至记得黄老板所开的北胜街广丰茶行,位置就在当今佛山市长途汽车站背后,有关安茶的客户信息,也掌握不少。而今年届古稀,被茶庄聘用,也是基于其深厚的功底。他再见安茶,无疑倍感亲切,尤为高兴,经品试后,形香味色均好,感觉与从前安茶几无异样,顿时兴奋得手舞足蹈。山泉茶庄当即收下全部安茶,双方谈好暂为代售,看市场反应再说。不久,傅茶师反馈信息,消费者反响较好,尤其老茶客更为高兴,新闻媒体也开始介入,广东电台和报纸均有报道,认为安茶复产成功,是为喜讯,当向纵深发展。

山泉茶庄生意成功后,汪升平又先后走访广东进出口公司及多家下属单位,其中土产公司有27家茶庄和工厂,规模较大,每年开订货会,公司均邀汪升平参加。同时,汪升平又深入到华侨居住较多的区域,结识了一位欧庄茶行经理,几经接触,两人年岁相当,好烟厌酒习惯相同,于是一见如故,安茶很快进入其销售渠道。再后汪升平又与南海市土产公司开展业务合作,几年后经理告知:经常有人来买安茶,一买就是几十公斤,且顾客固定,看来市场已经少不了安茶了。如此经多年拓展,安茶销售从每年几千斤,逐步扩大到过万斤,影响日趋见大。至1996年,经多年摸索淬炼的安茶,不但生产技术基本成熟,再经多年储藏陈化,质量也日趋稳定,市场认可度大为提高。其中尤其是广州茶商陈某,其携1992年安茶尝试出口南洋,一举打开境外市场,商家电话频来,开始向祁门要货,安茶迎来勃勃生机,至1997年,安茶外售量近1万公斤,从此进入快车道,销售势头日趋看好,到2000年后,不但芦溪乡新增了查湾等村也产安茶,就连县北大坦乡、县西赤岭乡也有人尝试生产,安茶厂家日趋增多。

不久,安茶市场再遇两次契机。一是2003年,因"非典"流行,广东地区民众从安茶可消瘴的功效出发,纷纷购茶以做防范,致使安茶大为畅销,乃至供应断货。二是2004年12月26日,印度洋发生海啸,突如其来的天灾,给东南亚各国民众造成巨大人员伤亡和财产损失,尤其以打鱼为生的渔民,纷纷以传统方式消灾,购置大量低档安茶与其他物品一道投于大海,以求海神保佑,从而带动安茶销售。市场打开后,不少客户开始直奔芦溪而来。再后,随着国内茶叶市场细分,普洱一度火热,几年后回归理性,一批思维敏锐的高端爱茶人开始将目光转向老安茶,购买收藏者日趋增多,安茶知名度又从广东、港澳台地区和东南亚一带,逐渐扩展到国内北方和国外日本、韩国、美国等市场,安茶逐渐迎来春天。

从这个时候起,汪升平开始深谋远虑,一方面自己深钻技术,精益求精,且于2015年摘得安茶省级非遗技艺传承人桂冠;另一方面着手培养接班人,不断将技术传授给长子汪文献。

## 二、其名为商标

走进芦溪乡,阊江河畔有座新厂,白墙黑瓦厂房,窗明几净,青山绿水环绕,布局疏朗,这就是安徽省祁门县江南春茶厂。走进厂区,门口是庭园,一条甬道直铺,两边花木扶疏。左围墙有宣传栏,五块展板分别展示着安茶简介、品质特征、茶类归属、制作工艺、功效作用等科普知识。沿甬道直入,迎面一座二层楼,一层为包装车间,二层是茶库和办公楼。大楼右侧和其后均为车间,机房、蒸房、烘房、库房等,一应俱全,建筑面积约数万平方米,满满的现代范,昭示江南春的规模和气势,卓尔不凡。

说起厂房来历,汪升平感慨尤深:

我1991年6月接任江南春法人后,十分困难。技术刚摸熟,质量不稳定,市场一片空白,银行贷款到期,乡里承包费交不起,手里除了一本营业执照,什么也没有。走投无路,我干脆卷起铺盖走人,从老厂搬出来,决定回家做茶。家里也是空空如也,吃饭都成问题,加之房子小,工具又缺乏,只好全家老小一起上,咬紧牙关,东拼西凑,加上乡亲支持帮助,终于做出一点茶,马上跑广东,走东家,问西家,在广州到处乱跑。那时别说的士打不起,就是公交也没钱坐,全靠两腿走,愣将广州大街小巷几乎踏遍,至今我仍基本说得出广州道路走向,不吹嘘地说,我是广州活地图。如此一走多年,到2000年,终于看到了曙光,安茶逐渐做开,市场有了,客户多了,生意慢慢好起来。再到2004年后,销售势头越来越好,贷款基本还清,手头略有积蓄,我就寻思,江南春这块牌子基本响了,广东和香港许多客户都知道,不少客户提出要来芦溪看看,假如看到我原是猫在家里做茶,岂不是笑话。我想路是人走出来的,千难万难,只要下决心就不难。经与家人商议,决定新建厂房。我东拼西凑,将钱筹齐,先是买地买建材,随后买茶机,置设备,经辛苦打拼,到2006年冬,前后花费120万元,一座新厂终于落成,在芦溪乡首屈一指,车间仓库办公等,一应俱全,估计再过几年也不会落后。

新厂落成,江南春终于有了自己的家,果然便有客户不断来访。譬如复旦大学陶教授夫妇,每年均来,他们随身携带在香港购的安茶样品,对样采购,说是为女儿做嫁妆;再如广州某公司总裁张女士,专程由芜湖茶友陪同来芦溪,为的就是要在安茶产地品鉴一杯正宗地道的安茶。如愿以偿后,大为赞叹,当即拍摄厂景,说要带回去给朋友看,以表达自己不虚此行的感慨。还有台湾地区《茶艺》主编罗英银和马来西亚客人等,不但采访,且专到茶库拍片,时间小半天,临走表示9月露茶,还会再来。其中,有一个叫邱文诚者,与汪升平交往最深,启发最大。此人祖籍福建泉州,是马来西亚茶商。说起邱先生业茶,可谓家有渊源。清末,其祖父为避战乱,漂洋过海到东南亚,然家乡茶香一直梦萦魂绕不绝如缕,到父辈干脆营茶,创办了邱茗茶有限公司,从经营铁观音、普洱茶入手。到文诚操盘,已是家大业大,一次无意邂逅安茶,从此一发不可收。那是1992年,安茶刚复出,市场上懂安茶者甚少,年届不惑的文诚先生到广东,遇见安茶,喜出望外,幼小耳熟能详的记忆猛地被激活,当即下单进货,从此与安茶结缘。此后文诚每走广东,采购安茶必不可少,多则千斤,少则几百,久而久之,成了铁杆安粉,不是亲家也成亲家。1996年7月,邱先生又到广东佛山,在金茗茶行意外结识安茶故乡的汪升平,几经交谈,一见如故,分手时签下3吨安茶大单,从此结为挚友,十多年中,双方电话不断,交易频频。买卖多了,信任增了,感情深了。2007年,文诚先生说想到安茶原产地看看,汪老板举双手欢迎,于是文诚先生就有了不远千里的走芦溪之旅。汪升平在自己的茶厂接待了他。在这里,文诚先生不但领略了祁门茶乡旖旎卓越的生态风光,且认真考察安茶制作技艺和历史文化,当然更感受到汪老板的实力,偌大厂房,规整布局,完全足以说明江南春是实实在在的品牌。有了第一次,就有第二次,2014年,文诚先生与妻再到芦溪,在观光休闲的同时,他深入思考,经过分析琢磨,向汪升平说出五点独到理念:一是制安茶,只能用祁门槠叶种,且只能用春茶做原料。原因是安茶非常耐泡,一般十泡后,仍然有味。关键就在于环境好,茶种好,两好叠加,黄金绝配,不可复制。二是安茶和其他黑茶一样,具有随时间转化的特性,越陈味越强。然真正想品到安茶茶味,非要十多年陈茶才行,因为只有充足时间氧化,安茶才现醇陈香。三是品饮新安茶也有乐趣,道理是安茶经过十多道独特工序,多次复火产生火味,非新茶无以品到,品火味也别有风味。四是安茶的贮存收藏,对温度和湿度要求特高,不同时间品饮,滋味就不同,为此年份也可定价。五是历史上东南亚一带是安茶主销地,但中断半个多世纪,现知晓安茶者多为垂暮老者,年轻辈多未听说,因此推介宣传要有的放矢,以自己品牌形成特色,四两拨千斤。尤其当今市场经济,竞争激烈,品牌杂,商标多,如无自我特色,极易让人仿冒。

文诚先生一席话,说者无心,听者有意。汪升平感觉,身在庐山外,才识真面目。一个企业要发展,就要有自己的独特产品,一种产品要雄踞市场,就要有自己专用牌号,套用时髦话,叫核心竞争力。自己的江南春厂,多年来一直使用祖上传下的孙义顺牌号,然芦溪做安茶者,多为汪氏后裔,难道大家都打孙义顺牌不成。换句话说,即使目前大家相安无事,能够和平共处,然长远看,随着国家法制健全,市场规范,这种现象必须扭转。再说,要对消费者负责,自己也该有独立品牌,与其说到那时再寻出路,不如从现在起,就居安思危,未雨绸缪,着手行动。主意拿定,汪升平说干就干,当即向工商部门申请,以江南春为商标,然工商部门告知,此商标已被外地一企业注册,你必须另择他名。铁的事实,不啻给汪升平猛击一掌,反过来想,他感觉自己先下手为强的决策不是错了,而是对了。既然江南春已被人抢注,世上可注商标的名称成千上万,何不干脆以自己不久前所获安徽省非遗传承人的姓名注册,既是自我加压,义无反顾;也是对客户庄重承诺,以人格担当,切断退路。即自己所制安茶,恰如升平名字,不但最好,且越来越好,永无止境。

2015年4月,"汪升平"三字申报注册成功,国家工商部门经一年时间的上报、公示等程序,于2016年5月正式批准,至此"汪升平",不但是江南春茶厂法人,更成为一枚货真价实的商标。

汪升平商标,是一枚浅黄底色茶票,上部是花卉图案,三花拥八字:货真价实、童叟无欺,宣泄经营理念;中间为招牌:汪升平,右角钤标示法律权威的工商注册符号,下部为回纹方框,框嵌文字,诠释经营理念、资历、市场和茶品:

　　本厂1990年创设于祁南芦溪,庄主系安茶老字号孙义顺外甥。自开业以来,秉承祖训商德,诚信待人;挖掘传统技艺,精益求精;重启广东市场,寻旧结新,现为祁门安茶最早厂家。本厂每于谷雨前后,采摘上等细嫩真春芽蕊,不惜资本,加工精制。尤其夜露烘焙,参用古法,故所制之茶不但芬芳馥郁,且健胃爽神,祛湿解毒,形香色味大不相同。本厂包装内含底票、腰票、面票三张,上钤江南春印,凡顾客赐顾,望务辨真伪,以防假冒。祁门芦溪江南春汪升平谨启。

# 初心带陈香
## ——安茶制作技艺省级传承人汪镇响

懂茶的人都知道,祁门产安茶,很小众且奇特,即茶做好后,先置库中放三年,使之与空气充分接触,氧化生菌,生出对人体有用新养分,茶性变温良,具祛湿消食功效,此过程谓之陈化。经陈化后的安茶香气独特,滋味醇厚,即所谓陈而不霉,陈而不烂,越陈越醇,越陈越贵,是安茶看家秘籍,独特卖点,备受市场青睐,业界称为陈香。深化说叫茶品特质,是文化,是商德。

汪镇响

关于安茶,我早有所闻,且关注多年,知其属传统历史名茶,问世于明末清初,历史悠久,然命运坎坷。清末民初兴,后因抗战亡,重新复兴,已是改革开放后的 20 世纪 90 年代初,掐指一算,跌宕沉浮几近五百年。我还知道,安茶著名老字号叫孙义顺,始创于清雍正三年(1725 年),历经乾隆、嘉庆、道光、咸丰、同治、光绪、宣统、民国时期,年产量达三四百担上下,曾为红极一时的茶商大枭,后不幸于 1935 年淹没,1997 年恢复牌号,如今掌门人叫汪镇响。然时至今日,孙义顺究竟怎样?诸如技艺如何、茶品好否、市场行情、买家评价等,我并不知晓。

时机来了,2012 年仲夏,我和几位好友驱车到祁南芦溪,目的就是问安茶,没想乡领导热情邀我等首站参观便是孙义顺厂,在这里我首次认识了汪镇响。

陈香安茶汤

那天进车间,迎面一股浓郁茶香扑面,我见四周满目尽是鼓囊茶袋,中间转动一部茶机,绿色输送带背负两白箱,箱面显出电子数字,明显属于潮家伙。这种工艺,与我心中的传统安茶,几乎风马牛不相及,根本两码事,我很惊讶。其时正有三四名茶工在机前红塑料桶边拾掇,我问:此机干啥用?茶工答:这是拣茶梗去老皮的机器。原来如此,是从前人工手拣的替代,如此生鲜时代技术,立马令我刮目,心生小九九:这老汪行呀!钦佩感油然泛起。我再看屋顶,大梁一片繁荣,满满当当挂满无数竹篓,小如皂盒,中似菠萝,大者像纸篓。如此乡土氛围,才是我心中的安茶,于是匆忙拍照,咔嚓嚓,一片快门音,生硬挤入机声中。传统和现代,瞬间定格。

我急想见汪镇响,乡领导一声召唤,须臾走来一壮汉,中等个,白皙微胖,上着灰白汗衫,下穿棕色裤,腰挂手机,一张国字脸,上架眼镜,脸带微笑,朴实憨厚,完全乡镇企业相,既与眼前电子茶机科技范不搭,与昔日老字号儒雅味也远,我心困惑。可他说自己就是汪镇响,然语调平稳,不亢不卑,从容淡定,我有点欣然。我们开始交谈,他说自己今年六十二,"文革"中,初中毕业回乡务农,改革开放后,先在木材加工厂工作,后到乡镇企业办任主任,就在这时,听说香港有人点名要祁门安茶,于是带一帮人,开始办厂,1990年注册,次年挂牌开业,自任法人,技术即拜孙义顺后人汪寿康为师。汪寿康为民国中期孙义顺老板汪日三之子,1926年生,自幼出身茶家,对安茶生产过程耳濡目染,十分熟悉,1985年曾参与县里牵头的安茶复产实验,工序基本掌握。然万事开头难,那时安茶虽试制成功,然因中断多年,技术极不稳定,质量不时波动,加之市场知晓度几乎为零,茶到广东,开售势头并不好,新厂一度陷入困顿。1991年6月为方便贷款,干脆将法定代表人换为专跑销售的副厂长,自己一心专攻技术,经艰苦钻研摸索,终于掌握做茶要领。次年,安茶参加安徽省名优茶展,获优质特种茶奖誉,并通过国家农业部茶叶质量监督检验测试中心鉴定,获《检验报告》,安茶复产完全成功。恰此时安茶市场有所复苏,乡里决定乘势而上,扩大生产规模,着手筹备第二家安茶企业,同时决定由汪镇响二度出山,再任法定代表人。镇响接招,随即陷入思考:新茶企取什么名呢?兀地他眼睛一亮,自己既拜孙义顺后人为师,何不因人顺势,茶企就叫孙义顺。汪寿康听罢也高兴,立即从家中翻箱倒柜找出老招牌,交与新企业仿制。镇响审视铜牌,发现下端落款居然是日本株式会社制造,一股辛酸和沉重感袭上心头。他分析,铜牌制作日期虽难考,但完全可以肯定,必是民国时孙义顺老板汪日三在世前就有,即1935年以前无疑。由此可见老孙义顺市场广阔,不乏国际视野。如今虽物是人非,然老孙义顺历史文化和经商理念,新孙义顺必须无条件传承和担当,品牌传递我手,只能越擦越亮,越做越响,所制安茶一定要恪守古训,不忘初心,以陈为贵,靠历久弥坚的陈香赢取顾客,站稳市场。1997年,新孙义顺茶企

孙义顺安茶

正式挂牌开业,其招牌仍为铜质,规格字体也与老孙义顺一模一样,以昭示传承弘扬之心。茶票无疑也是必需的,因找不到老票,便以孙同顺老票为样,改"同"为"义",制胶版印票,古色古香,老味依然。至于制茶技术和质量,镇响铿锵承诺:我一定按照师傅要求,老法老做,谷雨采,金秋露,三年陈,决不给孙义顺招牌抹黑。

  天道酬勤。汪镇响等重兴的安茶,经几年努力,不负众望,至2000年基本打开市场,不久又迎来契机。2003年,非典流行,广东地区民众从安茶可消瘴的功效出发,纷纷购茶以做防范,致安茶大销,几至供应断货,十分紧俏。面对如此机遇,有人建议涨价。然当家人汪镇响不为所动,坚持做茶先做人,初心不变。他掷地有声地说:今年价格决不加一分钱,我们不发国难财。话虽夸张,然真情流露,折射出安茶人心系天下的境界和情怀。

  我听罢,深为感慨。一块老招牌,内涵丰富,真要接手,既要取其精髓,担当弘扬,又需勇于超越,与时俱进,这才叫不忘初心。孙义顺老号如雷贯耳,新当家人如此务实认真,似乎般配。看来人不可貌相,眼前掌门人够棒。我再走车间,无意中见墙上挂一牌,天蓝木框,内衬白纸已发黄,纸写毛笔字,居然为繁体。不用说,是该厂开办时的东西,屈指数将近20年,不失为文物,俨然宝贵,我细读其上文字,叫《孙义顺安茶厂卫生管理制度》,内容丰富,观念超前。此为出自20世纪90年代乡镇企业之手,几乎也是奇葩,心中更敬佩,于是录抄如下:

  一、我厂生产的安茶是饮用食品,操作时应讲究卫生,职工必须思想上重视,并身体力行,安全生产。

  二、凡我厂职工(包括长期工和临时工)应身体健康,无肺病、肝炎等传染性疾病,必要时,进行体检。

  三、各生产车间及厂区卫生按科室分工负责,每日清扫,做到窗明几净,消灭老鼠、蚊蝇等虫害。

  四、职工进入生产车间及便溺后应随时洗手,衣着整齐,不得使用化妆品,以免产品受到污染。

五、讲究文明礼貌,不准随地吐痰,乱抛杂物。

六、产品经高温蒸发消毒后进入装篓车间,凡参与装篓的职工及进入车间的管理人员,一律穿工作服、戴口罩,否则不准进入。

七、成品仓库应打扫干净,严格消毒,喷洒杀虫药水,经48小时后再经过通风、然后储存产品,并经常检查,适时打扫通风。

八、外来参观人员及职工亲友,不得随意进入车间。如欲进入车间,需经卫生管理人员同意,方准进入,以杜绝污染源。

九、厂房、厂区环境应整齐清洁,种植花草树木,美化厂区环境,做到文明生产。

十、卫生管理制度应该经常化,并纳入职工考核的条款之一,凡表现优良者,将受精神物质奖励,执行不力者,予以批评教育。

看罢制度牌,我终于明白,孙义顺从1997年起步,一年一步,稳扎稳打,一直走到今天,规模日大,信誉日响,靠的就是这种科学严谨的管理,认真诚信的信念。我再问镇响,现在安茶产量多少?他告知,眼下全乡年产二千担上下,自己厂五至八百担。我听此数字,知道产量完全超过老孙义顺,心更喜。继而联想到那电子拣梗机,接问:你感觉制茶技艺复杂吗?到底有哪些工序?镇响略思考,说:工艺说不复杂,是骗人。关键是每一步都要认真,来不得半点马虎。说罢,扳动手指道:初制有摊青、杀青、揉捻、干燥4道;精制有筛分、风选、拣剔、拼配、高火、夜露、蒸软、装篓、架烘、打围等10道,总共14道工序。我看他对安茶工序如此娴熟,信手拈来,深为敬佩。我再问:安茶对鲜叶有何要求?镇响答:做安茶,原料最重要。按我们芦溪传统做法,一要洲茶,即长在河边茶叶,吸收雾气多,内汁好;二要芽肥叶嫩,即谷雨前后十天的上等茶芽嫩叶,而绝非民间误传的收山老叶。尤其后一点,也是我从老茶票上仔细琢磨出来的。孙义顺老票说:采办雨前上上细嫩真春芽蕊,加工拣选,不惜资本。我想绝不是说着玩的,我就坚定不移按此要求做,茶做出来,卖到香港,客户果然认可。老汪见我老看梁上竹篓,于是调转话题:那种字纸篓大小的包装,是阎锡山曾经的最爱,说是老阎从前每月要喝一篓安茶,因此他们才设计了这种包装。同时他还告知,台湾正大集团是安茶老牌客户,至今还藏有从前的安茶票。我听后,更感觉他打孙义顺牌子打对了,安茶文化底蕴丰富,新茶企当家人,心中没点积淀,无论如何说不过去。何况当今社会,生产靠科技,营销靠文化,没有知识武器,市场很难打开。于是我再问如今销售情况,他告知时过境迁,现在销售跟以前大不一样了。从前有卖家先藏后售,现在是买家先购自藏,当年茶当年基本卖掉。但我坚持做到一点,即安茶贵在陈香,你即使买新茶,但质量绝不变。我心想,看似流程颠倒,实为时代变迁,传统颠覆,真真应了那句古话,三十年河东,三十年河西,此一时,彼一时也。

然有一点不能变,这就是镇响说的那颗做茶初心:质量为本,诚信为上,消费者永远是上帝,心中始终泛陈香。是以2013年,安徽省批准安茶实施省级地方标准。同年,安茶制作技艺被列为省第四批非物质文化遗产名录;国家质检总局批准安茶为地理标志保护产品,安茶生产日益受到官方重视。次年,汪镇响被安徽省评为非遗传承人。当然此为后话。

这以后,我走芦溪更多。尤其是2013年后,老汪与外来的淮北文化人刘平合作,两人实行明确分工,汪负责生产,刘负责销售。汪信守承诺,基本不再问销售之事,即使有人上门买茶,他基本婉言拒绝,而将更多精力投放钻研制茶技艺中,一头扎进茶堆,对技术精益求精,一门心思制好茶。汪镇响开始思考得更远,自己耗费20余年心血钻研掌握的安茶技艺,要永续利用,就必须传承下去,必须后继有人。于是从2013年开始,他将自己尚处年轻的外甥汪珂带到身边,从最基础的工序着手培养,一道一道环节讲解,手把手传授,教其亲自操作,以作为安茶事业的传人。2014年9月,我为撰写《寻找回来的安茶》再访镇响,其时正逢白露季节,恰遇安茶精制忙。进入孙义顺大门,镇响因痛风发作躺于靠椅,我见他正聚精会神,以鼻吸气,似乎在空气中捕捉什么,只见他深嗅一口空气后,兀地高声对里屋叫道:时间到,可以起锅了。我走到里屋,原是蒸茶车间,只见汪珂正与茶工从锅里拎起布袋,将滚烫茶叶倾倒在桌上,桌旁一帮戴手套女工随即抓茶入篓,紧压包装。我问:这茶什么样才算蒸好?汪珂答:凭感觉。操作蒸锅的师傅至少是八年以上茶师才行,不过外公师傅在没事,他只要闻一下空气中的茶香味,就知道。我一听,神了!镇响简直是茶仙,居然可以闻香遥控工序,心中佩服不已。我们回到堂前,打算坐下交谈。镇响端来玻璃壶,泡茶待客。我看汤色橙红明亮,晶莹剔透,艳如琥珀,胃口大开,急忙斟杯开饮,感觉滋味特好,不但鲜醇甘爽,带箬叶清凉,且香气幽幽,陈香轻飏,如丝如缕。我牛饮数杯,过足渴瘾后问:老汪,此茶何年?老汪答:2007年的货,不过不是好茶,是茶朴,下等茶,属第二道拣剔,有芽头乳花,茶汁浓,茶味好。从前南洋平头百姓最喜欢,尤其水手船工将它当作随身必备神药,下海打渔买不起好茶,就买这种下等茶,故叫渔夫茶,也叫筋皮茶。渔夫茶、筋皮茶?既形象,又新鲜,我深感好奇,立马取来茶听,伸手掏茶翻看,果见一堆乱梗杂碎,刚硬颗粒,铁锈红色,线头长短,粗细不匀,毫无茶样,看相几乎糟糕,没想到不但茶味奇好还有故事,正好为手头安茶书所用,于是抓住机会,恶补功课,向老汪讨教。老汪不含糊,须臾便将渔夫茶来龙去脉和盘托出。原来这种安茶茶梗,最早出现是在东南亚市场,因当地茶行有时要对内地来的安茶进行二次加工,筛选嫩芽细叶,专供上流社会,拣出嫩枝梗,则供给低收入人家饮用或入药。说是这种茶品最神秘,只见茶梗不见茶叶,整体就是茶梗茶,干嗅有火香,汤味温顺。因滋味较为芳香甜润,故美其名曰:六安骨。特别是

20世纪五六十年代,祁门安茶停止生产,而许多香港人家因生活艰难,只得购买六安骨,用以家泡壶茶使用。香港小茶商,便向批发商购入廉价的铁观音和水仙茶,挑选出茶梗焙火后,廉价外售,茶名仍叫六安骨。这些物尽其用的地道香港产物,也曾风靡一时,对于上一辈香港人仍记忆犹新。老汪一席话,使我收获颇丰。我再问其制茶还有哪些诀窍,老汪微微一笑道:我没有诀窍,只会硬碰硬。譬如收原料,有人投机取巧,以外地生叶掺杂,我不干。外地鲜叶是便宜,但不是洲茶,影响质量。再如夜露,有人偷工减料,以喷雾器喷水替代,我也不做。以喷雾器喷水,一是不均匀,二不是天然露水,营养成分不一样。譬如2016年,农历八月初七是白露,按常规该是安茶开始夜露工序的季节。然因天气干燥,直到中秋过后,本应漫天飘香的桂花,根本不开花,夜晚露水更是没影。镇响经再三思考,毅然决定,为保证安茶质量,精制中的夜露必须后推,无论如何要等露水降临,方可开工。岂知这一等,居然等上近一个月。

这就是汪镇响,一个土生土长的安茶省级非遗技艺传承人,常年坚守在祁南芦溪,不图名利,一心做茶,尤其是近年,与外商刘总合作后,刘总跑京沪陕蜀粤等都市,满世界搞销售;汪镇响扎根深山,深耕技术,专事生产,硬是将孙义顺安茶市场从两广转向华东华北华西,做得满天下都知道,名气越来越大。

# 一个砚雕艺术家的修为
## ——歙砚制作技艺省级传承人蔡永江

原籍江苏淮安的蔡永江,1988来到歙砚产地学习歙砚雕刻艺术,并迁居当代歙砚文化中心黄山屯溪。卓越的天赋加上矢志不移的求索,使得一件又一件超凡脱俗的砚雕经典作品接连问世,创造出蝉联五届西泠印社印文化博览会金奖的奇迹,被官方确定为"首届中国文房四宝制砚艺术大师"和省级"歙砚制作技艺代表性传承人",在业界曾任被誉为"歙砚第一家"的歙砚名店"三百砚斋"首席砚雕师,现又担任出品顶级歙砚的专业机构天泽堂珍品艺术馆首席艺术大师,声名大震,成为影响卓著的砚雕艺术家。

蔡永江工作照

蔡永江的砚雕艺术之路,有几个明显的特点。

路径选择追求源远流长。一方砚台的价值主要取决于砚石的石质和纹理及造型设计的艺术品位。学艺之初,蔡永江决意以龙尾石原产地江西婺源为自己的出发点,而且留驻八年之久,期间对歙石的蕴藏及分布情况做了全面了解,对品种丰富的歙石的特性进行了深入细致的研究,结合切身感受与体会,找到了一套轻松驾驭各种砚石的创作方法。后又借助屯溪胡开文墨厂罕有的丰富藏品，对古代四大名砚尤其是歙砚和端砚日夜琢磨，全面掌握了古人对砚台的造型规律，为自己的砚雕创作接通了传承的血脉，奠定了创新发展的坚实基础。

雕刻技艺致力会通集成。蔡永江在砚雕技艺达到一定水平后，为实现歙砚制作上新的突破，开始涉足其他艺术门类。他通过学习钻研田黄石和鸡血石雕刻，对田黄石的薄意艺术有很深的感悟，因此产生极大的兴趣。其代表作《歙州兰亭砚》和《歙州蓬莱砚》，改变了歙砚无"兰亭"和无"蓬莱"的历史，业界评价他为"开歙州兰亭砚之先河者"，这是他将田黄雕刻的薄意艺术和白描艺术相结合运用于歙砚雕刻的一次成功创造。此后，为了将众多工艺美术融会贯通，他又进入了一个新的领域——瓷器艺术，希望掘取更多的艺术养分供养他璀璨的砚雕之花。

蔡永江砚雕作品《禅宗六代祖师》

蔡永江国画作品《清音》

艺术特色突出斯文风雅。蔡自幼随父学习书法，稍长习绘画篆刻并毕业于绘画专业，后又赴清华美术学院进修学习，对众多书画流派，尤其石涛、八大的画风，长期浸染，心慕手追。制砚过程中他自觉将绘画技法融入雕刻手法，借刀代笔、以刀抒情，融诗书画印于一砚，散发出浓浓的书卷气息，形成了独具个性且典雅的新式山水砚雕风貌。制作《兰亭雅集》时，他无需拷贝便直接操刀临刻兰亭序，一气呵成，保持了一般只有笔写才可能有的生动气韵，充分展现了他在书法上的突出造诣和刀刻技巧的娴熟精湛，非一般匠人可以企及。

文化渊源实现山水融洽。位于长江三角洲淮河与京杭大运河交点上的淮安,是有名的"运河之都"、典型的"平原水乡",孕育了深厚的具有水的开放性质的地域文化。淮安古名淮阴、楚州,韩信、枚乘、吴承恩、关天培、周信芳、施耐庵、周恩来等名流都出自这方水土。黄山地处皖南山区,辉煌灿烂的徽州文化追根溯源都与山有关。蔡永江善于吸收两地文化的精华,并加以融会贯通,思维敏锐,视野开阔,不停探索,创作的题材及表现载体日益多样,可供发挥的艺术空间十分广阔。

思想理念体现亦道亦禅。稍加留意不难发现,蔡永江蝉联五届西泠印社印文化博览会金奖的五方歙砚(其中一方还被北京故宫博物院收藏),《兰亭雅集》《籽石兰亭》《蓬莱道山》和《禅宗六代祖师》《无量寿佛》(与砚雕家妻子周新钰合作),前三方包蕴浓郁的道家文化色彩,后两方为佛教题材。作品从构思、创作到雕刻完成,表现出深邃的学养和高超的技艺,同时也是作者亲道尚佛思想情感的自然外露。蔡永江身处闹市,而且因为名声日隆上门拜访者很多,但其却坚持与外界保持适度距离。流连于唐诗宋词之间,不仅目视口诵,还经常提笔创作。闲时还读一读经文,远离俗事缠身,保持着一份行道修禅之人的超脱,所以每一件作品问世,都有出尘不凡的风格,因而更显珍贵。

受风尚特别是趋利心理推动,黄山市跟全国许多地方一样,从事包括砚雕在内的工艺美术行业的人越来越多。蔡永江在一次接受媒体采访时说,现在有不少搞工艺美术创作的,因为缺乏境界、没有情怀,所以成不了艺术家;因为缺乏传统书画理论修养,也不能成为艺术家。他还说,眼下因为体制的原因,名目繁多的评比,五花八门的头衔,不仅滋生了创作者之间的矛盾,更重要的是,许多人隐藏了自己的真实状态,作品也失去了最宝贵的也是最能打动人的本真和趣味。由此,我们不仅明白了蔡永江此前取得令人瞩目成就的原因,还可约略看见他在成为大家的道路上不断向前迈进的坚定身影。

# 刻在石头上的艺术人生
## ——歙砚制作技艺市级传承人温鑫

温鑫在工作室

他因家境贫寒初中肄业,摆过地摊,当过服装厂工人、铁路工人,历经各种艰辛终选砚艺;历经商海沉浮,褪去浮躁之心,静心研究摸索砚艺。他说,天赋很虚,任何一件事只要真的用心了,就会容易成功很多。30岁时,他站在全国工艺百花奖领奖台上,成为当晚最年轻夺得特别金奖的选手,此后每年,金奖不断。今年他35岁,在日前由安徽省委宣传部主办的第二批全省宣传文化领域拔尖人才和青年英才的评选中,他被评为文化领域内文艺类青年英才,全市唯他。

一块石头,一把刻刀,一段记忆,一种感悟。温鑫,一个将"心意"刻在石头上的青年。

### 雕刻时光的千百味

温鑫,是长大以后自己给自己取的名。因为长着娃娃脸的缘故,今年35岁的温鑫更显年轻。温鑫砚艺坊,是他的工作室。一件件精雕细琢的歙砚精品展陈在橱窗中,旁边的架台上,一个个奖牌奖杯彰显荣耀。

因父亲做生意亏了很多钱,温鑫记忆里的童年,只剩下贫穷和轻视。"到后来长大找女朋友谈亲事,桂林镇及附近的,我一律不敢考虑,因为我心里清楚,只要一说我是谁家的孩子,她们肯定都不愿意谈的。"温鑫自嘲地笑笑说。

靠母亲一人撑起的家一贫如洗,哥哥一出中学校门便学手艺了,尚且年幼的温鑫还挣扎在念书与辍学的边缘。"初中的时候,一块钱,3公斤米,两瓶干菜,这是我一个星期的伙食。"当时正处于长身体的温鑫也最能吃,一餐饭就能吃上近0.5公斤米,然而他只能忍着,"上课的时候,根本没心思念书,闻到食堂里飘出来的饭香,满脑子都在想米饭、馒头这些吃的东西。家里带的那两瓶干菜也真的是没法下咽,现在回想,那个时候确实是苦。"

母亲想让他继续念书,然而温鑫清楚家里的状况,坚决退学了。"事实上我也很想读书,可是那种状况下,没办法,养活自己都难。"温鑫说,开学那天,他跟着母亲到河滩里割茅草修补猪圈屋顶,看着母亲站在梯子上那弱小的背影,一种难以言状的感觉涌上心头,"她毕竟只是一个女人,太不容易了!"

退学后的一段时间里,温鑫在家务农。15岁的少年身轻体弱,却什么活都做。锄草、挖地、洗衣做饭,样样都来。"木犁很重,我也不会犁,但我硬是把犁扛起来,学会了犁田。"

受做徽墨手艺的外公和舅舅影响,温鑫跟着学起了手艺。但学艺需静下心来认真摸索,而彼时的温鑫心里只有赶紧赚钱养家的想法,忍不了至少三年的学艺周期。手艺学了没多久,看别人摆地摊挣钱,温鑫便靠着积攒的一点生活费摆起了地摊。"到芜湖进点小商品,就在街上摆摊卖。遇到城市执法大队,就跑。"

哪样挣钱,就做哪样。见人倒卖笋干挣钱,15岁的温鑫也一个人跑到绩溪山里进笋干来卖。然而少年不经事,无法辨别笋干质量,又以高于市场价的价格批发进来,最终导致笋干没法卖出去,这让温鑫狠狠亏了一把。

之后,温鑫又去了服装厂做了两三个月。后来听说铁路上干活挣钱,又去当了铁路工人。"铁路上做事真的很苦,一天下来,手上全是血泡,第二天血泡破了,手都没法张开,皮全扯着,太疼了。"温鑫回忆,当时自己也在犹豫回去舅舅那学手艺,但16岁的少年拉不下那个面子,就忍着干到了过年。

春节一过,温鑫又跟着同乡跑去了温州。

## 恍然一悟决意回乡

第一次的思想大转变,就在这里发生。

偌大的温州劳动力市场,全是人。"有暂住证的在找工作,没有暂住证的就全部待在市场里。"当时对暂住证一点概念都没有的温鑫,第一次感受到了流落他乡的孤独和无助。

在老乡的介绍下,温鑫在一家鞋厂找到了工作。"工作一段时间我就发现,这些工人一点都不受尊重。"温鑫说,平时老板的训诫非常严苛,骂人也根本不在意人格尊严。而像自己一样的普通工人,劳动力市场要多少有多少,没有一技之长能够拿上台面,不仅不被尊重,也面临着随时被替代的可能。

然而,那里的木匠工人却很受老板的待见,从老板口中一声长一声短的"老师傅"里,温鑫听到了尊重甚至欣赏。"从他们口中就感觉到人与人之间的区别。我就像突然醒悟了一样,不能一辈子就这样做个工人。"温鑫提出辞职回乡时,老乡试图挽留,还给他重新找了一份当时月薪近1500的活(在当时歙县的一般工资在400左右),然而,温鑫去意已决,毅然回到了家乡,继续跟舅舅学艺。

回乡以后,温鑫找了一份工作,半天打工,半天跟着舅舅学手艺。

舅舅是做徽墨的,但因为墨比较脏,温鑫不是很喜欢,所以在墨模雕刻之外,温鑫也试着雕刻砚台。"雕墨模、砚台、竹子,很多雕刻刀法不同,不同的手法又会产生不同的效果。于是,我学习了几种雕刻后,就将刀法结合了一下,运用到砚台上。有时候把墨模雕刻上的东西运用到砚台上后,会感觉更精细。时间一长,就好像形成了自己的一种风格。"

一年多的时间里,温鑫每天早上五点起床,跑步去厂里上班,中午下班跑步回家继续学习,每天晚上做到十一二点才睡觉,风雨无阻。一年之后,技术有些长进,温鑫也渐渐开始自己雕些作品。21岁那年,他自己出来单干了。

那年25岁,小有积蓄的温鑫又按捺不住想要发家致富的念想,又着手做起了生意。也许天生注定自己是手艺人,不懂得如何做生意,一次次的投资就像把钱砸进了无底洞,几年的积蓄全部亏空,下海经历让温鑫赔得"倾家荡产"。"每年回家过年就像过难一样,在别人眼里,我重蹈我爸覆辙,也被人看不起,还连累了我母亲也在别人面前抬不起头。"

为了扭转局面,温鑫还特意到浙江参加学习潜能培训,并学习一些能够提高自己水平的知识。然就是培训中老师的一句无心之言却又促使温鑫决心把自己的手艺做好。

"老师举例说,他的朋友办了一家企业,自己还做搬运的活。何必呢?安徽民工那么多,叫他们来搬就是了。"正是这句话戳痛了温鑫的自尊心,全国那么大,为什么说是安徽民工?"可能是因为太多的安徽人在外面打工,给别人留下了这样的印象。"温鑫感觉自己的手艺决不能丢下,而应该用它来做些

温鑫在工作

事改变这"印象",从自己开始。

## 潜心摸索争做高端

第二次的思想大转变也就发生在这时候。

借遍了亲戚朋友筹得了一笔钱,再向同学借了一些砚台,温鑫在棠樾开了一家砚台店。"那段时间真的很不好过,所以也是为了躲避,逃得远远地。"温鑫说,他要沉下心来整理自己走过的每段路,收拾自己的心绪,重新出发。

二十八九岁正是谈情说爱的好年纪,可温鑫却几乎与世隔绝,把头埋进了雕刻的工作间。"最没钱的时候,我就去捡别人的边角料来创作。"温鑫津津乐道的一件事想来依然有趣。当时,他店隔壁是一家砚台店,做了很多年,买来的大石料,雕出的东西只能卖上几十上百元。温鑫每次就去隔壁捡别人敲剩下丢弃的边角料,仔细揣摩,就势创作,第一次做出的小砚台竟然卖了一百五十元,把弃料人气着了。从此,敲剩下的边角料都自己留着,感觉实在无用的才丢掉。"我又去捡,捡到了一块石头薄片,揣摩之后,很用心地雕出了一幅花鸟画,竟然卖到了一千五百元。又惊又喜!按捺不住心中的欢喜,与别人分享此事,传到弃料人耳里,从那以后,别人就再也不许我去捡了。"

"现在想想还是一段满有趣的经历。"温鑫说,高兴并不是因为卖上了好价钱,而是自己利用那几年的时间摸索更高层次上的艺术创作,如何利用石料特点,用最低的成本创造出最高的艺术价值。"用心去做,做高端的东西。"

"我做了一个荷池,雕了一只螃蟹,荷叶半包着,倒上一点水,螃蟹若隐若现,很逼真。好多客人都问我,怎么放了一只螃蟹在这呢。他们没看出那是我雕出来的。"时间沉淀,技艺见长,温鑫也有一些精品之作,因没有客户却卖不上价钱。

这一行讲究排资论辈,年纪轻轻的温鑫算是新人加入。"为了让更多的人认识和认可我的作品,我虚心和前辈们多接触,多求教。"一来二去,大家都被这个年轻人的诚意打动,也对他精美的作品产生兴趣。"老师们通常用很低的价格把我的一些作品打包买走,不管多少钱,我都卖。然后我又埋头在家加班创作。后来很多砚台界的前辈和同行都对我很好,我就借他们的力,让我的作品更多地出现在人们的视野,有的也把我的作品拿去参展。"

2010年,精心创作了两年的《金陵十二钗》在中国工艺美术百花奖上荣获特别金奖。"那天的颁奖晚会很隆重,中国轻工业联合会会长特别给我颁奖。"温鑫介绍,那届赛事,有700多件作品参加展出和最终评选,再从金奖中挑选出五件获得特别金奖。在满头银发和面容沧桑的中老年获奖者中间,温鑫的年轻脸庞让全场诧异、骚动。"那一刻真的很激动,眼泪都要掉下来了。我觉得这么多年我的努力付出，得到了肯定。虽然没有得到我最初要的譬如发财、赚钱，但我得到了比那个更好的。这么大的荣誉，是我人生中最大的鼓励和认可，太幸运了！"温鑫说，也正是那一天，他想明白了很多。有些事也许你付出努力不一定当时就有收益，但只要你继续努力，积累沉淀，终有一天你会有回报的。就好像播种，开花，结果一样。

此后，每一年的中国工艺美术百花奖和一些大型赛事上，温鑫参展的每一件作品都能带回金光灿灿的金奖。"现在我在做这一行，就想最大可能地发挥能力，做出更好的东西。"历经沧桑岁月，永葆一颗初心，如今的温鑫，恬淡，安静。

施亚磊　汪　媛

# 民歌原也高颜值
## ——徽州民歌市级传承人许琦

认识许琦的人都说她是才女。会画画,三笔两笔,山水花卉喷涌来,很有意境;会摄影,三按两按,风光人物咔嚓出,美丽动人;会歌舞,三下两下,扭肢走步,满台生风;会写作,三句两句,妙笔生花,文采斐然。此外,她还常做文艺活动主持人,大气机智,造势奇好;不时还到电视台客串嘉宾,伶牙俐齿,艳压群芳;且有侠肝义胆,时常投身公益。譬如近年跑抗战老兵事,亲走70多年前远征军浴血奋战古道,完成全程34公里的高黎贡山翻越,坊间好评如潮;再论性格,温文尔雅,热情好客,且快人快语。加上还爱乒乓、书法、乐器、驾车等,且水准不低,满身尽放徽州山水灵性,光鲜出彩显灵气;映射满满徽州女人范,琴棋书画样样通。之所以,其取网名:徽州女子,恰如其分,贴切到位。

安徽电视台传唱徽州民歌

许琦品格和才华,堪称全方位。花开百朵,单表一枝,这里只说她的民歌才艺。

# 唱　　技

许琦在演唱徽州民歌

许琦唱民歌,不拿捏,不作态,落落大方,张口就来。那天我等在荣鼎酒店晚餐,酒过三巡,众人想来点气氛,于是撺掇许琦唱歌。许琦拗不过,说恭敬不如从命,从容起身,整衣襟,试嗓子,调好状态,唱前道一句:我给大家来首十分熟悉的《徽馆学生意》,话毕一嗓子扯开,靓丽歌声立马飞:

前世不修,生在徽州,十三四岁,往外一丢。雨伞挑冷饭,过山又过岭,一脚到杭州。有生意,就停留,没生意,去苏州。转来转去到上海,求亲求友寻路头,同乡多顾爱,答应肯收留,两个月一过,办得新被头,半年来一过,身命都不愁。逢年过时节,寄钱回徽州。爹娘高兴煞,笑得眼泪流。

一曲高歌,带众人身陷情境,半天出不来。歌停,余音仍袅袅,大家欲罢不能,吆喝再来一首。许琦又起身,再唱一首《卖花线》,唱前忸怩叫白:哎!大姐大嫂们出来买花线咯,红红绿绿的花线真好看哦,快点出来买啰!念毕张口唱:

今朝天气嘛好儿啦,担子就挑上了胈肌膀啊,一挑挑到大姐门,叫声卖花线嘛咿呀嗨嗨。一卖红丝线啊,二卖绣花针,三卖胭脂粉,点在口中心,四卖红绫被,五卖浴汗巾,六卖荷包袋,亲在肚中心,七卖红绫线呀,八卖规划边,九卖绣花匾,订在胸面前。担子嘛放下地啊,恭喜又恭喜,恭喜你,大妹妹啊成双又成对嘛咿呀嗨嗨。

歌毕再念白:大姐大嫂们,快点出来买花线喽,红红绿绿的花线,真好看哦!如此首尾一体,前呼后应,将徽州商贩走街串巷的姿态神韵,演绎得栩栩如生,活灵活现,令人感慨无端。尤其那清脆甜美女声,嘹亮宽阔音域,更为动人,令人羡慕嫉妒恨。

事后笔者得知,许琦不但唱技一流,且靠凭借懂乐理的天赋,对一些民歌在不影响原汁原味的前提下进行适当润色或添加,使其表现效果更为出彩。例如她在省电视台演唱的《采菊花》,就是最好范例。

# 研　究

许琦对徽州民歌怀有深厚感情,不但琢磨唱功,亲身实践,演唱地道。且探索民歌规律,钻研理论,搜集考证,引经据典,捉笔撰文。笔者拜读她写的《徽州文化的一朵奇葩——徽州民歌民调》论文,论点鲜明,论据确凿,论证缜密,俨然专家,颇具学术味。

许琦认为一方水土养一方人,徽州民歌民调产生于徽州广袤村野,十里不同俗,五里不同音,县有独特方言,音具各自韵律,从而使各地民歌民调,内容形式虽大体相同,但演唱风格独具特色,婉转回旋,各有风姿,给人不同美感。如此深厚的乡土民风文化,表现方式具四大特点:一是起源历史悠久。古徽州人在辛勤劳作之余,以歌唱吟咏的方式记录和赞颂生活,产生大量散落民间、土产土长的山歌民调。这些歌谣完全通过男女老少口头记忆、代代相传,传承至今。二是内容极其丰富。徽州民歌民调既反映古徽州人民劳动、生活、习俗,又普及徽州的民间知识,同时释放徽州人的思想感情。三是特点个性鲜明。徽州民歌是深入浅出的民间口头文化,形式上有通俗性,内容上具多样性,发展中含传承性,通俗易懂。四是价值无与伦比。徽州民歌虽为草根,难登大雅之堂,但保持原生态村野文化,魅力四射,既是徽州文化重要组成部分,也是中华文化的奇葩,更属国家级非物质文化遗产,弥足珍贵。

许琦通过走访大量搜集民歌,对包罗万象的徽州民歌进行深入剖析,分门别类,旁征博引,认为徽州民歌内容广泛,涉及徽商、爱情、劳动、生活、游戏、民俗等诸多方面。按地域分,有歙县、绩溪、休宁、黟县、婺源、祁门六大流派;按内容分,有生活、情感、节庆、生产、自然五大类别。每地各具风采,每首各有特色。譬如生活类民歌,是勤劳智慧的徽州人以歌唱吟咏方式,对点滴日常生活的记录和赞颂,既普及生活常识,又有教育警示作用,质朴直观,易记易传,不啻为徽州人对社会和人生的总结,传播最广。如《问路歌》,内容记叙从歙县到许村沿途所经7座村庄,以及许村19处古建筑,逻辑清晰,描绘形象,地理知识十分丰富:

　　城北直上万年桥,右往新洲种菜家。
　　徐村对过仰村坝,三里凉亭依路上。
　　沙溪村过九如桥,富垟村尾雨粟庵。
　　太尉殿过丰口桥,四柱牌楼靠河滩。
　　竹会寺前望跳石,狮子躺在水中间。
　　杨峰岭上善化亭,青山头过水口庵。
　　天马山下登堂庙,善德桥头薇省坊。

大宅门过水圳头,三朝典翰立中央。
　　二龙戏珠在河中,种福厅前石板坦。
　　土地庙过高阳桥,高阳桥上观音堂。
　　高阳桥上观音坐,观音老母面北方。
　　桥头牌坊有两座,双寿承恩五马坊。
　　南北通街大观亭,八角八卦挂风铃。
　　大观亭过进士第,墙里门上连大墓。
　　上前几步到官厅,敦睦堂过如心亭。

　　再如情感类民歌,记录徽州人的喜怒哀乐,透过一首首歌谣,古徽州人种种情感便鲜活展现人前。如一首流传甚广的《火焰虫,低低飞》,歌词描绘是货郎担风雨无阻,走村串巷吆喝叫卖情景,字里行间徽商的乐观、抗争、自信,亢奋昂扬的精神面貌跃然而出:

　　火焰虫,低低飞。写封信,到徽州。一劝爷娘别牵挂,二劝哥嫂不要愁。一日三餐锅焦饭,一餐两个腌菜头。面孔烟抹黑,两手乌溜溜。日子过得好可怜!可怜!可怜!好儿不低头!今朝吃得苦中苦,好的日子在后头!出了头,当老板,赚大钱,回家做屋又买田!

　　又如生产类民歌,融知识和习俗于一体,朗朗上口,便于记忆。如一首以歙南话演唱的《采茶歌》,以农历月份为序,叙说茶事与季节的关系:

　　正月采茶是新年,二月采茶正逢春,三月采茶桃花红,四月采茶做茶忙,五月采茶是端阳,六月采茶茶飘香,七月采茶秋风凉,八月采茶是中秋,九月采茶菊花黄,十月采茶小阳春,十一月采茶雪花飘,十二月采茶又一年。

## 传　　承

演唱徽州民调《葡萄架下》

　　许琦生于徽州,长于徽州。她认为,心中的徽州是一片神奇土地,是一个文化符号,是一本厚重读本,是一篇壮美史诗,是一串铭心记忆,是一处心灵家园。受徽文化的熏陶和濡染,她热爱徽州,眷恋徽州,同时耕耘徽州,服务徽州,爱上民歌,即是其亲身践行的内容之一。之所以,她演唱民歌,有模有样,神采飞扬;研究民歌,有根有据,令人叹服,足以证明其基础牢固,功底深厚,造诣高超。追溯源头活水,原是事出有因,归纳说:家传是本,环境为基,自钻不辍,方得正果。

许琦自幼随外婆在乡村生活,从小聆听山歌民谣长大,后随母读书,母亲为小学音乐教师,许琦日日跟随,不但学会许多徽州民歌,且掌握简谱,以及吹笛等技能。16岁到农村插队,天天与农民交道,田间地头接触民歌更多,劳动之余,她走村串户,学唱民歌,其中歙县许观树等老艺人是其老师,同时学会二胡等乐器,技艺突飞猛进。踏上工作岗位后,又得到歙县文化馆馆长汪继长老师指点,并参与挖掘和排练民歌《葡萄架下》,演出后深受好评,被文化部全程录像,且作为资料收藏。此后犹如猛虎添翼,其民歌技能再上台阶。如此坚持不懈,其传播和弘扬民歌艺术,月进年新,久而久之,淬炼为民歌老手,名气高涨。退休后,更是致力于民歌传唱事业。她发现不少农村歌手,随年龄增大陆续离世,博大精深的徽州民歌,将面临失传,必须及时传承弘扬。于是她主动担当,遇机会,亲身传唱,许村幼儿园小学等地,均留下她的歌声,且登安徽电视台专题栏目,说唱民歌;上安徽大讲堂开设讲座,讲授民歌;至于在家中教孙女学唱民歌,更是家常便饭。同时,积极深入民间,寻老人传唱,自己记谱,以留下珍贵档案;且利用民歌素材,进行二次创作,提升影响力;用歌舞为载体,现场演绎,提升表现力。一程一程实践,一套一套理论,徽州民歌经其挖掘和传播,影响日广,声誉日显。同时,其自身民歌技艺羽翼也日趋丰满,俨然成为行家,跻身于市级民歌技艺非遗传承人行列。是金子,到哪里都会发光。现在的许琦,日日奔忙,月月忙碌,终年活跃于各种社会活动中,举凡热闹处,都有她的声影,若逢文化事,就有她的声音,其中民歌是其出手最多一块,专题场面无须说,即使非正式场合,她也见缝插针,不时来上几句,力为民歌挣一席之地,时刻不忘将乡土民风,发扬光大。

　　于凡人而言,退休即意味告老还乡,解甲归田,含饴弄孙,颐养天年,是为常规,合情合理,天经地义。然于许琦而言,退休是人生新开始。职务退,心不休,

始终保持一颗年轻而充满活力的心。人生芳华重新起,别有天地再从来,似有几分侠气和传奇。如今的许琦一天到晚仍在忙,背相机,驾爱车,两脚不着地,满世界风风火火,风里来雨里走,年复一年,为社会公益、为徽州文化、为民歌民谣,诸如此类,不停歇,不懈怠。一分耕耘,一分收获。缘此她也荣获诸多头衔:黄山市民间文艺家协会常务副主席兼秘书长,黄山学院徽文化研究所研究员,安徽省美术家协会会员,安徽省作家协会会员,安徽省摄影家协会会员,安徽省徽学会理事,黄山市舞蹈家协会、戏剧家协会、美术家协会理事,等等。有人做过统计,说她身背各种顶戴有20多项。同时荣誉也等身,先后获民建全国优秀会员、省巾帼十佳、省三八红旗手、市优秀妇女工作者、奥运会火炬手等称号。有道是天道酬勤,许琦的经历和实践,应了那句古语:巾帼不让须眉,即一枚身架瘦弱娇小的许琦,释放徽州女子优雅温婉的英姿神韵,展露多才多艺的绮丽人生。

# 用时间和盐调制鱼中珍品
## ——徽州臭鳜鱼制作技艺市级传承人钟少华

一道徽州臭鳜鱼上了非物质遗产名录,这不能不说是个例外。申报这个项目的是一个对臭鳜鱼体味很深的新生代徽厨,一个敦实、爽朗、善谈的小老板,他叫钟少华。

钟少华本不是地道的徽州人,他的老家在安徽省当涂县,据说,钟氏家族在当地可谓名门望族,子嗣众多,钟氏祠堂曾被皇帝赐予皇家礼遇,有"文官下轿,武官下马"之说。清末由于太平天国农民起义,钟氏宗族为了家族安全和子嗣的繁衍,秉承"大家创业,小家守业"的传统,其中一脉迁往徽州。这便有了生在徽州的钟少华。不是徽州人但生在徽州,长在徽州的钟少华,对徽菜情有独钟,他不仅申报了"徽州臭鳜鱼"的非遗项目,还同时申报了"徽菜"大师,并获得批准。如今的他已是正儿八经的徽菜大师。不仅如此,现在的钟少华还是一个集加工、销售为一体的餐饮连锁企业的领头人,一个想法很多的创业者。

钟少华在他的团队生产的徽州臭鳜鱼前加了一个"钟氏"的名号不是凭空想象的,这其中有一段他经常提起并认为值得炫耀的历史。相传,古时在安徽省城安庆至徽州府治的古驿道上,每天行走着讨生计的商贾、百姓和络绎不绝的"挑夫"。其中有一群人是专事贩运鱼虾等水产生意的,他们每天从江边贩来新鲜鳜鱼,然后挑到徽州出售。由于路途遥远,交通不便,鱼贩们木桶中的鲜鱼经常死去,这样的情形让鱼贩们伤透了脑筋。看着鱼贩们艰难,刚从圩区逃离家乡的钟姓男主人钟艺武看到了鱼贩们的难处。同是穷苦人的钟艺武便毛遂自荐向鱼贩推介一种腌制法,就是用老家的腌鹅的方法来处理这些即将死去的鳜鱼,新鲜鳜鱼经过这种方法处理后,虽散发出一种淡淡的臭味,但经过烹饪后,却味道鲜美,风味独特,而且身价还高出了的鲜鳜鱼。一时间,钟氏老法腌渍后的鳜鱼仍卖出好价钱的消息在当地流传开来。

木桶臭鳜鱼

腌渍鳜鱼利好的事,让钟艺武有了一个大胆的想法,这就是经营腌渍鳜鱼生意。于是钟艺武举家迁至离屯溪老街不远的隆阜市镇上定居,带领家人一面经营小吃摊,一边尝试着经营腌渍鲜鳜鱼的生意。聪明好学的钟艺武还结合多年腌渍鳜鱼的体会,用徽州当地的上等杉木烘干后做成特式的腌鳜鱼木桶,加盐及钟氏秘法的配料,用山涧清溪中的大块鹅卵石压实,这样制成出来的腌鲜鳜鱼肉质紧实,臭中带有杉木的清香。几年下来,他家腌鲜鳜鱼的生意也因此做得风生水起,带来水产腌制所不菲的收入。一不做二不休,钟艺武干脆带领儿子钟大美在屯溪老街开了一家以臭鳜鱼为主打菜的徽菜馆,遗憾的是延至其孙钟兴旺(号嘉泰)主持经营时,遭遇上了朱老五火烧屯溪街而元气大伤,后虽于其曾孙钟多福手上与舅氏余姓联袂再开菜馆,也因时局不济而作罢。改革开放后,其第六代嫡裔钟少华秉承家传绝活,选择在昱城屯溪最负盛名的紫云餐厅学习厨艺,并立志重现钟氏臭鳜鱼昔日的辉煌。

钟少华说要把钟大厨"徽州臭鳜鱼"做大做强,做成一个产业,钟少华计划在黄山经济开发区建一个以生产"徽州臭鳜鱼"为主的徽菜半成品规模化生产基地,5年后生产规模达到1000吨。这个想法有点大,乍听起来甚至觉得不靠谱,当他把他的设想摆在你面前时,你又不得不信。他有钟大厨"徽州臭鳜鱼"的创意营销形象的设计定义,他有对"徽州臭鳜鱼"的开发现状和愿景的理解,他还有钟大厨"徽州臭鳜鱼"的研发目标,他更有钟大厨"徽州臭鳜鱼"的腌制秘诀。"徽州臭鳜鱼,徽州老味道,把徽菜带回家"是钟少华的愿景设计,也是他的目标。钟少华的研发目标是:分析自身的优劣势,注重品牌形象,打造具有"独特徽州文化价值的徽菜名品"。并通过顾客的体验与品尝达到营销的目的。让具有独特徽州文化价值的徽菜——"徽州臭鳜鱼"成为旅游、商务市场的新宠。如今钟少华的生产基地一期厂房已经竣工,2015年初已正式投产,今后的生产基地总面积将达到10000平方米。如今钟大厨"徽州臭鳜鱼"已在各大超市入驻了,因而,对于钟少华我们还有更多的期待。

# 黄山市市级以上非物质文化遗产项目代表性传承人名录

(截至2016年6月)

| 序号 | 项目名称 | 姓名 | 批次 | 时间 | 所在区县 |
|---|---|---|---|---|---|
| 国家级(20人) | | | | | |
| 1 | 歙砚制作技艺 | 曹阶铭 | 第一批国家级 | 2007 | 歙县 |
| 2 | 徽墨制作技艺 | 周美洪 | 第一批国家级 | 2007 | 歙县 |
| 3 | 徽州三雕——石雕 | 冯有进 | 第一批国家级 | 2007 | 屯溪区 |
| 4 | 徽州三雕——砖雕 | 方新中 | 第一批国家级 | 2007 | 歙县 |
| 5 | 徽州目连戏 | 叶养滋 | 第二批国家级 | 2008 | 祁门县 |
| 6 | 徽州目连戏 | 王长松 | 第二批国家级 | 2008 | 祁门县 |
| 7 | 歙砚制作技艺 | 郑寒 | 第三批国家级 | 2009 | 屯溪区 |
| 8 | 徽州三雕——木雕 | 王金生 | 第三批国家级 | 2009 | 歙县 |
| 9 | 万安罗盘制作技艺 | 吴水森 | 第三批国家级 | 2009 | 休宁县 |
| 10 | 徽州漆器制作技艺 | 甘而可 | 第三批国家级 | 2009 | 屯溪区 |
| 11 | 绿茶制作技艺——黄山毛峰 | 谢四十 | 第三批国家级 | 2009 | 徽州区 |
| 12 | 祁门傩舞 | 汪宣智 | 第五批国家级 | 2012 | 祁门县 |
| 13 | 徽州三雕——木雕 | 蒯正华 | 第五批国家级 | 2012 | 屯溪区 |

续表

| 序号 | 项目名称 | 姓名 | 批次 | 时间 | 所在区县 |
| --- | --- | --- | --- | --- | --- |
| 14 | 徽州三雕——木雕 | 曹篁生 | 第五批国家级 | 2012 | 徽州区 |
| 15 | 歙砚制作技艺 | 王祖伟 | 第五批国家级 | 2012 | 屯溪区 |
| 16 | 绿茶制作技艺——太平猴魁 | 方继凡 | 第五批国家级 | 2012 | 黄山区 |
| 17 | 徽派传统民居营造技艺 | 胡公敏 | 第五批国家级 | 2012 | 歙县 |
| 18 | 程大位珠算法 | 汪素秋 | 第五批国家级 | 2012 | 屯溪区 |
| 19 | 张一帖内科 | 李济仁 | 第五批国家级 | 2012 | 歙县 |
| 20 | 张一帖内科 | 张舜华 | 第五批国家级 | 2012 | 歙县 |
| | 省级（129人） | | | | |
| 21 | 万安罗盘制作技艺 | 詹运祥 | 第一批省级 | 2007 | 休宁县 |
| 22 | 撕纸 | 蒋劲华 | 第一批省级 | 2007 | 屯溪区 |
| 23 | 徽州竹雕 | 洪建华 | 第一批省级 | 2007 | 徽州区 |
| 24 | 徽州民歌 | 操明花 | 第二批省级 | 2008 | 歙县 |
| 25 | 徽州民歌 | 凌志远 | 第二批省级 | 2008 | 歙县 |
| 26 | 祁门傩舞 | 汪顺庆 | 第二批省级 | 2008 | 祁门县 |
| 27 | 徽剧 | 江贤琴 | 第二批省级 | 2008 | 市直 |
| 28 | 徽剧 | 汪亦平 | 第二批省级 | 2008 | 市直 |
| 29 | 徽州版画 | 黄肇祖 | 第二批省级 | 2008 | 歙县 |
| 30 | 徽州版画 | 潘荣明 | 第二批省级 | 2008 | 歙县 |
| 31 | 徽州篆刻 | 董 建 | 第二批省级 | 2008 | 屯溪区 |
| 32 | 徽州篆刻 | 胡小石 | 第二批省级 | 2008 | 黟县 |
| 33 | 徽州篆刻 | 蒋雨金 | 第二批省级 | 2008 | 黟县 |
| 34 | 徽州三雕——木雕 | 郑尧锦 | 第二批省级 | 2008 | 屯溪区 |
| 35 | 徽墨制作技艺 | 项德胜 | 第二批省级 | 2008 | 歙县 |
| 36 | 徽派盆景技艺 | 洪观清 | 第二批省级 | 2008 | 歙县 |
| 37 | 祁门红茶制作技艺 | 陆国富 | 第二批省级 | 2008 | 祁门县 |
| 38 | 祁门红茶制作技艺 | 闵宣文 | 第二批省级 | 2008 | 祁门县 |
| 39 | 绿茶制作技艺——黄山毛峰 | 谢一平 | 第二批省级 | 2008 | 徽州区 |
| 40 | 绿茶制作技艺——太平猴魁 | 王锋林 | 第二批省级 | 2008 | 黄山区 |

续表

| 序号 | 项目名称 | 姓名 | 批次 | 时间 | 所在区县 |
|---|---|---|---|---|---|
| 41 | 绿茶制作技艺——屯溪绿茶 | 程富寿 | 第二批省级 | 2008 | 屯溪区 |
| 42 | 徽州祠祭 | 胡晖生 | 第二批省级 | 2008 | 黟县 |
| 43 | 徽菜 | 王可喜 | 第二批省级 | 2008 | 屯溪区 |
| 44 | 徽菜 | 汪志祥 | 第二批省级 | 2008 | 屯溪区 |
| 45 | 徽菜 | 张旺和 | 第二批省级 | 2008 | 屯溪区 |
| 46 | 新安医学 | 曹恩溥 | 第二批省级 | 2008 | 屯溪区 |
| 47 | 新安医学 | 方敏 | 第二批省级 | 2008 | 屯溪区 |
| 48 | 新安医学 | 黄孝周 | 第二批省级 | 2008 | 屯溪区 |
| 49 | 新安医学 | 汪寿鹏 | 第二批省级 | 2008 | 屯溪区 |
| 50 | 新安医学 | 郑铎 | 第二批省级 | 2008 | 歙县 |
| 51 | 轩辕车会 | 项元林 | 第二批省级 | 2008 | 黄山区 |
| 52 | 徽州目连戏 | 王秋来 | 第三批省级 | 2011 | 祁门县 |
| 53 | 叶村叠罗汉 | 洪允文 | 第三批省级 | 2011 | 歙县 |
| 54 | 徽州三雕——砖雕 | 吴正辉 | 第三批省级 | 2011 | 歙县 |
| 55 | 徽州三雕——砖雕 | 吴林水 | 第三批省级 | 2011 | 歙县 |
| 56 | 徽州根雕 | 陆俊 | 第三批省级 | 2011 | 屯溪区 |
| 57 | 徽州竹雕 | 汪加林 | 第三批省级 | 2011 | 歙县 |
| 58 | 徽州竹雕 | 郑再权 | 第三批省级 | 2011 | 歙县 |
| 59 | 徽州竹编 | 曹德泉 | 第三批省级 | 2011 | 屯溪区 |
| 60 | 徽派版画 | 黄勇 | 第三批省级 | 2011 | 歙县 |
| 61 | 徽州彩绘壁画 | 查德卿 | 第三批省级 | 2011 | 黟县 |
| 62 | 徽州彩绘壁画 | 胡晓耕 | 第三批省级 | 2011 | 黟县 |
| 63 | 徽州漆器髹饰技艺 | 奚建辉 | 第三批省级 | 2011 | 屯溪区 |
| 64 | 绿茶制作技艺——太平猴魁 | 郑中明 | 第三批省级 | 2011 | 黄山区 |
| 65 | 绿茶制作技艺——顶谷大方 | 王均奇 | 第三批省级 | 2011 | 歙县 |
| 66 | 绿茶制作技艺——松萝茶 | 余承泽 | 第三批省级 | 2011 | 休宁县 |
| 67 | 徽笔制作技艺 | 杨文 | 第三批省级 | 2011 | 屯溪区 |
| 68 | 徽墨制作技艺 | 汪培坤 | 第三批省级 | 2011 | 屯溪区 |

续表

| 序号 | 项目名称 | 姓名 | 批次 | 时间 | 所在区县 |
|---|---|---|---|---|---|
| 69 | 徽墨制作技艺 | 吴成林 | 第三批省级 | 2011 | 徽州区 |
| 70 | 徽墨制作技艺 | 项胜利 | 第三批省级 | 2011 | 歙县 |
| 71 | 歙砚制作技艺 | 程苏禄 | 第三批省级 | 2011 | 歙县 |
| 72 | 歙砚制作技艺 | 蔡永江 | 第三批省级 | 2011 | 屯溪区 |
| 73 | 歙砚制作技艺 | 方见尘 | 第三批省级 | 2011 | 歙县 |
| 74 | 万安罗盘制作技艺 | 吴兆光 | 第三批省级 | 2011 | 休宁县 |
| 75 | 五城豆腐干制作技艺 | 洪光明 | 第三批省级 | 2011 | 休宁县 |
| 76 | 皖南火腿制作技艺——兰花火腿 | 叶冬华 | 第三批省级 | 2011 | 休宁县 |
| 77 | 余香石笛制作技艺 | 方如金 | 第三批省级 | 2011 | 黟县 |
| 78 | 利源手工制麻技艺 | 余荫堂 | 第三批省级 | 2011 | 黟县 |
| 79 | 祁门红茶制作技艺 | 王昶 | 第三批省级 | 2011 | 祁门县 |
| 80 | 祁门红茶制作技艺 | 谢永中 | 第三批省级 | 2011 | 祁门县 |
| 81 | 徽菜 | 黄卫国 | 第三批省级 | 2011 | 屯溪区 |
| 82 | 徽菜 | 张根东 | 第三批省级 | 2011 | 屯溪区 |
| 83 | 婆溪河灯 | 张均作 | 第三批省级 | 2011 | 黄山区 |
| 84 | 五福神会 | 苏诚义 | 第三批省级 | 2011 | 黄山区 |
| 85 | 徽州楹联匾额 | 胡时滨 | 第四批省级 | 2011 | 黟县 |
| 86 | 齐云山道场音乐 | 詹和平 | 第四批省级 | 2011 | 休宁县 |
| 87 | 黎阳仗鼓 | 吕美娟 | 第四批省级 | 2011 | 屯溪区 |
| 88 | 跳钟馗 | 袁立 | 第四批省级 | 2011 | 徽州区 |
| 89 | 徽州板凳龙 | 张光武 | 第四批省级 | 2011 | 休宁县 |
| 90 | 采茶扑蝶舞 | 倪赛华 | 第四批省级 | 2011 | 祁门县 |
| 91 | 三阳打秋千 | 洪孝廉 | 第四批省级 | 2011 | 歙县 |
| 92 | 徽州三雕——木雕 | 朱泓 | 第四批省级 | 2011 | 徽州区 |
| 93 | 徽派盆景技艺 | 黎坚 | 第四批省级 | 2011 | 歙县 |
| 94 | 徽州漆器髹饰技艺 | 范福安 | 第四批省级 | 2011 | 屯溪区 |
| 95 | 徽州传统民居营造技艺 | 姚卡丹 | 第四批省级 | 2011 | 歙县 |
| 96 | 观音豆腐制作技艺 | 吴季生 | 第四批省级 | 2011 | 徽州区 |

续表

| 序号 | 项目名称 | 姓名 | 批次 | 时间 | 所在区县 |
|---|---|---|---|---|---|
| 97 | 五城米酒制作技艺 | 方幸福 | 第四批省级 | 2011 | 休宁县 |
| 98 | 齐云山道场表演 | 詹志文 | 第四批省级 | 2011 | 休宁县 |
| 99 | 美溪唢呐 | 汪清和 | 第五批省级 | 2015 | 黟县 |
| 100 | 跳钟馗 | 刘铭德 | 第五批省级 | 2015 | 歙县 |
| 101 | 徽剧 | 汪鸿养 | 第五批省级 | 2015 | 歙县 |
| 102 | 叶村叠罗汉 | 洪声齐 | 第五批省级 | 2015 | 歙县 |
| 103 | 徽州三雕——木雕 | 朱伟 | 第五批省级 | 2015 | 徽州区 |
| 104 | 徽州三雕——石雕 | 汪裕民 | 第五批省级 | 2015 | 休宁县 |
| 105 | 徽州三雕——砖雕 | 方乐成 | 第五批省级 | 2015 | 歙县 |
| 106 | 徽州三雕——砖雕 | 王永强 | 第五批省级 | 2015 | 黟县 |
| 107 | 徽州竹编 | 俞日华 | 第五批省级 | 2015 | 屯溪区 |
| 108 | 徽州竹雕 | 张红云 | 第五批省级 | 2015 | 徽州区 |
| 109 | 徽州竹雕 | 汪伟 | 第五批省级 | 2015 | 屯溪区 |
| 110 | 徽州竹雕 | 曹小明 | 第五批省级 | 2015 | 歙县 |
| 111 | 徽州篆刻 | 周小勇 | 第五批省级 | 2015 | 屯溪区 |
| 112 | 徽州漆器制作技艺 | 俞均鹏 | 第五批省级 | 2015 | 屯溪区 |
| 113 | 徽州漆器制作技艺 | 章国华 | 第五批省级 | 2015 | 屯溪区 |
| 114 | 徽派盆景技艺 | 洪定勇 | 第五批省级 | 2015 | 歙县 |
| 115 | 祁门红茶制作技艺 | 陶自富 | 第五批省级 | 2015 | 祁门县 |
| 116 | 祁门红茶制作技艺 | 朱奇志 | 第五批省级 | 2015 | 祁门县 |
| 117 | 绿茶制作技艺——黄山毛峰 | 汪智利 | 第五批省级 | 2015 | 歙县 |
| 118 | 绿茶制作技艺——松萝茶 | 王光熙 | 第五批省级 | 2015 | 休宁县 |
| 119 | 徽墨制作技艺 | 程国胜 | 第五批省级 | 2015 | 屯溪区 |
| 120 | 徽墨制作技艺 | 黄子驹 | 第五批省级 | 2015 | 歙县 |
| 121 | 歙砚制作技艺 | 朱岱 | 第五批省级 | 2015 | 屯溪区 |
| 122 | 歙砚制作技艺 | 方韶 | 第五批省级 | 2015 | 屯溪区 |
| 123 | 歙砚制作技艺 | 李红旗 | 第五批省级 | 2015 | 屯溪区 |
| 124 | 歙砚制作技艺 | 潘小萌 | 第五批省级 | 2015 | 屯溪区 |

续表

| 序号 | 项目名称 | 姓名 | 批次 | 时间 | 所在区县 |
| --- | --- | --- | --- | --- | --- |
| 125 | 歙砚制作技艺 | 胡秋生 | 第五批省级 | 2015 | 歙县 |
| 126 | 歙砚制作技艺 | 江宝忠 | 第五批省级 | 2015 | 歙县 |
| 127 | 徽派传统民居营造技艺 | 汪晓阳 | 第五批省级 | 2015 | 徽州区 |
| 128 | 万安罗盘制作技艺 | 张永学 | 第五批省级 | 2015 | 休宁县 |
| 129 | 五城米酒酿制技艺 | 吴美焕 | 第五批省级 | 2015 | 屯溪区 |
| 130 | 徽州顶市酥制作技艺 | 程积如 | 第五批省级 | 2015 | 屯溪区 |
| 131 | 徽作家具制作技艺 | 吴振飞 | 第五批省级 | 2015 | 徽州区 |
| 132 | 太平曹氏纸制作技艺 | 曹阳明 | 第五批省级 | 2015 | 黄山区 |
| 133 | 徽州手工瓷制作技艺 | 汪 洲 | 第五批省级 | 2015 | 祁门县 |
| 134 | 徽州手工瓷制作技艺 | 吕志远 | 第五批省级 | 2015 | 屯溪区 |
| 135 | 安茶制作技艺 | 汪升平 | 第五批省级 | 2015 | 祁门县 |
| 136 | 安茶制作技艺 | 汪镇响 | 第五批省级 | 2015 | 祁门县 |
| 137 | 吴鲁衡日晷制作技艺 | 吴兆光 | 第五批省级 | 2015 | 休宁县 |
| 138 | 徽州烧饼制作技艺 | 宋新娥 | 第五批省级 | 2015 | 屯溪区 |
| 139 | 新安医学 | 胡为俭 | 第五批省级 | 2015 | 屯溪区 |
| 140 | 新安医学——吴山铺伤科 | 程建平 | 第五批省级 | 2015 | 歙县 |
| 141 | 新安医学 | 程剑峰 | 第五批省级 | 2015 | 休宁县 |
| 142 | 张一帖内科 | 李 挺 | 第五批省级 | 2015 | 歙县 |
| 143 | 西园喉科 | 郑公望 | 第五批省级 | 2015 | 歙县 |
| 144 | 祁门胡氏骨伤科 | 胡永久 | 第五批省级 | 2015 | 祁门县 |
| 145 | 徽州祠祭 | 陈敦和 | 第五批省级 | 2015 | 祁门县 |
| 146 | 郭村周王会 | 林德龄 | 第五批省级 | 2015 | 黄山区 |
| 147 | 徽菜 | 路任群 | 第五批省级 | 2015 | 屯溪区 |
| 148 | 程大位珠算法 | 范宝芳 | 第五批省级 | 2015 | 屯溪区 |
| 149 | 程大位珠算法 | 黄 静 | 第五批省级 | 2015 | 屯溪区 |
| 市级(517人) | | | | | |
| 150 | 徽墨制作技艺 | 马贵明 | 第一批市级 | 2009 | 歙县 |
| 151 | 徽墨制作技艺 | 周 健 | 第一批市级 | 2009 | 歙县 |

续表

| 序号 | 项目名称 | 姓名 | 批次 | 时间 | 所在区县 |
|---|---|---|---|---|---|
| 152 | 徽墨制作技艺 | 温咏葳 | 第一批市级 | 2009 | 歙县 |
| 153 | 歙砚制作技艺 | 凌红军 | 第一批市级 | 2009 | 歙县 |
| 154 | 歙砚制作技艺 | 江立明 | 第一批市级 | 2009 | 歙县 |
| 155 | 歙砚制作技艺 | 潘声吉 | 第一批市级 | 2009 | 歙县 |
| 156 | 歙砚制作技艺 | 程礼辉 | 第一批市级 | 2009 | 歙县 |
| 157 | 歙砚制作技艺 | 汪德钦 | 第一批市级 | 2009 | 歙县 |
| 158 | 歙砚制作技艺 | 方学斌 | 第一批市级 | 2009 | 歙县 |
| 159 | 歙砚制作技艺 | 张春韶 | 第一批市级 | 2009 | 歙县 |
| 160 | 歙砚制作技艺 | 巴永成 | 第一批市级 | 2009 | 歙县 |
| 161 | 歙砚制作技艺 | 俞青 | 第一批市级 | 2009 | 歙县 |
| 162 | 歙砚制作技艺 | 潘玉忠 | 第一批市级 | 2009 | 歙县 |
| 163 | 歙砚制作技艺 | 胡水仙 | 第一批市级 | 2009 | 歙县 |
| 164 | 奇石雕刻技艺 | 江连生 | 第一批市级 | 2009 | 歙县 |
| 165 | 歙砚制作技艺 | 胡笟 | 第一批市级 | 2009 | 歙县 |
| 166 | 歙砚制作技艺 | 吴国水 | 第一批市级 | 2009 | 歙县 |
| 167 | 歙砚制作技艺 | 周旗中 | 第一批市级 | 2009 | 歙县 |
| 168 | 歙砚制作技艺 | 王高峰 | 第一批市级 | 2009 | 屯溪区 |
| 169 | 歙砚制作技艺 | 李天锡 | 第一批市级 | 2009 | 屯溪区 |
| 170 | 歙砚制作技艺 | 方日生 | 第一批市级 | 2009 | 屯溪区 |
| 171 | 歙砚制作技艺 | 钱胜利 | 第一批市级 | 2009 | 屯溪区 |
| 172 | 歙砚制作技艺 | 钱胜东 | 第一批市级 | 2009 | 屯溪区 |
| 173 | 徽州三雕——木雕 | 徐东彪 | 第一批市级 | 2009 | 屯溪区 |
| 174 | 徽州三雕——木雕 | 吴秋黎 | 第一批市级 | 2009 | 歙县 |
| 175 | 徽州三雕——木雕 | 曹宝财 | 第一批市级 | 2009 | 徽州区 |
| 176 | 徽州三雕——木雕 | 汪德洪 | 第一批市级 | 2009 | 黟县 |
| 177 | 徽州三雕——砖雕 | 江立云 | 第一批市级 | 2009 | 徽州区 |
| 178 | 徽州竹雕 | 陈国斌 | 第一批市级 | 2009 | 徽州区 |
| 179 | 徽州竹雕 | 吴远林 | 第一批市级 | 2009 | 徽州区 |

续表

| 序号 | 项目名称 | 姓名 | 批次 | 时间 | 所在区县 |
| --- | --- | --- | --- | --- | --- |
| 180 | 徽州竹雕 | 曹篁生 | 第一批市级 | 2009 | 徽州区 |
| 181 | 徽州竹雕 | 蒋永青 | 第一批市级 | 2009 | 徽州区 |
| 182 | 徽州竹雕 | 郑尧锦 | 第一批市级 | 2009 | 徽州区 |
| 183 | 徽州竹雕 | 张少彪 | 第一批市级 | 2009 | 徽州区 |
| 184 | 徽州竹雕 | 方 然 | 第一批市级 | 2009 | 屯溪区 |
| 185 | 徽州根雕 | 陆国龙 | 第一批市级 | 2009 | 徽州区 |
| 186 | 徽州瓷艺 | 胡 笛 | 第一批市级 | 2009 | 屯溪区 |
| 187 | 徽州馄饨 | 汪自立 | 第一批市级 | 2009 | 屯溪区 |
| 188 | 皖南火腿制作技艺——汤口火腿制作技艺 | 张德宾 | 第一批市级 | 2009 | 黄山区 |
| 189 | 腊八豆腐制作技艺 | 王立民 | 第一批市级 | 2009 | 黟县 |
| 190 | 五城豆腐干制作技艺 | 洪子璋 | 第一批市级 | 2009 | 休宁县 |
| 191 | 黄山玉雕 | 陈国建 | 第一批市级 | 2009 | 黄山区 |
| 192 | 狮子舞 | 叶丽昌 | 第二批市级 | 2010 | 歙县 |
| 193 | 麒麟舞 | 江维松 | 第二批市级 | 2010 | 歙县 |
| 194 | 麒麟舞 | 程树辉 | 第二批市级 | 2010 | 歙县 |
| 195 | 大刀灯 | 吴文海 | 第二批市级 | 2010 | 歙县 |
| 196 | 汪满田鱼灯 | 汪在郎 | 第二批市级 | 2010 | 歙县 |
| 197 | 宏村水系建筑技艺 | 程奋翔 | 第二批市级 | 2010 | 黟县 |
| 198 | 锡格子茶 | 孙寿玉 | 第二批市级 | 2010 | 黟县 |
| 199 | 游太阳 | 许社康 | 第二批市级 | 2010 | 黟县 |
| 200 | 十番锣鼓 | 刘芳保 | 第二批市级 | 2010 | 祁门县 |
| 201 | 十番锣鼓 | 倪平水 | 第二批市级 | 2010 | 祁门县 |
| 202 | 徽州目连戏 | 方文俊 | 第二批市级 | 2010 | 祁门县 |
| 203 | 徽菜 | 郑 重 | 第二批市级 | 2010 | 屯溪区 |
| 204 | 隆阜抬阁 | 余明发 | 第二批市级 | 2010 | 屯溪区 |
| 205 | 送花灯 | 阚来发 | 第二批市级 | 2010 | 黄山区 |
| 206 | 婆溪河灯 | 崔思拾 | 第二批市级 | 2010 | 黄山区 |
| 207 | 新丰唢呐曲牌 | 王九峰 | 第二批市级 | 2010 | 黄山区 |

续表

| 序号 | 项目名称 | 姓名 | 批次 | 时间 | 所在区县 |
|---|---|---|---|---|---|
| 208 | 歙砚制作技艺 | 范建华 | 第二批市级增补 | 2010 | 屯溪区 |
| 209 | 黟县彩绘壁画 | 吴晓哲 | 第二批市级增补 | 2010 | 黟县 |
| 210 | 利源手工制麻技艺 | 余启良 | 第二批市级增补 | 2010 | 黟县 |
| 211 | 利源手工制麻技艺 | 余永明 | 第二批市级增补 | 2010 | 黟县 |
| 212 | 徽菜 | 徐程辉 | 第二批市级增补 | 2010 | 屯溪区 |
| 213 | 徽菜 | 叶望念 | 第二批市级增补 | 2010 | 屯溪区 |
| 214 | 三阳打秋千 | 洪绍林 | 第三批市级 | 2011 | 歙县 |
| 215 | 徽州篆刻 | 汪憙 | 第三批市级 | 2011 | 黟县 |
| 216 | 徽州楹联匾额 | 余治淮 | 第三批市级 | 2011 | 黟县 |
| 217 | 徽墨制作技艺 | 凌志明 | 第四批市级 | 2012 | 徽州区 |
| 218 | 徽墨制作技艺 | 孙承奇 | 第四批市级 | 2012 | 屯溪区 |
| 219 | 徽墨制作技艺 | 肖元樑 | 第四批市级 | 2012 | 歙县 |
| 220 | 徽墨制作技艺 | 邵光辉 | 第四批市级 | 2012 | 歙县 |
| 221 | 徽墨制作技艺 | 姚仲林 | 第四批市级 | 2012 | 歙县 |
| 222 | 徽墨制作技艺 | 王永忠 | 第四批市级 | 2012 | 歙县 |
| 223 | 徽墨制作技艺 | 杨海君 | 第四批市级 | 2012 | 歙县 |
| 224 | 歙砚制作技艺 | 孙雪 | 第四批市级 | 2012 | 屯溪区 |
| 225 | 歙砚制作技艺 | 洪玉良 | 第四批市级 | 2012 | 屯溪区 |
| 226 | 歙砚制作技艺 | 方召喜 | 第四批市级 | 2012 | 屯溪区 |
| 227 | 歙砚制作技艺 | 丁晓军 | 第四批市级 | 2012 | 屯溪区 |
| 228 | 歙砚制作技艺 | 姚立忠 | 第四批市级 | 2012 | 歙县 |
| 229 | 歙砚制作技艺 | 许亚祥 | 第四批市级 | 2012 | 歙县 |
| 230 | 歙砚制作技艺 | 吴笠谷 | 第四批市级 | 2012 | 歙县 |
| 231 | 歙砚制作技艺 | 柯仲运 | 第四批市级 | 2012 | 歙县 |
| 232 | 歙砚制作技艺 | 程春风 | 第四批市级 | 2012 | 歙县 |
| 233 | 歙砚制作技艺 | 叶显华 | 第四批市级 | 2012 | 歙县 |
| 234 | 歙砚制作技艺 | 潘家兴 | 第四批市级 | 2012 | 歙县 |
| 235 | 歙砚制作技艺 | 王武正 | 第四批市级 | 2012 | 歙县 |

续表

| 序号 | 项目名称 | 姓名 | 批次 | 时间 | 所在区县 |
|---|---|---|---|---|---|
| 236 | 歙砚制作技艺 | 徐向阳 | 第四批市级 | 2012 | 歙县 |
| 237 | 歙砚制作技艺 | 鲍星明 | 第四批市级 | 2012 | 歙县 |
| 238 | 歙砚制作技艺 | 温鑫 | 第四批市级 | 2012 | 歙县 |
| 239 | 徽州三雕——木雕 | 王建新 | 第四批市级 | 2012 | 休宁县 |
| 240 | 徽州三雕——木雕 | 徐春来 | 第四批市级 | 2012 | 徽州区 |
| 241 | 徽州三雕——木雕 | 王科阳 | 第四批市级 | 2012 | 徽州区 |
| 242 | 徽州三雕——石雕 | 程佑富 | 第四批市级 | 2012 | 屯溪区 |
| 243 | 徽州三雕——石雕 | 程华进 | 第四批市级 | 2012 | 屯溪区 |
| 244 | 徽州三雕——石雕 | 程长进 | 第四批市级 | 2012 | 屯溪区 |
| 245 | 徽州三雕——石雕 | 王勇 | 第四批市级 | 2012 | 歙县 |
| 246 | 徽州三雕——砖雕 | 吴梓祥 | 第四批市级 | 2012 | 歙县 |
| 247 | 徽州三雕——砖雕 | 吴元康 | 第四批市级 | 2012 | 歙县 |
| 248 | 徽州三雕——砖雕 | 方德鹏 | 第四批市级 | 2012 | 歙县 |
| 249 | 徽州三雕——砖雕 | 胡达成 | 第四批市级 | 2012 | 歙县 |
| 250 | 徽州三雕——砖雕 | 方惠雄 | 第四批市级 | 2012 | 歙县 |
| 251 | 徽州三雕——砖雕 | 方卫新 | 第四批市级 | 2012 | 歙县 |
| 252 | 徽州三雕——砖雕 | 余晓凯 | 第四批市级 | 2012 | 歙县 |
| 253 | 万安罗盘制作技艺 | 王玉峰 | 第四批市级 | 2012 | 休宁县 |
| 254 | 万安罗盘制作技艺 | 曹浩 | 第四批市级 | 2012 | 休宁县 |
| 255 | 徽派盆景制作技艺 | 洪文亮 | 第四批市级 | 2012 | 歙县 |
| 256 | 徽派盆景制作技艺 | 洪建利 | 第四批市级 | 2012 | 歙县 |
| 257 | 徽派盆景制作技艺 | 洪灶林 | 第四批市级 | 2012 | 歙县 |
| 258 | 徽派盆景制作技艺 | 蔡元绍 | 第四批市级 | 2012 | 歙县 |
| 259 | 徽派盆景制作技艺 | 洪新新 | 第四批市级 | 2012 | 歙县 |
| 260 | 徽笔制作技艺 | 杨达 | 第四批市级 | 2012 | 屯溪区 |
| 261 | 徽州竹雕 | 方丽平 | 第四批市级 | 2012 | 屯溪区 |
| 262 | 徽州竹雕 | 李富成 | 第四批市级 | 2012 | 歙县 |
| 263 | 徽州竹雕 | 朱立秋 | 第四批市级 | 2012 | 歙县 |

续表

| 序号 | 项目名称 | 姓名 | 批次 | 时间 | 所在区县 |
|---|---|---|---|---|---|
| 264 | 徽州竹雕 | 车 剑 | 第四批市级 | 2012 | 歙县 |
| 265 | 徽州竹雕 | 吴宝森 | 第四批市级 | 2012 | 歙县 |
| 266 | 徽州竹雕 | 余长亮 | 第四批市级 | 2012 | 歙县 |
| 267 | 徽州竹雕 | 汪海臣 | 第四批市级 | 2012 | 歙县 |
| 268 | 徽州竹雕 | 凌国华 | 第四批市级 | 2012 | 歙县 |
| 269 | 徽州竹雕 | 谢紫贵 | 第四批市级 | 2012 | 徽州区 |
| 270 | 徽州竹雕 | 余海君 | 第四批市级 | 2012 | 徽州区 |
| 271 | 徽州竹雕 | 曹志保 | 第四批市级 | 2012 | 徽州区 |
| 272 | 徽州竹雕 | 余红林 | 第四批市级 | 2012 | 徽州区 |
| 273 | 徽州竹雕 | 胡思建 | 第四批市级 | 2012 | 徽州区 |
| 274 | 徽州竹编 | 程金顺 | 第四批市级 | 2012 | 屯溪区 |
| 275 | 徽州竹编 | 方林祥 | 第四批市级 | 2012 | 歙县 |
| 276 | 徽州竹编 | 许春生 | 第四批市级 | 2012 | 黄山区 |
| 277 | 徽州根雕 | 奚希敏 | 第四批市级 | 2012 | 屯溪区 |
| 278 | 徽派篆刻 | 汪永龙 | 第四批市级 | 2012 | 歙县 |
| 279 | 徽派古建材料制作 | 楼根友 | 第四批市级 | 2012 | 徽州区 |
| 280 | 徽派古建材料制作 | 方 健 | 第四批市级 | 2012 | 歙县 |
| 281 | 徽派古建材料制作 | 阮清华 | 第四批市级 | 2012 | 歙县 |
| 282 | 徽式装裱修复技艺 | 朱格亮 | 第四批市级 | 2012 | 市直 |
| 283 | 徽式家具制作技艺 | 余中勇 | 第四批市级 | 2012 | 市直 |
| 284 | 徽州剪纸 | 吴笑梅 | 第四批市级 | 2012 | 歙县 |
| 285 | 草龙扎制技艺 | 蒋万里 | 第四批市级 | 2012 | 黄山区 |
| 286 | 草龙扎制技艺 | 吴叶汉 | 第四批市级 | 2012 | 歙县 |
| 287 | 徽州楹联匾额传统制作技艺 | 詹华平 | 第四批市级 | 2012 | 黟县 |
| 288 | 徽州楹联匾额传统制作技艺 | 黄文革 | 第四批市级 | 2012 | 黟县 |
| 289 | 徽州楹联匾额传统制作技艺 | 裘贵田 | 第四批市级 | 2012 | 黟县 |
| 290 | 黟县谜语 | 吴卫华 | 第四批市级 | 2012 | 黟县 |
| 291 | 江可爱的故事 | 江畔青 | 第四批市级 | 2012 | 黟县 |

续表

| 序号 | 项目名称 | 姓名 | 批次 | 时间 | 所在区县 |
|---|---|---|---|---|---|
| 292 | 徽州武术 | 潘百顺 | 第四批市级 | 2012 | 市直 |
| 293 | 徽州武术 | 舒云泽 | 第四批市级 | 2012 | 歙县 |
| 294 | 祁门红茶制作技艺 | 张惠民 | 第四批市级 | 2012 | 祁门县 |
| 295 | 黄山毛峰制作技艺 | 谢明之 | 第四批市级 | 2012 | 徽州区 |
| 296 | 松萝茶制作技艺 | 余加平 | 第四批市级 | 2012 | 休宁县 |
| 297 | 黄山贡菊 | 王齐 | 第四批市级 | 2012 | 歙县 |
| 298 | 张一帖 | 李梢 | 第四批市级 | 2012 | 市直 |
| 299 | 张一帖 | 张其成 | 第四批市级 | 2012 | 市直 |
| 300 | 张一帖 | 李艳 | 第四批市级 | 2012 | 市直 |
| 301 | 新安医学 | 程建军 | 第四批市级 | 2012 | 歙县 |
| 302 | 野鸡坞外科 | 方洪生 | 第四批市级 | 2012 | 市直 |
| 303 | 屏山润生堂烫伤灵 | 舒旦元 | 第四批市级 | 2012 | 黟县 |
| 304 | 屏山润生堂烫伤灵 | 舒辛亥 | 第四批市级 | 2012 | 黟县 |
| 305 | 徽州民歌 | 吴媛媛 | 第四批市级 | 2012 | 市直 |
| 306 | 徽州目连戏 | 叶正初 | 第四批市级 | 2012 | 祁门县 |
| 307 | 徽州目连戏 | 王汉民 | 第四批市级 | 2012 | 祁门县 |
| 308 | 徽州民间器乐曲 | 周裕富 | 第四批市级 | 2012 | 歙县 |
| 309 | 祁门傩舞 | 汪尚东 | 第四批市级 | 2012 | 祁门县 |
| 310 | 十番锣鼓 | 倪世治 | 第四批市级 | 2012 | 祁门县 |
| 311 | 板凳龙 | 占义明 | 第四批市级 | 2012 | 徽州区 |
| 312 | 跳钟馗 | 刘福华 | 第四批市级 | 2012 | 歙县 |
| 313 | 跳钟馗 | 刘福新 | 第四批市级 | 2012 | 歙县 |
| 314 | 跳钟馗 | 汪正端 | 第四批市级 | 2012 | 歙县 |
| 315 | 跳竹马 | 徐德林 | 第四批市级 | 2012 | 黄山区 |
| 316 | 徽菜、紫云臭鳜鱼制作技艺 | 钟少华 | 第四批市级 | 2012 | 屯溪区 |
| 317 | 徽菜 | 鲍泽民 | 第四批市级 | 2012 | 市直 |
| 318 | 徽府菜制作技艺 | 方东进 | 第四批市级 | 2012 | 歙县 |
| 319 | 徽州寸金糖制作技艺 | 程桂菊 | 第四批市级 | 2012 | 屯溪区 |

续表

| 序号 | 项目名称 | 姓名 | 批次 | 时间 | 所在区县 |
|---|---|---|---|---|---|
| 320 | 徽州顶市酥制作技艺 | 胡建华 | 第四批市级 | 2012 | 屯溪区 |
| 321 | 徽州毛豆腐 | 蒋光明 | 第四批市级 | 2012 | 徽州区 |
| 322 | 徽州挞粿技艺 | 吴美霞 | 第四批市级 | 2012 | 屯溪区 |
| 323 | 新安医学 | 黄忠民 | 第四批市级增补 | 2012 | 市直 |
| 324 | 徽州三雕——石雕 | 查嵘 | 第四批市级增补 | 2013 | 屯溪区 |
| 325 | 徽州三雕——木雕 | 王黟生 | 第四批市级增补 | 2013 | 黟县 |
| 326 | 徽州三雕——木雕 | 段卫东 | 第四批市级增补 | 2013 | 黟县 |
| 327 | 渔亭糕制作技艺 | 王娟娟 | 第四批市级增补 | 2013 | 黟县 |
| 328 | 徽菜 | 方春平 | 第五批市级 | 2014 | 市直 |
| 329 | 徽菜 | 陈新 | 第五批市级 | 2014 | 市直 |
| 330 | 徽菜 | 贾立忠 | 第五批市级 | 2014 | 市直 |
| 331 | 徽菜 | 程旭东 | 第五批市级 | 2014 | 市直 |
| 332 | 徽菜 | 王俊武 | 第五批市级 | 2014 | 市直 |
| 333 | 徽菜 | 毕永利 | 第五批市级 | 2014 | 市直 |
| 334 | 徽菜 | 徐加寿 | 第五批市级 | 2014 | 市直 |
| 335 | 徽菜 | 郑成江 | 第五批市级 | 2014 | 市直 |
| 336 | 徽菜 | 李斌 | 第五批市级 | 2014 | 市直 |
| 337 | 徽菜 | 柯文 | 第五批市级 | 2014 | 市直 |
| 338 | 徽菜 | 章恒来 | 第五批市级 | 2014 | 歙县 |
| 339 | 徽菜 | 李斌 | 第五批市级 | 2014 | 歙县 |
| 340 | 徽菜 | 张永翔 | 第五批市级 | 2014 | 歙县 |
| 341 | 徽墨制作技艺 | 吴海英 | 第五批市级 | 2014 | 歙县 |
| 342 | 徽墨制作技艺 | 吴惠萍 | 第五批市级 | 2014 | 歙县 |
| 343 | 徽墨制作技艺 | 方文辉 | 第五批市级 | 2014 | 歙县 |
| 344 | 徽墨制作技艺 | 纪亚军 | 第五批市级 | 2014 | 歙县 |
| 345 | 徽墨制作技艺 | 王胜利 | 第五批市级 | 2014 | 歙县 |
| 346 | 徽墨制作技艺 | 程淑琴 | 第五批市级 | 2014 | 歙县 |
| 347 | 徽墨制作技艺 | 项颂 | 第五批市级 | 2014 | 歙县 |

续表

| 序号 | 项目名称 | 姓名 | 批次 | 时间 | 所在区县 |
|---|---|---|---|---|---|
| 348 | 徽墨制作技艺 | 程旋 | 第五批市级 | 2014 | 歙县 |
| 349 | 徽墨制作技艺 | 胡秀芳 | 第五批市级 | 2014 | 歙县 |
| 350 | 徽墨制作技艺 | 黄军 | 第五批市级 | 2014 | 歙县 |
| 351 | 徽州三雕——木雕 | 方成义 | 第五批市级 | 2014 | 徽州区 |
| 352 | 徽州三雕——木雕 | 吴武兵 | 第五批市级 | 2014 | 徽州区 |
| 353 | 徽州三雕——木雕 | 汪达西 | 第五批市级 | 2014 | 徽州区 |
| 354 | 徽州三雕——木雕 | 胡发苟 | 第五批市级 | 2014 | 歙县 |
| 355 | 徽州三雕——木雕 | 朱五牛 | 第五批市级 | 2014 | 歙县 |
| 356 | 徽州三雕——木雕 | 谢润初 | 第五批市级 | 2014 | 歙县 |
| 357 | 徽州三雕——木雕 | 林晨峰 | 第五批市级 | 2014 | 黟县 |
| 358 | 徽州三雕——砖雕 | 吕佛孙 | 第五批市级 | 2014 | 屯溪区 |
| 359 | 徽州三雕——砖雕 | 余成龙 | 第五批市级 | 2014 | 歙县 |
| 360 | 徽州三雕——砖雕 | 鲍学寨 | 第五批市级 | 2014 | 黟县 |
| 361 | 徽州三雕——石雕 | 欧阳越峰 | 第五批市级 | 2014 | 屯溪区 |
| 362 | 祁门红茶制作技艺 | 朱华炳 | 第五批市级 | 2014 | 祁门县 |
| 363 | 祁门红茶制作技艺 | 刘云杰 | 第五批市级 | 2014 | 祁门县 |
| 364 | 祁门红茶制作技艺 | 沈时钰 | 第五批市级 | 2014 | 祁门县 |
| 365 | 祁门红茶制作技艺 | 江建新 | 第五批市级 | 2014 | 祁门县 |
| 366 | 祁门红茶制作技艺 | 汪权 | 第五批市级 | 2014 | 祁门县 |
| 367 | 祁门红茶制作技艺 | 毕昭纯 | 第五批市级 | 2014 | 祁门县 |
| 368 | 祁门红茶制作技艺 | 朱长志 | 第五批市级 | 2014 | 祁门县 |
| 369 | 祁门红茶制作技艺 | 方学勤 | 第五批市级 | 2014 | 祁门县 |
| 370 | 徽州竹雕 | 张宏 | 第五批市级 | 2014 | 徽州区 |
| 371 | 徽州竹雕 | 刘孝杰 | 第五批市级 | 2014 | 徽州区 |
| 372 | 徽州竹雕 | 张成 | 第五批市级 | 2014 | 徽州区 |
| 373 | 徽州竹雕 | 吴国琦 | 第五批市级 | 2014 | 徽州区 |
| 374 | 徽州竹雕 | 张红贵 | 第五批市级 | 2014 | 徽州区 |
| 375 | 徽州竹雕 | 汪晓辉 | 第五批市级 | 2014 | 徽州区 |

续表

| 序号 | 项目名称 | 姓名 | 批次 | 时间 | 所在区县 |
|---|---|---|---|---|---|
| 376 | 徽州竹雕 | 江 涛 | 第五批市级 | 2014 | 徽州区 |
| 377 | 徽州竹雕 | 孙 兵 | 第五批市级 | 2014 | 徽州区 |
| 378 | 徽州竹雕 | 程华媚 | 第五批市级 | 2014 | 徽州区 |
| 379 | 徽州竹雕 | 郑 岗 | 第五批市级 | 2014 | 歙县 |
| 380 | 徽州竹雕 | 程 阳 | 第五批市级 | 2014 | 休宁县 |
| 381 | 新安医学 | 沈武松 | 第五批市级 | 2014 | 祁门县 |
| 382 | 新安医学——蛇伤 | 汪胜松 | 第五批市级 | 2014 | 祁门县 |
| 383 | 徽州旗袍制作技艺 | 吴兰娟 | 第五批市级 | 2014 | 歙县 |
| 384 | 徽派古建材料制作传统技艺 | 楼 涛 | 第五批市级 | 2014 | 徽州区 |
| 385 | 徽派古建材料制作传统技艺 | 苏寨映 | 第五批市级 | 2014 | 歙县 |
| 386 | 徽州烧饼制作技艺 | 张根东 | 第五批市级 | 2014 | 屯溪区 |
| 387 | 徽州烧饼制作技艺 | 邢 伟 | 第五批市级 | 2014 | 屯溪区 |
| 388 | 徽州烧饼制作技艺 | 胡国训 | 第五批市级 | 2014 | 屯溪区 |
| 389 | 徽剧 | 方全富 | 第五批市级 | 2014 | 歙县 |
| 390 | 徽剧 | 胡俊根 | 第五批市级 | 2014 | 歙县 |
| 391 | 徽州漆器制作技艺 | 俞万进 | 第五批市级 | 2014 | 屯溪区 |
| 392 | 徽州漆器制作技艺 | 冯岗河 | 第五批市级 | 2014 | 屯溪区 |
| 393 | 徽州毛豆腐 | 罗一文 | 第五批市级 | 2014 | 徽州区 |
| 394 | 徽州毛豆腐 | 罗志敏 | 第五批市级 | 2014 | 徽州区 |
| 395 | 跳钟馗 | 朱小牛 | 第五批市级 | 2014 | 歙县 |
| 396 | 跳钟馗 | 朱文瑞 | 第五批市级 | 2014 | 歙县 |
| 397 | 美溪唢呐 | 李明光 | 第五批市级 | 2014 | 黟县 |
| 398 | 徽州武术 | 潘剑云 | 第五批市级 | 2014 | 市直 |
| 399 | 徽州武术 | 潘百林 | 第五批市级 | 2014 | 市直 |
| 400 | 徽州瓷艺 | 汪 洋 | 第五批市级 | 2014 | 祁门县 |
| 401 | 紫云臭鳜鱼制作技艺 | 孙义国 | 第五批市级 | 2014 | 徽州区 |
| 402 | 徽州民歌 | 许 琦 | 第五批市级 | 2014 | 歙县 |
| 403 | 徽州民歌 | 方有土 | 第五批市级 | 2014 | 歙县 |

续表

| 序号 | 项目名称 | 姓名 | 批次 | 时间 | 所在区县 |
|---|---|---|---|---|---|
| 404 | 徽州民歌 | 姜紫娟 | 第五批市级 | 2014 | 歙县 |
| 405 | 万安罗盘制作技艺 | 汪祖盼 | 第五批市级 | 2014 | 休宁县 |
| 406 | 万安罗盘制作技艺 | 汪国盼 | 第五批市级 | 2014 | 休宁县 |
| 407 | 徽派建筑壁画 | 姚德生 | 第五批市级 | 2014 | 歙县 |
| 408 | 黟县彩绘壁画 | 叶开发 | 第五批市级 | 2014 | 黟县 |
| 409 | 墨模雕刻技艺 | 储琳 | 第五批市级 | 2014 | 屯溪区 |
| 410 | 轩辕车会 | 项玮 | 第五批市级 | 2014 | 黄山区 |
| 411 | 五福神会 | 汪家平 | 第五批市级 | 2014 | 黄山区 |
| 412 | 新丰唢呐曲牌 | 王国和 | 第五批市级 | 2014 | 黄山区 |
| 413 | 送花灯 | 刘和满 | 第五批市级 | 2014 | 黄山区 |
| 414 | 民间龙灯扎制技艺 | 吴永生 | 第五批市级 | 2014 | 黄山区 |
| 415 | 绿茶制作技艺——黄山毛峰 | 谢锋 | 第五批市级 | 2014 | 徽州区 |
| 416 | 徽州馄饨 | 吴学峰 | 第五批市级 | 2014 | 徽州区 |
| 417 | 皖南火腿腌制技艺 | 程长青 | 第五批市级 | 2014 | 歙县 |
| 418 | 锡器制作技艺 | 应苏明 | 第五批市级 | 2014 | 歙县 |
| 419 | 徽州民间器乐曲 | 程廷寿 | 第五批市级 | 2014 | 歙县 |
| 420 | 三阳中村狮灯 | 洪德邻 | 第五批市级 | 2014 | 歙县 |
| 421 | 渔亭糕制作技艺 | 苏顺安 | 第五批市级 | 2014 | 黟县 |
| 422 | 黟山石墨茶传统制作技艺 | 李明智 | 第五批市级 | 2014 | 黟县 |
| 423 | 徽州祠祭 | 胡松青 | 第五批市级 | 2014 | 黟县 |
| 424 | 黟县谜语 | 程宏辉 | 第五批市级 | 2014 | 黟县 |
| 425 | 徽州墓祭——王璧墓祭 | 王红盛 | 第五批市级 | 2014 | 祁门县 |
| 426 | 游太阳 | 吴金海 | 第五批市级 | 2014 | 祁门县 |
| 427 | 程大位珠算法 | 程荣华 | 第五批市级 | 2014 | 屯溪区 |
| 428 | 徽派传统民居营造技艺 | 汪晓阳 | 第五批市级 | 2014 | 徽州区 |
| 429 | 歙砚制作技艺 | 程世通 | 第五批市级 | 2014 | 屯溪区 |
| 430 | 歙砚制作技艺 | 吴荣华 | 第五批市级 | 2014 | 屯溪区 |
| 431 | 歙砚制作技艺 | 胡雍 | 第五批市级 | 2014 | 屯溪区 |

续表

| 序号 | 项目名称 | 姓名 | 批次 | 时间 | 所在区县 |
| --- | --- | --- | --- | --- | --- |
| 432 | 歙砚制作技艺 | 方绍兵 | 第五批市级 | 2014 | 屯溪区 |
| 433 | 歙砚制作技艺 | 洪正兴 | 第五批市级 | 2014 | 屯溪区 |
| 434 | 歙砚制作技艺 | 洪道俊 | 第五批市级 | 2014 | 歙县 |
| 435 | 歙砚制作技艺 | 汪 勇 | 第五批市级 | 2014 | 歙县 |
| 436 | 歙砚制作技艺 | 柯 崇 | 第五批市级 | 2014 | 歙县 |
| 437 | 歙砚制作技艺 | 吴 伟 | 第五批市级 | 2014 | 歙县 |
| 438 | 歙砚制作技艺 | 宋大敏 | 第五批市级 | 2014 | 歙县 |
| 439 | 歙砚制作技艺 | 王宏俊 | 第五批市级 | 2014 | 歙县 |
| 440 | 歙砚制作技艺 | 柯卫国 | 第五批市级 | 2014 | 歙县 |
| 441 | 歙砚制作技艺 | 胡红斌 | 第五批市级 | 2014 | 歙县 |
| 442 | 歙砚制作技艺 | 张泽球 | 第五批市级 | 2014 | 歙县 |
| 443 | 歙砚制作技艺 | 戴文胜 | 第五批市级 | 2014 | 歙县 |
| 444 | 歙砚制作技艺 | 罗科名 | 第五批市级 | 2014 | 歙县 |
| 445 | 歙砚制作技艺 | 许国林 | 第五批市级 | 2014 | 歙县 |
| 446 | 歙砚制作技艺 | 汪朝晖 | 第五批市级 | 2014 | 歙县 |
| 447 | 歙砚制作技艺 | 汪伦为 | 第五批市级 | 2014 | 歙县 |
| 448 | 歙砚制作技艺 | 张长城 | 第五批市级 | 2014 | 歙县 |
| 449 | 歙砚制作技艺 | 柯海蓝 | 第五批市级 | 2014 | 歙县 |
| 450 | 歙砚制作技艺 | 叶宗意 | 第五批市级 | 2014 | 歙县 |
| 451 | 歙砚制作技艺 | 胡 笛 | 第五批市级 | 2014 | 歙县 |
| 452 | 歙砚制作技艺 | 王建燊 | 第五批市级 | 2014 | 歙县 |
| 453 | 歙砚制作技艺 | 张 硕 | 第五批市级 | 2014 | 歙县 |
| 454 | 歙砚制作技艺 | 刘明学 | 第五批市级 | 2014 | 歙县 |
| 455 | 歙砚制作技艺 | 周 晖 | 第五批市级 | 2014 | 歙县 |
| 456 | 歙砚制作技艺 | 胡慧君 | 第五批市级 | 2014 | 休宁县 |
| 457 | 歙砚制作技艺 | 徐爱国 | 第五批市级 | 2014 | 休宁县 |
| 458 | 歙砚制作技艺 | 方子华 | 第五批市级 | 2014 | 黟县 |
| 459 | 徽州三雕 | 曹启瑞 | 第五批市级增补 | 2014 | 徽州区 |

续表

| 序号 | 项目名称 | 姓名 | 批次 | 时间 | 所在区县 |
|---|---|---|---|---|---|
| 460 | 黄山玉雕 | 张升亮 | 第五批市级增补 | 2014 | 休宁县 |
| 461 | 歙砚制作技艺 | 徐长庚 | 第五批市级增补 | 2014 | 休宁县 |
| 462 | 歙砚制作技艺 | 孙 锐 | 第五批市级增补 | 2014 | 休宁县 |
| 463 | 歙砚制作技艺 | 胡樟权 | 第五批市级增补 | 2014 | 休宁县 |
| 464 | 歙砚制作技艺 | 吴玉根 | 第五批市级增补 | 2014 | 休宁县 |
| 465 | 绿茶制作技艺——屯溪绿茶 | 方国强 | 第六批市级 | 2016 | 休宁县 |
| 466 | 绿茶制作技艺——黄山毛峰 | 方国范 | 第六批市级 | 2016 | 休宁县 |
| 467 | 祁门红茶制作技艺 | 汪家生 | 第六批市级 | 2016 | 祁门县 |
| 468 | 祁门红茶制作技艺 | 李荣昌 | 第六批市级 | 2016 | 祁门县 |
| 469 | 祁门红茶制作技艺 | 方莉莉 | 第六批市级 | 2016 | 祁门县 |
| 470 | 祁门红茶制作技艺 | 王可科 | 第六批市级 | 2016 | 祁门县 |
| 471 | 祁门红茶制作技艺 | 陈祖舜 | 第六批市级 | 2016 | 祁门县 |
| 472 | 祁门红茶制作技艺 | 胡军辉 | 第六批市级 | 2016 | 祁门县 |
| 473 | 祁门红茶制作技艺 | 丁宪林 | 第六批市级 | 2016 | 祁门县 |
| 474 | 祁门红茶制作技艺 | 童其超 | 第六批市级 | 2016 | 祁门县 |
| 475 | 祁门红茶制作技艺 | 郭宁生 | 第六批市级 | 2016 | 祁门县 |
| 476 | 祁门红茶制作技艺 | 王文彬 | 第六批市级 | 2016 | 祁门县 |
| 477 | 祁门红茶制作技艺 | 吕宏浩 | 第六批市级 | 2016 | 祁门县 |
| 478 | 祁门红茶制作技艺 | 徐树盛 | 第六批市级 | 2016 | 祁门县 |
| 479 | 祁门红茶制作技艺 | 李自生 | 第六批市级 | 2016 | 祁门县 |
| 480 | 祁门红茶制作技艺 | 江国辉 | 第六批市级 | 2016 | 祁门县 |
| 481 | 祁门红茶制作技艺 | 付 磊 | 第六批市级 | 2016 | 祁门县 |
| 482 | 安茶制作技艺 | 汪善进 | 第六批市级 | 2016 | 祁门县 |
| 483 | 安茶制作技艺 | 司友宝 | 第六批市级 | 2016 | 祁门县 |
| 484 | 黄山白茶（徽州白茶）制作技艺 | 曹月红 | 第六批市级 | 2016 | 歙县 |
| 485 | 徽州漆器髹饰技艺 | 甘 菲 | 第六批市级 | 2016 | 屯溪区 |
| 486 | 徽州漆器髹饰技艺 | 张 红 | 第六批市级 | 2016 | 屯溪区 |
| 487 | 徽州漆器髹饰技艺 | 范雪歌 | 第六批市级 | 2016 | 屯溪区 |

续表

| 序号 | 项目名称 | 姓名 | 批次 | 时间 | 所在区县 |
|---|---|---|---|---|---|
| 488 | 徽州漆器髹饰技艺 | 王思佳 | 第六批市级 | 2016 | 屯溪区 |
| 489 | 徽州漆器髹饰技艺 | 邹春松 | 第六批市级 | 2016 | 屯溪区 |
| 490 | 徽州漆器髹饰技艺 | 李 忠 | 第六批市级 | 2016 | 休宁县 |
| 491 | 徽式装裱修复技艺 | 徐桥云 | 第六批市级 | 2016 | 屯溪区 |
| 492 | 徽式装裱修复技艺 | 盛桂花 | 第六批市级 | 2016 | 屯溪区 |
| 493 | 徽式装裱修复技艺 | 张鹤龄 | 第六批市级 | 2016 | 屯溪区 |
| 494 | 徽派传统民居营造技艺 | 吴继元 | 第六批市级 | 2016 | 市直 |
| 495 | 徽派传统民居营造技艺 | 潘国栋 | 第六批市级 | 2016 | 市直 |
| 496 | 徽派传统民居营造技艺 | 王辉民 | 第六批市级 | 2016 | 市直 |
| 497 | 徽派传统民居营造技艺 | 许六明 | 第六批市级 | 2016 | 歙县 |
| 498 | 徽作家具制作技艺 | 谢攀峰 | 第六批市级 | 2016 | 市直 |
| 499 | 徽作家具制作技艺 | 金郁五 | 第六批市级 | 2016 | 市直 |
| 500 | 徽作家具制作技艺 | 朱冬海 | 第六批市级 | 2016 | 市直 |
| 501 | 徽作家具制作技艺 | 胡文飞 | 第六批市级 | 2016 | 屯溪区 |
| 502 | 徽作家具制作技艺 | 朱长发 | 第六批市级 | 2016 | 徽州区 |
| 503 | 徽作家具制作技艺 | 方 永 | 第六批市级 | 2016 | 徽州区 |
| 504 | 徽作家具制作技艺 | 吴志辉 | 第六批市级 | 2016 | 徽州区 |
| 505 | 徽作家具制作技艺 | 汪潘炜 | 第六批市级 | 2016 | 徽州区 |
| 506 | 徽州竹编 | 胡根炎 | 第六批市级 | 2016 | 黄山区 |
| 507 | 徽州竹编——祁门竹编制作技艺 | 程庭江 | 第六批市级 | 2016 | 祁门县 |
| 508 | 徽州竹编——祁门竹编制作技艺 | 倪足安 | 第六批市级 | 2016 | 祁门县 |
| 509 | 漆砂砚制作技艺 | 俞均鹏 | 第六批市级 | 2016 | 屯溪区 |
| 510 | 徽州饰盒制作技艺 | 王绍飞 | 第六批市级 | 2016 | 屯溪区 |
| 511 | 徽州毛笔制作技艺 | 张素梅 | 第六批市级 | 2016 | 屯溪区 |
| 512 | 徽州楹联匾额传统制作技艺 | 涂淑华 | 第六批市级 | 2016 | 屯溪区 |
| 513 | 徽州顶市酥制作技艺 | 胡 鹰 | 第六批市级 | 2016 | 屯溪区 |
| 514 | 车公牌月饼制作技艺 | 项 玮 | 第六批市级 | 2016 | 黄山区 |
| 515 | 三六表纸制作技艺 | 李明发 | 第六批市级 | 2016 | 黄山区 |

续表

| 序号 | 项目名称 | 姓名 | 批次 | 时间 | 所在区县 |
| --- | --- | --- | --- | --- | --- |
| 516 | 打土墙技艺 | 郑炳焰 | 第六批市级 | 2016 | 歙县 |
| 517 | 打土墙技艺 | 郑绍水 | 第六批市级 | 2016 | 歙县 |
| 518 | 徽州烧饼制作技艺 | 韩百其 | 第六批市级 | 2016 | 歙县 |
| 519 | 徽州贡烟制作技艺 | 黄宣正 | 第六批市级 | 2016 | 歙县 |
| 520 | 徽州果膏制作技艺 | 程宏虎 | 第六批市级 | 2016 | 歙县 |
| 521 | 徽州木榨榨油技艺 | 程亨高 | 第六批市级 | 2016 | 歙县 |
| 522 | 徽州木榨榨油技艺 | 余 海 | 第六批市级 | 2016 | 休宁县 |
| 523 | 万安罗盘制作技艺 | 程连华 | 第六批市级 | 2016 | 休宁县 |
| 524 | 徽州毛豆腐 | 方鑫玉 | 第六批市级 | 2016 | 休宁县 |
| 525 | 五城豆腐干制作技艺 | 汪建足 | 第六批市级 | 2016 | 休宁县 |
| 526 | 五城米酒制作技艺 | 程小峰 | 第六批市级 | 2016 | 休宁县 |
| 527 | 五城米酒制作技艺 | 孙雄飞 | 第六批市级 | 2016 | 休宁县 |
| 528 | 利源手工麦芽糖果制作技艺 | 余荣超 | 第六批市级 | 2016 | 黟县 |
| 529 | 徽州手工瓷制作技艺 | 戴李平 | 第六批市级 | 2016 | 祁门县 |
| 530 | 嵌字豆糖制作技艺 | 金惠民 | 第六批市级 | 2016 | 祁门县 |
| 531 | 嵌字豆糖制作技艺 | 汪有娟 | 第六批市级 | 2016 | 祁门县 |
| 532 | 徽墨制作技艺 | 吴 靖 | 第六批市级 | 2016 | 屯溪区 |
| 533 | 徽墨制作技艺 | 张少华 | 第六批市级 | 2016 | 屯溪区 |
| 534 | 徽墨制作技艺 | 金自俊 | 第六批市级 | 2016 | 屯溪区 |
| 535 | 徽墨制作技艺 | 郑伟家 | 第六批市级 | 2016 | 歙县 |
| 536 | 徽墨制作技艺 | 姚志刚 | 第六批市级 | 2016 | 歙县 |
| 537 | 徽墨制作技艺 | 项纯吉 | 第六批市级 | 2016 | 歙县 |
| 538 | 徽墨制作技艺 | 朱莉芳 | 第六批市级 | 2016 | 歙县 |
| 539 | 歙砚制作技艺 | 何 彬 | 第六批市级 | 2016 | 屯溪区 |
| 540 | 歙砚制作技艺 | 姚铁军 | 第六批市级 | 2016 | 屯溪区 |
| 541 | 歙砚制作技艺 | 柯开锋 | 第六批市级 | 2016 | 屯溪区 |
| 542 | 歙砚制作技艺 | 张 玲 | 第六批市级 | 2016 | 屯溪区 |
| 543 | 歙砚制作技艺 | 程海涛 | 第六批市级 | 2016 | 屯溪区 |

续表

| 序号 | 项目名称 | 姓名 | 批次 | 时间 | 所在区县 |
|---|---|---|---|---|---|
| 544 | 歙砚制作技艺 | 方伟利 | 第六批市级 | 2016 | 屯溪区 |
| 545 | 歙砚制作技艺 | 洪春华 | 第六批市级 | 2016 | 屯溪区 |
| 546 | 歙砚制作技艺 | 程春晓 | 第六批市级 | 2016 | 屯溪区 |
| 547 | 歙砚制作技艺 | 章观利 | 第六批市级 | 2016 | 屯溪区 |
| 548 | 歙砚制作技艺 | 王耀 | 第六批市级 | 2016 | 屯溪区 |
| 549 | 歙砚制作技艺 | 吴亚军 | 第六批市级 | 2016 | 歙县 |
| 550 | 歙砚制作技艺 | 姜和平 | 第六批市级 | 2016 | 歙县 |
| 551 | 歙砚制作技艺 | 张永鸿 | 第六批市级 | 2016 | 歙县 |
| 552 | 歙砚制作技艺 | 程国政 | 第六批市级 | 2016 | 歙县 |
| 553 | 歙砚制作技艺 | 张新 | 第六批市级 | 2016 | 歙县 |
| 554 | 歙砚制作技艺 | 胡利坤 | 第六批市级 | 2016 | 歙县 |
| 555 | 歙砚制作技艺 | 潘亚军 | 第六批市级 | 2016 | 歙县 |
| 556 | 歙砚制作技艺 | 胡彬 | 第六批市级 | 2016 | 歙县 |
| 557 | 歙砚制作技艺 | 程棣华 | 第六批市级 | 2016 | 歙县 |
| 558 | 歙砚制作技艺 | 胡尚峰 | 第六批市级 | 2016 | 歙县 |
| 559 | 歙砚制作技艺 | 李利宾 | 第六批市级 | 2016 | 歙县 |
| 560 | 歙砚制作技艺 | 徐政通 | 第六批市级 | 2016 | 歙县 |
| 561 | 歙砚制作技艺 | 方伙来 | 第六批市级 | 2016 | 歙县 |
| 562 | 歙砚制作技艺 | 鲍宏锋 | 第六批市级 | 2016 | 歙县 |
| 563 | 歙砚制作技艺 | 曹富君 | 第六批市级 | 2016 | 歙县 |
| 564 | 歙砚制作技艺 | 胡跑城 | 第六批市级 | 2016 | 歙县 |
| 565 | 歙砚制作技艺 | 柯仲义 | 第六批市级 | 2016 | 歙县 |
| 566 | 歙砚制作技艺 | 胡文宾 | 第六批市级 | 2016 | 歙县 |
| 567 | 歙砚制作技艺 | 郑向光 | 第六批市级 | 2016 | 歙县 |
| 568 | 歙砚制作技艺 | 汪永红 | 第六批市级 | 2016 | 歙县 |
| 569 | 歙砚制作技艺 | 潘杰 | 第六批市级 | 2016 | 歙县 |
| 570 | 歙砚制作技艺 | 程亮亮 | 第六批市级 | 2016 | 歙县 |

续表

| 序号 | 项目名称 | 姓名 | 批次 | 时间 | 所在区县 |
|---|---|---|---|---|---|
| 571 | 歙砚制作技艺 | 汪红卫 | 第六批市级 | 2016 | 休宁县 |
| 572 | 歙砚制作技艺 | 章利兵 | 第六批市级 | 2016 | 休宁县 |
| 573 | 歙砚制作技艺 | 李权柄 | 第六批市级 | 2016 | 休宁县 |
| 574 | 罗隐传说 | 王占春 | 第七批市级 | 2017 | 黄山区 |
| 575 | 徽州民歌 | 徐秀成 | 第七批市级 | 2017 | 市直 |
| 576 | 徽州民歌 | 章 灿 | 第七批市级 | 2017 | 市直 |
| 577 | 徽州民歌 | 余立瑛 | 第七批市级 | 2017 | 徽州区 |
| 578 | 徽州民歌 | 吴建勇 | 第七批市级 | 2017 | 歙县 |
| 579 | 徽州民歌 | 唐 萍 | 第七批市级 | 2017 | 歙县 |
| 580 | 新丰唢呐曲牌 | 严建明 | 第七批市级 | 2017 | 黄山区 |
| 581 | 徽州板凳龙 | 汪向阳 | 第七批市级 | 2017 | 徽州区 |
| 582 | 徽州板凳龙 | 许 达 | 第七批市级 | 2017 | 歙县 |
| 583 | 跳钟馗 | 袁战波 | 第七批市级 | 2017 | 徽州区 |
| 584 | 黟县傩舞 | 欧阳灶信 | 第七批市级 | 2017 | 黟县 |
| 585 | 徽剧 | 胡尚达 | 第七批市级 | 2017 | 歙县 |
| 586 | 徽剧 | 朱祝新 | 第七批市级 | 2017 | 歙县 |
| 587 | 徽剧 | 胡金松 | 第七批市级 | 2017 | 歙县 |
| 588 | 徽剧 | 李翠英 | 第七批市级 | 2017 | 歙县 |
| 589 | 徽州目连戏 | 王步和 | 第七批市级 | 2017 | 祁门县 |
| 590 | 徽州目连戏 | 王鑫成 | 第七批市级 | 2017 | 祁门县 |
| 591 | 徽州目连戏 | 王胜民 | 第七批市级 | 2017 | 祁门县 |
| 592 | 徽州武术 | 胡希龙 | 第七批市级 | 2017 | 徽州区 |
| 593 | 徽州武术 | 程飞龙 | 第七批市级 | 2017 | 歙县 |
| 594 | 叶村叠罗汉 | 洪灶生 | 第七批市级 | 2017 | 歙县 |
| 595 | 徽州三雕——木雕 | 方龙飞 | 第七批市级 | 2017 | 市直 |
| 596 | 徽州三雕——木雕 | 陈维昌 | 第七批市级 | 2017 | 市直 |
| 597 | 徽州三雕——木雕 | 叶智城 | 第七批市级 | 2017 | 屯溪区 |
| 598 | 徽州三雕——木雕 | 王军军 | 第七批市级 | 2017 | 屯溪区 |

续表

| 序号 | 项目名称 | 姓名 | 批次 | 时间 | 所在区县 |
| --- | --- | --- | --- | --- | --- |
| 599 | 徽州三雕——木雕 | 吴宏昌 | 第七批市级 | 2017 | 徽州区 |
| 600 | 徽州三雕——木雕 | 郑影君 | 第七批市级 | 2017 | 徽州区 |
| 601 | 徽州三雕——木雕 | 张宏辉 | 第七批市级 | 2017 | 徽州区 |
| 602 | 徽州三雕——木雕 | 王芳顺 | 第七批市级 | 2017 | 徽州区 |
| 603 | 徽州三雕——木雕 | 吴侠芳 | 第七批市级 | 2017 | 歙县 |
| 604 | 徽州三雕——木雕 | 谢瑶瑶 | 第七批市级 | 2017 | 歙县 |
| 605 | 徽州三雕——木雕 | 方 锋 | 第七批市级 | 2017 | 歙县 |
| 606 | 徽州三雕——木雕 | 徐松山 | 第七批市级 | 2017 | 黟县 |
| 607 | 徽州三雕——木雕 | 陈秋香 | 第七批市级 | 2017 | 休宁县 |
| 608 | 徽州三雕——木雕 | 汪文雅 | 第七批市级 | 2017 | 休宁县 |
| 609 | 徽州三雕——木雕 | 陈新华 | 第七批市级 | 2017 | 休宁县 |
| 610 | 徽州三雕——石雕 | 廖双寿 | 第七批市级 | 2017 | 市直 |
| 611 | 徽州三雕——石雕 | 汪光明 | 第七批市级 | 2017 | 市直 |
| 612 | 徽州三雕——石雕 | 周文辉 | 第七批市级 | 2017 | 市直 |
| 613 | 徽州三雕——石雕 | 罗昌盛 | 第七批市级 | 2017 | 屯溪区 |
| 614 | 徽州三雕——石雕 | 冯岳常 | 第七批市级 | 2017 | 屯溪区 |
| 615 | 徽州三雕——石雕 | 程 可 | 第七批市级 | 2017 | 黟县 |
| 616 | 徽州三雕——石雕 | 胡荣军 | 第七批市级 | 2017 | 休宁县 |
| 617 | 徽州三雕——砖雕 | 吴仕杰 | 第七批市级 | 2017 | 徽州区 |
| 618 | 徽州三雕——砖雕 | 方萌乐 | 第七批市级 | 2017 | 歙县 |
| 619 | 徽州三雕——砖雕 | 方惠其 | 第七批市级 | 2017 | 歙县 |
| 620 | 徽州三雕——砖雕 | 方国刚 | 第七批市级 | 2017 | 歙县 |
| 621 | 徽州竹雕 | 蒋建龙 | 第七批市级 | 2017 | 屯溪区 |
| 622 | 徽州竹雕 | 洪进才 | 第七批市级 | 2017 | 徽州区 |
| 623 | 徽州竹雕 | 蒋建梅 | 第七批市级 | 2017 | 徽州区 |
| 624 | 徽州竹雕 | 叶克勤 | 第七批市级 | 2017 | 徽州区 |
| 625 | 徽州竹雕 | 洪国强 | 第七批市级 | 2017 | 徽州区 |
| 626 | 徽州竹雕 | 朱元通 | 第七批市级 | 2017 | 歙县 |

续表

| 序号 | 项目名称 | 姓名 | 批次 | 时间 | 所在区县 |
|---|---|---|---|---|---|
| 627 | 徽州竹雕 | 唐云飞 | 第七批市级 | 2017 | 歙县 |
| 628 | 徽州竹雕 | 章小荣 | 第七批市级 | 2017 | 歙县 |
| 629 | 徽州竹雕 | 朱荣宗 | 第七批市级 | 2017 | 歙县 |
| 630 | 徽州竹雕 | 方正军 | 第七批市级 | 2017 | 歙县 |
| 631 | 徽州竹雕 | 汪庆杜 | 第七批市级 | 2017 | 歙县 |
| 632 | 徽州竹雕 | 王林云 | 第七批市级 | 2017 | 歙县 |
| 633 | 徽州根雕 | 刘庆新 | 第七批市级 | 2017 | 市直 |
| 634 | 徽州根雕 | 汪锡明 | 第七批市级 | 2017 | 徽州区 |
| 635 | 徽州根雕 | 方红新 | 第七批市级 | 2017 | 歙县 |
| 636 | 黟县彩绘壁画 | 姚光钰 | 第七批市级 | 2017 | 屯溪区 |
| 637 | 黟县彩绘壁画 | 胡长生 | 第七批市级 | 2017 | 黟县 |
| 638 | 黟县彩绘壁画 | 傅欢欢 | 第七批市级 | 2017 | 黟县 |
| 639 | 徽派盆景技艺 | 丰有国 | 第七批市级 | 2017 | 歙县 |
| 640 | 徽派盆景技艺 | 洪锦毅 | 第七批市级 | 2017 | 歙县 |
| 641 | 徽派盆景技艺 | 洪继平 | 第七批市级 | 2017 | 歙县 |
| 642 | 徽派版画 | 薛 寅 | 第七批市级 | 2017 | 屯溪区 |
| 643 | 徽派版画 | 王文成 | 第七批市级 | 2017 | 休宁县 |
| 644 | 新安画派 | 姚 日 | 第七批市级 | 2017 | 屯溪区 |
| 645 | 古黟剪纸艺术 | 孙景瑛 | 第七批市级 | 2017 | 黟县 |
| 646 | 徽派篆刻 | 陈冬宝 | 第七批市级 | 2017 | 休宁县 |
| 647 | 祁门红茶制作技艺 | 黄才旺 | 第七批市级 | 2017 | 祁门县 |
| 648 | 西园喉科 | 郑 园 | 第七批市级 | 2017 | 歙县 |
| 649 | 沛隆堂程氏内科 | 程剑峰 | 第七批市级 | 2017 | 休宁县 |
| 650 | 祁门蛇伤治疗 | 滕 英 | 第七批市级 | 2017 | 祁门县 |
| 651 | 程大位珠算法 | 吴应蕾 | 第七批市级 | 2017 | 屯溪区 |
| 652 | 徽州祠祭 | 陈龙彬 | 第七批市级 | 2017 | 祁门县 |
| 653 | 徽州祠祭 | 陈小民 | 第七批市级 | 2017 | 祁门县 |
| 654 | 郭村周王会 | 林乐民 | 第七批市级 | 2017 | 黄山区 |

续表

| 序号 | 项目名称 | 姓名 | 批次 | 时间 | 所在区县 |
|---|---|---|---|---|---|
| 655 | 郭村周王会 | 林志成 | 第七批市级 | 2017 | 黄山区 |
| 656 | 水竹坑跳神狮 | 柯陆安 | 第七批市级 | 2017 | 歙县 |
| 657 | 徽菜 | 孙克奎 | 第七批市级 | 2017 | 屯溪区 |
| 658 | 徽菜 | 王 强 | 第七批市级 | 2017 | 屯溪区 |
| 659 | 徽菜 | 李洁明 | 第七批市级 | 2017 | 屯溪区 |
| 660 | 徽菜 | 吴国荣 | 第七批市级 | 2017 | 屯溪区 |
| 661 | 徽菜 | 汪健康 | 第七批市级 | 2017 | 屯溪区 |
| 662 | 徽菜 | 潘桂森 | 第七批市级 | 2017 | 屯溪区 |
| 663 | 徽菜 | 李茂林 | 第七批市级 | 2017 | 屯溪区 |
| 664 | 徽菜 | 程志强 | 第七批市级 | 2017 | 黄山区 |
| 665 | 徽菜 | 曹向忠 | 第七批市级 | 2017 | 歙县 |
| 666 | 徽菜 | 章小虎 | 第七批市级 | 2017 | 歙县 |